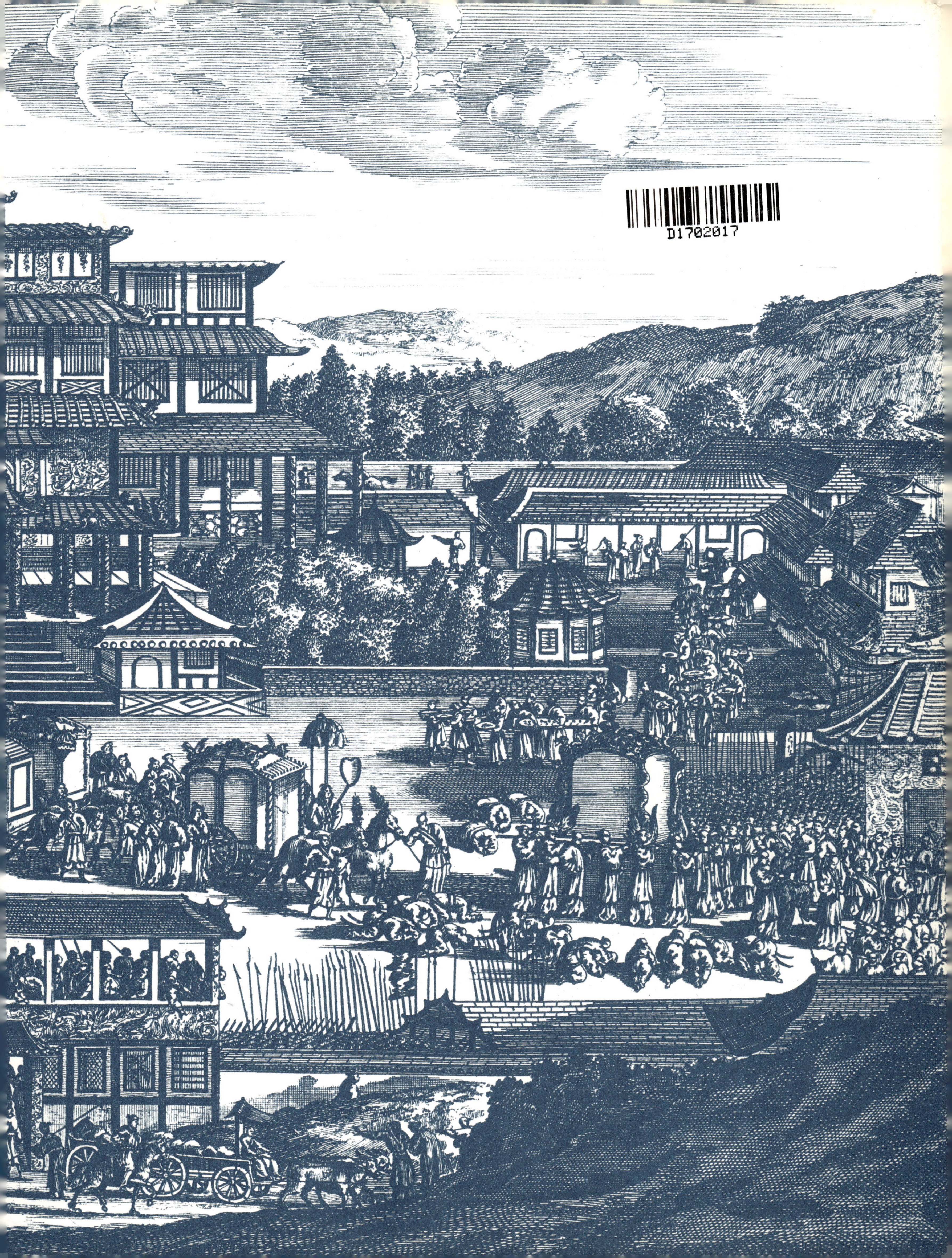

PRACHTBAUTEN DES OSTENS

PRACHT-BAUTEN DES OSTENS

Tempel, Grabstätten und Festungen Asiens

Herausgegeben von Mortimer Wheeler
Photos von Jan Graham

EMIL VOLLMER VERLAG · MÜNCHEN

Umschlagbilder
Vorn: Der *Tadsch Mahal* (Agra, Indien)
Hinten: *Die Pagode von Nanking*, Zeichnung von
Johann Bernhard Fischer von Erlach
in seiner „Geschichte der Architektur" (Wien, 1721)

© 1965 by George Weidenfeld and Nicolson Ltd., London
Titel der Originalausgabe: Splendours of the East
Übersetzung von Dipl.-Ing. Ruth Scheller

Unveränderter Nachdruck der 1968 im Ariel-Verlag,
Frankfurt, erschienenen deutschsprachigen Ausgabe
für Emil Vollmer Verlag, München 1978

Herstellung: K. G. Lohse, Graphischer Großbetrieb,
Frankfurt am Main

ISBN 3-87876-301-8

INHALT

Einleitung   11
Mortimer Wheeler

Der Mittlere Osten   14
Einführung von Mortimer Wheeler

Irak: Ktesiphon   18
Der imposante, bis weit in die Tigrisebene hinein sichtbare Gewölbebau, Wahrzeichen der Stadt auf dem Ostufer des Flusses, die ihrer Rivalin auf der anderen Seite des breiten Stromes genau gegenüberlag
Mortimer Wheeler

Irak: Samarra   24
Die kurzlebige Hauptstadt des Islam mit ihrer riesigen Moschee und dem turmförmigen Minarett, einem der großen „Zweckbauten" der Antike
Mortimer Wheeler

Iran: Persepolis   34
Der Palast, in dessen ausgedehnten reliefgeschmückten Terrassen Dareios und Xerxes ihrem Königtum ein bleibendes Denkmal setzten
Vera S. Katrak

Iran: Isfahan   46
Die reiche Stadt der persischen Sefewiden-Könige mit einigen der schönsten Tempel perso-islamischer Baukunst
J. Burton-Page

UdSSR: Samarkand   58
Mittelpunkt von Tamerlans Riesenreich, einstmals eine Stadt voller Blumengärten und herrlicher Gebäude und noch immer berühmt wegen der hohen, farbenprächtigen Kuppel über dem Grabmal des großen Eroberers
Jacquetta Hawkes

INHALT

Indo-pakistanischer Subkontinent 68
Einführung von Mortimer Wheeler

Multan, Pakistan: Das Grabmal Rukn-i Alams 72
Ein monumentales Mausoleum aus dem 14. Jh., das ein großer Gouverneur für sich selbst erbaute und später seinem heiligmäßigen geistigen Führer schenkte
J. Burton-Page

Pakistan: Festung Lahore 82
Eine alte Festungsanlage, die von den ersten Mogul-Kaisern wieder aufgebaut wurde und schnell zu ihrer prächtigsten Residenz und ihrem glanzvollsten kulturellen Mittelpunkt aufstieg
J. Burton-Page

Lahore, Pakistan: Wesir Khans Moschee 94
Eine verschwenderisch dekorierte Moschee aus der mittleren Mogul-Periode mit den schönsten Fliesenmosaiken und bemalten Stuckreliefs des ganzen Subkontinents
J. Burton-Page

Indien: Adschanta 102
Buddhistische Klöster, die in einer abgelegenen, wilden Schlucht Zentralindiens in Felsen gehauen sind und mit ihren bemalten Wänden und Decken einen kostbaren Schatz beherbergen
Mortimer Wheeler

Indien: Bhuvaneshvar 110
Eine Stadt mit zahlreichen Tempeln, die den Formenreichtum der Architektur und Bildhauerkunst Nordostindiens durch vier Jahrhunderte widerspiegeln
Mortimer Wheeler

Indien: Madura und Srirangam 120
Die riesigen Tempeltorwege Südindiens aus dem 16. und 17. Jh. mit ihren phantastisch üppigen Skulpturen
Mortimer Wheeler

Delhi, Indien: Die Rote Festung 130
Der größte Kaiserpalast der Mogul-Herrscher und ihr Herrschaftssitz bis zur Rebellion von 1857
Mortimer Wheeler

INHALT

Indien: Fatihpur Sikri 142
Die große, verödete Sandstein-Stadt in der Nähe von
Agra – erbaut, bewohnt und wieder verlassen von Akbar
zu Ende des 16. Jh.
J. Burton-Page

Agra, Indien: Tadsch Mahal 154
Das berühmteste unter den großen Bauwerken
des Ostens, das Schah Dschehan seiner Königin
als Denkmal der Liebe aus weißem Marmor errichtete
J. Burton-Page

Nepal 166
Das Nachbarland Indiens im Himalaja mit deutlich
eigenständiger Kunst und Architektur
D. L. Snellgrove

Südostasien 176
Einführung von A. H. Christie

Kambodscha: Angkor Wat 180
Der große Tempelpalast der Khmer-Könige mit den
großartigen erzählenden Basreliefs
A. H. Christie

Burma: Der Shwe Dagon 192
Der bekannteste Tempel Burmas, ein spitzer goldener
Turm, der die Stadt Rangun hoch überragt
A. H. Christie

Indonesien: Borobudur 200
Ein reich dekorierter Tempel, Beispiel für die einzigartige
Übersetzung religiöser Vorstellungen in die Formensprache
der javanischen Architektur
A. H. Christie

China 210
Einführung von S. H. Hansford

Peking: Der Himmelsaltar 214
Der zentrale Schrein der Nationalreligion des kaiserlichen
China und Szenerie eines alten, eindrucksvollen Rituals
S. H. Hansford

INHALT

Peking: Die Verbotene Stadt — 222
Vor fünf Jahrhunderten Residenz des „Sohnes des Himmels" und Mittelpunkt des höfischen Lebens in der chinesischen Hauptstadt
S. H. Hansford

Nahe Peking: Die Ming-Gräber — 232
Die Grabstätte von 13 Kaisern und ihren Frauen aus der Zeit vom 5. bis zum 7. Jh.
S. H. Hansford

Japan — 242
Einführung von John Figgess

Nara: Der Horyu-ji — 246
Ein alter buddhistischer Tempelbezirk mit einigen der ältesten Holzbauten der Welt und zahlreichen Meisterwerken der japanischen Kunst
John Figgess

Nara: Der Todai-ji — 256
Ein großer Tempelbezirk aus dem 8. Jh., dessen Gebäude und Kunstschätze das goldene Zeitalter der Tang-Dynastie in China widerspiegeln
John Figgess

Uji bei Kyoto: Der Byodo-in — 266
Eins der vollendetsten Baudenkmäler Japans, dessen Phönix-Halle ein Musterbeispiel für die hohe Kunst der Fujiwara-Zeit ist
John Figgess

Kyoto: Die Kaiserliche Villa Katsura — 276
Bauwerke von schlichter Eleganz in einem wundervollen Landschaftsgarten nach dem Entwurf eines feinsinnigen Edelmanns aus dem 17. Jh.
John Figgess

Bildnachweis — 288

Vorbemerkung

Bei der Übersetzung dieses Buches bot die Transkription
der vielen Namen, die sich aus den zahlreichen asiatischen
Sprachen und Idiomen herleiten, besondere Schwierigkeiten.
Der Versuch, die in einschlägigen deutschsprachlichen
Publikationen gebräuchlichen Umschreibungen zu verwenden,
führte zu keinem praktikablen Ergebnis, da sich kaum zwei
finden ließen, die in dieser Hinsicht völlig übereinstimmen. So
wurde ein Mittelweg beschritten, indem jeweils
die Umschreibung gewählt wurde, die in den zu Rate
gezogenen Veröffentlichungen am häufigsten verwendet wurde.

EINLEITUNG

„Prachtbauten des Ostens" ist selbstverständlich ein Sammelband, aber hat das Buch überhaupt ein Thema? Ist der Osten wirklich ein festumrissener Begriff – oder ist die Bezeichnung lediglich eine literarische und sentimentale Hinterlassenschaft von Fitzgerald und Flecker? Noch vor einem halben Jahrhundert war die Antwort auf diese Frage nicht zweifelhaft: Damals hatte der industrialisierte Westen noch kaum die feurigen Portale des Ostens durchschritten. In den Bazaren Istanbuls wogten noch die Turbane unablässig auf und ab, und über Kairo schrieb der bewundernswerte Baedeker im Jahre 1908, die Straßenszenen in der Stadt der Kalifen seien eine unerschöpfliche Quelle der Ergötzung und des Entzückens, sie böten eine wundervolle Illustration unserer ganzen orientalischen Vorstellungswelt und übten auf die nicht eingeweihten westlichen Menschen einen unauslöschlichen Eindruck aus. Für einen Besuch Palmyras von Damaskus aus war die Begleitung durch eine Soldatenwache noch bis zum Jahre 1912 unerläßlich. Heute ist der Markt von Istanbul dunkel vom Gewimmel verwestlichter Menschen; die Straßen Kairos sind nicht minder gefährlich und uniform wie die jeder beliebigen anderen modernen Großstadt, und der Eindruck der hohen kubischen Allerweltsglasbauten wird nur unwesentlich wiedergutgemacht durch die beiden Pyramiden, die aus der Wüste von Gizeh schüchtern durch sie hindurchsehen. Der Osten ist nicht mehr das, was er war, und er ist sehr stolz darauf.

Aber es gibt immer noch einen Osten, einen genau bestimmbaren Osten, der mit der arabischen Welt beginnt und in der Chinesischen See endet (meine eigenen Reisen endeten am Brahmaputra). Und wenn ich aufgefordert würde, diesen „Osten" näher

EINLEITUNG

zu charakterisieren, so würde ich es nicht in Ausdrücken wie „Turban" oder „Tadsch Mahal" tun, ich würde Geruchsbezeichnungen zu Hilfe nehmen. Es ist wirklich bedauerlich, daß wir – von wenigen unbedeutenden Bemühungen abgesehen – noch keine Möglichkeit haben, Gerüche darzustellen. Warum nicht eine Geruchssymphonie? Beim Verlassen von Kairo stößt uns der Osten zum erstenmal vollständig in die überwältigend heimischen Gerüche der Gewürzläden in den schmalen Nebengassen der Muski. Und von hier an quer durch Asien ist es immer wieder der Geruch des Landes, der besonders auffällt und, zwar verschieden von Region zu Region, in jedem Augenblick ein typisches Merkmal Asiens oder doch eines Teiles von Asien ist. Ich wünschte, durch irgendein Wunder bewirken zu können, daß die Schilderungen dieses Buches die Düfte ausströmten, die als ganz eigentümlicher Bestandteil zu einem jeden gehören. Doch nach diesen allgemeinen Bemerkungen nun zu den Bauwerken, die in diesem Buch beschrieben sind; und zwar in der Reihenfolge ihrer Lage von der Wüste des Irak bis zu den Dschungeln Indiens und weiter zum Fernen Osten, von der Moschee zu Samarra bis zur Verbotenen Stadt. Die Mannigfaltigkeit ihrer Formen und Farben macht es schwer, allen gemeinsame Prinzipien zu entdecken, es sei denn die immer wiederkehrende wechselseitige Beziehung zwischen Funktion, Umgebung und genialer Konzeption der Bauwerke. Doch darüber soll in einem oder zwei der Kapiteleinführungen noch etwas gesagt werden. Hier mag der Hinweis genügen, daß von den drei genannten Faktoren die Bedeutung der Umgebung zumeist nicht genügend beachtet worden ist.

Das darf nicht weiter so bleiben: Der Historiker muß sie aus den Resten der alten Landschaften rekonstruieren, denn ohne diese Rekonstruktion bleibt unser Verständnis weiterhin mangelhaft. Beweis dafür ist das herkömmliche Unverständnis des Westens für die indische Skulptur und Architektur. „Es besteht wirklich keine Veranlassung bei der Bildhauerkunst Hindostans länger zu verweilen", bemerkte der Professor of Sculpture an der königlichen Akademie (Westmacott) im Jahre 1864. „Für die Geschichte der Kunst ist sie völlig belanglos, und ihre geringe Qualität schließt sie als Phase echter Kunst völlig aus." Diese Ansicht war lange vor und nach Westmacott weit verbreitet. Sie ist aber doch nur insofern richtig, als die indische Kunst und

EINLEITUNG

Architektur weniger nach Strand oder Piccadilly paßt als in den üppigen indischen Dschungel, der ihre Heimat ist. Im Grunde geht es hier nicht um die olympische Frage, ob die Kunst gut oder schlecht ist; es geht vielmehr um die Frage der Anpassung, der geist- und phantasievollen Interpretation einer Umgebung durch künstlerische Vorstellungen, die in ihr schon Gestalt angenommen haben.

Unter diesem Gesichtspunkt und unter Beachtung einiger weiterer Eigenschaften müssen die hier ausgewählten Gebäude betrachtet werden. Daß es sich zumeist um religiöse Bauwerke oder Stätten des Totenkults handelt, hat seine natürliche Ursache darin, daß Bauten dieser Bestimmung die Zeiten eher überdauern als andere. Darin liegt ein gewisser Trost, denn sie repräsentieren zugleich Kunst und handwerkliches Können ihrer Zeit in höchster Vollendung, als seien sie für die Ewigkeit geschaffen. Doch gibt es auch weltliche Bauten, die das gleiche Lob verdienen: Der Königspalast von Persepolis, die Burgfesten von Lahore und Delhi, die Palaststadt von Fatihpur-Sikri, die Verbotene Stadt von Peking und andere.

Die Beschreibungen dieses Buches stammen von vorzüglichen Kennern der Bauwerke. Was aber die Photographien betrifft, so ist Jan Graham nach einer mühsamen Reise mit manchen Zwischenfällen einer Meinung mit Bacon: daß nämlich die eigentliche Schönheit des dargestellten Objekts in dem liegt, was ein Bild nicht wiedergeben kann.

MORTIMER WHEELER

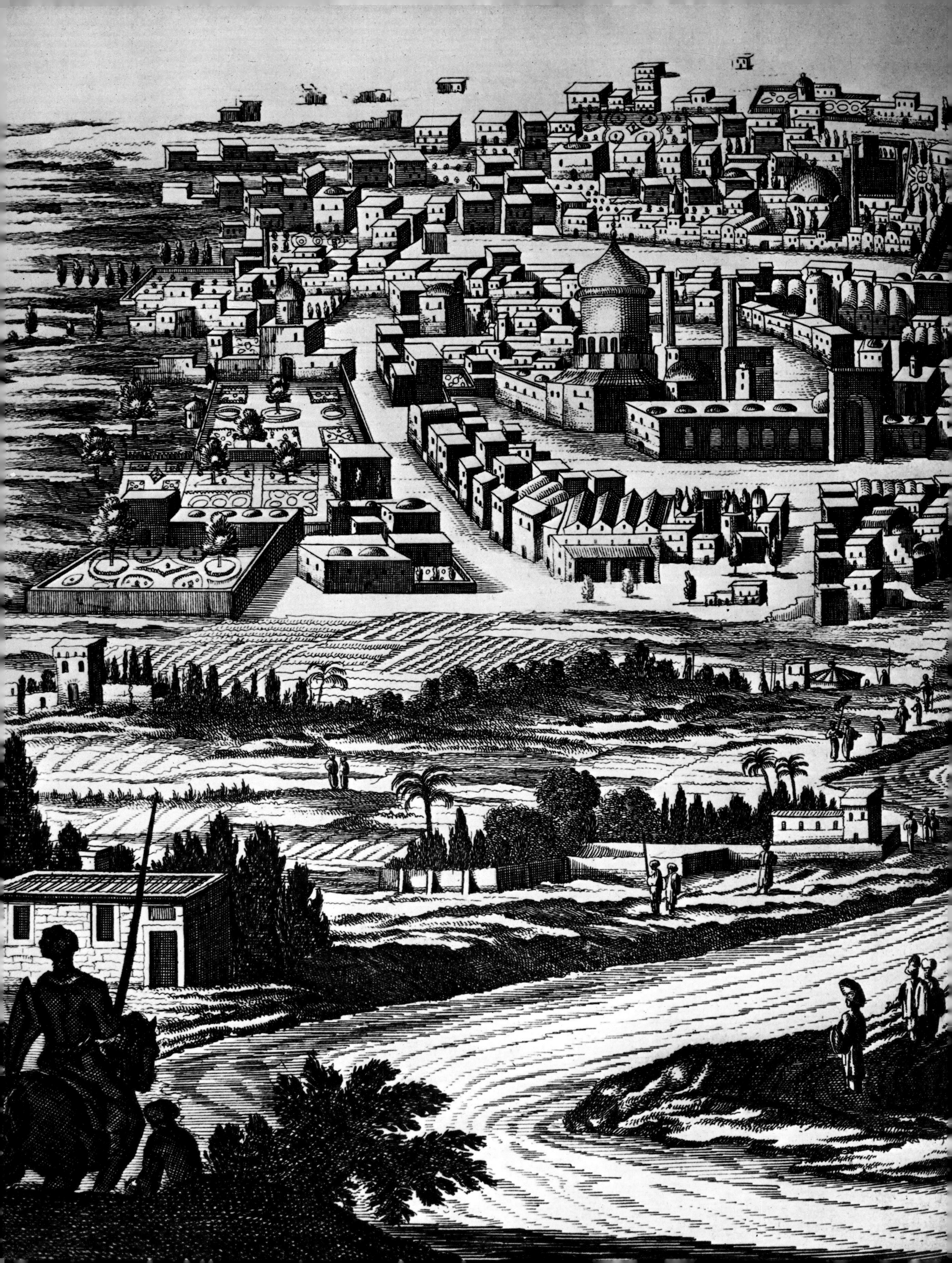

DER MITTLERE OSTEN

Einführung von Mortimer Wheeler

„Der Mittlere Osten" – was ist darunter zu verstehen? Nach meiner Meinung ist diese Bezeichnung im zweiten Weltkrieg aufgekommen, und man versteht darunter das westliche Asien aus transatlantischer Sicht. Früher war ein großer Teil dieses Gebietes als „Naher Osten" bekannt, doch würde die Beschränkung darauf eine nicht mehr zeitgemäße Einengung des Gesichtsfeldes bedeuten. Jedenfalls sind in den Beiträgen dieses Buches Iran und Irak in den Mittleren Osten einbezogen – und der Einfachheit halber auch ein etwas willkürlicher Keil bis Samarkand. Die Einbeziehung Irans – wir wollen es Persien nennen – gibt diesem bedeutenden Teil Asiens ein hohes Maß an Geschlossenheit, die er sonst in keiner Hinsicht aufzuweisen hat. Persien, das von Geographen, die nie dort waren, als Hochebene beschrieben wird, ist in Wirklichkeit ein karstiges Hochland, Kerngebiet der Gebirgszone, die sich vom Rand des indischen Subkontinents bis nach Anatolien und zum Kaukasus erstreckt. Ihre Täler und Bergketten haben Nordwest-Südost-Richtung und trennen die Steppen Turkestans von den Sandwüsten Iraks und Arabiens. In diesen Tälern lebten ihre Bewohner, eine Mischbevölkerung, in entlegener Einsamkeit, weitab von den Wüstenarabern und den mittelasiatischen Mongolen. In vorgeschichtlicher Zeit jedoch scheinen die starken Bergbewohner dieser Gegend an der kulturellen Entwicklung, die zur Entstehung der Stadtstaaten Mesopotamiens führte, ebenso tätig mitgewirkt zu haben wie an der Ausbreitung der Zivilisation in den Indusländern.

Zwischen dem 6. und 4. Jh. vor Chr. kontrollierten die persischen Achämenidenherrscher für eine kurze Zeit dieses gesamte ausgedehnte Oberland von der Ägäis bis zum Pandschab. Abgesehen von ihren nicht zu übersehenden großen Leistungen entzündeten sie unbewußt durch die Zerstörung des östlichen Griechenlands den Genius des perikleischen Athens, während die Vernichtung ihres eigenen Reiches durch Alexander den Großen eineinhalb Jahrhunderte später – wenn auch zufällig – viel zur Entwicklung des Maurya-Stils in Indien beitrug. Später war in der kulturellen und besonders in der künstlerischen Entwicklung der Parther, Kuschanen und Sasaniden der Beitrag Persiens von größter – allerdings auch heute noch nicht voll anerkannter Bedeutung für die Bauart der Schulen Konstantinopels im Westen und Gandharas im Osten. Im 10. Jh. wurde Persien dann selbst von den seldschukischen Türken erobert, die eine lebendige Kultur entwickelten, mit einer Architektur, die als östliches Gegenstück zum romanischen Stil des Westens bezeichnet werden kann. So war Persien in der einen oder anderen Weise immer wieder Brennpunkt oder Werkstatt schöpferischer Phasen asiatischen Denkens und asiatischen Kunstschaffens.

Unsere Zeittafel im folgenden Kapitel beginnt mit den persischen Achämeniden auf dem Höhepunkt ihrer Macht zu Persepolis, wo Dareios I. (521–486 v. Chr.) den Bau seines großen Festungspalastes in Angriff nahm. Natürlich begann hier nicht die Geschichte des Perserreiches. Sie begann 80 km weiter nördlich zu Pasargadae, wo Dareios' älterer Vetter Kyros, zuerst als renitenter Vasall und später als König der Könige, um die Mitte des 6. Jh. v. Chr. eine massive Zitadelle mit ausgedehnten Befestigungsanlagen und mit verstreuten Vorstädten in der weiten Ebene ringsherum projektiert hatte. Hier steht noch immer das kleine, aber seltsam eindrucksvolle Grabhaus des Großen Königs, der fern in der Steppe im Kaspischen Meer erschlagen und hier in einem prunkenden Grabraum beigesetzt wurde. „O Mensch, ich bin Kyros, des Kambyses Sohn, Gründer des Perserreiches und König von Asien. Neide mir nicht dieses Erinnerungsmal" – so lautete eine Inschrift, die heute nicht mehr vorhanden ist. Leider fand schon Alexander der Große das Grabmal beschädigt vor, doch er ließ es pietätvoll instandsetzen, den Torweg ummauern und die Inschrift in Griechisch erneuern.

Pasargadae ist in jüngster Zeit von neuem erforscht worden. Das krönende Bauwerk ist eine riesige aus Bruchsteinen errichtete Terrasse, zu der monumentale Treppenläufe hinaufführen. Sie ist dortzulande als „Thron Salomos" bekannt und war tatsächlich oder wenigstens dem Plan nach der Unterbau für den Palast des Kyros, wenngleich es sehr zweifelhaft ist, ob er überhaupt jemals vollendet wurde. Jedenfalls fand er nach dem Tode seines Erbauers (530 v. Chr.) eine andere Verwendung. Jetzt entstanden hier Lehmziegelbauten – Speicher und eine Residenz oder Kasernen – und ringsherum eine Umfassungsmauer aus demselben Baumaterial. Kyros' Sohn und Nachfolger, Kambyses II., aber blickte fasziniert nach Ägypten und machte sich um das unvollendete Werk seines Vaters keine Ge-

Qum, einer der heiligen Plätze Persiens. Aus *Description of the Kingdom of Persia* (1672), von Dr. Olfert Dapper

DER MITTLERE OSTEN

danken. Als aber 521 Dareios auf den Thron folgte, reiften neue und großartigere Pläne heran.

Südlich von hier wurde auf einer Terrasse zu Füßen eines aufragenden Felsens der Grundstein zu dem riesigen Palast gelegt, der die materielle Verkörperung achämenidischer Majestät darstellt. Goldene und silberne Tafeln, die in dem Mauerwerk gefunden wurden, tragen die Namen des Dareios und seines Sohnes Xerxes. Tatsächlich wurde an dem Palast von Persepolis noch immer gebaut, als Xerxes seine Heeresmacht gegen Griechenland führte und 480 v. Chr. die Akropolis von Athen eroberte; und auch nach dem schließlichen Sieg der Griechen gingen die Bauarbeiten weiter. Ob sie dann endgültig durch einen Akt des Übermuts oder des politischen Ressentiments beendet wurden, ist umstritten, jedenfalls sind die verkohlten Balken Zeugen der gewaltigen Feuersbrunst, die den Palast kurz nach seiner Einnahme durch Alexander den Großen im Jahre 330 v. Chr. vernichtete.

Vielleicht war die Zerstörung ein Akt kaltblütiger Rache, „Vergeltung für die Verheerung Athens, die Brandschatzung der Tempel und alle anderen Untaten, welche die Perser den Griechen zugefügt hatten". So schreibt Arrian, der aus älteren Quellen schöpft. Viel ausführlicher und lebendiger ist das Bild, das Diodorus Siculus, Curtius und Plutarch, Schriftsteller aus den ersten Jahrhunderten vor und nach der Zeitenwende, aufgezeichnet haben. Und da sie zweifellos alle auf die Berichte der Historiker Alexanders des Großen zurückgegriffen haben, ist ihre Darstellung viel überzeugender. Sie schildert eines der dramatischsten Zwischenspiele der Geschichte. „Der junge König, gerade Mitte der zwanziger Jahre, feiert im Palast der Großkönige ein ausgelassenes Siegesfest, das sich seinem Höhepunkt nähert. Da hat Thaïs, die Kurtisane aus Attika eine Idee: „König Alexander, es würde die Krönung deiner großen Taten in Asien bedeuten, wenn wir jetzt einen Triumphzug veranstalteten und Feuer an den Palast legten, so daß durch Frauenhand das berühmteste Werk der Perser in *einem* Augenblick vernichtet würde." Die Gäste, wie der König „jung und vom Wein erregt, waren ganz von Sinnen". Der Zug wurde formiert und setzte sich mit lodernden Fackeln, mit Gesang und Flötenspiel in Bewegung. Der König warf als erster seine Fackel, Thaïs und alle andern taten es ihm nach. Bald standen der ganze Palast und alle Gebäude ringsum in hellen Flammen. So wurde der ruchlose Anschlag des Perserkönigs Xerxes gegen die Akropolis von Athen viele Jahre später durch eine Frau aus eben dieser Stadt gleich um gleich vergolten – als wäre es ein Scherz" (Diodorus). Die erhaltenen Reste von Persepolis berechtigen zu der Feststellung, daß es hier in der gesamten Architektur dieser Art nichts Vergleichbares gibt. Seine riesigen Treppenläufe, seine Terrassen und Promenaden, seine vielen tausend Stein- und Holzsäulen, seine majestätischen Torwege und allem voran die großartigen Reliefs stellen eine unermeßliche Schatzkammer dar und zeugen ebenso von kühner Sicherheit in der Gestaltung wie von unübertrefflicher Kunstfertigkeit, die ein babylonisches und assyrisches Erbe war. Vielleicht gab es hier nur wenig Zukunftweisendes, aber es war ein stolzes Finale einer versinkenden Welt. An diesem Urteil ändert auch die Tatsache nichts, daß einige Stilelemente von Persepolis in der Folgezeit in die Architektur des buddhistischen Indien übernommen wurden und dort weiterleben.

Nach dem Tode Alexanders des Großen im Jahre 323 war dem Diadochen Seleukos I. der asiatische Teil dieses unförmigen Reiches zugefallen, und er herrschte – mehr oder weniger nominell – bis zum Hindukusch. Seine Residenz war zeitweise Seleukia, das er auf dem Westufer des Tigris unterhalb des späteren Bagdad gründete. Wegen ihrer günstigen Lage wurde diese Metropole zum Handelszentrum zwischen den mächtig aufblühenden Hafenstädten des östlichen Mittelmeers und den Ländern Indiens und Chinas, die reich waren an Gewürzen, Edelsteinen und Seidenstoffen. Auch als Antiochia politisch schon bald an die Stelle von Seleukia trat, behielt diese ihre wirtschaftliche Vorrangstellung, und so war sie um 144 v. Chr. das natürliche Ziel neuer Eindringlinge aus Nordosten.

Es handelte sich um die Parther, einen halbnomadischen Volksstamm der Sakas oder Skythen, die sich seit der Mitte des 3. Jh. v. Chr. auf das Ostufer des Kaspischen Meeres zu bewegten. Dabei nahm ein Teil Richtung auf Indien, ein anderer zog durch Persien gegen Mesopotamien und Syrien. Die letzteren legten sich nach der Landschaft Partheva, die sie überrannten, einen neuen Stammesnamen zu. Als diese Parther sich dem Tigris näherten und die ausgedehnten griechisch-asiatischen Städte am fernen Ufer sahen, machten sie halt und schlugen ihre Zelte auf. Die Ursache dieses Zögerns kann nur vermutet werden: Vielleicht war dieses unseßhafte Volk aus der Wüste einfach von Ehrfurcht ergriffen beim Anblick dieser so hoch entwickelten Welt und wagte nicht, die Städte in Schutt zu legen. Wie dem auch sei, dort wo sie ihre Zelte aufgeschlagen hatten, bauten sie schließlich eine königliche Stadt und nannten sie Ktesiphon. Mehrere Jahrhunderte hindurch lagen sich nun Seleukia und Ktesiphon, nur getrennt durch den breiten Strom, auf Blickweite gegenüber und fanden schließlich zu einem erträglichen Zusammenleben.

Mit diesen Parthern haben wir uns hier nicht weiter zu beschäftigen. Es soll nur bemerkt werden, daß sie als Ergebnis ihrer ständigen Kontakte und Konflikte mit den Römern in Syrien im 1. Jh. v. Chr. einen römisch-asiatischen Kunststil entwickelten, der in seiner strengen, spröden, dekorativen und unmenschlichen Art von überraschend individuellem Charakter war und, wenn auch indirekt, entscheidend zur Entwicklung der byzantinischen Kunst späterer Jahrhunderte beitrug. Diese parthische Kunst ist besonders von Palmyra, Hatra und Dura-Europos, alles Städte in Syrien und Irak, bekannt. Über ihre Leistungen auf persischem Boden, von dem ein großer Teil unter parthischer Kontrolle stand, ist bis heute nur wenig bekannt geworden.

Im Jahre 224 n. Chr. wurde in Parthinien die Arsakiden-Dynastie gestürzt, und zwar durch die Sasaniden, die ihren Stammbaum auf die Achämeniden, das Herrscherhaus in der großen Zeit der persischen Geschichte, zurückführten. Dieser Kampf ist symbolisch und trotzdem äußerst lebendig in einem Felsenrelief nahe Firuzabad in Südpersien verewigt. Die Szene stellt einen echten mittelalterlichen Turnierplatz dar; der Sasanide Ardaschir im Kettenpanzer reitet gegen seinen arsakidischen Gegner an, der mit langer, gesenkter Lanze kämpft; beide Widersacher tragen eine Art Feudalwappen. Die Einzelheiten dieser Darstellung sind nicht etwa zufällig, vielmehr werden während der ganzen Zeit der Sasanidenherrschaft, die bis zum Einbruch der Araber im 7. Jh. dauerte, immer wieder aristokratische Sitten und Gebräuche des Mittelalters vorweggenommen – gleichzeitig allerdings mit einem archaischen Einschlag als traditionelles Bindeglied zu der heroischen Zeit Alexanders und seiner Nachfolger. In der Architektur erreichten die Sasaniden ihren Höhepunkt in dem großen, gewölbten Iwan von Ktesiphon.

Dann betraten die Araber und der Islam die Szene. Bar jeder eigenen Kunsttradition, waren sie mit ungestümem Eifer bereit,

DER MITTLERE OSTEN

diese hochstehende Zivilisation anzunehmen und sie ihren Vorstellungen anzupassen, so wie ja auch ihr Glaube ein Konglomerat aus verschiedenen Religionen war. Wir werden im folgenden Kapitel drei Städte besuchen, in denen sich ihre handwerkliche Kunst in prächtigen Werken manifestiert: Samarra, Isfahan und Samarkand. Die Namen allein sind Gedichte, und eine von ihnen, nämlich Isfahan, zeigt eine beinahe unveränderte orientalische Szenerie. Das Herz dieser Stadt ist immer noch die eigentliche Hauptstadt Persiens. Hier ist vieles noch so, wie es in den ruhmvollen Tagen des Schahs Abbas, eines Zeitgenossen Königin Elisabeths I. und Akbars des Großen, war. (Welch eine Welt im Jahre 1600!) Hier findet sich auf relativ kleinem Raum viel von dem Besten, das der persische Islam aufzuweisen hat: Die Brücken mit ihren Pavillons, der lange Zentralplatz oder Meidan, wo die Hofgesellschaft des Schahs zwischen steinernen Torpfosten Polo spielte; der Palast an der einen Seite des Meidan, die prächtige blauglasierte Königsmoschee an einer andern, an der dritten eine wundervolle kleinere goldbraune Moschee und an der vierten Seite der große überwölbte Bazar, vielleicht der schönste in ganz Asien. Hier blühen noch immer inmitten von unvermeidlichem Trödel die alten handwerklichen Künste, insbesondere das Bedrucken von Stoffen mit farbigen Mustern.

Leider ist die Kalifenstadt Samarra im Gegensatz zu Isfahan lange Zeit eine Trümmerstätte gewesen. Aber selbst in ihrer kurzen Blütezeit vor elf Jahrhunderten kann sie in keiner Weise mit der kostbar verzierten Architektur Persiens rivalisiert haben. Ebenso sind zu dieser Zeit auch die Moscheen in Persien mit denen in Mesopotamien nicht vergleichbar: Sie waren die Produkte ganz verschiedener Umwelten. Der Eigenart des bergigen und steinigen Hochlands Persiens entsprachen der kompakte Grundriß und die ausdrucksvolle Kuppel; nicht weniger aber paßten zu den weiten Ebenen das heimische Ziegelwerk und die geräumigen Höfe mit ihren schattigen, weißgetünchten Arkaden. Es ist ein Jammer, daß so viele dekorative Details unter dem Putz verschwunden sind. Jedenfalls verdient die kraftvolle Architektur des Minaretts von Samarra die Aufnahme in jedes Verzeichnis der berühmtesten Bauwerke des Ostens.

Bleibt schließlich noch Samarkand, das ich selbst nur aus Bildern kenne. Seine handwerklichen Künste zur Zeit Tamerlans werden in diesem Buch mit Recht als Höhepunkt ihrer Art bezeichnet. Jacquetta Hawkes wird schildern, daß gerade diese Stadt im Hochmittelalter Ausdruck höchsten persischen und indischen Künstlertums ist, das durch das wilde Genie eines Fürsten, der plötzlich und nur für kurze Zeit aus dem Dunkel auftauchte, in Szene gesetzt wurde.

Die Ruinen von Persepolis. Aus Carsten Niebuhr, *Voyages en Arabie* (1780)

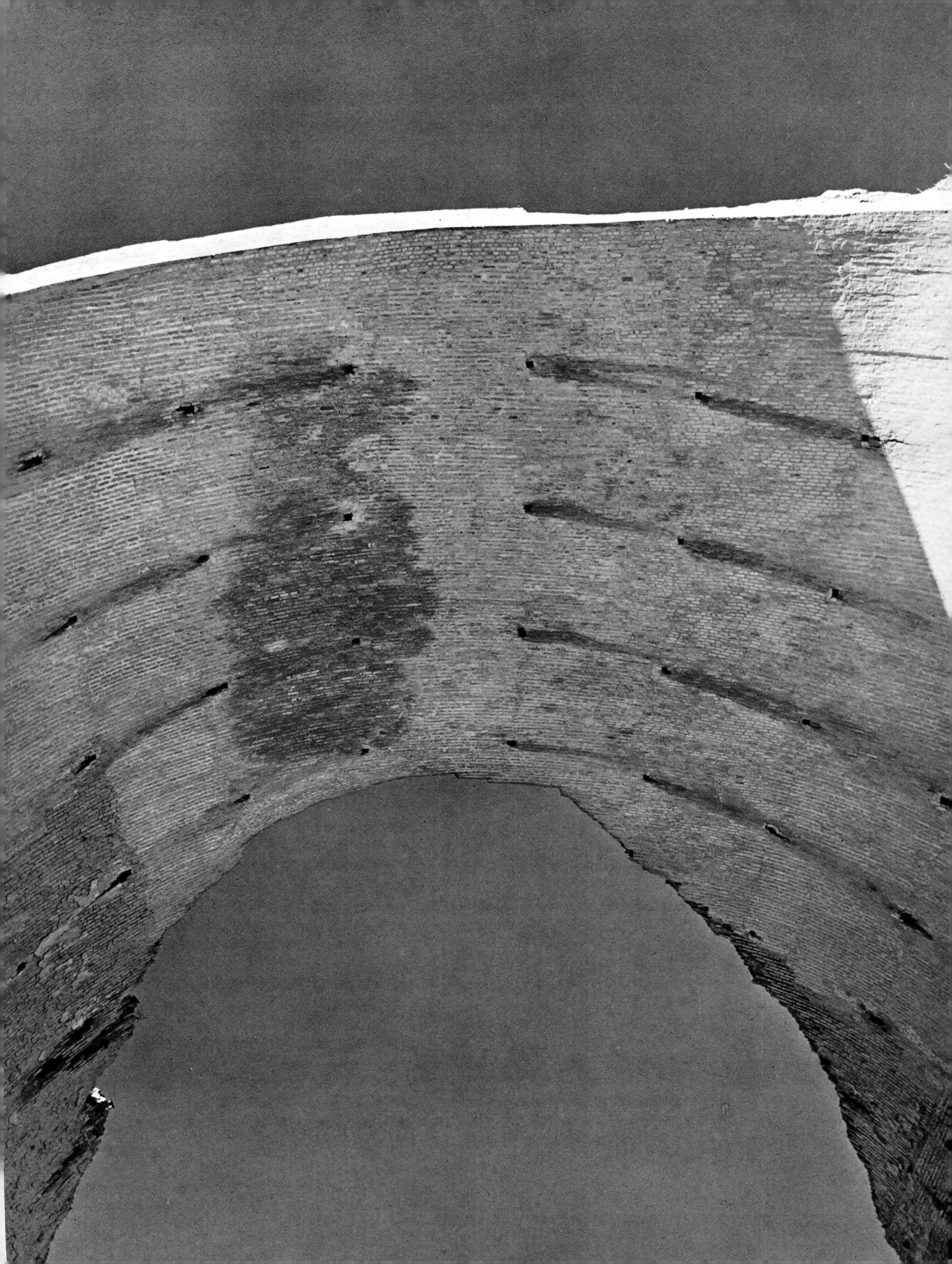

Irak: Ktesiphon

Der imposante, bis weit in die Tigrisebene hinein sichtbare Gewölbebau, Wahrzeichen der Stadt auf dem Ostufer des Flusses, die ihrer Rivalin auf der anderen Seite des breiten Stromes genau gegenüberlag

Nördlich von Babylon, dort, wo sich die Zwillingsströme Euphrat und Tigris auf etwa 30 Kilometer nähern, verband in alten Zeiten ein schiffbarer Kanal, der Nahr al-Malik, die beiden Flüsse. An diesem strategisch wichtigen Punkt lagen sich am Tigris zwei Städte genau gegenüber. Seleukia, die ältere von ihnen, war um das Jahr 301 v. Chr. von Seleukos I. auf dem westlichen Ufer gegründet worden, als sich das Herrschaftsgebiet dieses siegreichen Nachfolgers Alexanders des Großen von Kleinasien bis zum Hindukusch erstreckte. Für eine kurze Zeit hatte es sogar bis nach Indien gereicht, jedoch konnte dieses weit im Osten gelegene Gebiet nicht gehalten werden. Auch so überstieg die Führung dieses nur lose zusammenhängende Riesenreiches die Kraft eines einzigen Mannes.

Das erwies sich schon bald. Denn eineinhalb Jahrhunderte später brauste einer jener Stürme aus Zentralasien heran, die im Laufe der Geschichte von Zeit zu Zeit die westliche Zivilisation verheert, aber in gewisser Weise auch befruchtet haben. Skythen, Hunnen, Türken und Mongolen sind nur einige Namen aus einer langen Reihe. In diesem Falle waren es die Parther, ein von der Arsakiden-Dynastie entschlossen geführtes Reitervolk, die über die seleukidischen Provinzen Persien und Medien hinwegfegten und 144 v. Chr. vor Seleukia am Tigris standen. Hier machten sie aus nicht ersichtlichen Gründen halt und lagerten auf dem östlichen Ufer des Flusses. Und auf diesem Lagerplatz entstand die Palast- und Garnisonstadt Ktesiphon.

Seleukia war bei der Gründung die Metropole des Seleukidenreichs gewesen. Doch schon bald wurde Antiochia in Syrien zur Hauptstadt erwählt, da dieser Platz bessere Verbindungen zu den Mittelmeerländern und damit zu den größeren Märkten und den mächtigeren Rivalen bot. Seleukia aber blieb wegen seiner geographischen Lage an den Hauptverkehrsstraßen vom Persischen Golf her und aus Innerasien Mittelpunkt des Ost-West-Handels. Haben die Parther vielleicht deshalb die Stadt nicht zerstört, weil sie über so reiche kommerzielle Erfahrungen verfügte, aber nur von geringer politischer Bedeutung war?

„Ansicht von Ktesiphon", aus *On a Raft and through the Desert* (1881), von Tristram Ellis

linke Seite: Der Scheitel des großen Sasaniden-Gewölbes mit den Öffnungen, durch welche die Seile zum Befestigen der Gerüste bei den Bau- und Reparaturarbeiten herabgelassen wurden

KTESIPHON

Auf jeden Fall lebten Seleukia und Ktesiphon, die erste eine im Grunde griechische, die zweite eine orientalische Stadt, in friedlicher Rivalität nebeneinander. Im ersten vorchristlichen Jahrhundert jedoch zeigten die Konkurrenten ihre Zähne, und dabei scheint Seleukia den kürzeren gezogen zu haben, was für die Stadt wohl mehr als einen momentanen Rückschlag bedeutete. Im folgenden Jahrhundert jedoch kamen beide Städte zu Schaden, als drei Feldherrn, Trajanus, Lucius Verus und Septimius Severus, ihre ausgehungerten und marodierenden Heere gegen Ktesiphon führten. Schließlich soll Avidius Cassius, der Oberbefehlshaber der Truppen des Verus, Seleukia im Jahre 165 n. Chr. dem Erdboden gleichgemacht haben. Vermutlich stand die Stadt zu diesem Zeitpunkt schon unter parthischer Kontrolle.

Ein ähnliches Schicksal erlitt auch Ktesiphon, aber es überlebte und übernahm die Führung. Als im Jahre 226 die Arsakiden von den persischen Sasaniden verdrängt wurden, war Seleukia nur noch der Schatten einer Stadt, Ktesiphon aber eine blühende Metropole. Noch einmal wurde diese im Jahre 363 von dem römischen Kaiser Flavius Claudius Julianus (Apostata) mit großer Heeresmacht angegriffen, aber im letzten Augenblick durch einen Wurfspeer gerettet, der den gefürchteten Feldherrn traf. Hinfort wuchs Ktesiphon über seine ursprünglichen Grenzen hinaus, und aus der in sich geschlossenen Stadt wurde ein Städteverband. Als die Araber im Jahre 636 das Land eroberten, gaben sie Ktesiphon den Scherznamen *al Mada'in* (die Städte). Doch die goldenen Tage von Ktesiphon waren nun zu Ende, und die Stadt verfiel schnell. An ihre Stelle traten anfangs Basra und Wasit und nach 762 Bagdad, 40 km nördlich davon. Die Ortsgrenze zwischen Seleukia und Ktesiphon läßt sich nur schwer angeben, da sich das Flußbett des Tigris, der die beiden Städte trennte, verändert hat und jetzt durch Ktesiphon verläuft. Der größere Teil der Stadt liegt nun auf dem rechten, dem seleukidischen Ufer. Beide Städte sind noch sehr ungenügend erforscht; anscheinend hatte Seleukia einen rechteckigen, Ktesiphon einen annähernd kreisförmigen Grundriß wie später Bagdad. Auch von ihren Vorstädten sind nur wenige bekannt. Zukünftige Ausgrabungen auf dem Boden dieser riesigen Doppelstadt dürften noch manche bedeutenden Zeugnisse ihrer einstigen Macht und Größe zutage fördern. Trotzdem: an Großartigkeit werden sie den gewaltigen Ziegelsteinbau von Ktesiphon nicht übertreffen, dessen Umrisse schon aus weiter Ferne sichtbar werden – ein wahrhaft überwältigender Anblick! Das Bauwerk besteht aus einem mächtigen, elliptischen Gewölbe von fast 38 m Höhe und 25 m Fundamentbreite, das von zwei Flügeln mit sechs oder mehr Arkaden flankiert war, von denen nur die unterste einen wirklichen Bogengang darstellte. (Der Nordflügel stürzte im Jahre 1909 bei einem Hochwasser zusammen.) Im folgenden soll jeder der drei Teile gesondert beschrieben werden:

Da ist zunächst der Gewölbebogen. Es wird zweifellos zu Recht behauptet, daß er der weitestgespannte Bogen aus nicht verstärktem Ziegelmauerwerk in der ganzen Welt sei. Außer dieser

Luftbild des Ziegelgewölbes von Osten mit den Überresten des südlichen Flügels. Im Hintergrund der Tigris

überwältigenden Größe hat er noch weitere hervorstechende Eigenschaften. Die subtile Führung des Gewölbebogens, der nicht ganz zutreffend als oval bezeichnet wird, gibt dem Gebäude eine geniale Leichtigkeit, die es über die traditionelle, rein handwerkliche Baukunst jener Zeit weit hinaushebt. Das Gewölbe soll ohne Lehrgerüst errichtet worden sein, etwa nach Art eines Kragsteingewölbes. Es handelt sich um „ein Konstruktionsprinzip, das bei späteren persischen Bauten üblich war. Hierbei wurden die ersten Deckenteile in Form eines Dreiecks, dessen Basis sich auf die Seitenwand stützte und dessen eine Seite sich an die Stirnwand anlehnte, schräg hochgemauert. Danach wurden die vertikalen Ziegelschichten jeweils an die vorhergehende angelehnt und von dieser gehalten".

Während das Gewölbe mit Recht ein Meisterwerk genannt wird, sind die beiden Flügel, die es flankieren und stützen, umstritten. Bemängelt wird hier das Fehlen senkrechter Achsen in der Arkadendekoration, die Art und Weise, wie die Felder ohne Rücksicht auf vertikale Gliederung, die man erwartet und die zum Beispiel am Kolosseum in Rom zu finden ist, übereinandergesetzt sind. Man darf daraus schließen, daß sicher kein klassischer Architekt dieses Gebäude in Ktesiphon entworfen hat. Bedeutende Bauwerke des Mittelalters zeigen oft solche Abweichungen von klassischen Architekturgesetzen, und bei Ktesiphon lassen die äußerst flachen Säulen und Arkaden – sie sind nur 30 bis 60 cm tief – eher auf einen völlig freien Entwurf als auf ein schulmäßiges Vorbild schließen. Hier sollten eben die horizontalen Linien, die das Auge zu dem zentralen Gewölbe hinlenken, stärker betont werden als die vertikalen, die den Blick in die Luft leiten. Bei diesem Bauwerk handelt es sich offenbar um ein typisches Beispiel orientalischer Nichtachtung strenger mathematischer Formen zugunsten einer sinnenhaften Konzeption, und das mag wohl dazu beigetragen haben, daß die Fassade von Ktesiphon etwas von einem orientalischen Teppich hat. Man muß sich überdies vor Augen halten, daß das Ziegelmauerwerk ursprünglich verputzt und bemalt war – und sicher in sehr lichten und heiteren Farben, welche die Aufmerksamkeit des Beschauers von etwaigen Mängeln der Architektur abzulenken vermochten. Wenn aber jüngst ein namhafter Kritiker die Fassaden der Flügelbauten als ein „Meisterwerk schlechten Geschmacks in mancher Hinsicht" bezeichnete, „als ein erstaunliches Beispiel für die phantasielose Anwendung der nackten Prinzipien römischer Architektur nach Bilderbuchvorlagen", so geht er zweifellos von falschen Voraussetzungen aus. Denn die Fassade von Ktesiphon mit dem hervorragenden Mittelgewölbe ist weder eine Bilderbuchkopie römischer Architektur noch überhaupt eine Kopie. Natürlich hat sie herkömmliche Elemente in sich aufgenommen, aber sie hat etwas Neues daraus geschaffen: die Sasanidische Architektur.

Welche Bestimmung hatte dieses Bauwerk, und wann wurde es errichtet? Beginnen wir mit der letzten Frage! Die arabische Tradition kommt in dem Namen *Taq-i-Kisra,* „Gewölbe des Khosrau", zum Ausdruck, der auf einen der persischen Herr-

Ziegelarkaden an der Ostseite des Südflügels

KTESIPHON

scher gleichen Namens hinweist. Wenn die Überlieferung einen wahren Kern hat, so kann entweder Khosroes I. (531–579) oder Khosroes II. (590–628) gemeint sein. Die größere Wahrscheinlichkeit spricht für Khosroes I. Wenn sich nämlich, wie berichtet wird, in dem Gebäude tatsächlich ein Wandgemälde mit der Darstellung der Eroberung Antiochias befand, so hatte Khosroes I., der die Stadt im Jahre 540 zerstörte, ein größeres Interesse daran, dieses Ereignis festzuhalten, als der spätere Träger dieses Namens. Aber was ist wahr an aller Überlieferung? Es gibt keine Inschrift, die uns aufklären konnte, und keine stratigraphische Ausgrabung nach modernen Gesichtspunkten hat bisher stattgefunden. Da wir aber auch fast keinerlei Kenntnis von der Stilentwicklung der sasanidischen Architektur haben, ist jedweder Vermutung Tür und Tor geöffnet. So datiert Herzfeld den Entstehungszeitpunkt des Bauwerks bis zu Schapur I. (241–272) zurück. Seton Lloyd vermutet ihn um das Jahr 400. Reuter und Wachsmuth entscheiden sich für Khosroes I., und ich schließe mich ihrer Ansicht an. Ganz sicher liegt Herzfelds Datum zu früh; denn unter voller Berücksichtigung orientalischer Eigenheiten hätte die Zeit für die Umwandlung und Anpassung klassischer römischer Motive kaum gereicht. Aber das ist schon eine neue Vermutung.

Weniger Meinungsverschiedenheiten gibt es über die Bestimmung des Gebäudes. Nach arabischer Überlieferung diente die riesige Gewölbehalle, der *Iwan-i-Khosrau*, als Thronsaal, in dem der herrschende Sasanide seine Amtsgeschäfte und Zeremonien nach persischem Brauch vollzog, der einen regelmäßigen Kontakt zwischen dem Herrscher und seinem Volk vorschrieb. Die Halle – der Iwan – mit ihren angrenzenden Räumen stellte das Mittelstück eines ausgedehnten Palastkomplexes dar, dem ein geräumiger Platz für Volksversammlungen und Paraden vor-

Ostfront des Gewölbebaus
mit dem arkadengeschmückten Südflügel

KTESIPHON

gelagert war. Die Räume hinter dem Hauptgewölbe und den Flügeln waren wahrscheinlich alle gewölbt. Getrennt von dem Hauptkomplex lagen, wie noch nicht beendete Ausgrabungen ergeben haben, nach Süden und Osten weitere ausgedehnte Gebäude, darunter offenbar ein zweiter Thronsaal von gleicher Breite, dem ersten in etwa 100 m Entfernung genau gegenüber. Südlich von der Hauptanlage wurden außerdem die Grundrisse eines großen rechteckigen Bauwerks bzw. einer Einfriedung mit einer Ausdehnung von etwa 100 × 65 m freigelegt, die aus Lehmsteinen mit Ziegelhintermauerung ausgeführt waren und im Innern Strebepfeiler bzw. Säulenfüße enthielten. Über den Stuck und andere Dekorationen, die diese Gebäude mit Sicherheit einst aufwiesen, ist nur wenig bekannt. An den Trümmern sind Wandverkleidungen aus buntem Marmor zu erkennen, einige Decken waren mit Glasmosaiken ausgelegt, und die Fußböden bestanden aus Marmor oder Ziegelsteinen, die mit Gips ausgefugt waren. Die etwas reichhaltigeren Reste anderer Sasaniden-Bauwerke in der Umgebung deuten auf eine größere Reichhaltigkeit und eine bemerkenswerte Lebendigkeit in der Dekoration hin, welche Medaillons und Friese mit Tieren, Vögeln, konventionellen Blumen und gelegentlich auch mit zwar rohen, aber nicht ausdruckslosen menschlichen Figuren enthielt. Unglücklicherweise sind diese Fragmente meist in der salzigen Sandwüste unwiderruflich vernichtet worden, so daß es nicht mehr möglich ist, ein Gesamtbild zu rekonstruieren. Insbesondere haben sie ihre Farben, die den wesentlichen Schmuck dieser Gebäude ausmachten, fast völlig verloren: Gelb, Rot, Ocker, Ultramarin, Schwarz. An einigen Stellen gab es anscheinend auch Intarsien aus Edelsteinen und Halbedelsteinen. Der Gesamteindruck war sicher höchst glanzvoll, wenn auch übertrieben prunkhaft.

Nun bleibt uns nur noch, über die letzten Tage von Ktesiphon zu berichten. Im Jahre 637 überschritten die Krieger des Islam den Tigris und drangen in die Stadt ein. „Diese heruntergekommenen Wüstenräuber" – schreibt Edward Gibbon – „sahen sich plötzlich von Reichtümern umgeben, die alle ihre Erwartungen und Vorstellungen weit überstiegen... Teils geschickt verborgen, teils prunkvoll ausgebreitet enthüllte jedes Zimmer neue Kostbarkeiten: Diese Gold- und Silberschätze, diese zahlreichen Kleiderschränke und kostbaren Möbel – das war mehr, als die Phantasie sich ausmalen konnte... Im Palast war ein Raum mit einem Seidenteppich von etwa 30 m Länge und fast gleicher Breite dekoriert, auf dem ein Paradiesgarten dargestellt war. Die Blumen, Früchte und Bäume bestanden aus Goldstickerei und den Farben der kostbarsten Steine, der äußere Rand war mit einer lebhaften frischgrünen Borte eingefaßt. Aber ohne Rücksicht auf künstlerischen Wert und königliches Gepränge verteilte der unerbittliche Omar die Beute unter seine Glaubensbrüder von Medina, und der wundervolle Teppich wurde zerstört... Das ausgeplünderte und zerstörte Ktesiphon wurde von seinen Einwohnern verlassen und dem Verfall anheimgegeben."

MORTIMER WHEELER

Blick von Süden auf die Überreste des südlichen Flügels und den Scheitel des großen Gewölbes dahinter. (Der Strebepfeiler rechts ist neu)

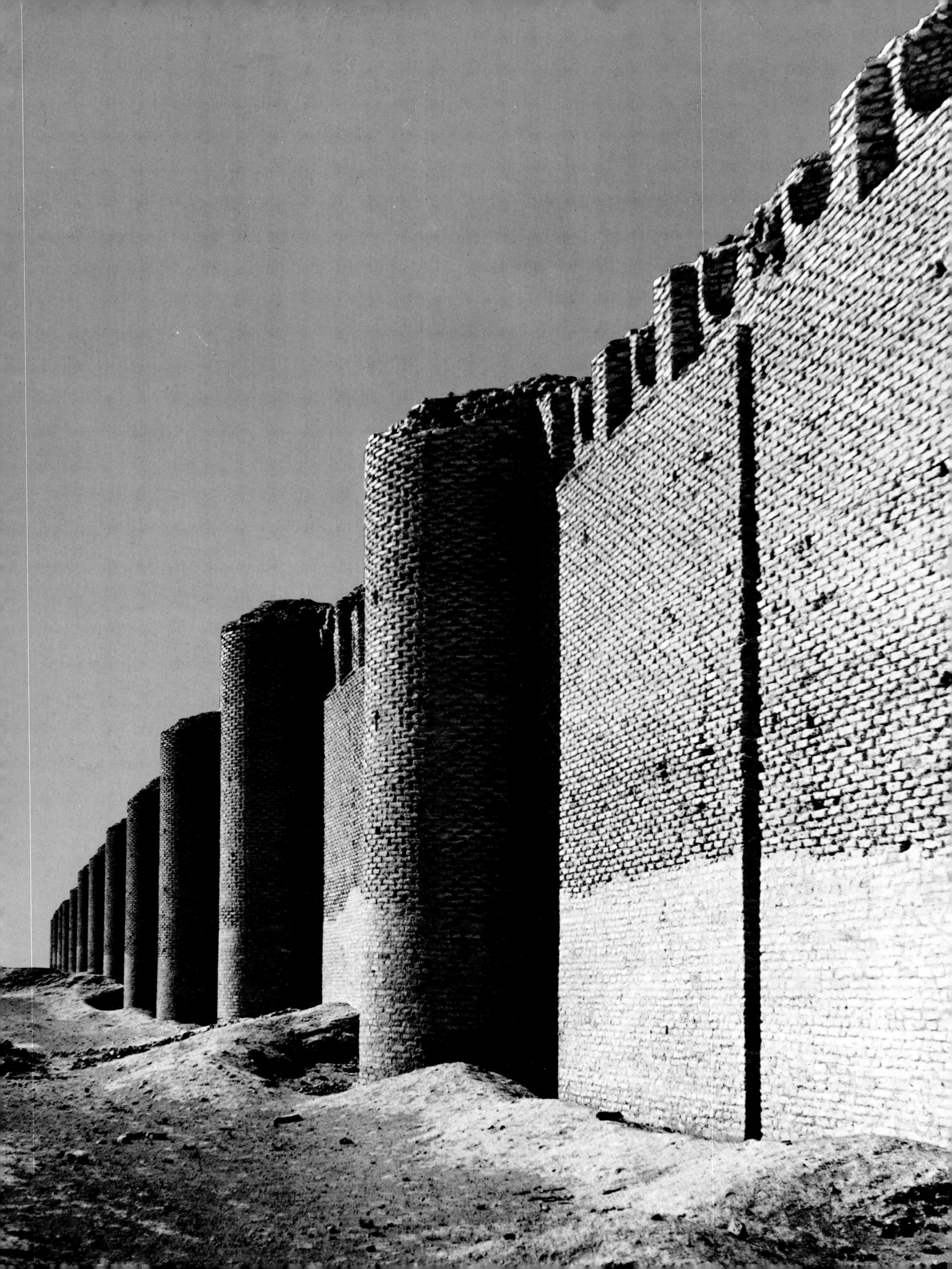

Irak: Samarra

Die kurzlebige Hauptstadt des Islam mit ihrer riesigen Moschee und dem turmförmigen Minarett, einem der großen „Zweckbauten" der Antike

Samarra, heute eine unbedeutende Stadt, liegt auf dem linken Tigrisufer, etwa 130 km nördlich von Bagdad. Ein Festungswall aus dem 19. Jh. umgibt die Stadt, die von einer Shia-Moschee im persischen Stil mit einer eindrucksvollen Kuppel aus vergoldetem Kupfer beherrscht wird. Die Moschee beherbergt die Reliquien zweier Heiliger des Islam, des X. und XI. Imam, und nicht weitab ist die Stelle, wo der XII. Imam, der Mahdi, entrückt wurde, um der endgültigen Auferstehung teilhaftig zu werden.

Schon im 5. vorchristlichen Jahrtausend befand sich an dieser Stelle eine Siedlung. Erst viel später, zwischen dem 3. und 7. nachchristlichen Jahrhundert bauten die persischen Sasaniden hier eine kleine Stadt, die zur Zeit der Eroberung durch die Araber (637) ein christliches Kloster beherbergte. Doch die bedeutendste Episode ihrer Geschichte begann erst 200 Jahre später unter höchst bemerkenswerten Umständen.

Seit 762 war Bagdad die Hauptstadt des Kalifats der Abbasiden. Hier lebte um 800 in sagenhafter Pracht der romantische Harun al-Raschid, dessen volkstümliche Abenteuer in den Märchen „Tausendundeine Nacht" geschildert werden. Bald darauf trat eines jener scheinbar willkürlichen Ereignisse ein, die in der orientalischen Geschichte nicht ungewöhnlich sind: Im Jahre 836 räumte Kalif Mutasim mit Hilfe seiner gefürchteten türkischen Söldner Bagdad und richtete seine neue Hauptstadt in dem einige Tagesreisen nördlich gelegenen Samarra ein.

Über diese türkischen Söldner, deren Vorhandensein zweifellos die gar nicht populäre Verlegung der Residenz überhaupt ermöglichte, wissen wir Näheres durch den zeitgenössischen arabischen Historiker Yaqubi. Danach hatte Mutasim alljährlich zu Samarkand junge Türken als Verstärkung für die Feldzüge des Kalifen gegen Byzanz angekauft und diese Rekrutierungen fortgesetzt, als er selbst Kalif geworden war. Auf diese Weise bekam er einige tausend dieser wilden Fremdlinge unter sein Kommando und errichtete mit ihrer Hilfe eine harte Zwangsherrschaft über seine Untertanen.

Das Ziegelminarett der Großen Moschee, der größten der Welt (um 850 n. Chr.). Die Rampe wird nach oben steiler, damit die Umlaufhöhe trotz des abnehmenden Turmdurchmessers gleichbleibt

Linke Seite: Außenmauer der Großen Moschee mit ihren bemerkenswerten Ziegeltürmen bzw. Stützpfeilern

SAMARRA

Innenseite eines Fensters mit Fächerbogen in der Großen Moschee, dessen äußere Seite ein einfacher Pfeilschlitz ist. Das Fenster war eine Lichtöffnung, es diente nicht der Verteidigung

Bei der Verlegung nach Samarra handelte es sich allerdings nicht um das Schaustück eines eitlen Autokraten. Nach dem Tode von Harun al-Raschid (809) war der Erbe des Kalifats von seinem Halbbruder, dessen Mutter eine persische Sklavin war, ermordet worden, und die gleichzeitige Belagerung Bagdads hatte viel Schaden angerichtet und manche Bitternis verursacht. Derweil waren Mutasims Türken völlig außer Kontrolle geraten und hatten wahllos gemordet und geplündert. Als dann Mutasim Kalif wurde, mag er geglaubt haben, daß der radikale Wechsel der Umgebung ihm die Loyalität der Untertanen zurückgewinnen könne. Und so machte er sich an dieses schwierige und phantastische Unternehmen.

Auch darüber wissen wir von Yaqubi Näheres: Mutasim ließ Arbeiter, Maurer, Künstler, Schmiede, Zimmerleute und Handwerker aller Art, auch Bildhauer zusammenrufen, er ließ Teakholz und andere Holzarten zusammenfahren und Palmenstämme von Basra kommen. Aus einer anderen Quelle erfahren wir, daß er Kommandos nach Ägypten schickte „mit dem Auftrag, Säulen und Marmor aus den Tempeln zu holen". So wurden die Kirchen Alexandriens geplündert, und aus der Wallfahrtskirche St. Menas in der Wüste bei Alexandrien wurden der farbige Marmor und der prachtvolle bunte Steinfußboden abtransportiert. Aus allen Himmelsrichtungen strömten nun die Karawanen, beladen mit spätantiken Schätzen, an dem geheimgehaltenen Bauplatz nördlich von Bagdad zusammen.

Zunächst nahm das aus dem Boden gestampfte Samarra einen so blühenden Aufschwung, wie ihn sein ehrgeiziger und auf ewigen Ruhm bedachter Gründer nur gewünscht haben konnte. Wenn er den wohlgelungenen Entwurf seines Surra-Man-Raa überschaute – dieses Wortspiel bedeutet: „Glücklich, wer dies sieht", und sollte ebenso den Zusammenhang mit dem aramäischen Samarra wie seine eigene Genugtuung über das Werk zum Ausdruck bringen –, dann mag er wohl einen Vergleich mit der regellosen Anhäufung von Palästen und Vorstädten angestellt haben, die er im Süden dem Verfall anheimgegeben hatte. Glücklicherweise konnte er damals noch nicht ahnen, daß ein halbes Jahrhundert später „sein ehrgeiziges Werk nur noch der Schatten eines Traumes sein würde". Im Jahre 892 führte ein Nachfolger Mutasims seine geduldigen Untertanen in die Ruinen Bagdads zurück: Die Episode Samarra war zu Ende, und für ein ganzes Jahrtausend verschwand Mutasims Surra-Man-Raa unter Sandverwehungen.

Inzwischen haben die Ausgrabungen unschätzbare Ergebnisse gezeitigt, und das stetige Werden der Stadt ist uns in seinen Grundzügen bekannt. Anfangs scheint Mutasim mit viel Takt und menschlicher Rücksichtnahme vorgegangen zu sein: Selbst die christlichen Mönche entschädigte er, obwohl in dieser Zeit weniger konziliante Enteignungsmethoden an der Tagesordnung waren. Als erstes erbaute er eine Freitagsmoschee und drei Paläste, davon einen auf dem rechten Flußufer, den er durch eine Schiffsbrücke mit dem Hauptteil der Stadt verbinden ließ. Die gefürchteten und räuberischen türkischen Söldner wurden

SAMARRA

auf einem geräumigen Territorium in einiger Entfernung nördlich der Stadt untergebracht. Er hoffte, daß sie von dort die arabische Stadtbevölkerung nicht mehr drangsalieren würden. Parallel zum Tigris bildete eine Prachtstraße – Schari al-Azam oder „Große Straße" genannt – die Längsachse der Stadt. Sie wurde später verlängert, als sich die Stadt nach Norden hin durch den Bau neuer Paläste, Moscheen und Wohnviertel ausbreitete. Aus diesen Erweiterungen entstand sogar eine neue Stadt, die 859/60 von dem Kalifen Mutawakkil, einem Sohn des Stadtgründers, erbaut wurde. Wie dieser selbst bekannte, war es seine Absicht, es seinem berühmten Vater gleichzutun. „Nun weiß ich, daß ich wahrhaft König bin", soll er ausgerufen haben, „denn ich habe mir selbst eine Stadt gebaut, in der ich lebe." Diese neue Stadt erhielt einen eigenen Namen: Jafariya. Bevor Mutawakkil in seine neue Palaststadt übersiedelte, hatte er in Samarra selbst eins der hervorragendsten Bauwerke des Islam errichtet, die Große Moschee, von der heute noch die Außenmauern und das Minarett stehen. Sie sind aus gebrannten Ziegeln aufgeführt und waren ursprünglich mit Stuck überzogen. Halbrundtürme auf quadratischen Fundamenten verstärkten die Umfassungsmauern, durch welche 16 Tore ins Innere führten. Hier liefen früher vierfache Säulenreihen um drei Seiten, während an der vierten, der nach Mekka gerichteten Südseite, 9 Säulen in der Tiefe und 24 in der Breite den Bezirk des Allerheiligsten bildeten. Das Mihrab – die Gebetsnische – hatte einen rechteckigen Grundriß, wie es früher in Persien und im Irak üblich war. Es war von zwei Säulenpaaren aus rosa Marmor flankiert, und die Bogenzwickel waren mit Mustern aus Goldmosaik ausgelegt. Tatsächlich ist überliefert, daß diese Moschee es mit den unübertroffenen Goldmosaiken der Moschee von Damaskus aufnehmen konnte.

Aber der charakteristische Bauteil, der heute noch der Moschee einen bedeutenden Platz in der Geschichte der Architektur sichert, ist das Minarett, das außerhalb der nördlichen Umfas-

Luftbild der Großen Moschee mit dem berühmten Spiralminarett, der Malwiye, im Vordergrund

Teil des Jausaq-al-Khakani-Palastes hoch über dem Tigris. Die drei überwölbten Räume dienten zeremoniellen Zwecken und waren ursprünglich mit Stuckornamenten reich verziert

Die Große Moschee von jenseits des Tigris gesehen.
Rechte Seite: Blick aus dem Pavillon auf der Spitze des Spiralminaretts auf die Große Moschee. Die Öffnungen in der jenseitigen Mauer bezeichnen die Lage der nach Mekka gerichteten Gebetsnische

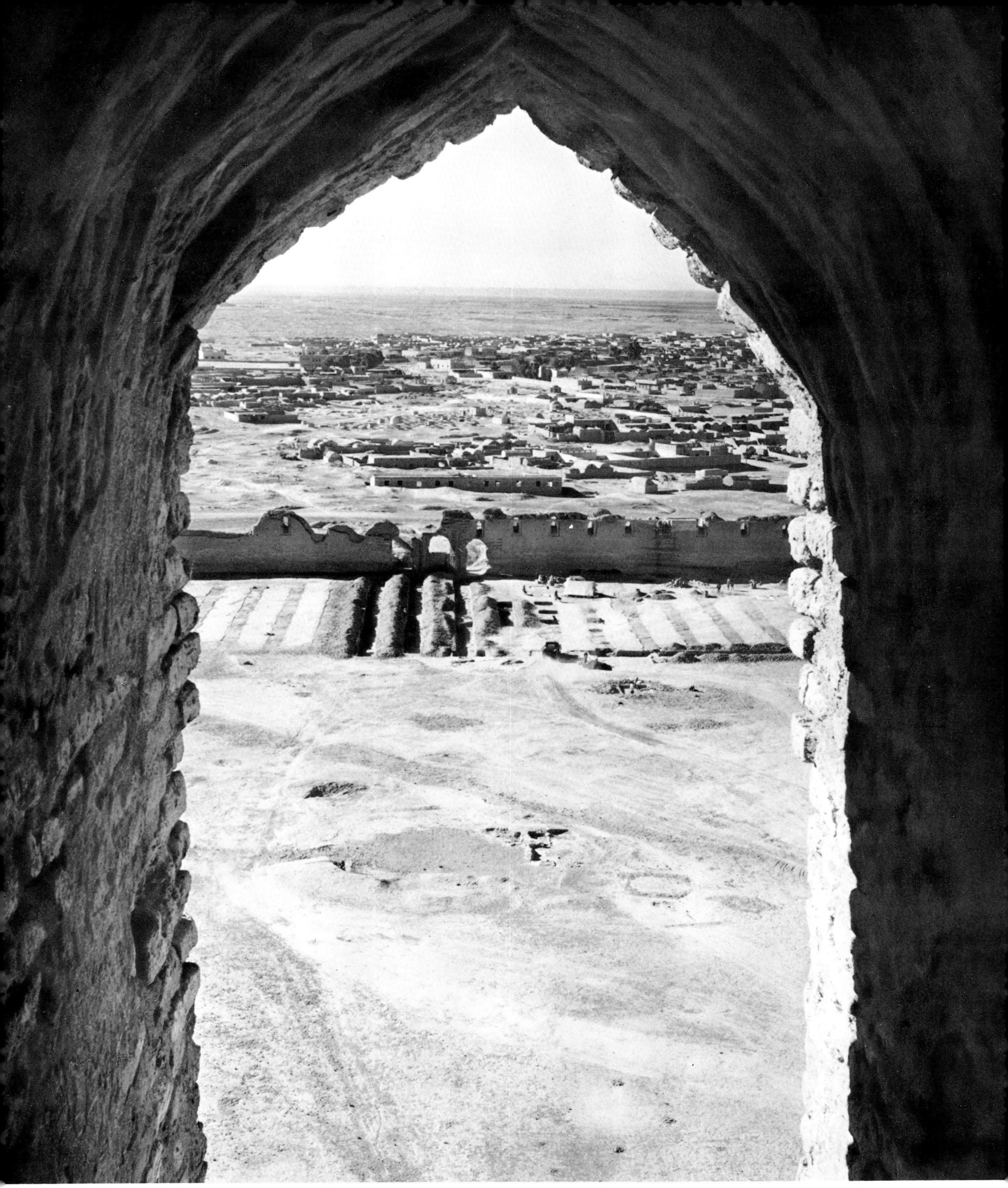

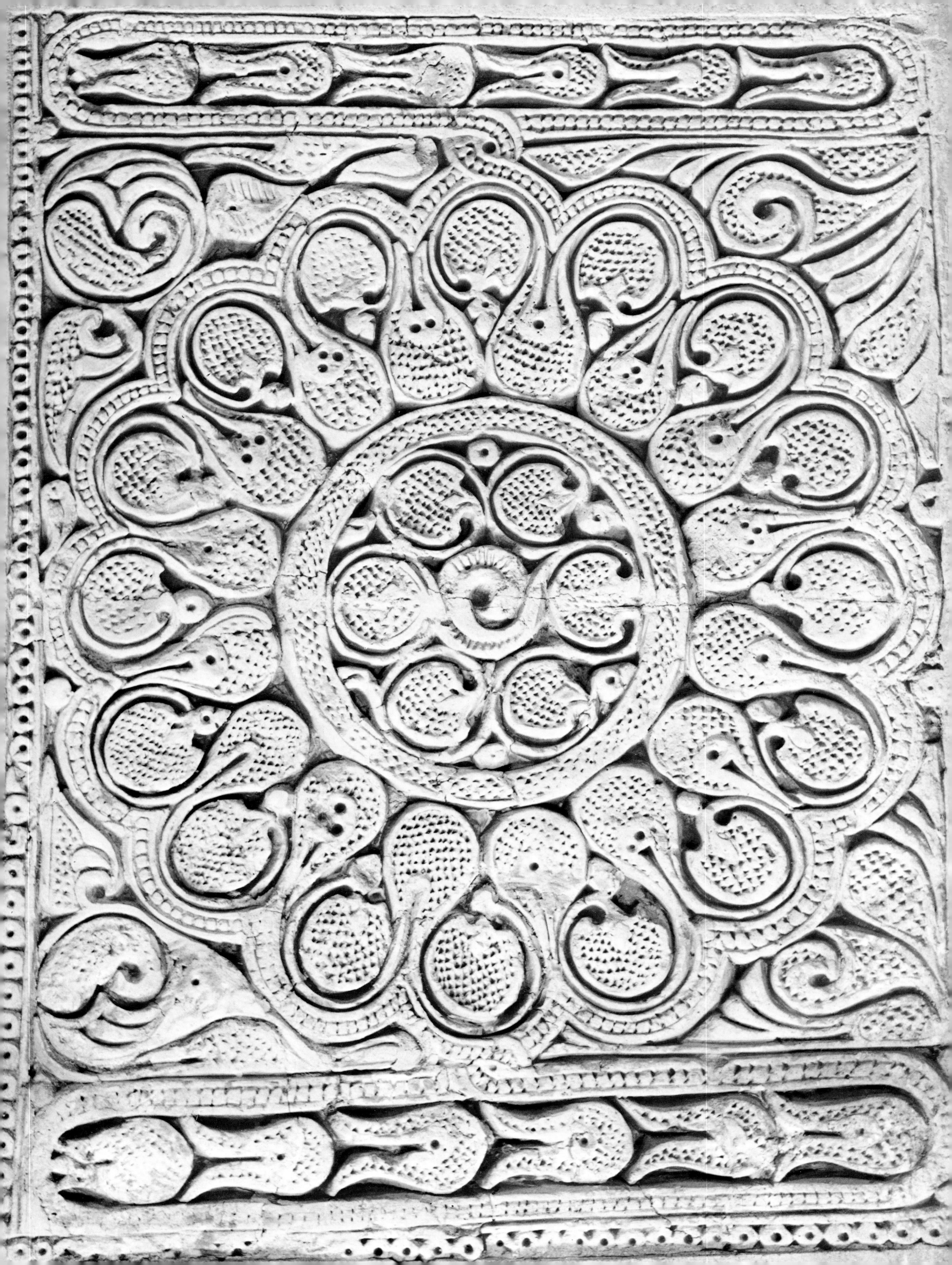

sungsmauer steht. Dieses Minarett – ein Turm von dem der Muezzin die Gebetszeiten ausrief – steht auf einem quadratischen Sockel, der durch eine Rampe und eine kleine Brücke mit dem benachbarten Eingang der Moschee verbunden war. Es hat einen kreisförmigen Grundriß und eine spiralförmig ansteigende Rampe von 225 cm Breite und wird wegen seiner Form auch Malwiye (Spirale) genannt. Nach jeder Windung verringert sich der Durchmesser des Turms um die Breite der Rampe, die in fünf vollständigen Umläufen entgegen dem Uhrzeigersinn nach oben führt. Da mit jedem Umlauf der gleiche Höhenunterschied bewältigt wird, wobei sich der Weg ständig verkürzt, muß die Rampe nach oben immer steiler werden. Auf der obersten Plattform haben sich die Überreste eines kleinen Pavillons erhalten, der auf 8 Holzsäulen ruhte.

Abgesehen von einfachen Rundtürmen gibt es zwei Hauptarten von Minaretts. Die einen haben stetig kleiner werdenden quadratischen oder kreisförmigen Querschnitt – zu ihnen gehören die Ibn-Tulun-Moschee in Kairo und die große Moschee von Kairuan in Tunesien – und gehen auf die teleskopartige Form des berühmten Leuchtturms von Pharos zurück. Der spiralförmige Typ von Samarra und ebenso der Moschee des Abu Dilif, die etwas später im benachbarten Jafariya erbaut wurde, hat seinen Ursprung wahrscheinlich in dem altbabylonischen Zikkurat oder Tempelturm. Der bekannteste von ihnen ist der Turm von Babel. In diesem Zusammenhang ist eine Stelle bei Herodot interessant, der berichtet, daß der Turm von Babylon aus acht aufeinandergesetzten immer schmaler werdenden rechteckigen Türmen aufgeführt war, die man auf einem außen herumführenden Pfad ersteigen konnte. Diese Bauweise war noch im 12. Jh. anzutreffen, so daß die arabischen Architekten sie höchstwahrscheinlich kannten, jedoch den quadratischen in einen kreisförmigen Grundriß änderten.

Entlehnungen dieser Art entsprechen ganz der arabischen Gepflogenheit. Zu Beginn ihrer Eroberungszüge hatten die islamischen Araber noch keine eigene Architekturtradition. Sie improvisierten, wohin sie immer kamen, bauten ihre Minaretts nach dem Vorbild der alexandrinischen oder babylonischen und ihre mehrschiffigen Heiligtümer nach dem Muster der mehrschiffigen christlichen Kirchen, die sie unterwegs zerstörten. Aber bei diesen geistigen Anleihen blieb es nicht. Sie nahmen ganze Details von Kunstwerken mit, so daß zum Beispiel das Heiligtum der Moschee von Kairuan einem wahren Wald römischer und byzantinischer Säulen glich, die aus der ganzen Gegend zusammengeholt waren.

Doch nun zurück zum Minarett von Samarra! Das Interessanteste daran ist nicht seine Entstehungsgeschichte, sondern seine Aufsehen erregende Originalität. Es ist kühn und einfach in der Form, natürlich und zweckbestimmt und in seinen gelungenen Proportionen ein imposanter Anblick: Denken wir an die spiralig aufsteigende Rampe und ihre durch konstante Verringerung des Durchmessers gleichbleibende Umlaufhöhe. Dieses Bauwerk aus dem 9. Jh. hat Eigenschaften, die eine Brücke

Typische in Holz eingeschnittene Muster (Schrägschnitt), die kürzlich in Samarra entdeckt wurden

Linke Seite: Charakteristisches Stuck-Paneel aus Samarra, jetzt im Islamischen Museum in Bagdad. Obgleich wenig Stuck-Ornamente aus Samarra erhalten sind, steht fest, daß sie dort weit verbreitet waren

Die Befestigungsmauern und das überragende
Minarett der Großen Moschee

über Jahrhunderte schlagen. Die Malwiye ist ein wahrhaft großes und einmaliges Meisterstück.

Ausgrabungen und Luftphotographien, dazu einige stehengebliebene Mauerreste geben Hinweise auf die übrigen Paläste, die Häuser und Läden im geschäftigen Samarra und seiner Vorstadt Jafariya. Die einstöckigen Häuser zeigen – in Abwandlungen – die allgemein übliche Bauweise des Ostens: Die Wohnräume sind rings um einen rechtwinkligen Hof angeordnet, die Hauptgemächer gewöhnlich an der Gegenseite zum Eingang, manchmal auch an beiden Seiten, um Sonne und Schatten zu haben. Zum Harim gehörte bisweilen noch ein zweiter Hof. Bäder und Abflüsse waren üblich und oft hervorragend angelegt. Als Material dienten Lehm oder Lehmziegel, für Bodenplatten und Abflüsse wurden gebrannte Ziegel verwendet, die flachen Dächer waren holzgedeckt. Es gab auch schon Fenster mit bauchigen Scheiben aus farbigem Glas. Die Innenwände waren häufig mit Malereien und Gipswerk dekoriert. Wohl selten befand sich an der Straßenfront eines Hauses, wie in Ostia oder Pompeji, eine Werkstatt.

Unter den zahlreichen Palästen, die während der 65jährigen Lebensdauer der Stadt errichtet wurden, ist der Jausaq al-Khaqani oder der Palast des Mutasim der berühmteste. Sein Hauptmerkmal war eine dreibogige Fassade mit Blick zum Tigris, deren mittlere Öffnung größer war als die beiden andern und wahrscheinlich dem Kalifen für öffentliche Audienzen diente. Das Innere der Bogengänge war kunstvoll mit Stuckornamenten, besonders Weinreben und Rosetten geschmückt. An anderer Stelle finden sich unter den Überresten des Palastes eine quadratische Kuppelhalle, vermutlich der Thronsaal, mit Fragmenten eines feinen Marmorfrieses, Gesindestuben, ein großer offener Hof mit einem Wassergraben und Springbrunnen in der Mitte sowie ein Poloplatz mit den dazugehörigen Ställen. Zu dieser großartigen Gesamtanlage bemerkte der Leiter der Ausgrabungen: „Die Sockel der Wände waren überher mit Stuckornamenten verziert... In den Thronsälen waren die Stucksockel durch Marmor mit eingeschnittenen Mustern ersetzt... Der Harim war mit temperamentvollen Freskenmalereien ausgeschmückt... Alles Holzwerk, Türen, Balken und Decken, bestand aus geschnitztem und bemaltem Teakholz... Besonders bemerkenswert unter den Inschriften auf den Teakholzbalken sind viele Handwerkerzeichen in Griechisch, Syrisch und Arabisch."
Dieser letzte Hinweis trifft den Kern: Samarra repräsentiert die Kunst des westlichen Asien, die geschickt und machtvoll in den Dienst des Islam gestellt wurde. MORTIMER WHEELER

Rechte Seite: Die Malwiye
eins der eindrucksvollsten Bauwerke des Islam. Von ihrer Spitze aus
rief der Muezzin die Gläubigen zum Gebet

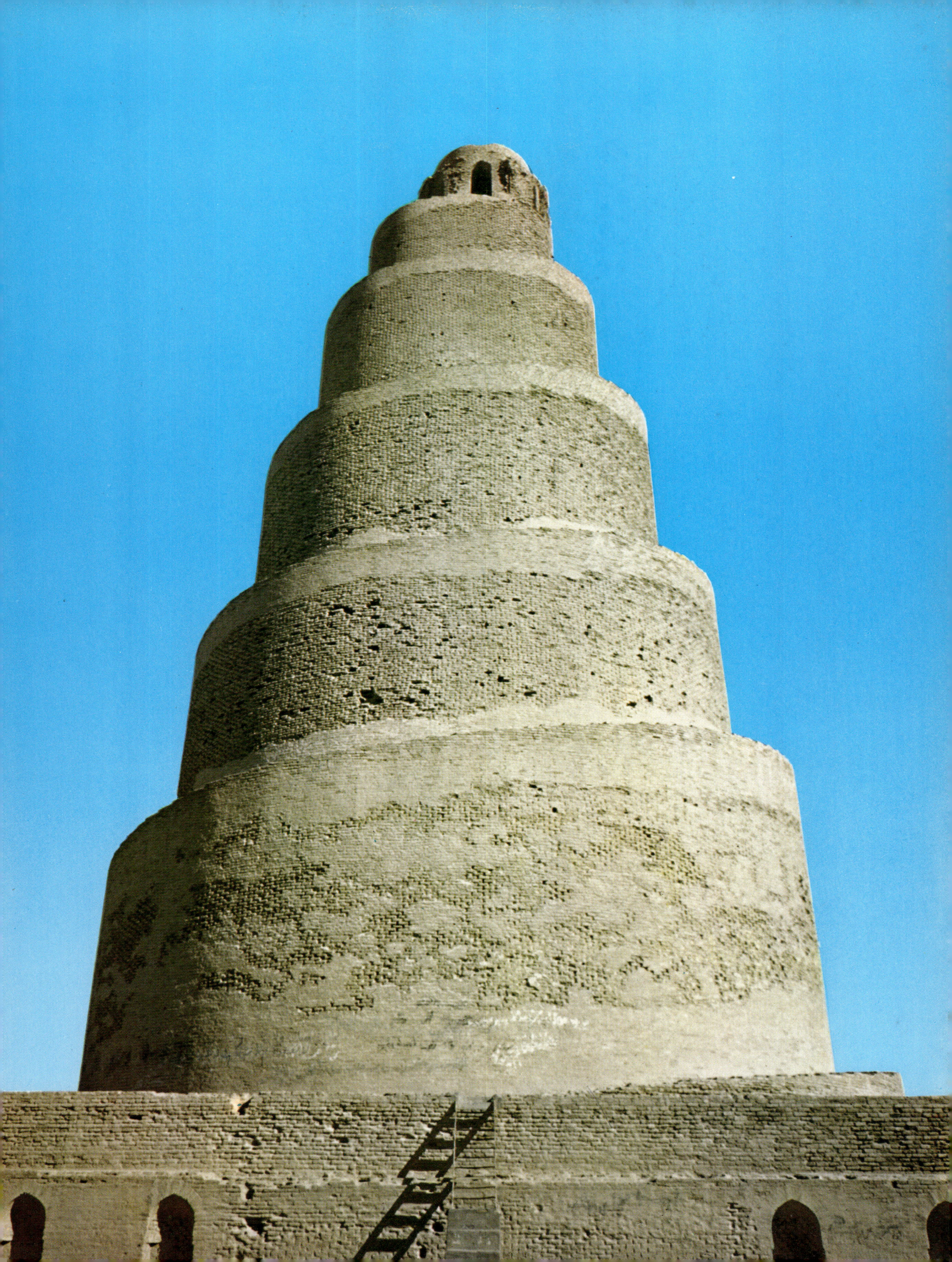

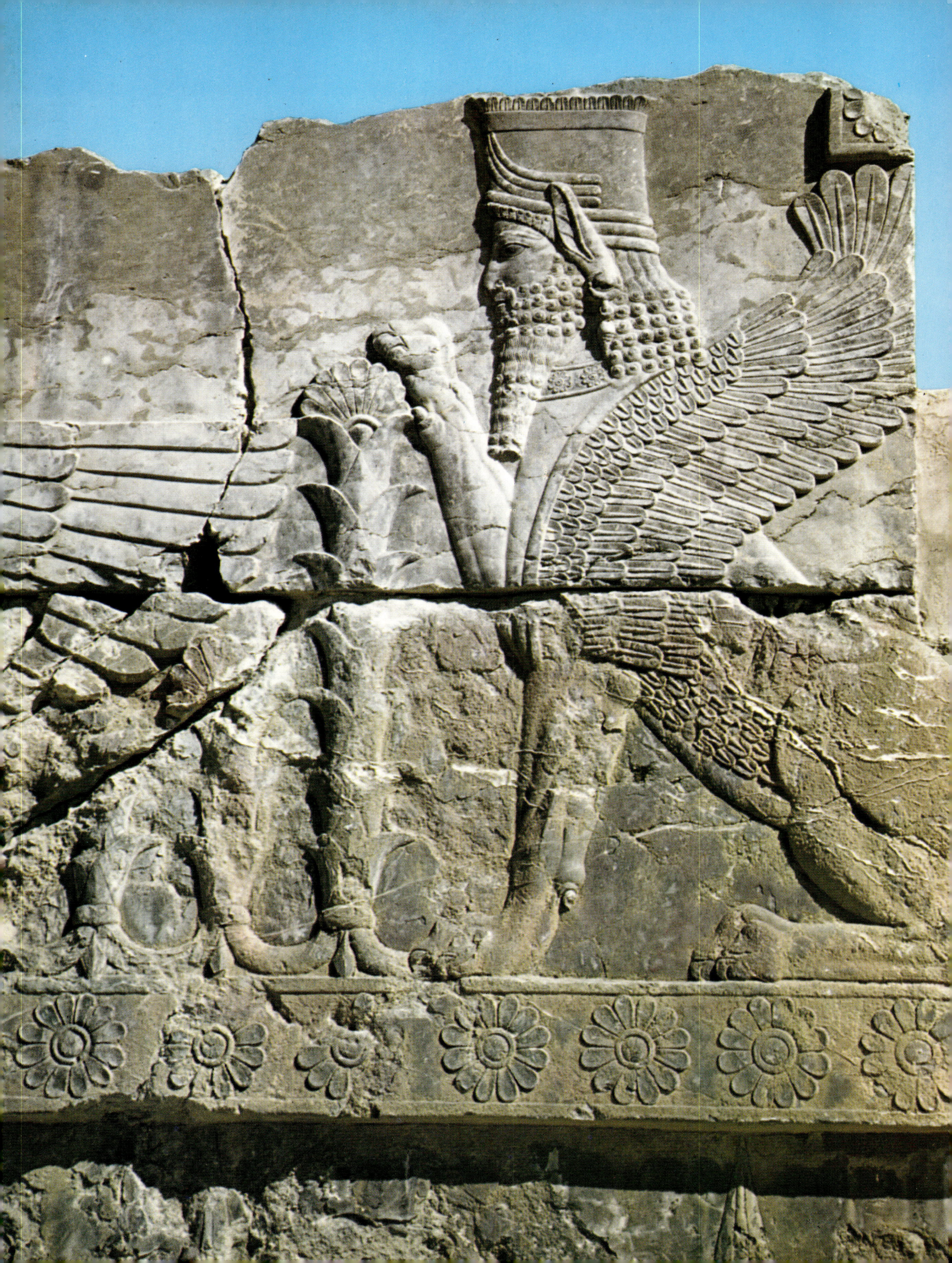

Iran: Persepolis

Der Palast, in dessen ausgedehnten reliefgeschmückten Terrassen Dareios und Xerxes ihrem Königtum ein bleibendes Denkmal setzten

Erst durch den Feldzug Alexanders des Großen nach Persien und die Zerstörung der Stadt im Jahre 330 v. Chr. erhielten die alten Griechen genauere Kenntnis von Persepolis. Bis dahin galten Babylon, Susa und Ekbatana als die drei königlichen Hauptstädte der Achämeniden. Heute sind die erhaltenen Überreste von Persepolis weit bedeutender als die aller anderen Städte der Achämenidenzeit.

Dareios I. gab Pasargadae, die alte Hauptstadt Kyros des Großen, auf und plante seine neue Residenz in der Nachbarschaft von Persepolis in der Provinz Fars. Dieser Umzug hatte wohl nur gefühlsmäßige Gründe: Dareios I. (522–486 v. Chr.), der Nachfolger Kambyses II. als persischer Großkönig, entstammte nämlich nicht der direkten Erbfolge, sondern der Linie des Ariaramnes, eines Bruders von Kyros I. Deshalb sollte das neugegründete Persepolis als erste Hauptstadt seiner jungen Dynastie das sichtbare Zeichen eines neuen Anfangs sein. So baute er eine Burgfeste auf unberührtem Naturfelsen und nannte sie nach seinem persischen Heimatland „Parsa". „Stadt der Perser" hieß sie auch bei den alten Griechen, bis Äschylos ihr in spöttischer Falschübersetzung den Namen „Persepolis" (Städtezerstörerin) gab, der sich bis heute erhalten hat.

Einsam erhebt sich über dem Plateau von Mervdescht, das 1750 m hoch über dem Persischen Golf liegt und durch den Araxes bewässert wird, der Kuh-i-Rahmat (Berg des Erbarmens). Dieser Berg – ein Felsen in Gestalt einer Naturterrasse – bot ein solides Fundament für die Bauwerke von Persepolis. Daß Dareios I. sich entschloß, auf diesem Felsvorsprung seine Burg zu errichten, hatte zweifellos zwei Gründe: die gute Verteidigungsmöglichkeit und die majestätische Szenerie. Im übrigen folgte er mit der Wahl dieser Felsterrasse vor dem Hintergrund einer steilen Bergwand der Architekturtradition früherer, wenn auch weniger spektakulärer Achämenidenburgen.

In der königlichen Gründungsinschrift, die entlang der Südfront der äußeren Plattform angebracht wurde, heißt es: „Ich,

Luftbild der großen, 510–460 v. Chr. erbauten Palastanlage von Dareios I. und Xerxes

Linke Seite: Sphinx am Treppenaufgang zum Palast des Xerxes neben dem geflügelten Symbol des Gottes Ahuramazda

Dareios unter dem königlichen Schirm. Reliefdarstellung vom Tripylon zu den Wohnvierteln des Palastes

Dareios, Großkönig, König der Könige, König über dieses Land ... erbaute diese Feste an dieser Stelle, wo vorher noch keine Burg gestanden hatte ... Ich baute sie sicher, schön und angemessen, wie es geplant war." Die Bauarbeiten wurden, wie aus der Erwähnung bestimmter Völker in dieser Inschrift zu schließen ist, um 520 v. Chr. begonnen. Die erste Bauphase auf dem 1250 a großen Grundstück dauerte 10 Jahre (von 520 bis 511 v. Chr.), und wie in Pasargadae wurden die Gebäude von Persepolis in heimischem grauem Kalkstein aufgeführt. Die Verwendung dieser Steine hat die Bauzeit erheblich verlängert; das geht aus einem Vergleich mit der assyrischen Hauptstadt Kalach hervor, die, obwohl weit größer, in der halben Zeit aus Lehmziegeln erbaut wurde.

Der Architekturstil der erhaltenen Bauwerke von Persepolis weist alle als königliche Gebäude aus. Die anspruchsloseren Bauten bestanden aus weniger dauerhaftem Material und sind nicht erhalten. Zu den erstgenannten gehörten Wohnpaläste, Gebäude für die Verwaltung und das Hofzeremoniell; Gebäude rein religiöser Bestimmung sind nicht nachweisbar. Im ganzen ist der Baustil von Persepolis nur wenig zweckbestimmt, vielmehr sind alle Gebäudetypen einander ähnlich.

Der Hauptzugang zu dem ganzen Komplex liegt an der Westseite in einem Rücksprung. Von hier führt eine zweiarmige Doppeltreppe auf die 12 m höher gelegene Hauptplattform. Bei der Breite und der geringen Steigungshöhe der Stufen konnten Reiter zu Pferde bei zeremoniellen Umzügen die Treppe hinaufreiten, was zweifellos von den Architekten eingeplant war. Durch ein Torhaus gegenüber dem oberen Treppenabsatz gelangt man zu den Gebäuden auf der Terrasse, wo vier kolossale geflügelte Stierskulpturen in assyrischem Stil als Wächter die Torwege flankieren. Diese Kolossalfiguren prägen sich wegen ihres auffallenden Standortes und ihrer überragenden Höhe von fast 7 m dem Besucher von Persepolis am nachhaltigsten ein. Dreisprachige Inschriften über den Wächterfiguren legen dar, daß Xerxes I., der Sohn des Gründers, „durch die Gnade Ahuramazdas dieses ‚Tor aller Länder' errichten konnte". Es ist sicher, daß das Torhaus einen Altar beherbergte, der dem Haupteingang gegenüberstand. Mit den dort abgehaltenen rituellen Zeremonien stand vermutlich eine Zisterne an der Außenseite des Torhauses in Zusammenhang. Dieser von Xerxes angelegte Torweg zu Persepolis stellte keine Neuerung dar, denn monumentale Torwege mit Tierkolossen als Wächterfiguren gaben es schon seit der Hethiterzeit in vielen Palastburgen des Nahen Ostens. Immerhin unterscheidet er sich in einem wesentlichen Punkt von den früheren: in dem Fehlen von Schutztürmen, die den Zugang zum Torhaus flankieren. Ehemals grenzte ein Schutzwall aus Ziegelsteinen an das Torhaus und sicherte das Terrassengelände bis zum Haupteingang.

In der Architektur wie in allen anderen bildenden Künsten setzten die Achämeniden die alten Traditionen fort. Stilistisch gehen die Gebäude von Persepolis auf einen einfachen Holzhaustyp zurück, der sich bis heute in bäuerlichen Siedlungen

Der Thronende Xerxes im westlichen Torgang der südlichen Mauer des Hundert-Säulen-Saales. Die Plattform des Thrones wird von Untergebenen getragen

Torgang zum Thronsaal oder „Hundert-Säulen-Saal", der von Xerxes und Artaxerxes erbaut wurde

PERSEPOLIS

Die Apadana-Reliefs

Skythe, ein Pferd führend (östlicher Treppenaufgang)

Kampf zwischen Löwe und Stier (östlicher Treppenaufgang)

Inder mit ihren Tributen (östlicher Treppenaufgang)

Rechte Seite: Gandharanen und Baktrie die Tiere als Tribut bringe

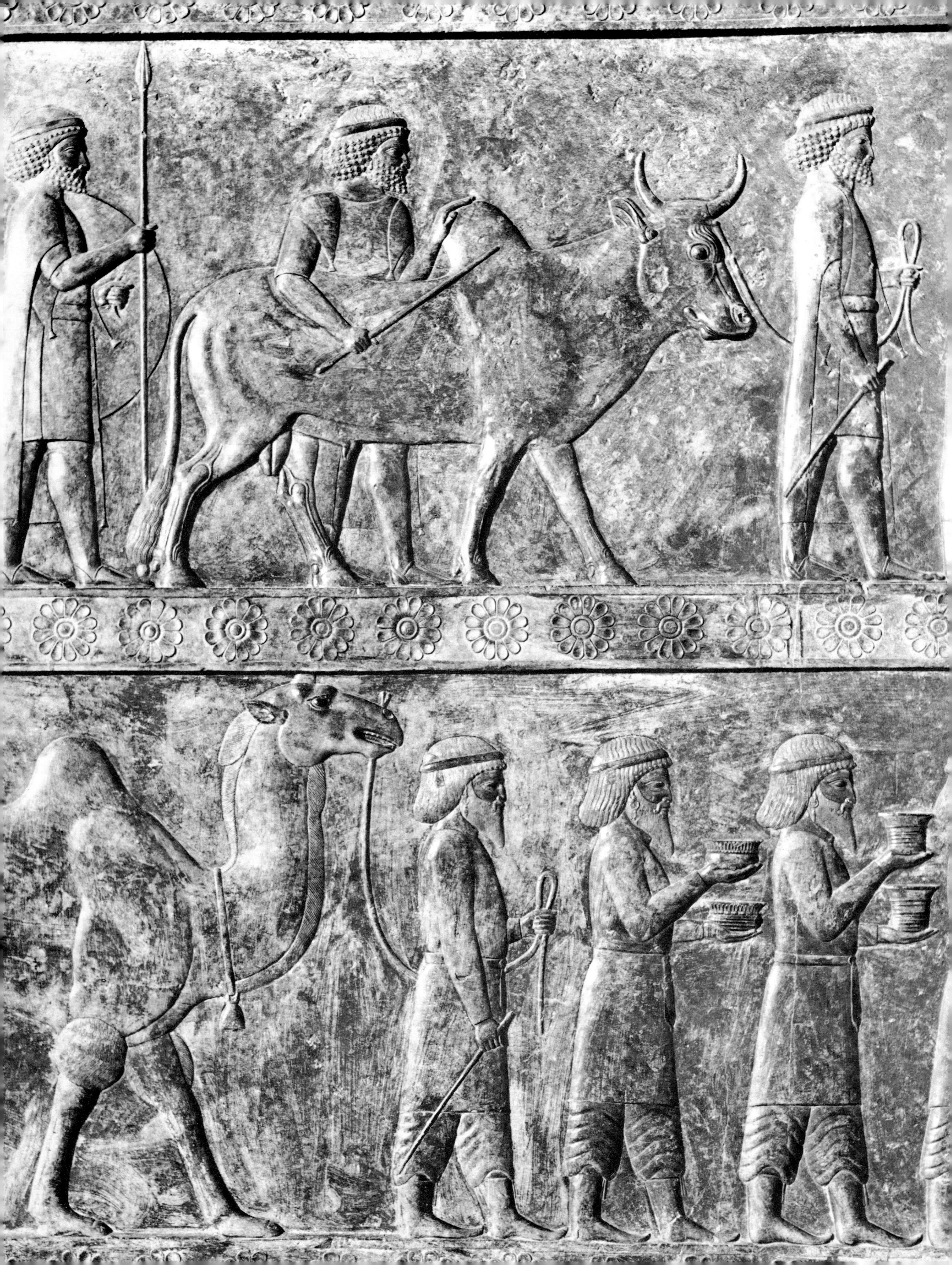

Persische Gardisten am nördlichen inneren
Treppenlauf des östlichen Aufgangs zum Apadana

Nordirans erhalten hat. Die Bauten sind auf einer hohen Plattform errichtet, und monumentale Treppenaufgänge mit divergierenden Läufen führen in das Innere der Gebäude. Einen wesentlichen Teil des Grundrisses nimmt eine Säulenhalle ein, die zu einem geräumigen Hypostyl führt. Fluchten kleiner Zimmer und Vorhöfe umgeben das Gebäude an drei Seiten. Die Holzdecke wird getragen von sich verjüngenden Steinsäulen, deren Kapitelle aus den Vorderteilen von zwei rückseitig aneinanderstoßenden Tieren (Protomen) gebildet sind, die ein charakteristisches Element der achämenidischen Architektur darstellen. Die Verzierung am Säulengebälk der Bauwerke läßt klar erkennen, daß Holzprototypen die Vorbilder waren: Tatsächlich ist der Zahnschnittfries der Fassaden achämenidischer Felsgrabmäler direkt auf die Holzbalkenverzierung zurückzuführen. Trotz Lichtgaden und gelegentlich vorhandener Fenster dürften die mit starken Säulen ausgestatteten Innenräume nur sehr wenig Licht gehabt haben. Bei den riesigen Ausmaßen muß überdies selbst ein verhältnismäßig kleiner Palast in den Wintermonaten eine höchst ungemütliche Königsresidenz gewesen sein. Vielleicht ging man aber diesen Unzuträglichkeiten dadurch aus

Diener am westlichen Treppenaufgang
zum Palast Dareios' I.

PERSEPOLIS

dem Wege, daß der Hof zu Beginn jeder Jahreszeit seinen Sitz in eine andere, klimatisch günstigere Residenz verlegte.

Xerxes' „Tor aller Länder" führt zum Apadana, dem größten Bauwerk von Persepolis. Obwohl seine Grundsteinlegung in die Regierungszeit Dareios' I. fällt, wurde der Bau erst 30 Jahre später unter Xerxes I. vollendet. Seine Architektur ist von beträchtlicher Bedeutung, nicht allein, weil er die größten Ausmaße hat (mit der Haupthalle allein über 60 m im Quadrat), sondern weil seine Anlage auch für weniger gut erhaltene Audienzhallen und andere Königssitze der Achämeniden als charakteristisch zu gelten hat.

Die beiden Treppenaufgänge zum Apadana beherrschen das Gebäude. Die großartigen Reliefs, die ihre Fassaden und Brüstungen überher bedecken, prägen sich der Erinnerung unvergeßlich ein. Die Motive der Reliefs sind an beiden Treppenaufgängen gleich, lediglich ihre Richtung ist entgegengesetzt. Bei einer Gesamtlänge von über 300 m sind die Skulpturen des Apadana allein durch ihren Umfang von größter Bedeutung für die Kunst dieser Epoche. Sie behandeln verschiedene Themen und wurden nicht als einheitliches Ganzes entworfen.

An den beiden Fassaden der Treppenaufgänge zeigen Reliefs ein typisches Motiv achämenidischer Kunst: den Kampf zwischen Löwen und Stier. Der Künstler schuf diese Reliefs unter sehr ungünstigen Bedingungen, weil er sein Werk in die Zwickel der Brüstungsmauer komponieren mußte. So wie hier sind alle Kampfszenen in Persepolis auf die dreieckigen Zwickel der Treppenfassaden beschränkt, und so wie in diesem exemplarischen Fall mußte sich die persische Kunst dieser Epoche immer der Architektur unterordnen.

In klassischen Berichten werden die Unsterblichen, die Leibgarde des Königs, erwähnt, deren Zahl nicht unter 10 000 sinken durfte. Reihen dieser Gardisten schmücken die Treppenaufgänge des Apadana, deren Eindruck durch die zeremonielle Natur dieser Reliefdarstellungen noch erhöht wird. Vorherrschendes Thema der Apadana-Reliefs sind die Prozessionen tributpflichtiger Völker. Dreiundzwanzig solcher fremden Delegationen sind in waagerechten Feldern übereinander in feierlichem Umzug dargestellt, ihre Nationalität ist durch die Kleidung, nicht durch spezifizierte Darstellung der Volkstypen verdeutlicht. Reichbeladen mit königlichen Tributen kommen sie aus den entlegensten Satrapien des Achämenidenreiches zur Feier des Neujahrsfestes nach Persepolis.

Die Wirkung der Apadana-Reliefs kann nur aus ihrem Gesamtaspekt beurteilt werden, wobei der Akzent auf Entwurf und Komposition zu liegen hat, weniger auf der bildhauerischen Leistung. Denn es handelt sich hier nicht um Innenraumskulpturen, die einer strengeren Prüfung standhalten müßten; außerdem fühlt sich der Besucher als Zwerg gegenüber der Höhe der Reliefs, die im obersten Feld um 3 m über ihm liegen. Ursprünglich waren die erhöhten Details aller Skulpturen von Persepolis mit Farben und kostbaren Metallauflagen geschmückt.

Die riesigen Ausmaße der Bauten üben auf den Beschauer den

Ungewöhnliches Balkenauflager einer Säule zu Persepolis. Die Auflager enden auf beiden Seiten in kräftig gemeißelten Löwen-Protomen

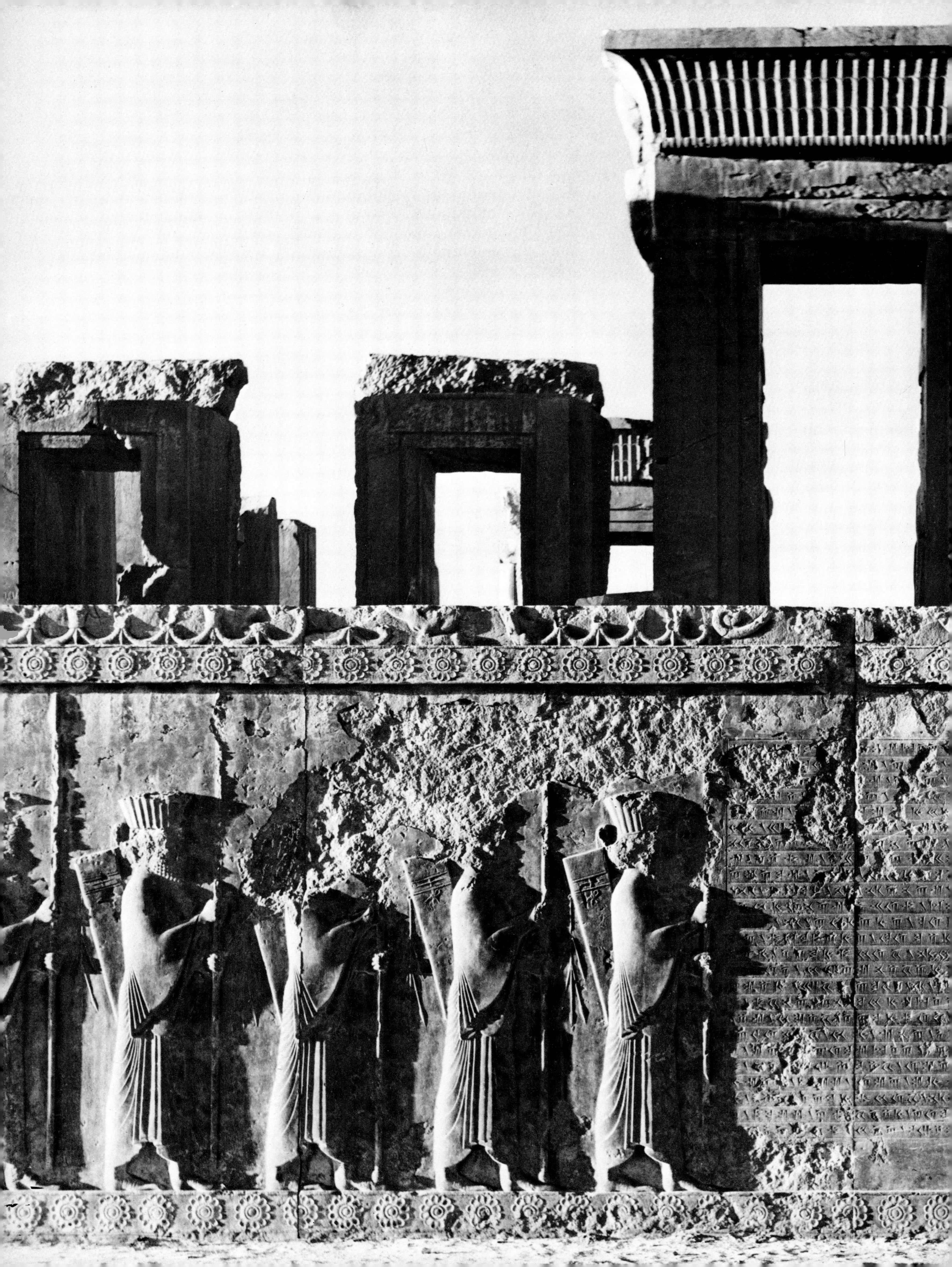

PERSEPOLIS

Links: Altpersische Inschrift des Xerxes auf der Fassade des südlichen Treppenaufgangs zum Palast des Dareios I.

Unten: Torweg zum Palast. Aquarell des Malers und Weltreisenden Sir Robert Ker Porter (um 1817)

PERSEPOLIS

Felsengrab Dareios' II. (424–405 v. Chr.) zu Naqsh i-Rustam bei Persepolis

stärksten Eindruck aus, zumal im Hypostyl des Apadana, dessen Säulen fast 19 m hoch sind. Trotzdem haben auch sie den schlanken, sich verjüngenden Säulenschaft ihrer hölzernen Prototypen beibehalten, was bei der Holzdeckenkonstruktion statisch durchaus möglich ist; für ein Steingebälk würden diese Säulen wohl nicht ausreichen. Eine einzigartige Schöpfung der Architektur dieser Periode ist das sehr komplizierte Säulenkapitell. Rücken an Rücken gesetzte Tiervorderteile (vorwiegend Löwen und Stiere) bilden einen Sattel, in dem die Tragbalken gelagert sind. Die fein kannelierten Säulenschäfte stehen auf reich ornamentierten, glockenförmigen Basen.

Eine bedeutende Rolle spielen die Fenster in den Gebäuden von Persepolis, und nicht allein in den Wohnpalästen. Noch heute stehen Fenster- und Türumrahmungen aus Stein in den Palästen Dareios' I. und Xerxes' I. in ihrer ursprünglichen Stellung. Allein in den Wänden der Haupthalle im Palast des Xerxes befanden sich 19 Fenster, und hier, in den mit feinen Kannelüren geschmückten Friesen über Fenstern und Türen, kommt der ägyptische Einfluß klar zum Ausdruck. Reliefskulpturen, die vielfach auch an den Tür- und Fensterpfosten angebracht waren, zeigten die beliebtesten Themen aus dem beschränkten Reservoir der achämenidischen Kunst: den König im Kampf oder den König mit seinem Gefolge.

Bei allem ist jedoch Kunst als solche in der achämenidischen Ära von sekundärer Bedeutung. Kunst ist im wesentlichen gleichzusetzen mit Architektur, und ihr, der Form und Größe ihrer Gebäudefassaden, hat sich alles unterzuordnen. Überdies gab es in Persepolis kaum Innenraumreliefs, denn die inneren Wandflächen waren für die Anbringung von Skulpturen wenig geeignet, da sie zumeist durch die zahlreichen Säulen verdeckt wurden. Deshalb blieben die Reliefs vorwiegend der Dekoration der Treppenwände vorbehalten. Ein anderer Grund, warum die Kunst dieser Epoche eine weniger bedeutende Stellung einnimmt, ist darin zu sehen, daß die Skulptur dem Inhalt nach rein dekorativ ist. Das ergibt sich schon aus der konstanten Wiederholung von Themen und Schmuckmotiven aus der Stickerei und Webkunst der Nomaden, mit der die achämenidischen Reliefs in engem Zusammenhang stehen.

Besonderes Interesse in der Kunst von Persepolis beansprucht das Ausmaß fremder Entlehnungen. Der Haupteinfluß ging von der assyrischen und neubabylonischen Kunst aus, wobei indirekt auch griechische und ägyptische Einflüsse mitwirkten. Eine solche prachtvolle Hauptstadt wie Persepolis wurde in erster Linie als Mittelpunkt des königlichen Zeremoniells errichtet. Vor diesem Hintergrund ist die Kunst in hohem Maße formal, aber technisch perfekt und in den Details stilistisch vollendet. Den Skulpturen von Persepolis fehlt die bewegte Vielfalt erzählender Darstellung, doch wird dieser Mangel durch die Schönheit der Details wettgemacht.

Innerhalb dieses Rahmens schufen die Achämeniden eine neue, kosmopolitische Kunst, die der Großtaten der königlichen Baumeister eines Weltreichs würdig waren.

VERA S. KATRAK

Rechte Seite: Säulen des Apadana oder der Audienzhalle von Dareios I. und Xerxes

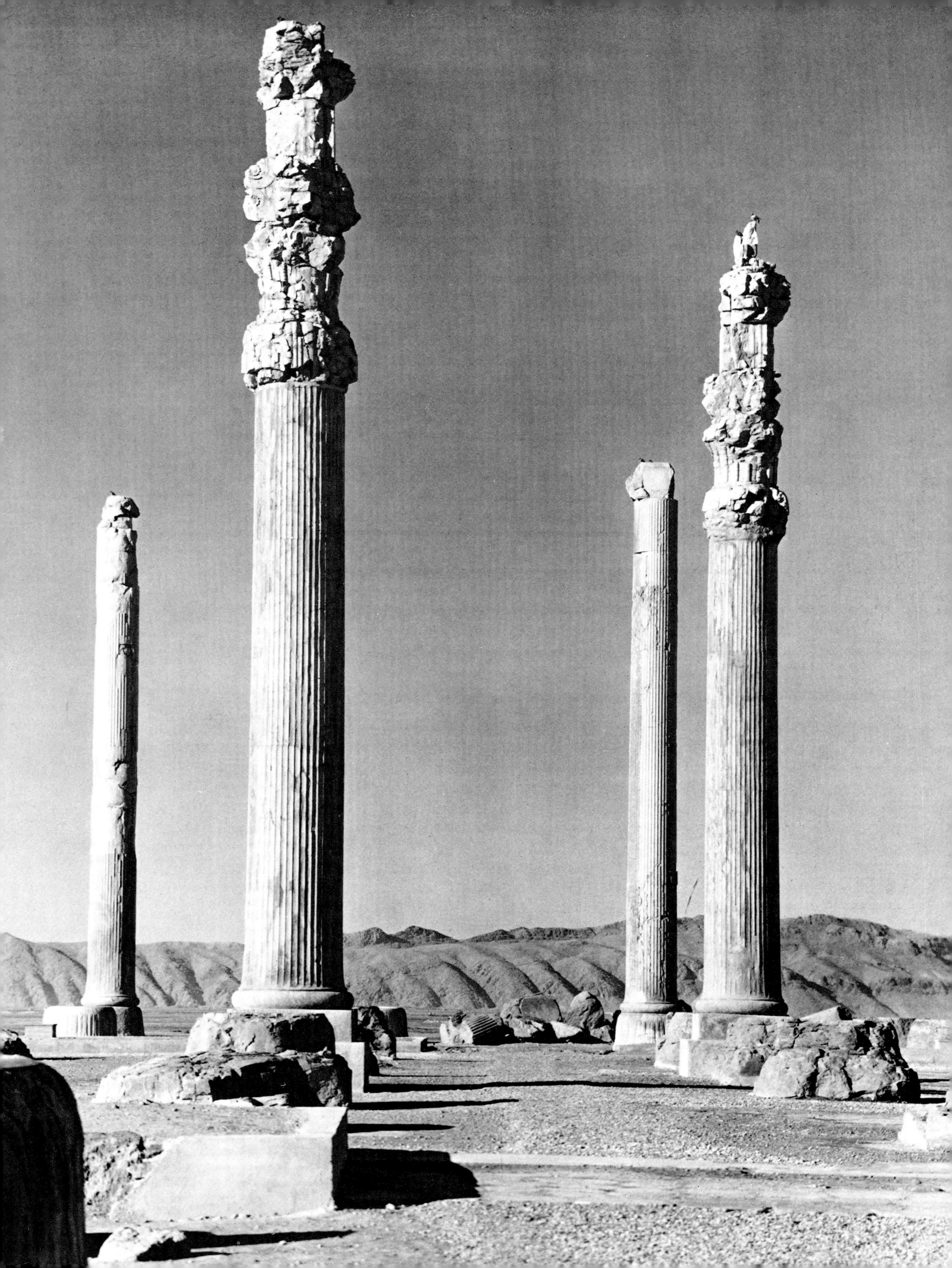

Iran: Isfahan

Die reiche Stadt der persischen Sefewiden-Könige mit einigen der schönsten Tempel perso-islamischer Baukunst

Schah Abbas (1586–1629); aus den Reisebeschreibungen von Sir Thomas Herbert, Baronet, Kammerherr Karls I. von England

Von ehemaligen Besuchern Isfahans hört man immer wieder die Redensart *Isfahan – nisf-i-jahan*: Isfahan ist die halbe Welt. Dieser Spruch bezieht sich speziell auf das Isfahan, das Schah Abbas (1586–1629) zur Hauptstadt erwählt hatte und das zu dieser Zeit seine höchste Blüte erlebte. Damals erstrahlte die Stadt in so reichem Glanz, daß die zeitgenössischen westlichen Reisenden zutiefst beeindruckt waren. In Wirklichkeit ist Isfahan viel älter und aus zwei Plätzen zusammengewachsen: Der erste, Jayy (das Gabae Strabos), war im 5. Jh. v. Chr. eine Residenz der Achämeniden und ihrer Nachfolger, der Parther und Sasaniden, deren Feuertempelruinen noch immer vorhanden sind. Der zweite Platz, auf dem der größte Teil der jetzigen Stadt steht, ist Yahudiyya, wo Juden, wahrscheinlich auf Veranlassung des Sasanidenkönigs Yezdegerd I., im 5. Jh. n. Chr. eine Siedlung gründeten. Heute ist Isfahan eine weltoffene Stadt, die Zahl der Anhänger Zarathustras ist gering, aber die jüdische Niederlassung ist etwa 6000 Seelen stark, weit größer ist die blühende armenische Kolonie mit ihren dreizehn Kirchen in der Vorstadt Dschulfa. Außerdem gibt es hier eine beträchtliche europäische Gemeinde.

Seine große Bedeutung verdankte Isfahan zu allen Zeiten der Lage am Kreuzungspunkt wichtiger Handelsstraßen sowie dem Sajenderrud, seinem „Lebensspendenden Strom". Das gilt auch heute noch, da Motorfahrzeuge und Flugzeuge das Kamel verdrängt haben. Der Reichtum der Stadt zog schon früh die Araber an, die sie in den ersten Jahren des Islam, vermutlich zwischen 640 und 644, eroberten. Sie verblieb dann unter dem Kalifat, bis sie im 10. Jh. an die Buwayhidenfürsten überging, unter deren Herrschaft sich die Shia-Sekte (des Islam) im Iran durchsetzte. Später folgten die Kakwayiden und schließlich, im 11. und 12. Jh., die Großseldschuken.

Im Jahre 1235 eroberten die Mongolen die Stadt, und nun erlebten sie sehr unruhige Zeiten. Erst unter der Herrschaft des Mongolen Uldschajtu im frühen 14. Jh. kehrte ein bescheidener Wohlstand zurück, der unter den Muzaffariden und den späte-

Rechte Seite: Die Haupteingangshalle des Heiligtum der Schah-Moschee, reich dekoriert mit feinsten Sefewiden-Fliese

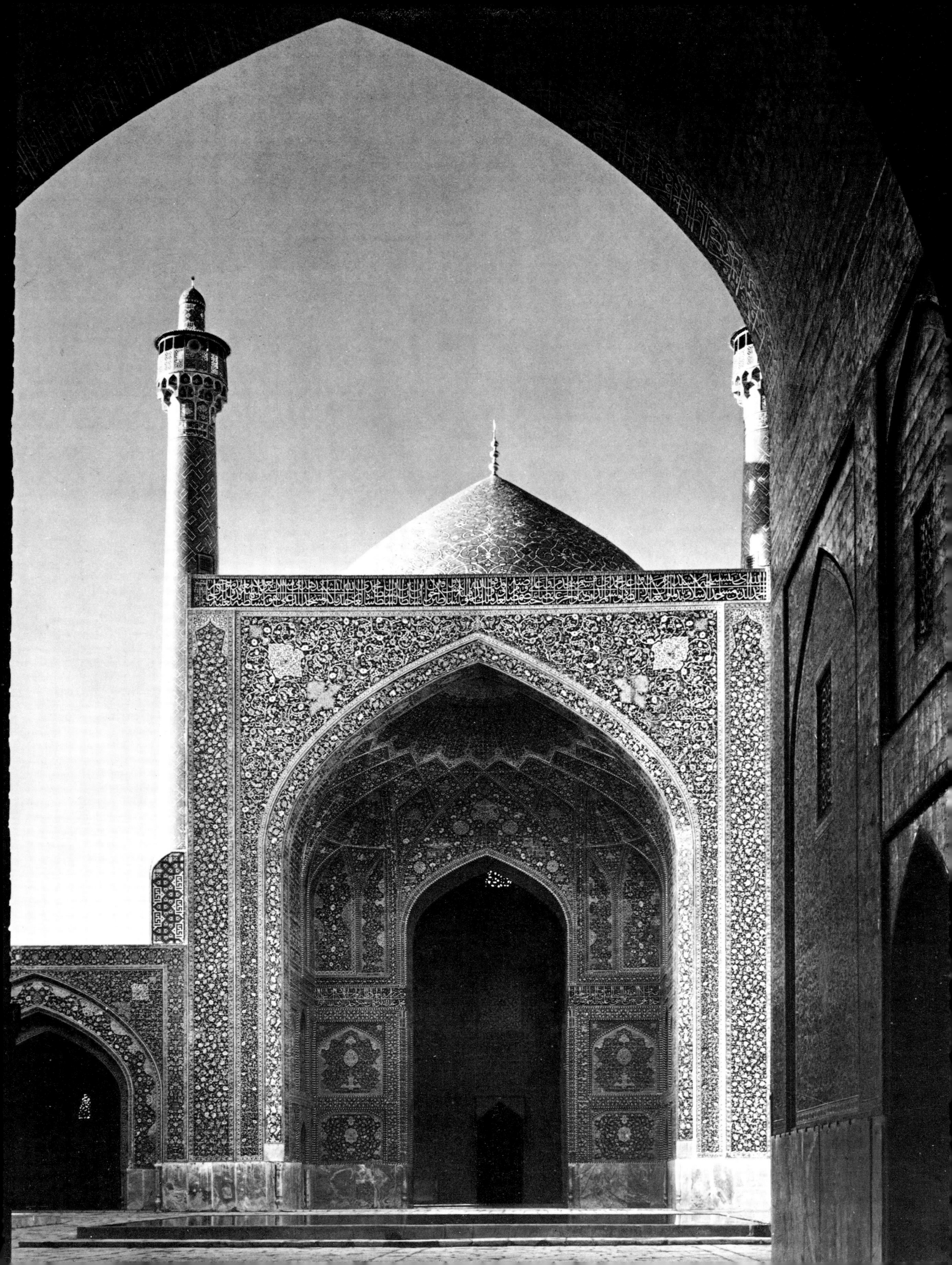

ISFAHAN

Das Eingangsportal der Schah-Moschee mit Blick über den Meidan zum Bazar hin

Die Schah-Moschee mit dem hölzernen Kiosk für den Muezzin

Metallbeschlag an der Haupttür der Schah-Moschee

ren Timuriden im 15. Jh. weiteren Aufschwung nahm. Ihre Kultur machte dann bedeutende Fortschritte unter den nachfolgenden turkmenischen Dynastien der Qaraqoyunlu und Aqqoyunlu. Dann kamen die Sefewiden: Schah Ismail einigte im Jahre 1502 von seiner Hauptstadt Täbris aus den gesamten Iran in einem Reich und in einer Religion. Vorerst verblieb die Residenz der Sefewiden zwar in Täbris bzw. in Kazwin bis 1591, doch blühte Isfahan unter den frühen Herrschern dieser Dynastie mächtig auf. Als es dann 1592 Hauptstadt der Sefewiden wurde, beschloß der Herrscher Schah Abbas, Isfahan zur ersten Stadt der Welt zu machen. Er begann mit der Anlage großer Plätze und Straßen und errichtete die meisten der großen Bauwerke, die in diesem Kapitel beschrieben sind. Die späteren Sefewiden fügten weitere hinzu, obwohl sie schließlich ihre Residenz nach Teheran verlegten. Ein paar interessante Gebäude stammen noch aus der Qajar-Periode im späten 18. und 19. Jh. Die Geschichte des iranischen Islam läßt sich fast in ihrem gesamten Ablauf an dem großen Masdschid-i-Dschami (Versammlungsmoschee) ablesen, das oft, nicht ganz korrekt, Masdschid-i-Dschuma (Freitagsmoschee) genannt wird. Leider haben sich

Rechte Seite: Einer der Nebenhöfe der Schah-Moschee. Die schmucklosen Pfeiler bilden einen wohltuenden Kontrast zu dem überreichen blauen Fliesenschmuck

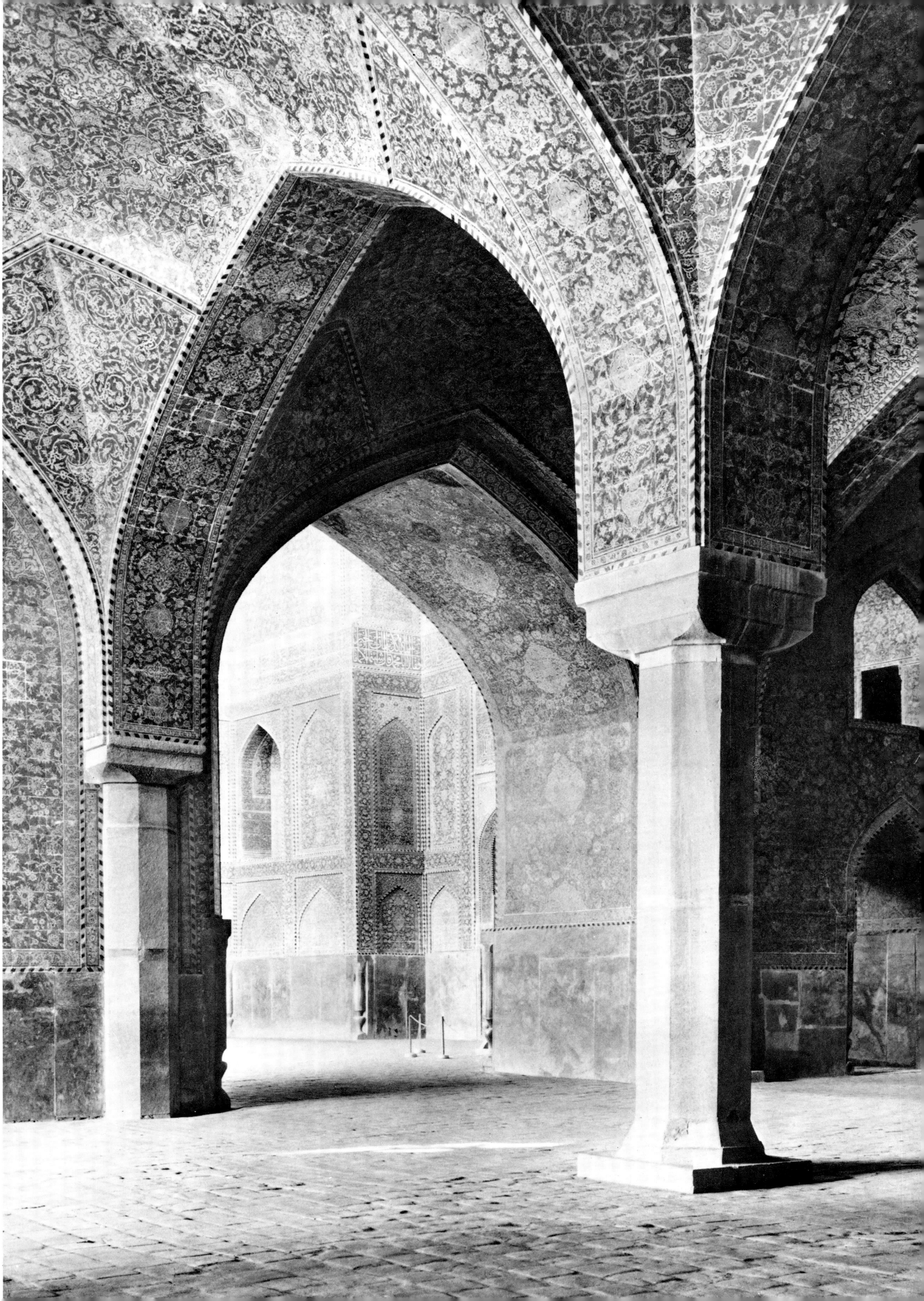

Ein Minarett des Heiligtums des Masdschid-i Dschami mit farbigem Fliesenschmuck.
Die geometrischen Muster auf dem Minarett sind stilisierte Spielarten arabischer Schriftzeichen

Ein Innenhof des Masdschid-i Dschami zeigt die vollendete Handwerkskunst der Seldschuken

von der frühesten Pfeilermoschee, die an dieser Stelle unter dem Abbasiden-Kalifat als Lehmziegelbau im schmucklosen arabischen Stil errichtet worden war, keinerlei Überreste erhalten. Ihre Erneuerung dürfte sich schrittweise vollzogen haben, denn Teile aus der unter den frühen Seldschuken begonnenen ersten Phase sind noch vorhanden. Über ihrer Mittelachse (Nordost-Südwest-Richtung) erheben sich zwei hohe Kuppeln aus gebranntem Ziegelstein, die größere von ihnen im Südwesten über dem nach Mekka orientierten Hauptmihrab. An beiden sind das ursprüngliche Ziegelmauerwerk mit den Dekorationsmustern, die weit gewölbten Strebebogen, die 16seitige Übergangszone mit den schmaleren Blendbogen aus Ziegelstein, eine Inschrift in Kufi unterhalb der Kuppel und die hohe Kuppel mit acht inneren Ziegelrippen erhalten geblieben. Seldschukischer Herkunft sind auch die Rundsäulen der Seitenarkaden mit schweren, quadratischen Kapitellen. Die Bogen, die sie tragen, sind verschieden in Form und Dekoration, ein sehr beliebtes Detail war der aufgesetzte blinde Kleeblattbogen über den Bogenöffnungen.

Schon zur Seldschukenzeit muß das Bauwerk seine jetzige Ausdehnung erreicht haben, denn an den Portalhallen auf allen Seiten des zentralen rechteckigen Hofes deutet noch manches auf seldschukische Werkarbeit hin, obwohl vieles hinzugefügt und später neu dekoriert wurde. So ließ der Mongolenherrscher Uldschajtu nördlich von dem Nordwest-Portal im Jahre 1309 nach seiner Bekehrung zum schiitischen Islam eine Partie der seldschukischen Arkaden abteilen und mit einem Mihrab in wundervoll geschnittenem Stuck ergänzen. Weitere 50 Jahre später entstanden unter den Muzaffariden Erweiterungsbauten an der Außenseite der alten Arkaden, und zwar wurde an der Südostseite eine Medrese (Gelehrtenschule) und außerdem ein Verbindungsbau zwischen der nördlichen Kuppel und dem übrigen Gebäude errichtet. Mohammed ibn Baysunqur, ein Großneffe Tamerlans, führte noch im Jahre 1447 an der Nordwestseite Zusatzbauten an der großen Winterhalle aus.

Zahlreiche Projekte zur Instandsetzung und Verschönerung der Moschee wurden unter den Turkmenen ausgeführt, einiges davon ist noch an den Innenmauern der südlichen Arkaden zu sehen. Wann das geschah, steht nicht genau fest, stilistisch weisen diese Arbeiten aber starke Ähnlichkeit mit einem anderen Bauwerk Isfahans, dem Darb-i-Imam auf, das der 1467 verstorbene letzte Herrscher der Qaraqoyunlu-Dynastie aufführte. Nach der Eroberung der Stadt schmückte dann der Aqqoyunlu Usun Hasan das Portal der südwestlichen Gebetshalle aus und brachte an diesem original seldschukischen Bauwerk die kräftigen Bogenzwickel an. Die feine Kalligraphie in Fliesenmosaik und die Blumenmuster an der Hofseite dieses Gebäudes gehören auf jeden Fall der Sefewidenzeit unter Schah Tahmasp (um 1532) an, und schließlich ist die große Halle im äußersten Südwestflügel der Moschee das Werk des großen Schah Abbas.

Sein prächtigstes Bauwerk errichtete Schah Abbas allerdings südlich des Masdschid-i-Dschami in dem länglichen Geviert des

Rechte Seite: Warenstand eines Metallhändlers an einer Kreuzung des großen gedeckten Bazars

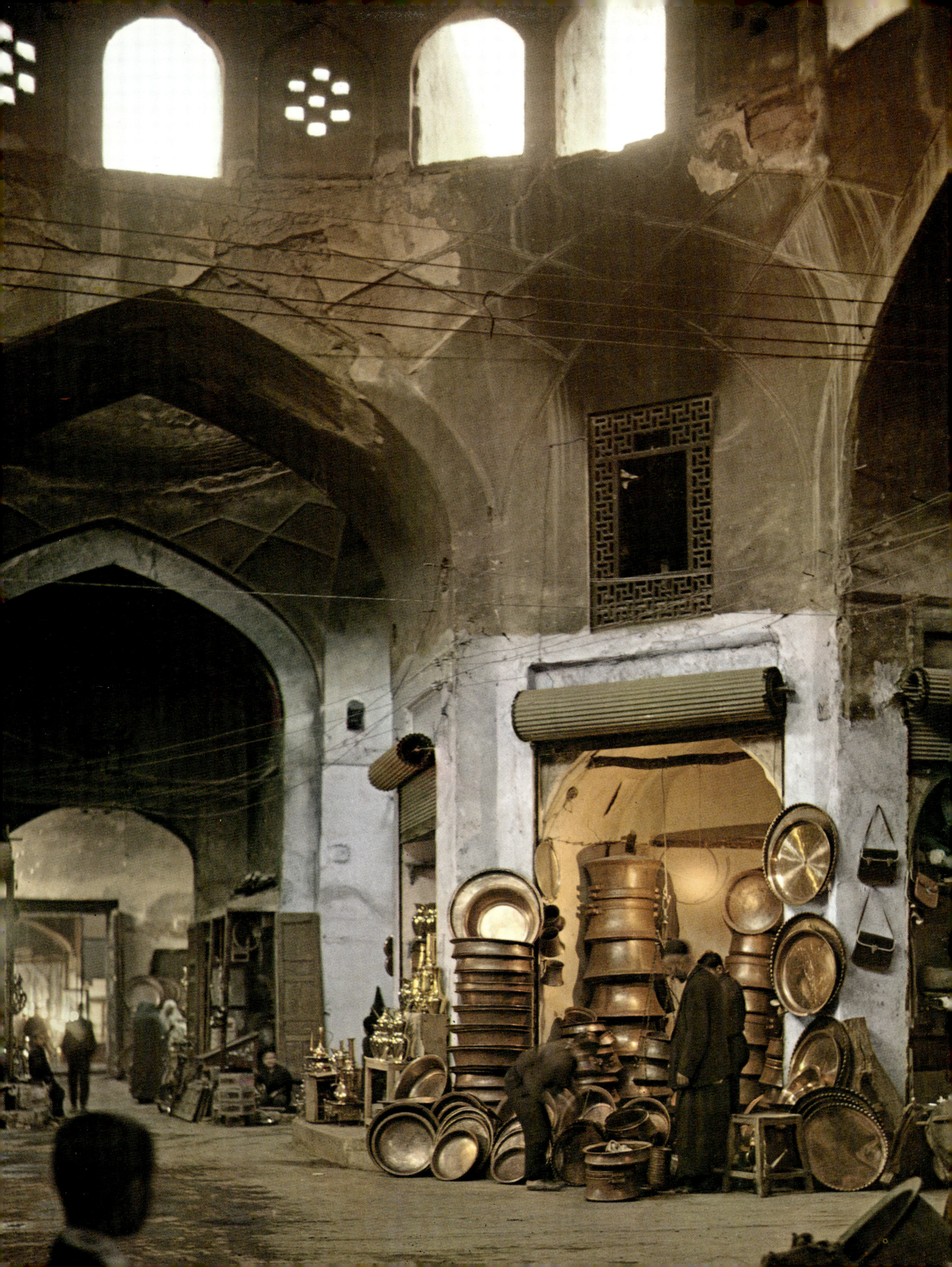

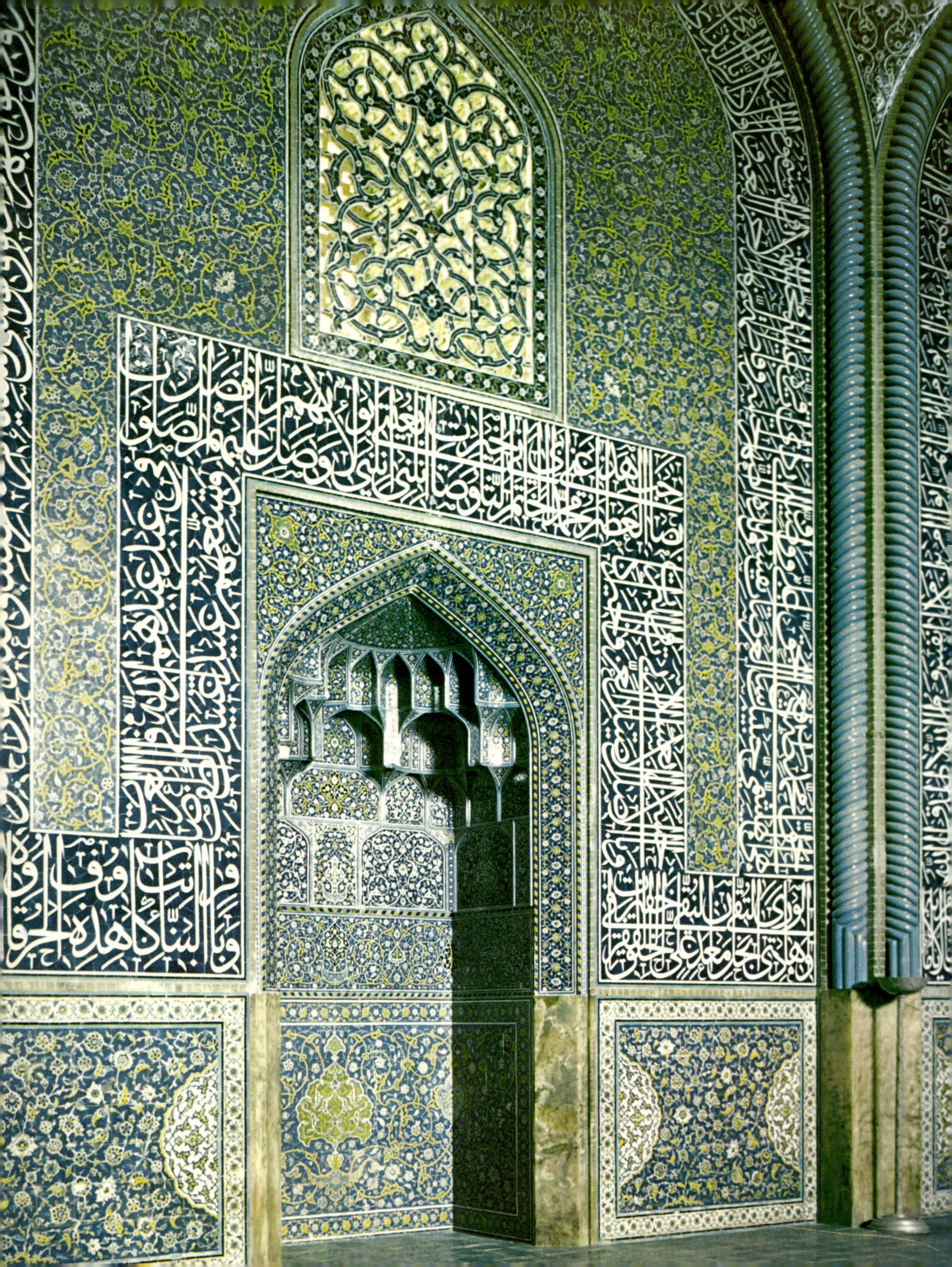

ISFAHAN

Königshofes. Dieses Areal von etwa 500 m in Nord-Süd- und 150 m in Ost-West-Richtung war ursprünglich der Poloplatz des Königs, auf dem die steinernen Torpfosten noch heute zu sehen sind. An der Südseite des Platzes steht das Masdschid-i-Schah (Kaisermoschee), an der Ostseite die Moschee des Scheichs Lutf Ullah, dieser gegenüber auf der Westseite der Torpalast Ali Kapu (Hohe Pforte) und an der Nordseite der Qaisariya-Torweg, der zum königlichen Palast führt. Die alten Fresken des Bazar-Torwegs mit der Darstellung der Unterwerfung der Usbeken durch Schah Abbas sind zwar verblaßt, doch sind wundervolle Fliesenmosaiken, darunter die Darstellung des Sagittarius (Bogenschütze), gut erhalten. Der Bazar wird immer noch benutzt, Waren aller Art werden unter seinen gedeckten Arkaden feilgeboten, besonders Teppiche und handgewebte Stoffe.

Die Moschee Lutf Ullah war das erste dieser Gebäudegruppe, ihr Portal wurde 1602 fertig – 17 Jahre vor Vollendung des gesamten Bauwerks. Der wundervoll harmonisch komponierte Eingang ist überher mit Fliesenmosaiken ausgelegt, in denen Türkis vorherrscht. Die hinter dem Portal über der Moschee aufsteigende Kuppel ist ebenfalls ganz und gar mit Fliesenmosaiken bedeckt – der Untergrund hat die Farbe von Milchkaffee – und ist wohl die formvollendetste Kuppel Isfahans. Das Innere besteht aus einem einzigen, oktogonalen Raum, und abgesehen von dem Marmorflur finden sich auch hier allenthalben ähnliche Fliesenmosaiken. Das Mihrab ist mit hängenden Stalaktiten verziert, und zu unserer Überraschung findet sich hier unter den Dekorationsmustern auch der Weinpokal.

Das Masdschid-i-Schah an der Südseite des Meidans ist schräg zur Portalwand gestellt, damit die Gebetsnischen die vorgeschriebene Richtung nach Mekka haben. Das große Portal war 1616 vollendet, der Innenausbau jedoch wurde erst nach Schah Abbas' Tod fertiggestellt. Das Portal ist überher mit Fliesenmosaiken in vorherrschendem Blau und Türkis, mit Gewölbestalaktiten und den Umrissen zweier Pfauen in den Blütenzweigen über der Tür geschmückt. Vier Jahre lang wurde allein an diesem Portal gebaut, deshalb befahl der König, das Innere größtenteils mit bemalten viereckigen Fliesen zu belegen. Die Kuppel des Sanctuariums erhebt sich über einem hohen, zylindrischen Tambur mit Lichtöffnungen und hat innen und außen Fliesenbelag. Davor steht ein schmaler turmartiger Bogen mit zwei schlanken Minaretts an den Seiten, welche die Torweg-Minaretts wiederholen; der Turm selbst hat ein Gegenstück in der anderen Fassade des Hofes. Die hölzernen Pavillons für den Muezzin zeigen trotz starker Restaurierung noch den ursprünglichen Sefewiden-Stil.

Der Palast gegenüber der Moschee Lutf Ullah trägt den Namen Ali Kapu. Er wurde unter Schah Abbas begonnen, aber erst von seinem Nachfolger beendet. Mit sieben zum Teil nur halbgeschossigen Stockwerken im Innern, die über eine Wendeltreppe zugänglich sind, scheint das Gebäude vom Hof her aus zwei hohen Stockwerken zu bestehen. Während das untere in Ziegelstein aufgeführt und mit Fliesen dekoriert ist, besteht das

Blick vom Meidan auf die Lutf-Ullah-Moschee. Das Stalaktiten-Gewölbe über der Eingangsöffnung ist wohl das schönste in Isfahan

Der Meidan im frühen 18. Jh., aus Cornelis de Bruin, *Travels through Muscovy to Persia and India*

Linke Seite: Das Mihrab der Lutf-Ullah-Moschee

ISFAHAN

Der Palast Ali Kapu

Der Ali-Kapu-Palast mit seinem großen Balkon, den der König für Geselligkeiten und Empfänge benutzte

Unten: Der Balkon des Ali Kapu mit Blick auf die Schah-Moschee

Rechte Seite: Kapitell einer hölzernen Säule und Kassettendecke vom Balkon des Ali Kapu

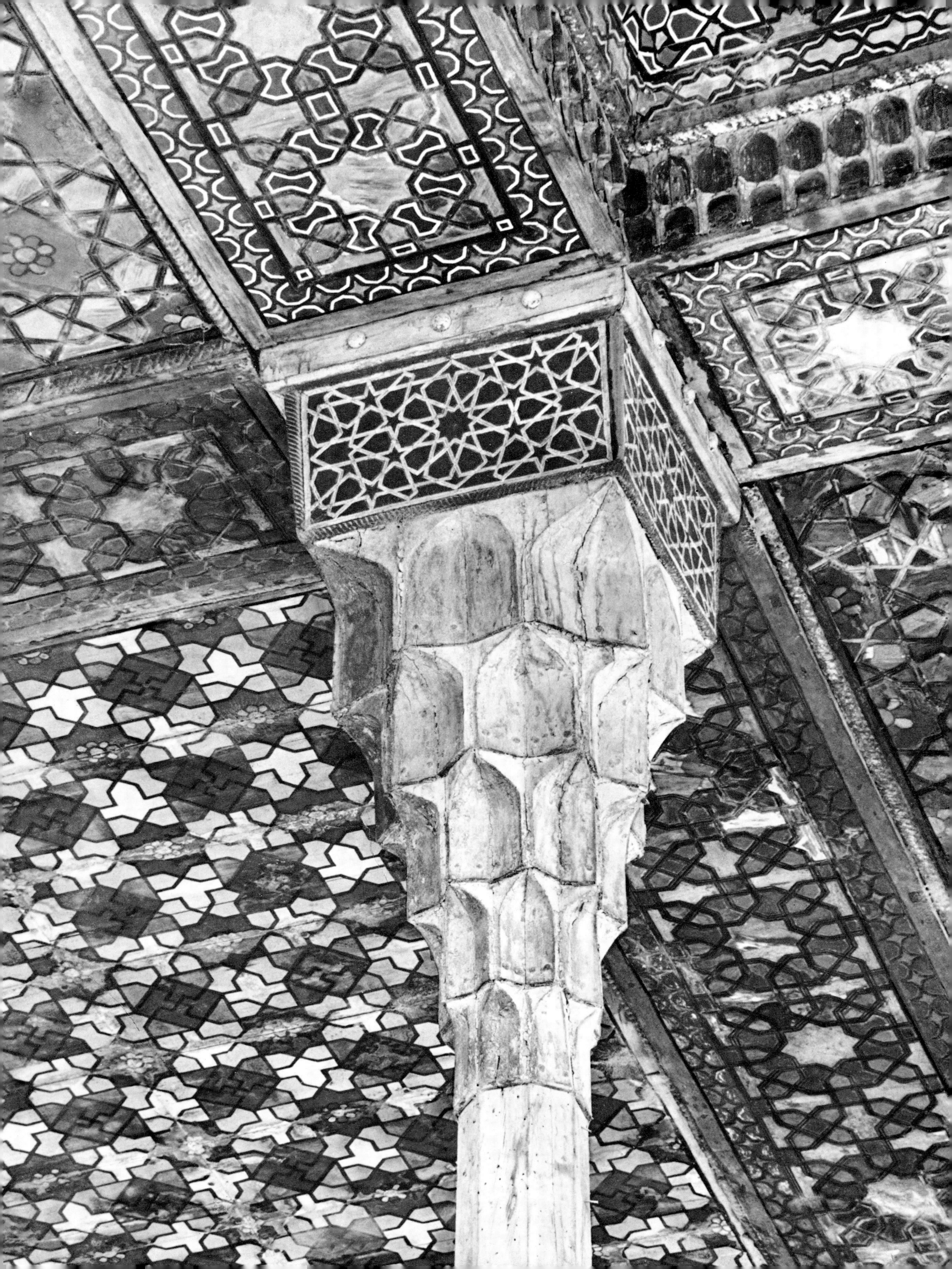

ISFAHAN

Isfahan im 17. Jh.; aus den Reisebeschreibungen des Adam Olearius

obere aus einer geräumigen Terrasse (Talar) mit flachem Dach, das auf 18 schlanken aus einem einzigen Platanenstamm zugeschnittenen Säulen ruht. Ihre gleichfalls aus Holz geschnitzten Stalaktitenkapitelle tragen die mit Malereien und Mosaiken geschmückte Decke. Auf diesem Terrassentrakt befinden sich Fontänen, die dem König und seinen Gästen bei ihren Banketten und beim Beobachten der Polospiele von dieser großen Tribüne aus Erfrischung spendeten.

Die Innenräume zeigen mannigfaltige Dekoration, besonders eindrucksvoll sind die Decken einer geräumigen Pfeilerhalle im dritten Geschoß, beachtenswert im sechsten Stockwerk die mit Tiefschnittdekor versehenen Töpfe und Vasen des Musiksaales, der wundervolle Stuckarbeit mit gut erhaltenen Blumenfresken zeigt. Vom Balkon aus reicht der Blick nur über den Königshof, vom Dach aus aber überblickt man das ganze Panorama Isfahans. Der Königshof war nur eines von den großen Bauprojekten Schah Abbas'. Nicht weniger bedeutend, doch heute von den Bewohnern Isfahans sicher viel höher geschätzt war die große Promenade Tschehar Bagh (Vier Gärten) etwas westlich des Königshofes. Sie führte zum Fluß hinab und bestand aus zwei seitlichen Promenadenwegen mit Platanen und einer weiteren Promenade in der Mitte. Die beiden Wege, heute moderne Verkehrsstraßen mit zwei Fahrbahnen, waren ursprünglich mit Blumenbeeten besetzt. Die Hauptallee, die jetzt als schattiger Fußgängerweg dient, war einst ein steinernes Flußbett mit Wasserläufen und Wasserfällen. Die großen Torwege früherer Zeiten haben Luxusläden und anderen modernen Gebäuden Platz gemacht. Auch jetzt hat die Allee noch großen Charme und ist der beliebteste Treffpunkt und Promenierplatz der Elite Isfahans. Nahe dem Südende steht die Medrese des Tschehar Bagh, erbaut unter dem letzten Sefewidenkönig im frühen 18. Jh., die mit hohen Fliesenarkaden einen von einem Kanal durchflossenen zentralen Hof umgibt. Die innen und außen mit Fliesen ausgelegte Doppelkuppel steht der Kuppel der Moschee Lutf Ullah nur wenig nach; überhaupt ist der Fliesendekor des ganzen Bauwerks höchst abwechslungsreich und bietet Beispiele von iranischen Stilelementen jeder Art.

Zwischen dem Tschehar Bagh und dem Meidan liegt ein weiteres Sefewiden-Bauwerk, der Tschihil Sutun (Vierzig-Säulen-Saal) von 1647, dessen schlanke Platanensäulen sich in einem langgestreckten Wasserbecken an der Außenseite spiegeln. An ihn schließt sich eine Reihe von Hallen an, die einst mit reizvollen Fresken ausgemalt waren, von denen einige noch vorhanden sind. Heute dient der Palast als Museum.

Wer an Isfahan denkt, denkt auch an seine Brücken. Die alte Schahristan-Brücke wurde von den Seldschuken auf sasanidischen Fundamenten erbaut. Als äußerst eindrucksvolle Konstruktion erscheint die Brücke Alahverdi Khans mit ihren 33 Spitzbogenarkaden und den schmaleren Arkaden, die den Fahrweg oben flankieren. Der Preis aber gebührt der Brücke Schah Abbas' II., dem Pul-i-Chatschu, an der alten Straße nach Schiraz, deren Seitenarkaden überdeckte Fußwege einschließen und deren halboktogonale Türme zum Fluß hin an beiden Seiten Räume enthalten, die Zuflucht vor der heißen Sommersonne bieten. Diese Räume und die Bogenzwickel aller Arkaden zeigen wundervolle geometrische Fliesenornamente.

Der berühmte Juwelier Chardin, ein Hugenotte, der im späten 17. Jh. zehn Jahre in Isfahan verbrachte, hat das Leben dieser Stadt mit großem Einfühlungsvermögen geschildert. In seinem Bericht wird etwas von dem Geist spürbar, der am Sefewidenhof zur Zeit seiner Hochblüte herrschte. Schon bald darauf wurde Isfahan von Türken, Russen und Afghanen überrannt, in deren Hände es schließlich fiel, nachdem sein Widerstandsgeist durch eine grausame Belagerung gebrochen war. Aber Nadir Schah vertrieb die Afghanen und eroberte Isfahan zurück, doch herrschte er selbst von Meschhed aus. Karim Khan machte Schiraz zu seiner Hauptstadt, und die späteren Qajars hielten in Teheran Hof. Heute ist Isfahan wieder eine aufblühende Stadt, die alte Textilindustrie hat einer modernen Platz gemacht, und die Restaurationen wurden glücklicherweise sehr behutsam ausgeführt. Mehr als irgendeine andere Stadt im Iran bewahrt Isfahan einen Abglanz der Schönheit und der Herrlichkeiten ihrer glorreichen Zeit unter den Sefewiden.

J. BURTON-PAGE

Die Chatschu-Brücke über den Sajenderrud. Ihre Räume über dem Fluß waren beliebte Zufluchtstätten vor der glühenden Sommersonne

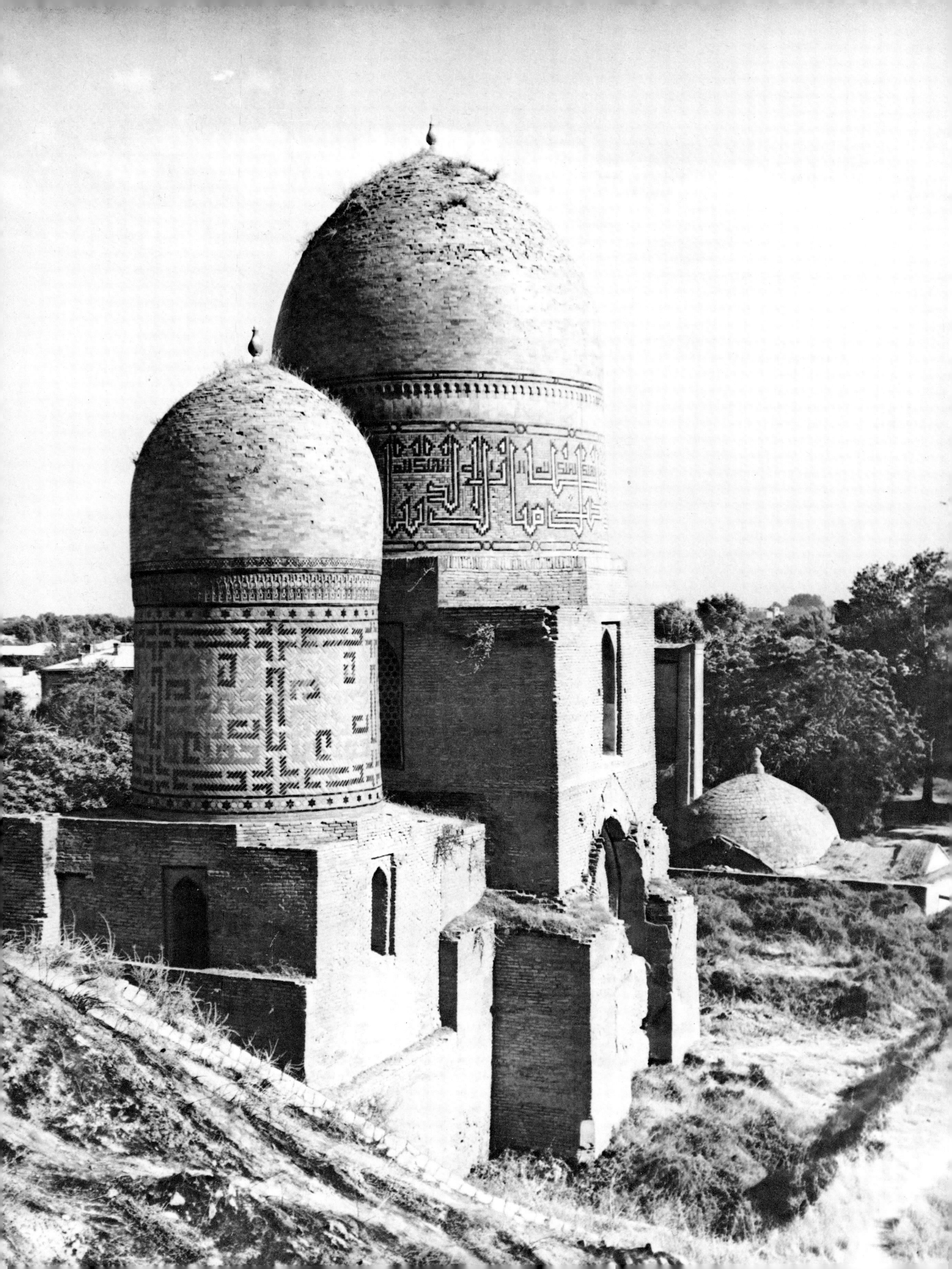

UdSSR: Samarkand

Mittelpunkt von Tamerlans Riesenreich, einstmals eine Stadt voller Blumengärten und herrlicher Gebäude und noch immer berühmt wegen der hohen, farbenprächtigen Kuppel über dem Grabmal des großen Eroberers

Die großartigen Bauwerke, die Tamerlan und seine Nachfolger in Samarkand hinterließen, stehen jetzt unter dem Schutz der Sowjetregierung. Der Gur-i-Mir, das Grabmal dieses großen Eroberers, ist bereits restauriert, ebenso auch – in sehr großzügiger Weise übrigens – die Gräberstraße Schah Sindeh mit den Grabstätten seiner Angehörigen; dagegen stecken die Wiederherstellungsarbeiten an dem prächtigen Rigistan-Platz mit der wohl überhaupt reizvollsten Gruppe von Akademiebauten noch in den Anfängen. Aber die Fassaden und Höfe seiner drei Medresen (islamische Religionsschulen) prangen wieder im Schmuck ihrer prachtvollen Fliesenornamente, und auch die Türme werden bald neu erstanden sein.

Die Lage Samarkands im fruchtbaren Tal des Sarafshan hat auf ihre Geschichte einen bestimmenden Einfluß gehabt. Kulturell war sie den großen Zivilisationen im Süden und Osten eng verbunden, aber nicht allein die Nomaden sahen in ihr ein lockendes Ziel, sie wurde auch zweimal von mächtigen Heeren aus dem Westen überrannt: zuerst von Alexander dem Großen, später von den Russen unter den Zaren und dann unter den Sowjets. Im Laufe dieser langen und wechselvollen Geschichte hat sich das eigentliche Stadtgebiet von Samarkand um einige Meilen verschoben. Tamerlans türkisfarbene Stadt liegt zwischen einer früheren und einer späteren Siedlung, und nach Norden hin sieht man die dunklen, grau-grünen Erdwälle von Afrasiab, der ältesten Stadtgründung. Sie war einstmals unter dem Namen Maracanda die Hauptstadt der Achämenidenprovinz Sogdiana, wurde von Alexander dem Großen zerstört und später von den Arabern im 8. Jh. erobert. Im weiteren Verlauf ihrer Geschichte entwickelte sie sich unter der aufgeklärten Dynastie der persischen Sasaniden zu einem Zentrum der Gelehrsamkeit.

Als im Jahre 1221 Dschingis Khan mit seinen Mongolenhorden hereinbrach, sollen die Wälle der Stadt von mehr als hunderttausend Mann verteidigt worden sein. Trotzdem war die Zerstörung so vollkommen, daß die Stadt zur völligen Bedeutungslosigkeit herabsank, bis sie von Tamerlan zu neuem Leben

Ein phantastisches Portrait von Tamerlan aus Nicolaas Witsens *North and East Tartary* (1785)

Linke Seite: Die Mausoleen von Olja Aim und ihrer Tochter an der Gräberstraße Schah Sindeh. Die stattlichen Kuppeln auf hohem Tambur sind ein charakteristisches Element timuridischer Architektur

SAMARKAND

Gesamtansicht des Gur-i-Mir. Das Mausoleum wurde von Tamerlan ursprünglich für seinen Enkel erbaut und um 1405 fertiggestellt

erweckt wurde. Heute werden die Sandhügel von Afrasiab die denen von Ninive sehr ähnlich sehen, nur noch von russischen Archäologen gestört, die dort nach Altertümern graben.

Während über dem toten alten Samarkand tiefe Ruhe liegt, wächst der neue russische Stadtteil zusehends, und bald wird er sich auch die östliche Stadt einverleiben, die nach 1871, zur Zeit der zaristischen Expansion, äußerst geschmackvoll angelegt worden war. Jetzt, unter der Sowjetherrschaft, ist Samarkand wieder zum Bildungszentrum geworden. Die wahrhaft riesige Universität wird noch erweitert durch (leider sehr mittelmäßige) Bauten, die entlang dem großen Hauptboulevard mit seinen Parks voller Waldbäume aufgeführt werden.

Einen größeren Unterschied als zwischen den freundlichen, einfachen Sowjetbürgern, die in den Terrassenläden aus der Zarenzeit einkaufen, und den Käufern auf dem traditionellen Markt von Samarkand nahe dem Rigistan kann es kaum geben. Hier könnten die Kauflustigen, und mehr noch die Händler, geradewegs Bildern von Mongolen- oder Tartarenhorden entstiegen sein. Ihre schiefäugigen, lederartigen und verrunzelten Gesichter sind mit kleinen Bärten und dünnen, herabhängenden Schnurrbärten geziert. Viele tragen Wattejacken und Wattestiefel, Turbane, Pelzmützen oder schwarzweiße Usbekenmützen. Unter ihnen trifft man Männer, die für die verschiedenen Porträts Tamerlans Modell gestanden haben könnten, denn ein echtes Porträt von ihm gibt es wahrscheinlich nicht.

Und tatsächlich stand die Wiege des „Eroberers" nur etwa 80 km von hier, in Kesch oder Schahr-i-Sabz (Grüne Stadt). Sein Vater, Haupt des türkischen Stammes der Barlas, war der erste seiner Familie, der sich zum Islam bekehrte. Sein Leben war den Studien gewidmet, und nach überkommenen Berichten war sein Sohn Timur (der Name Tamerlan ist entstanden aus Timur-i-Leng, Timur der Lahme) ein rechtgläubiger Schüler des Koran. Schon früh entdeckte er jedoch sein militärisches Genie, und nach einem Jahrzehnt erbarmungsloser Rivalität zwischen ihm und der Dynastie des Dschingis Khan gewann er den Thron Transoxaniens und die Führerschaft der Nomadenvölker Asiens. 1369 wurde er in Samarkand gekrönt. Den größten Teil seines weiteren Lebens verbrachte er auf Plünderungs- und Eroberungszügen, wobei er seine Herrschaft westwärts bis zur Wolga und den ägäischen Gestaden Anatoliens, südwärts über das ganze Perserreich bis Bagdad und Kurdistan ausdehnte. Er eroberte Nordindien, nahm Delhi unter Verübung scheußlicher Greueltaten, kämpfte gegen Türken und Ägypter, eroberte Damaskus und Aleppo und bereitete gerade einen Feldzug gegen China vor, als er 1405 starb.

Das Urteil über Tamerlan ist zwiespältig. Während die einen ihn einen Schlächter und mutwilligen Zerstörer nannten, bewunderten andere ihn als Helden. Marlows Meinung, daß er „trotz seiner unumschränkten Herrschergewalt und seiner Kriegsliebe ein unbefriedigter Mensch" war, scheint ihn richtiger zu charakterisieren. Sicher ist, daß er in seinem Geburtsort Kesch und in Samarkand, der Hauptstadt seines riesigen, un-

Rechte Seite: Eins der Glanzstücke der timuridischen Architektur, die große Fliesenkuppel von Tamerlans Grabmal, dem Gur-i-Mir

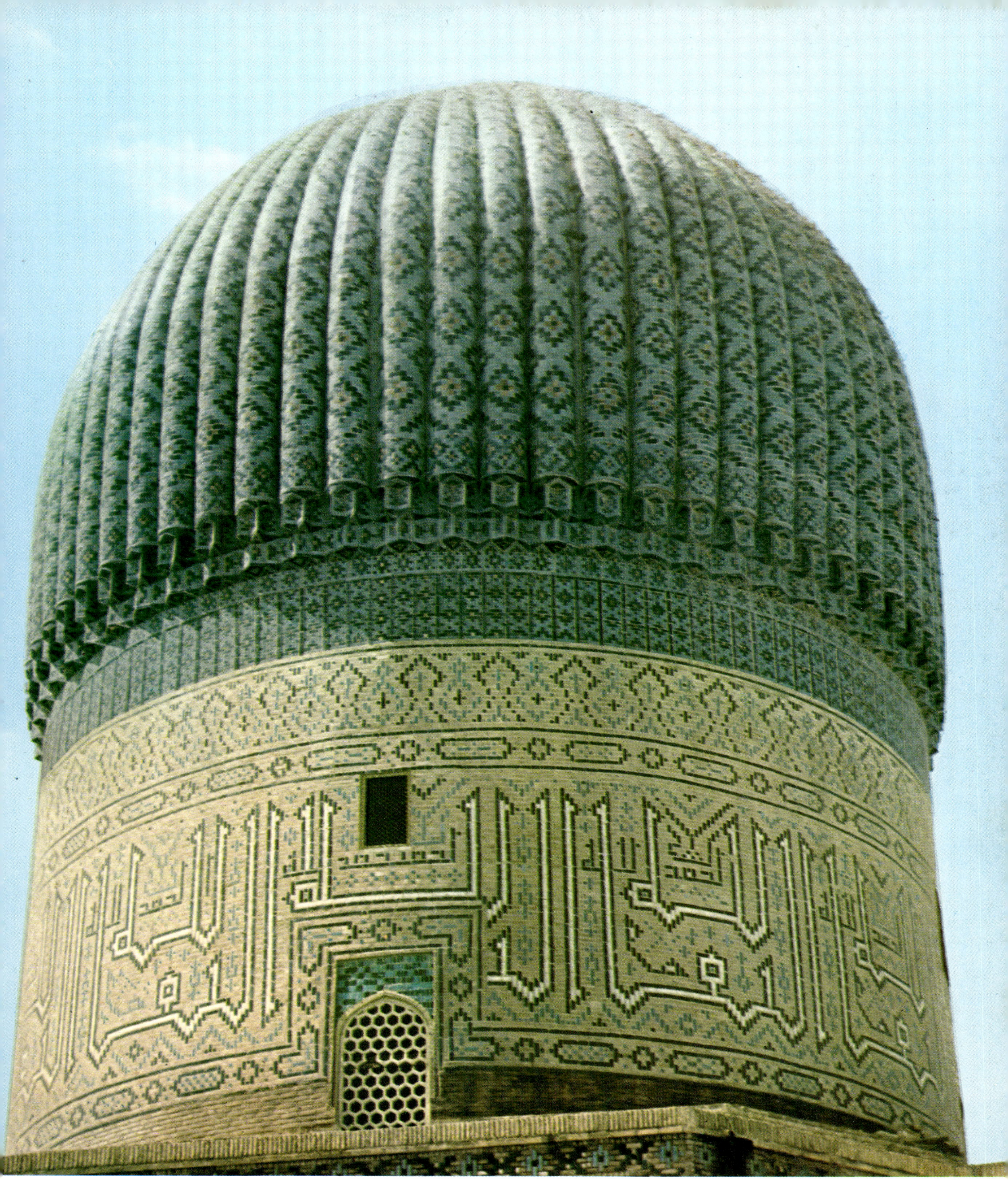

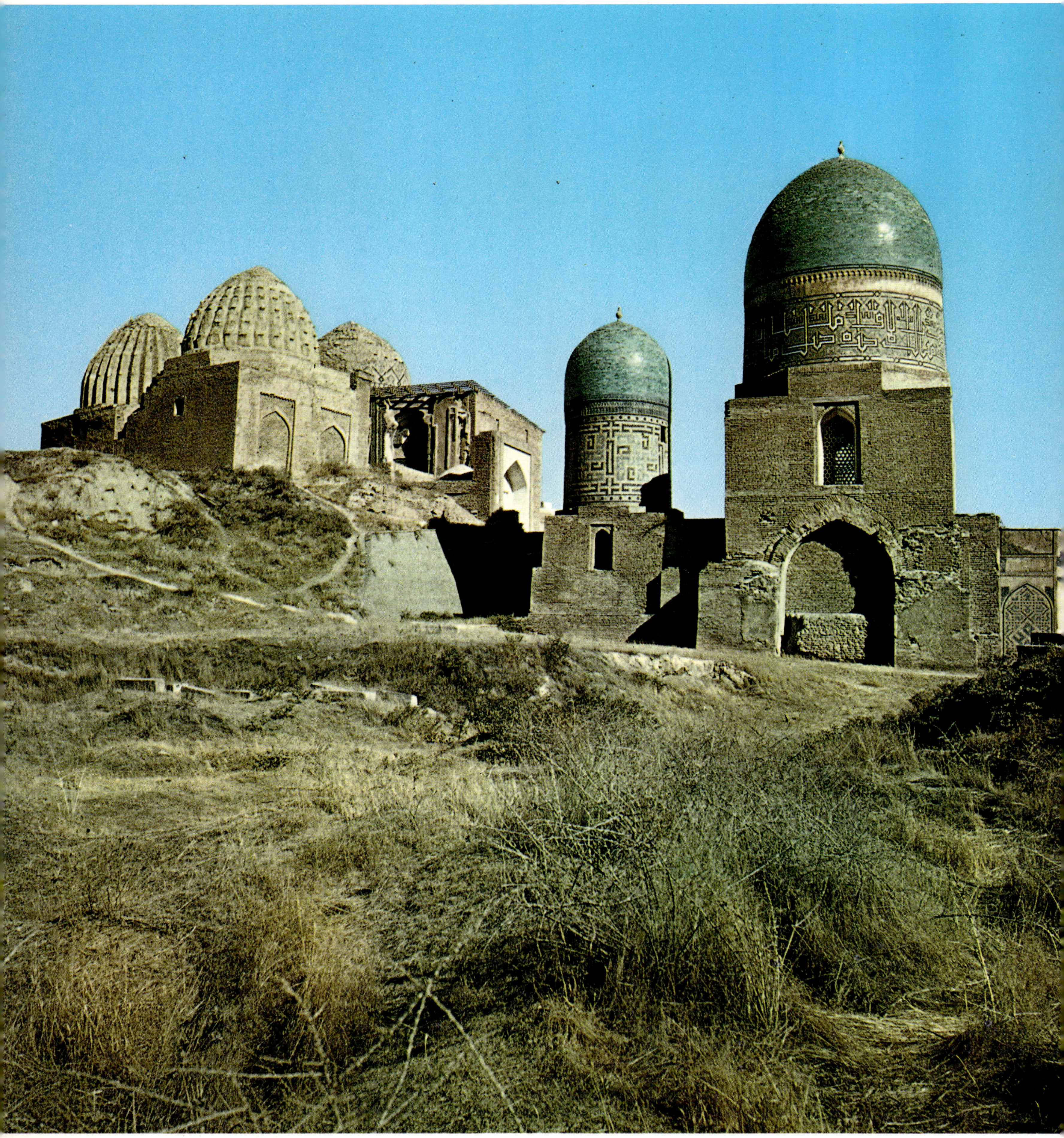

SAMARKAND

konsolidierten Reiches, mit einem wirklich schöpferischen Akt seine Plünderungszüge unterbrach. 90 Elefanten, so wird berichtet, brachte er zum Transport von Steinen für eine Moschee nach Samarkand, und er selbst schildert, wie nach der Eroberung Delhis auf seinen Befehl alle Künstler und die besten Handwerker aus den Gefangenen zu seiner eigenen Verfügung ausgesondert wurden. So rettete er aus den Trümmern der von ihm zerstörten Städte eine aus vielen Nationalitäten gemischte Arbeiterarmee zur Errichtung seiner großartigen Bauwerke.
Der Einfluß der fremden Handwerker auf den Architekturstil, den man als Timur-Renaissance bezeichnen könnte, ist an vielen dekorativen Details der Bauwerke Samarkands nachzuweisen. Insbesondere scheinen indische Bauformen bei der Stein-Moschee als Vorbild gedient zu haben. Es handelt sich hierbei jedoch nur um äußerliche Stilelemente, im Wesentlichen wurzelt die timuridische Architektur in der persischen Tradition.
Nach Tamerlans Tode (1405) verlegte sein Sohn Schah Rukh die Residenz des schon zerfallenden Reiches nach Herat in Afghanistan. Knapp fünf Jahre später wurde der Neffe des Eroberers, Ulug Begh, ein Mann von hervorragenden Geistesgaben, Vizekönig von Samarkand. Er brachte mit Hilfe einiger gebildeter Familienmitglieder die Timur-Renaissance zu neuer Blüte. Ulug Begh erbaute die wundervolle Medrese des Rigistan und machte sie zum Mittelpunkt mathematischer und astronomischer Forschung. In dem Observatorium, das er auf einem Hügel bei Afrasiab errichtete, stand ein großer Fakhri-Sextant, von dem ein Teil noch heute vorhanden ist.
Dieses Samarkand des 15. Jh. muß ein Platz voller Wunder und Kostbarkeiten gewesen sein, berühmt vor allem wegen seiner Bewässerung. Es war eine grüne und blühende, von Kanälen durchzogene Stadt, die von zwei aus ihren Betten abgeleiteten Flüssen gespeist wurden. Wasserleitungen führten zu jedem Haus. Da gab es Obst- und Blumengärten, Aquädukte und Fontänen, und zu Tamerlans Zeiten blühende Plantagen ringsherum. In diesem Rahmen müssen die timuridischen Bauten, die mit ihren hellen Farben aus den Blumengärten hervorleuchteten, einen wundervollen Eindruck gemacht haben. Leider dauerte diese Herrlichkeit nicht lange. 1507 überfielen usbekische Nomaden Samarkand: Die Timuriden wurden entmachtet.
Der Gur-i-Mir, Tamerlans Grabstätte, mag hier als Musterbeispiel timuridischer Architektur dienen. Zwar ist er in seinem gegenwärtigen Zustand ziemlich schmucklos und wenig eindrucksvoll, aber dadurch verkörpert er in geradezu exemplarischer Weise ein Hauptmerkmal dieser Architektur: Es ist ein schlichter Baukörper, auf dem die herrlichen persischen Ornamentfelder und das leuchtende Türkis, das Grün, Gelb und Gold der Fliesen und der Fayence-Mosaiken prächtig zur Geltung kommen, ohne das Gebäude zu überwuchern. Charakteristischer Bauteil des Gur-i-Mir ist der Turm über den königlichen Gräbern, „dessen kielbogige Kuppel über dem zylindrischen Tambur als bedeutendste und eindrucksvollste Neuerung der timuridischen Architektur" gilt.

Schmuckdetail von dem sogenannten „Thron Tamerlans" im Gur-i-Mir

Linke Seite: Gesamtansicht des Schah Sindeh. Im Vordergrund die Gräber von Tamerlans Amme Olja Kim und deren Tochter

SAMARKAND

Die Gräberstraße Schah Sindeh

Eine typische „Stalaktiten"-Nische in einem der weniger bedeutenden und nicht identifizierten Mausoleen des Schah Sindeh

„Eine friedvolle Straße des Todes": der obere Pfad der Gräberstraße Schah Sindeh

Eingang zum Mausoleum von Tamerlans Nichte Shad i-Mulk Aka (gest. 1372). Wandverkleidung aus fein gearbeiteten Relieffliesen schmücken beide Seiten des Bogens und des Torwegs

Rechte Seite: Treppenaufgang und Tor zum oberen Pfad des Schah Sinde Hinter dem Tor ragt die Gruppe der vier großen Mausoleen auf

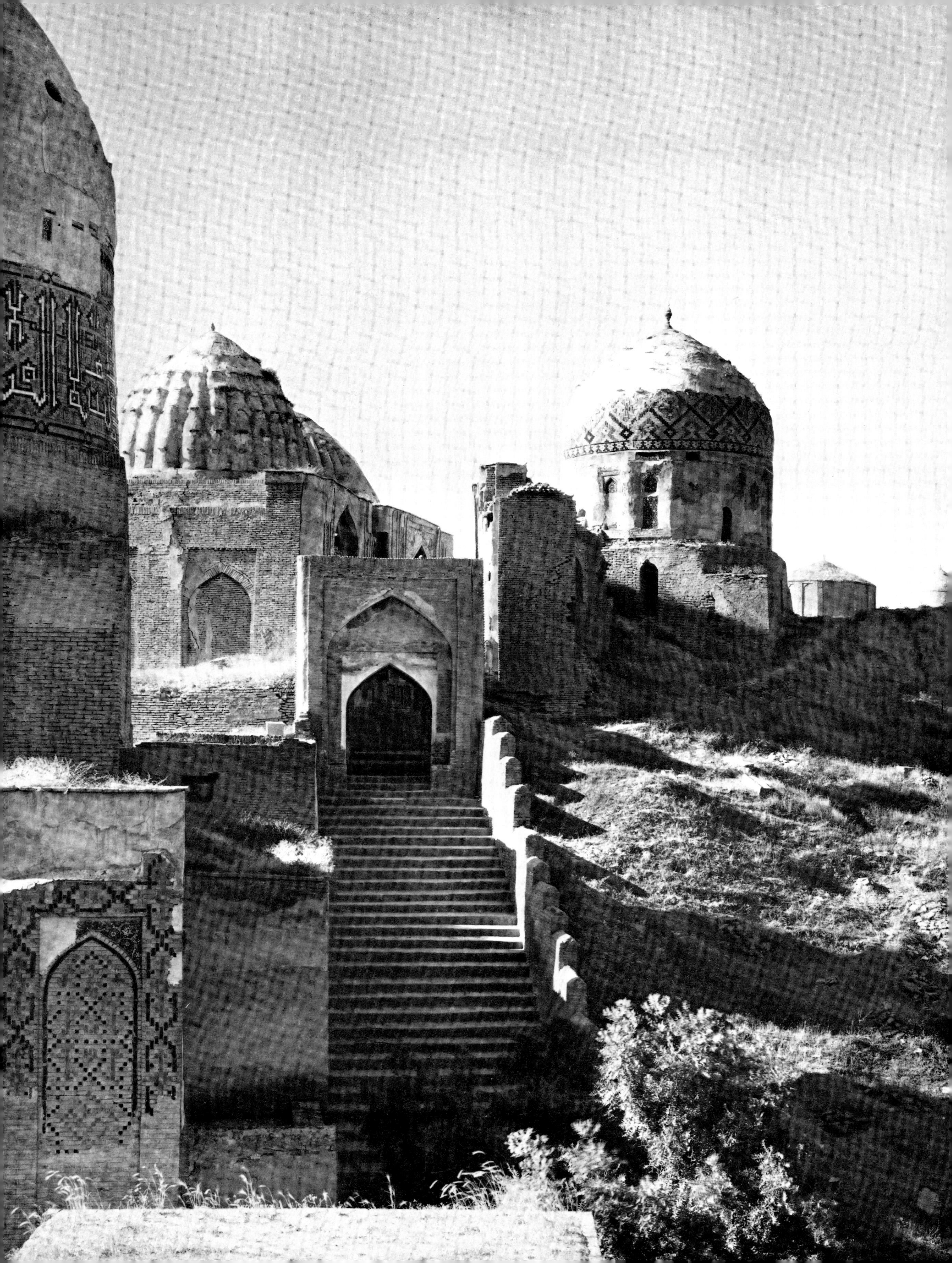

SAMARKAND

Haupttorbogen der Fassade von einer der drei im 15. Jh. erbauten Medresen (islamische Religionsschulen), die den großen quadratischen Rigistan-Platz bilden. Die Verwendung von Tierformen in der Dekoration ist ungewöhnlich – die Tiger über dem Bogen sind aus orangefarbigen Fliesen

Es ist kaum zweifelhaft, daß Tamerlan dieses berühmte Mausoleum für seinen Lieblingsenkel Sultan Mohammed erbauen ließ, als dieser nach der Schlacht von Angora seinen Wunden erlag. Die Schlacht fand 1402 statt, und das Mausoleum wurde zwei oder drei Jahre später eingeweiht. Sein Grundriß geht auf das alte persische Feuerheiligtum zurück. Tambur mit Kuppel erheben sich über einer Totenkapelle mit quadratischem Innenraum und achteckigem Umbau, die vier Eingänge hat.

Dieser achteckige Baukörper mit seinen glasierten farbigen Ziegeln, die in einem Netzmuster aus Dunkel- und Hellblau angeordnet sind, ist das Wahrzeichen Samarkands. Die große Kuppel erhebt sich bis zu einer Höhe von über 37 m, ihre vierundsechzig mächtigen Rippen sind grün und schlangenähnlich mit schwarzen und weißen Rhomben gemustert. In leichter Krümmung umfassen sie den Tambur, der mit Korantexten in kufischen Buchstaben aus glasierten Ziegeln dekoriert ist. Diese Kuppel ist vollendet schön und höchster Bewunderung würdig. Ursprünglich hatte das Mausoleum freistehende, den Haupteingang flankierende Minaretts, doch ließ Ulug Begh sie 1434 durch eine Arkadenblende miteinander verbinden und gleichzeitig einen Vorhof und ein Eingangsportal hinzufügen. Auf diesem schönen Torweg, der heute noch steht, finden sich die vorherrschenden Schmuckmotive jener Zeit: geometrische Figuren, Arabesken, Blattwerk, Sterne und Lotospalmetten – alles in kräftigem Lapisblau und Weiß, mit grünen und goldenen Tupfen belebt. Leider sind beide Türme bei einem Erdbeben eingestürzt, und der größte Teil des Vorhofs ist verschwunden. Die Gesamtwirkung des Gur-i-Mir hat sich auch durch die Zerstörung der Moschee und der Medrese grundlegend geändert.

Doch nun zurück zu dem achteckigen Unterbau, dessen quadratischer Innenraum die düstere, aber großartige Totenkapelle bildet. Hier besteht die Wanddekoration aus einem Alabastersockel mit vierteiligem Zellenfries. Darüber sind auf einem Sims aus dunkelgrünem Jaspis die Genealogie und die Taten Tamerlans in eleganter Schrift verewigt. Die Decke wird von einer inneren Kuppel gebildet, die von der gewaltigen äußeren Melonenkuppel durch einen großen Zwischenraum getrennt ist. Durch geschnitzte Gitter fällt gedämpftes Licht in die Kapelle. Tamerlans Grabmal mit den beiden mit Inschriften versehenen dunklen Jadeblöcken aus Ostturkestan überragt die seiner Enkel und Verwandten. Alle Mausoleen sind mit Steingeländern umgeben, an denen die indischen Handwerker offenbar ihrem eigenen Geschmack freien Lauf lassen konnten. Die Grabsteine sind nicht die wirklichen Sarkophage, diese stehen vielmehr in einer Krypta unter der Kapelle.

Wenn der Gur-i-Mir jetzt, nach der Restauration, als alleinstehendes Gebäude keine tiefere Wirkung ausübt, so ist das Gegenteil der Fall bei der zusammenhängenden Gruppe der timuridischen Mausoleen am Friedhof Schah Sindeh, einer schönen, friedlichen Allee in der Stadt des Todes. Sie führt hinauf auf einen Höhenrücken bei Afrasiab; der Zutritt erfolgt durch ein Portal, das Ulug Begh gleichzeitig mit den Erweiterungen des Gur-i-Mir erbauen ließ. Unmittelbar hinter dem Tor führt der Weg vorbei an den Mausoleen von Tamerlans Amme Olja Aim und deren Tochter, die beide von türkisfarbenen Kuppeln bekrönt sind. Über eine Treppe geht es nun steil aufwärts und weiter durch einen Bogen, hinter dem ganz unerwartet der Aufstieg zum oberen Pfad beginnt. Hier steht eine Gruppe von vier der schönsten Mausoleen, von denen zwei den Schwestern Tamerlans zugehörig sind. Das Grabmal von Tschujuk Bika Aka und ihren drei Kindern zur Linken besteht wie die meisten dieser Mausoleen aus einem quadratischen, überkuppelten Raum mit einem Portikus und schmalem Eingang an der Blendwand. Den Innenraum verzieren Nischen mit blauweißen Stalaktitwölbungen. Das herausragende Detail an diesem Bauwerk aber sind die glasierten Fliesen mit den wundervoll eingeschnittenen Reliefs – ein Baudekor, der eine typische Eigenart Transoxaniens ist. Die Kuppel über der Grabkammer von Tschujuk Bika ist niedrig und ohne Tambur – ein früher, noch unentwickelter Vorläufer der timuridischen Form. Höher ist schon die Kuppel des 1385 erbauten Mausoleums von Shirin Bika Aka, Tamerlans jüngerer Schwester, auf der anderen Straßenseite. Hier zeigen sich auch schon die Ansätze eines Tamburs.

Der mit Platten belegte und für zentralasiatische Verhältnisse ungewöhnlich gut gepflegte Weg führt nun weiter hinauf zu dem zentralen Teil des Schah Sindeh. Hier haben die Mausoleen niedrige Kuppeln und befinden sich in einem schlechten Erhaltungszustand. Einige sind auf Terrassen über dem Hang erbaut und bieten einen herrlichen Ausblick auf die Stadt und weithin über das flimmernde Land. An ihrem höchsten nördlichen Punkt hat die Gräberstraße ihr Ziel erreicht – einen Platz mit einer rings um das Grabmal des Kasim ibn Abbas erbauten Gruppe von Mausoleen, darunter eines, das der Gemahlin Tamerlans zugeschrieben wird. Kasim gilt als heiliger Mann, der als erster den Islam nach Samarkand gebracht haben soll. Zu seinem Reliquienschrein (aus dem Jahre 1334) pilgerten schon in vortimuridischer Zeit die Wallfahrer von überallher. Das Grab befindet sich in einem kleinen Raum neben einer Gebetshalle mit einer Kuppel.

An diesem Gebäude, dem ältesten in dem Schah Sindeh, kann man die Quelle des timuridischen Stils besonders gut studieren. So verwendeten die Architekten zum Beispiel schon die Stalaktiten-Halbkuppel, Strebebogen und Fliesen mit eingeschnittenen Reliefs. Das ein halbes Jahrhundert später erbaute Mausoleum der Shirin Bika darf ohne Einschränkung als Miniaturprototyp des Gur-i-Mir bezeichnet werden.

Schah Sindeh bedeutet Lebender König, und dieser Name bezieht sich auf die Legende, daß der Heilige noch immer auf dem Hügel lebt und eines Tages zu seinem Volke zurückkehren wird. Wenn Samarkand eine moderne Industrie- und Universitätsstadt geworden ist mit bemerkenswerten alten Bauwerken inmitten des Verkehrsgetriebes, wird wahrscheinlich nur in dieser friedvollen Gräberstraße ein Rest timuridischer Vergangenheit überdauern.   JACQUETTA HAWKES

Die stolzen Ruinen der Bibi-Chanum-Moschee: Eingang zum Hauptschrein

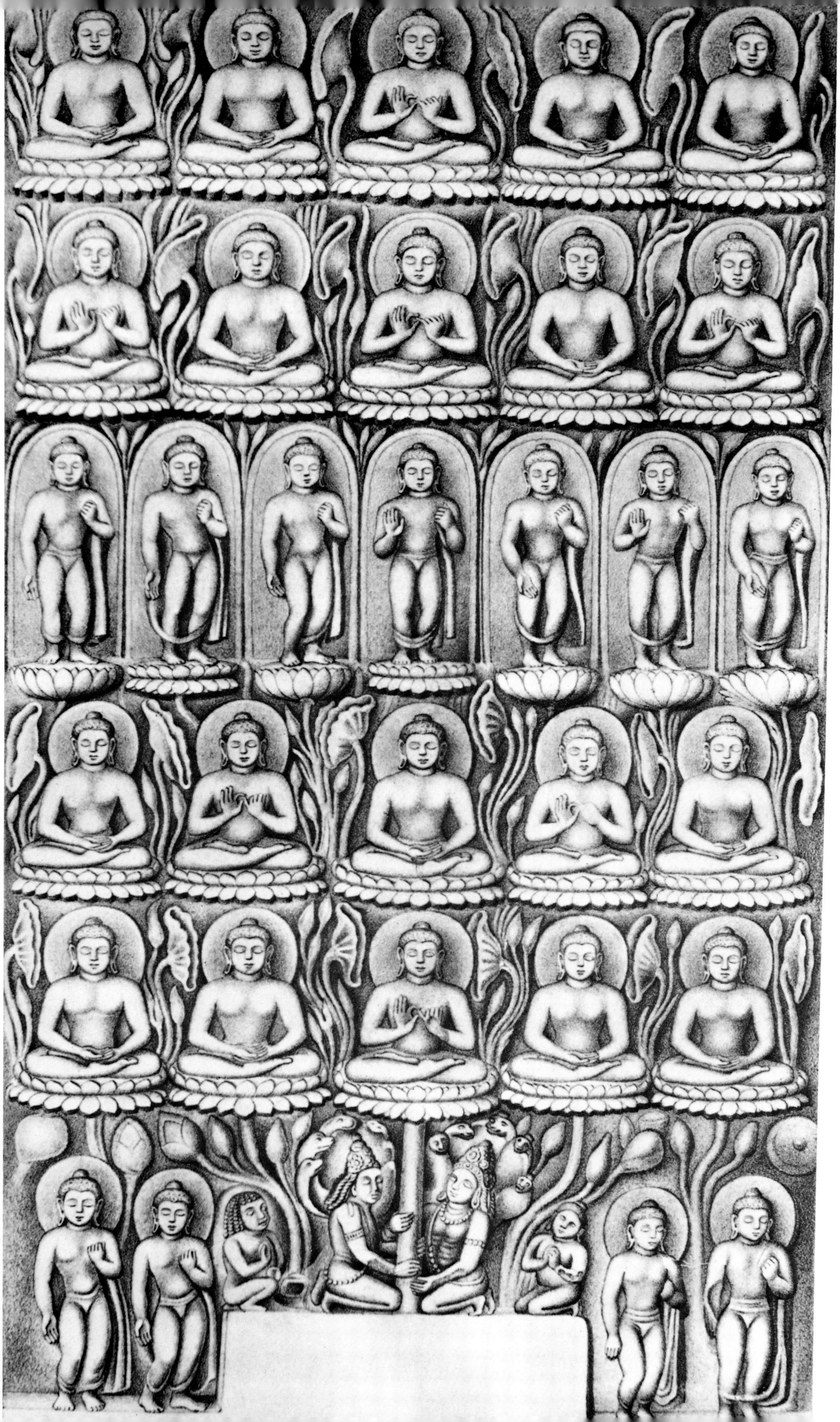

INDO-PAKISTANISCHER SUBKONTINENT

Einführung von Mortimer Wheeler

Ein allgemeiner Überblick über die bedeutenden Bauwerke des indo-pakistanischen Subkontinents hat gleichzeitig zwei Gesichtspunkte zu beachten: die Umwelt und die geschichtliche Entwicklung. Wie war zu einer bestimmten Zeit und an einem bestimmten Orte die Beschaffenheit der Landschaft? Und wo lagen die Ursprünge, welches waren die Absichten, die Hilfsmittel und die Eigenschaften der Menschen, die sich nacheinander hier einrichten wollten? Die Landschaft wird hierbei allzu leicht vergessen, und doch kann man kaum ein Dutzend Gedanken über die indo-pakistanische Architektur niederschreiben, ohne von der Umwelt sprechen zu müssen. So ergibt sich heute immer wieder die Notwendigkeit, diese Umwelt mit viel Einfühlungsvermögen und aus allen nur möglichen Quellen zu rekonstruieren.

Wir sprechen zum Beispiel gelegentlich von den nordindischen Ebenen, den weiten Räumen von Acker- oder Ödland, die sich Hunderte von Kilometern zwischen Delhi und Kalkutta ausdehnen. Denken wir aber einmal ernsthaft darüber nach, wie sie entstanden sind, so wird uns klar, daß alles dies Menschenwerk ist. Im Mittelalter, als die Bevölkerung noch kaum ein Zehntel der heutigen betrug, muß ein großer Teil dieses Gebietes dichter Dschungel gewesen sein – wie in den Tagen der Epen, als Rama und Sita und die Pandava viele Jahre ihres Lebens opferten, „den finstern und pfadlosen Wald", die Mahavana, zu durchqueren. Sicher gab es damals hier und da begrenzte Steppengebiete, aber heute haben sie riesige Ausdehnungen, und die meisten sind durch menschliche Unvernunft entstanden. In Radschastan wurden die Wälder abgeholzt, ohne wieder aufgeforstet zu werden. Schutzlos den Monsunwinden preisgegeben, wurde der Erdboden nach und nach von dem darunterliegenden Felsgestein abgetragen. So war es auch in den Ambala Siwaliks. „Als sie unter britische Administration kamen", heißt es in einem Bericht, „wurden sie zum unbeschränkten Holzschlagen und Abweiden freigegeben. So verwandelte sich dieses Weideland durch den gedankenlosen Raubbau der bäuerlichen Eigentümer in eine Wüste." Weiterer Beispiele bedarf es nicht. Für unsern Zweck genügt die Feststellung, daß vor tausend und weniger Jahren ein großer Teil des Subkontinents ein Dschungelland mit engen Horizonten war – wie immer es heute aussehen mag.

Das ist der Grund, warum die ursprüngliche indische Kunst und Architektur und die ursprünglichen indischen religiösen Äußerungen unterschwellig vom Dschungel bestimmt sind: Sie sind üppig und verworren, wimmelnd und monströs, gelegentlich unheimlich und oft von phantastischer Schönheit. Hier fehlt der Raum für die strengen Perspektiven, denen das klassische Europa den Parthenon und das geschichtliche Bewußtsein verdankt. Wo die indische Tradition von westlichen Ideen und Lebensformen unberührt blieb, ist sie beinah ohne historische Perspektive: Der Dschungel hat keine Perspektive.

Die folgenden Seiten werden uns einiges – wenn auch nicht genug – von dieser Gedanken- und Ausdruckswelt vor Augen führen. Wenn wir dabei an die Tatsache erinnern, daß der Große Tempel von Madura mit seinen Nebengebäuden und dem riesigen Torturm mit 33 Millionen Bildwerken – Menschen- und Tierfiguren von natürlichen Ausmaßen oder noch größer – bedeckt ist, braucht die Verwandtschaft mit dem Dschungel nicht mehr besonders unterstrichen zu werden. Außer man nimmt noch diese erstaunlichen fruchtähnlichen Gebilde, wie es die Tempeltürme von Bhuvaneshvar sind, hinzu, die noch oben wie tropische Kürbisse oder Melonen aussehen, geschmückt mit üppigen Auswüchsen, wie sie in der Vegetation der Tropen üblich sind.

Natürlich haben manche Züge der indischen Architektur keine organische Verbindung zur tropischen Umwelt. Ich betone diese sehr summarische Feststellung hier aus einem bestimmten Grunde. Es hat nämlich in der Geschichte der Architektur nur wenige faszinierendere – beinah hätte ich gesagt: erregendere – Episoden gegeben als den plötzlichen Einbruch einer ganz neuen Vorstellungswelt, die ihren Ursprung in der Wüste und in den Gebirgen hatte, nach Indien. Gemeint ist das Eindringen des Islam in den Subkontinent, zum erstenmal in den Jahren 711 bis 712 aus den arabischen und mesopotamischen Wüsten nach Sindh und später im Jahre 1000 aus dem iranisch-afghanischen Gebirgsplateau nach Nordwestindien (Westpakistan). Es hätte keinen größeren Kontrast zu der schwelgerischen und geheimnisvollen Dschungelkunst und -architektur Hindustans geben können als der feierliche Ernst und die offene Geräumigkeit der Architektur aus der Wüste und den Bergen.

Die religiöse Architektur des Islam sah ihre wesentliche Auf-

Linke Seite: Skulpturen auf der linken Mauer des Vorraums der Höhle Nr. 7 in Adschanta. Zeichnung von Major Robert Gill (um 1824–1875)

INDO-PAKISTANISCHER SUBKONTINENT

gabe in der Errichtung von Gebetsstätten. In ihrer einfachsten Form waren dies ummauerte Plätze mit einem Mihrab (Gebetsnische), das die Richtung nach Mekka anzeigte, auch waren sie zumeist mit einer Gebetshalle und einem Hof ausgestattet. Diese einfachen Grundelemente ließen eine vielseitige Ausarbeitung zu, in denen regionale Stilformen in Erscheinung traten. So übernahmen die persischen Moscheen freizügig die Kuppel, besonders über der Eingangsöffnung gegenüber dem Mihrab, als Bauelement von der ersten Omajjadenmoschee zu Damaskus (705) und schließlich von dem Kreuzgewölbe der christlichen Kirchen gegenüber dem Hochaltar. Oft kam damit gleichzeitig eine rhythmische Arkadengliederung der Gebetshalle und die Verzierung mit Fliesen in leuchtenden Farben auf, mit denen die persischen Architekten die Herrlichkeit der kurzen Frühlingszeit verewigten und die dauerhaften Freuden des Paradieses vorwegnehmen wollten. Außerdem verwendeten die islamischen Architekten den Gewölbesteinbogen sowie Bruchstein- und Ziegelmauerwerk mit Kalkmörtelbinder – Techniken, die im Westen längst bekannt, in präislamischer Zeit aber noch nicht über Persien hinaus nach Osten vorgedrungen waren – und brauchten sich so keinerlei Beschränkungen aufzuerlegen, die Lehmziegel oder noch minderwertigere Steine erforderten. Kurz: die islamische Architektur ist – wie der Islam – an erster Stelle ein Produkt der Wüste und des Hochlands, von weiten, geradlinigen Horizonten, höchstens gelegentlich unterbrochen durch die schroffe Geometrie einer Felsenkette. Ganz in diesen Rahmen passend, ist die Moschee, besonders in ihrer persischen Erscheinungsform, die für Indien von großer Bedeutung war, ein schlichter Würfel oder eine Gruppe von Würfeln mit geradlinigen Konturen, die allein durch eine bergartige Kuppel oder ein spitzes Minarett unterbrochen sind. Mögen auch Fliesen oder polychromes Ziegelwerk die strengen Außenflächen beleben, so bleibt doch der geometrische Rahmen dominierend.

Für die Verpflanzung dieser Wüsten- und Hochlandarchitektur hätte es kaum eine fremdartigere Landschaft geben können als Mittelindien. Nichtsdestoweniger bleibt die interessante Tatsache, daß diese beiden entgegengesetzten Traditionen, die persische und die indische, sich auf indischem Boden in großem Umfang miteinander versöhnten. Das geschah auf verschiedene und geistreiche Weise.

Zunächst: Die farbigen Wandfliesen wurden in dem Subkontinent nie völlig heimisch außer in Sindh und im Pandschab, beides Landschaften, die vom Westen her leicht zugänglich sind. Zwei hübsche mit Fliesen dekorierte Moscheen des 16. und 17. Jh. zu Thattha (Sindh) sind rein persisch. Besonders reichhaltig ist der Fliesenschmuck von Lahore; hier zählen die male-

Aurangabad, eine Kopie des Tadsch Mahal; aus Louis Matthieu Langlès *Monuments anciens et modernes d'Hindoustan* (1821)

Die Rote Festung zu Agra während des Baus, 1565. Aus einer Mogul-Handschrift von Abul-Fazls „Leben des Akbar" (um 1597). Die Rote Festung wurde 1568 vollendet

INDO-PAKISTANISCHER SUBKONTINENT

rischen Mosaikfelder an den Außenwänden der nördlichen Ecke des Alten Forts zu den schönsten ganz Asiens (1632). Aber schon im Laufe des ersten Jahrhunderts nach der Eroberung Delhis durch die Moslems wurde der Fliesenschmuck durch farbige Steine und Marmor ergänzt oder, im Inneren Indiens, sogar völlig verdrängt. Diese Technik entsprach mehr der traditionellen Fertigkeit der alteingesessenen Bauhandwerker. So wurde manches wesentliche Element der persischen Architektur durch heimische Formen ersetzt.

Viel bedeutsamer war jedoch eine zweite Entwicklung, nämlich die Auflösung der starren, rechteckigen Umrisse und Linien der Baukörper islamischer Prägung durch aufgesetzte Zinnen und Pavillons. Diese wurden schließlich im 15. und 16. Jh. so zahlreich, daß die Gebäudeprofile eher indischen als persischen Ursprungs zu sein schienen. Auf diese Weise wurde die einst so strenge Architektur des Berglandes nach und nach durch die üppigen Ausdrucksformen des Dschungels gemildert. Die indischen Architekten verstanden schon um das Jahr 1000, Pavillon auf Pavillon zu setzen (als Beispiel sei Khadschuraho in Zentralindien genannt): Sie sollten die Wirkung der großen Türme über den Altären durch ein Crescendo vielgestaltiger Formen erhöhen. Jetzt wurde dieses Prinzip schrittweise auf die Moschee und das Grabmal übertragen. Das hatte zur Folge, daß besonders beim Grabmal die Kuppel nicht länger die einzige Bekrönung des Bauwerks blieb, sondern sich wie zwangsläufig als Gipfel über einer komplexen und doch stilvollen Komposition von Nebenkuppeln erhob. Ihren Höhepunkt erreichte die Entwicklung dieses indo-islamischen Stils zur Zeit Akbars des Großen, dessen berühmter Palast mit Moschee zu Fatihpur Sikri (1570) eine Manifestation üppigster hinduistischer Phantasie im Rahmen eines islamischen Bauwerks zeigt. Hier sind schließlich die Bergeinöde und der Dschungel in phantasievoller Weise durch den Geist einer feinen und universalen Gesinnung, die in allem das Gute sieht, miteinander in Einklang gebracht.

Obwohl in der Folgezeit schwächere Herrscher auf dem Thron Akbars saßen, hatte dieser geistvolle Akkord zwischen den beiden verschiedenen Überlieferungen lange Bestand. Das 17. Jh. ist im großen ganzen kein sehr liebenswürdiges Jahrhundert; es war anfällig für die „Krankheit" der Rechtschaffenheit, und Indien bildete keine Ausnahme. Aurangzeb, der 1658 nach kräftigem (natürlich gerechtem) Blutvergießen auf die Mogulherrscher folgte, war der Puritaner par excellence des Islam und in jeder Hinsicht das Gegenteil seines Urgroßvaters, des freisinnigen und humanen Akbar. Er säuberte, zerstörte und unterdrückte – so meinte er wenigstens – alles was irgendwie mit dem Hinduismus im Zusammenhang stand. Als er aber dann in der Festung Lahore einen schönen neuen Torweg als direkten Zugang zu seiner großen Kaisermoschee außerhalb des Forts erbaute, da wurde es das vollendetste Meisterwerk seiner Art auf dem ganzen Subkontinent – aber in feinstem indischen Stil. Die Türme sind von leichten kleinen Pavillons bekrönt, die weit mehr in die hinduistische als in die islamische Baukunst gehören. Die kühn gerifelten Turmschäfte mit den riesigen Lotusblättern an ihren Basen sind von augenfälliger Originalität und müßten, wären sie nicht einzig in ihrer Art, als durchaus hinduistisch bezeichnet werden. Die Bigotterie wurde buchstäblich an seiner eigenen Türschwelle besiegt: Auch ein Aurangzeb konnte die permanente Gegenwart Indiens nicht ignorieren.

Trotz allem gibt es viele Dinge in Lahore, die an das persische Hochland erinnern. Erwähnt wurde bereits die Fliesenornamentik, die sich in Lahore weitaus umfangreicher und glanzvoller präsentiert als irgendwo auf dem Subkontinent. Darüber wird J. Burton-Page in seinem nachfolgenden Kapitel noch einiges auszusagen haben. Er wird zeigen, daß es in Lahore im 17. Jh. eine blühende Schule für Fliesen-Kunsthandwerker gab, die sich besonders auf die Kunst des Fliesenmosaiks verstanden, also auf das Formschneiden kleiner gleichfarbiger Fliesenstücke und das Zusammensetzen zu bunten Mustern. Diese Kunst erreichte in Persien bereits im 14. Jh. ihre höchste Vollendung. In Indien gilt als ältestes Beispiel ein einfaches geometrisches Mosaikmuster an dem im frühen 16. Jh. erbauten Mausoleum der Maulana Jamali zu Delhi, doch wurde diese Dekorationstechnik erst nach der Jahrhundertmitte, also zu Akbars Regierungszeit, heimisch. Indem man nun hier in die Mosaikmuster noch gelbe und grüne Farben hineinkomponierte, entstanden äußerst reizvolle naturalistische Dekors, die in Wesir Khans prachtvoller Moschee höchste Meisterschaft erreichen.

Bezeichnend ist, daß mit der Bevorzugung des Fliesendekors auch die Neigung wuchs, Gebäude mit dieser Ornamentierung von indischen Stileinflüssen weitgehend freizuhalten und sie mehr als sonst zu dieser Zeit üblich den herkömmlich-strengen persischen Formen anzugleichen. Die Kraft und die eindrucksvolle Wirkung des Fliesenmosaiks duldete keine Rivalität. Alles was es braucht, ist eine ebene Wand, an der es angebracht wird wie ein persischer Teppich, der am Festtag von einem Balkon herabhängt. Das ist der Grund, weshalb in allen neuen Bauten Lahores die persische Tradition so lebendig ist. Wesir Khans Moschee ist, wie schon erwähnt, ausgemalt und zeigt auch sonst spezifisch indische Stilelemente. Das Bauwerk wird von vier hohen, achteckigen Minaretts mit aufgesetzten Pavillons beherrscht. Der Torweg weist zwei Erkerfenster und zwei weitere indische Pavillons auf. Im übrigen aber ist die äußere Linienführung von der schlichten Strenge persischer Moscheen, und seine vorteilhafte Wirkung beruht hauptsächlich auf dem persischen Fliesendekor, zu dem die Konturen den Rahmen bilden. Es ist in der Tat ein Gebäude wie geschaffen für die Entfaltung prächtig-bunter Ornamentik.

Puristen mögen, wie J. Burton-Page bemerkt, gegen diese Verwendung eines Bauwerks gewissermaßen als Sammelplatz nicht strukturell bedingter Dekorationen einiges einzuwenden haben. Dieser Einwand ist in jeder Hinsicht unbegründet, denn Architektur und Dekoration sind hier sorgfältig gegeneinander abgewogen. Die überzeugend funktionalen Linien des Bauwerks lenken die Aufmerksamkeit des Beschauers auf den nicht strukturellen Anteil der Dekoration. Und die befriedigende Wirkung des Bauwerks in seinem Gesamtaspekt ist zugleich seine Rechtfertigung und sein Ruhm.

Wenn wir so am Ende wieder bei einem Bauwerk angelangt sind, das eher ausländische als indische Züge trägt, so unterstreichen wir nur die These, die am Anfang dieser kleinen Einführung stand, daß nämlich Umwelt und Tradition immer die maßgebenden Kräfte sind. Es ist zu bedenken, daß Lahore am Rande der Berge und unmittelbar an der großen Hauptstraße nach Innerasien und ins Heimatland von Mogul-Indien liegt – es ist eine Grenzstadt, die dem Geiste nach dem Hochland oder dem Bergplateau näher steht als dem Dschungel.

Das Grabmal von Rukn-i Alam beherrscht das Stadtbild von Multan

Multan, Pakistan:
Das Grabmal Rukn-i Alams

Ein monumentales Mausoleum aus dem 14. Jh., das ein großer Gouverneur für sich selbst erbaute und später seinem heiligmäßigen geistigen Führer schenkte

„Staub, Hitze, Bettler und Gräber" – so sagt ein altes Pandschab-Sprichwort – „sind die vier Merkwürdigkeiten Multans." Der Verfasser dieses Kapitels, der kürzlich Multan während des Winters besuchte, hält diesen Spruch für nicht zutreffend: Von Staub und Hitze war nichts zu bemerken, und die Bettler waren nicht besonders aufdringlich. Die Gräber aber bildeten den Hauptanziehungspunkt für ihn – vornehmlich die fünf Grabmäler der großen Heiligen aus den frühen Tagen des Islam in diesem Subkontinent. Das prächtigste ist das des Rukn-i Alam.
Multan ist eine sehr alte Siedlung. Zur Zeit Alexanders des Großen war es die Hauptstadt des unteren Pandschab und berühmt wegen seines goldenen Bildnisses des Sonnengottes. Aber dieses Bildnis und der Sonnentempel wurden später mehrfach zerstört und wieder aufgebaut. Das geschah in der Moslem-Periode, die im 8. Jh. begann. Der Weltreisende Thévenot hat Tempel und Bildnis im späten 17. Jh. beschrieben, kurz bevor der Mogul-Herrscher Aurangzeb das Bildnis zerstörte und an Stelle des Tempels eine große Kongregationsmoschee erbaute. Diese hinwiederum wurde vernichtet, als sie bei der Belagerung im Jahre 1848 von den Sikhs als Pulvermagazin benutzt wurde. Der zweite Sikh-Krieg interessiert hier nur insofern, als die Beschießung von Festung und Zitadelle einen Großteil der alten Gebäude in Trümmer gelegt hat und seither viele Details der Bauwerke von Multan nur noch – wenn auch originalgetreue – Reproduktionen sind. Zum Glück für die Nachwelt war Multan eine Stadt der Handwerker; ihr hartnäckiges Festhalten an der Tradition hat beim Wiederaufbau die ärgsten Modernisierungsgreuel verhindert.
Das alte Fort steht auf einem Hügel im Norden der Stadt. Auf seinem höchsten Punkt erhebt sich das Grabmal Rukn-i Alams, des Heiligen, der „Pfeiler der Welt" genannt wird, und schaut, bis 50 Kilometer im Umkreis sichtbar, auf die Dächer Multans herab. Nach vorhandenen Berichten wurde das Bauwerk in der zweiten Dekade des 14. Jh. durch den Gouverneur des Pandschab, Ghias al-din Tughlak als eigenes Mausoleum erbaut.

Inschrift auf der äußeren Brustwehr unterhalb der Kuppel: „Es gibt nur einen einzigen Gott, und Mohammed ist sein Prophet"

Oben: Das mittlere Stockwerk, mit einem Eckpfeiler im Vordergrund. Architrave, Friese und Zinnen zeigen die für Multan charakteristische erhabene Fliesendekoration

Links: Die Mauern von Multan (Zeichnung von John Brownrigg Bellasis) wurden 1854 von General Cunningham, dem späteren Direktor des Archaeological Survey of India, zerstört

DAS GRABMAL RUKN-I ALAMS

Diesem gebildeten, alten Soldaten war es bestimmt, das Ansehen des Islam in der Hauptstadt Delhi wiederherzustellen, wo in den letzten Jahren des Kaldschiden-Sultanats eine arge Sittenverderbnis Platz gegriffen hatte. Nachdem er dort Sultan geworden war, kehrte Ghias al-din Tughlak Schah nicht mehr nach Multan zurück. In Delhi erbaute er sich in einem befestigten Außenwerk seiner Residenz Tughlakabad ein neues Grabmal und vermachte das Mausoleum seinem ehemaligen geistlichen Lehrer Rukn-i Alam.

Das Grabmal Rukn-i Alams ist in seiner ganzen Konzeption zugleich traditionsgebunden und originell, und es bedeutet den Höhepunkt der Grabbaukunst in Multan und den Beginn einer neuen Stilepoche. Es gibt in dieser Stadt vier hervorragende ältere Mausoleen: Das älteste, ein einfaches kubisches Gebäude mit flachem Dach, ist das Grabmal Schah Jusuf Gardizis, 1170 errichtet und überher mit glatten oder Basreliefffliesen bedeckt. Die andern drei Mausoleen stammen aus der Zeit von 1260 bis 1280. Es sind dreistöckige Gebäude mit quadratischem Basisbau, achteckigem Tambur, halbkugelförmiger Kuppel und kleinen Spitztürmen auf den äußeren Ecken. Als Baumaterial wurden Ziegelsteine verwendet, zum Teil mit Holzfachwerk; in der Dekoration spielen glasierte Fliesen eine wichtige Rolle.

Von diesen Grabmälern aus dem 13. Jh. unterscheidet sich das Mausoleum Rukn-i Alams in einem wesentlichen Punkte: Sein unterstes Stockwerk, die Grabkammer, ist nicht quadratisch, sondern achteckig. Nur ein einziges älteres Beispiel einer achteckigen Grabkammer ist auf dem ganzen Subkontinent bekannt, und zwar in dem Grabmal des Nasir ud-din Mahmud (Sultan Ghari) zu Delhi aus dem Jahre 1231. Da dieses einzigartige Grabmal den Baumeistern von Multan wohl kaum bekannt war, muß die oktogonale Basis als eine lokale Erfindung angesehen werden. Im übrigen aber zeigt das Bauwerk alle Merkmale multanischer Tradition: das hohe zweite Stockwerk in Form eines achteckigen Tamburs, die halbkugelförmige Kuppel, die kleinen Kuppeltürme auf den äußeren Ecken und die Konstruktionsteile aus Holz. Und doch überragt es alle früheren Beispiele durch seine beherrschende Lage, seine größeren Ausmaße und seine großartige Außendekoration.

Das Grabmal steht innerhalb einer großen, rechteckigen Einfriedigung, in der sich noch ein paar kleinere Gebäude und Torwege älteren Datums befinden. Den Eingang zum Grabmal bildet eine Tür in einer der Wände des achteckigen Sockelgeschosses. Dieser Bauteil hat einen Durchmesser von etwa 27 m, seine Konstruktion läßt ihn aber viel größer erscheinen. Das hat seine Ursache in der starken Böschung der Mauern, die durch sich verjüngende Stützpfeiler an den acht Ecken noch unterstrichen wird. Diese Pfeiler überragen die Gesamthöhe des Stockwerks und sind oben als kleine Kuppeltürme ausgebildet. Die einheitliche künstlerische Wirkung des aus flachen, hellroten Ziegeln aufgeführten Stockwerks beruht auf den mit Fliesen verzierten Friesen, den Schmuckbändern aus Ziegeln mit erhabenen Blumenmustern, deren Zwischenräume ausgefüllt sind mit

Holzsturz und Tympanon auf der Innenwand über dem Torweg zur Halle, gegen die Kuppel gesehen

türkisfarbenen Fliesenmosaiken, den in Ziegeln eingeschnittenen Ornamenten und Zierschriften sowie in einer mächtigen Brustwehr mit blinden Schießscharten rings um das Bauwerk einschließlich der Stützpfeiler. Auch das Eingangsportal ist mit gehöhten Ziegelstein- und Fliesenornamenten verziert, sein innerer Bogen weist aber auf spätere Wiederherstellungen hin.

Das zweite Stockwerk erscheint äußerlich als hoher achteckiger Tambur. Es hat einen kleineren Durchmesser, so daß auf der Decke zwischen beiden Geschossen ein Umgang entsteht, dessen Brüstung die höher gezogenen Außenmauern des unteren Stockwerks bilden. In jede Wandfläche des zweiten Stockwerks ist für den Lichteinfall eine Bogenöffnung eingelassen, deren leicht vorspringender Architrav nach oben in eine Scheinbrustwehr ausläuft und verschwenderisch mit eingeschnittenen Ziegeln und Fliesen verziert ist. Auch diese Bogen tragen zu der einheitlichen künstlerischen Wirkung bei durch Bänder großer Ziegelsteine im Stromverband, von denen eines über dem Bogenzwickel, ein weiteres unter der Scheinbrustwehr verläuft. Alle Ecken des Oktogons sind durch Risalite hervorgehoben, die gleichfalls mit einer Stromschicht und einer Scheinbrustwehr versehen sind, während die zurücktretenden Mauerflächen sparsamer mit Rosetten und geometrischen Mustern aus Fliesen geschmückt sind. Oben ist dieses Stockwerk ringsum abgesetzt mit einem

Oben: Eingangsportal zum Mausoleum. Der bei der Belagerung von 1848 beschädigte rechte Turm wurde ohne die komplizierten Muster wieder aufgebaut

Unten: Ausschnitt der Außenmauer mit Schmuckbändern; das untere Band besteht aus dem sich immer wiederholenden Namen Allah

DAS GRABMAL RUKN-I ALAMS

kunstvollen Gesims aus eingeschnittenen Ziegeln und Fliesen und einer Brustwehr mit blinden Zinnen, deren schildförmige, von Fliesen umrahmte Schartenbacken in Ziegel eingeschnittene Schriftzeichen tragen. Auf jeder Ecke steht innerhalb der Brustwehr ein kleiner Kuppelturm.

Die Kuppel bildet das dritte Stockwerk. Sie ist eine exakte Halbkugel, weder eingeschnürt noch zwiebelförmig. Eine nur leicht ausgeformte Dekoration an ihrer Basis zeigt eine Abwandlung des Schartenbackenmusters, abwechselnd mit Rosetten, oben darüber läuft ein Band aus geometrischen Mustern. Leider sind fast alle Feinheiten der Dekoration unter einer dicken Tüncheschicht verschwunden. Die Kuppel wird bekrönt von einem Turmaufsatz, der denen auf den Zinnentürmen des zweiten Stockwerks sehr ähnlich ist. Die gleiche Verzierung der Turmaufsätze rundet die harmonische Wirkung des Bauwerks ab.

Der Fliesendekor von Multan ist auffallend verschieden sowohl von den zarten Fliesenmosaiken Lahores wie von den schwerfälligeren, glasierten Keramikfliesen am unteren Indus, für die Thattha das beste Beispiel liefert. Die Farbenskala ist auf Dunkel- und Hellblau, Türkis und Weiß beschränkt – wie bei den älteren Arbeiten von Thattha. Hier in Multan sind jedoch die Hauptornamente als erhabene Reliefs von manchmal mehr als 1,5 cm Höhe ausgeführt. Die prachtvolle Wirkung des Fliesen-

Eine Zeichnung des Grabmals aus: *Mooltan, A series of sketches during and after the siege,* von John Dunlop, M.D., Assistant Surgeon of H.M.'s 32nd Regiment

DAS GRABMAL RUKN-I ALAMS

Obere Innenpartie des zweiten Stockwerks

Detail vom Tambur der Kuppel

Rechte Seite: Das Grabmal Rukn-i Alams von der Festung au

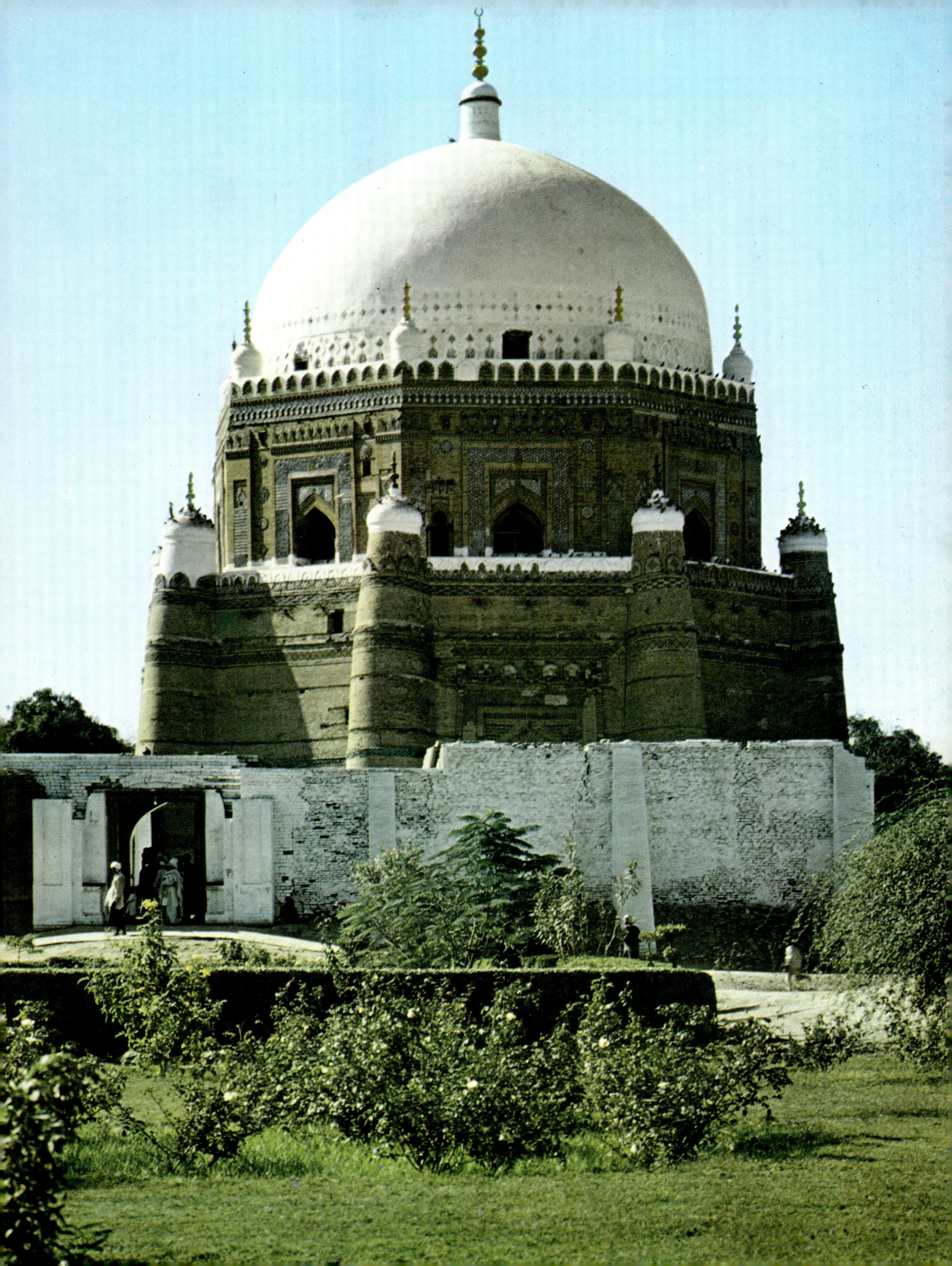

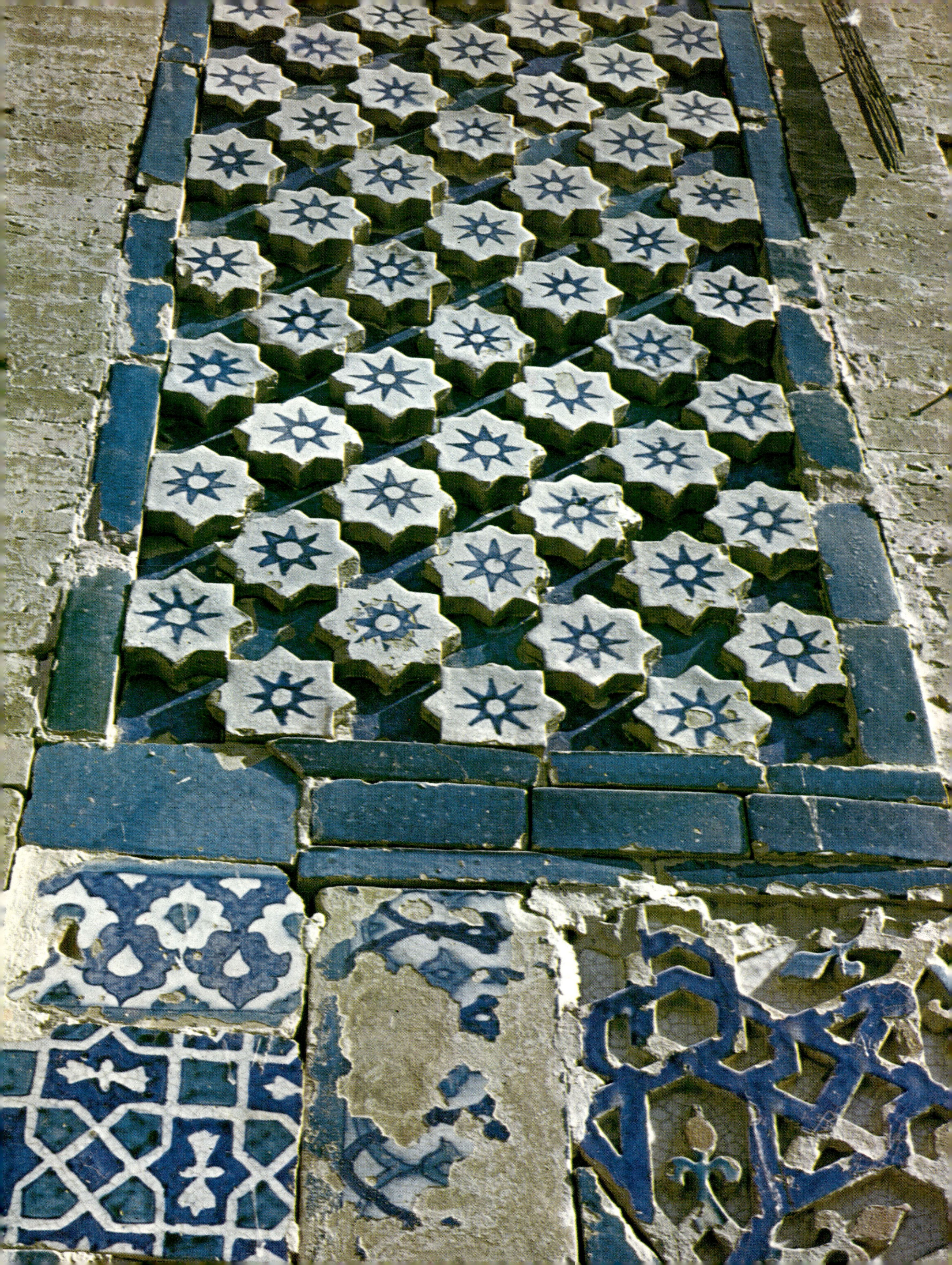

schmucks ist in besonderem Maße auf diese tiefeingeschnittenen Dekors mit ihren wechselnden Licht- und Schatteneffekten zurückzuführen, die die Wandflächen selbst in der blendenden Sommersonne auf interessante Weise beleben.

Die Komposition des Gesamtbauwerks ist im höchsten Maße befriedigend. Die geböschten Mauern des Sockelgeschosses mit den starken Eckpfeilern geben ihm die Standfestigkeit einer Pyramide. Und doch vermittelt dieses Grabmal des Rukn-i Alam den Eindruck „rhythmischer Anmut" und „dichterischer Komposition". Es scheint unmittelbar von den achteckigen Mausoleen in Delhi inspiriert zu sein, obwohl die frühen unter ihnen viel zu flach und schlecht proportioniert sind, um als Muster gedient zu haben. Dieses Grabmal war seinerseits das Vorbild für zwei sehr schöne, wenn auch weniger großzügige Grabmäler in der Nähe von Uchh, die sich leider in einem arg vernachlässigten Zustand befinden.

Nicht weniger eindrucksvoll als das Äußere ist der Innenraum des Grabmals. Die Holzbalkenträger, in den Außenmauern kaum sichtbar, werden hier besonders betont in ihrer Funktion als Schwellhölzer, und ein schwerer Holzsturz trägt den Bogen über dem Eingang und die Bogenfüllung aus geschnitztem Holz. Der größte Teil dieses Holzschnitzwerks scheint noch original zu sein. Die Hauptornamente sind jedoch in kunstvoll geschnittenen Ziegelsteinen, vorwiegend mit Blumenmustern ausgeführt. Ein feines Gefühl für Stileinheit mit dem Außendekor ist überall festzustellen und kommt besonders in den Stromverbandfriesen zum Ausdruck, die im Innern an den entsprechend gleichen Stellen angebracht sind wie außen. Das zweite Stockwerk weicht jedoch im Innern von dem achteckigen Grundriß ab, da auf der Höhe der Bogenfenster über jede der acht Ecken Blendbogen gesetzt sind, die das Achteck in ein Sechzehneck verwandeln. Die Füllflächen dieser Blendbogen treten stark zurück und bilden die Einfassung der weniger kunstvollen Fensterbogen. Diese sind von den Blendbogen durch Halbpfeiler aus Ziegelsteinen getrennt, die aber so kunstvoll geschnitzt sind, daß sie wie aus Holz erscheinen. Die Halbpfeiler tragen die nächste, die 32seitige Übergangsphase des Mauerwerks, auf welche die kreisförmige Basis der Kuppel aufgesetzt ist.

Die kunstvollsten Schnitzereien in Shisham-Holz finden sich jedoch an der Gebetsnische des Grabmals, dem Mihrab. Die Archivolte des Nischenbogens ist dekoriert mit Arabesken im Muster der Schießschartenbacken, in das Tympanon ist ein einfaches Muster mit dem Achteck als Grundfigur eingeschnitten. Geschnitzte Pfeiler stützen den Spitzbogen, und in den Zwickeln zu beiden Seiten ist der sechseckige Stern, gemeinhin als „Davidstern" bekannt, angebracht. Eine geschnitzte Inschrift auf dem Architrav verläuft zwischen zwei breiten Bändern mit Schnörkelschnitzerei, die der auf dem großen steinernen Schrein der Quwét-ul-Islam-Moschee neben dem Kutub-Minar in Delhi sehr ähnlich ist. In der Mitte des großen Raumes steht das schlichte Kenotaph des Heiligen, dem mit diesem prunkvollen Grabmal höchste Ehrung zuteil wurde.

J. BURTON-PAGE

Linke Seite: Für Multan typisches erhabenes Fliesenwerk am Äußeren des Grabmals

Das Mihrab mit reichen Holzschnitzereien

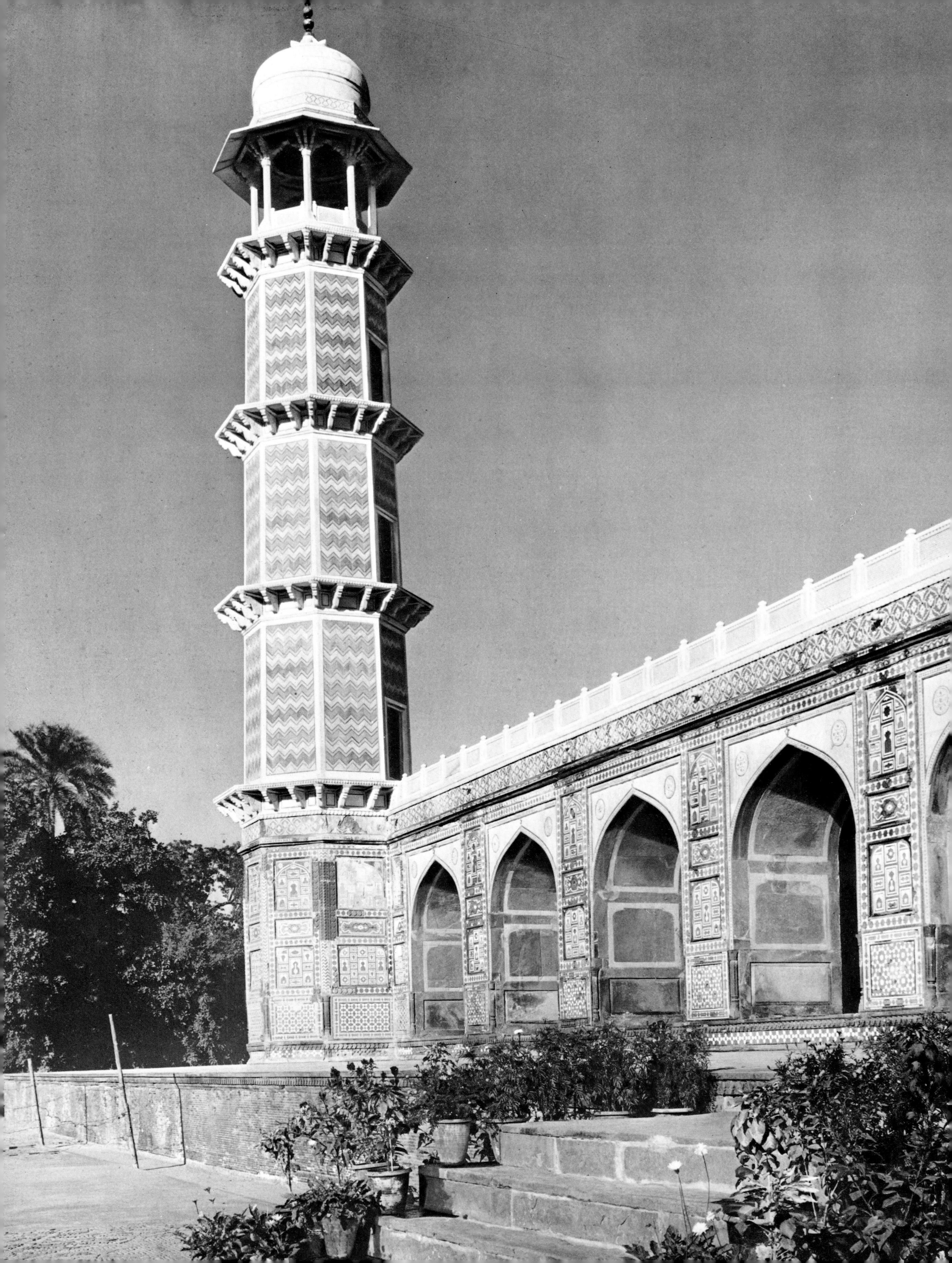

Pakistan: Festung Lahore

Eine alte Festungsanlage, die von den ersten Mogul-Kaisern wieder aufgebaut wurde und schnell zu ihrer prächtigsten Residenz und ihrem glanzvollsten kulturellen Mittelpunkt aufstieg

In Lahore ist eine etwas abgewandelte Form eines alten persischen Sprichworts im Schwange. Es besagt: *Isfahan nisf-i jahan – agar Lahawr nabashad* (Isfahan wäre die halbe Welt – wenn es Lahore nicht gäbe). Dieses Wort trifft sicher nicht zu, es sei denn auf das alte Lahore zur Zeit seiner höchsten Blüte unter den frühen Mogul-Herrschern. Denn Lahore ist eine vergleichsweise junge Stadt, und vor ihrer Eroberung durch Mahmud von Ghazni weiß man kaum etwas von ihr. Obwohl aber ihr Beitrag zur indo-moslemischen Kultur mit dem Isfahans zur persisch-islamischen kaum verglichen werden kann, hat die Stadt im Laufe ihrer Geschichte große Zeiten erlebt, und einige ihrer schönsten Bauwerke sind bleibende Zeugen einstiger Herrlichkeit.

In den ältesten Berichten bezeichnet Lahore vermutlich nur einen Pandschabdistrikt. Sichere Kunde von der Stadt Lahore haben wir aus der Zeit der Ghaznaviden, jener Herrscher türkischer Herkunft, deren Machtbereich sich vom Kaspischen Meer über den Osten des heutigen Iran sowie über Afghanistan und Pakistan erstreckte. Im 10. und 11. Jh. hatte Lahore Bedeutung als Münzstätte dieses Reiches, als „Sitz der Landeshoheit", nachdem es ursprünglich wohl das Hauptquartier des indischen Militärkommandos der Ghaznaviden war. Im Jahre 1186 wurde Lahore von Mohammed Ghor erobert und ging damit auf die Ghoridenfürsten und später auf deren Stellvertreter, die sogenannten Sklavenkönige (1206–1287) über. Durch sie wurde der Islam zu einem dauerhaften Machtfaktor auf indischem Boden, und nach Erringung der Unabhängigkeit legten sie den Grundstein zu dem späteren Sultanat von Delhi. Hauptstadt ihres Herrschaftsgebietes wurde Delhi, doch blieb Lahore Sitz eines mächtigen Provinzgouverneurs. Als Schlüssel zu den Kornkammern des Pandschab und durch ihre Lage an der Höhenstraße von Afghanistan zu der neuen indischen Metropole hatte die Stadt eine starke Position. Aber gerade deshalb erlitt sie von Zeit zu Zeit großes Ungemach. Sicher war Lahore nicht unbedeutend, als es von den Mongolen geplündert

Detail der Fassade von Dschehangirs Grabmal; die Weinflasche ist ein immer wiederkehrendes Thema in diesen Sandstein-Intarsien

linke Seite: Ein Eckminarett von Dschehangirs Grabkammer

wurde, den Vorfahren jener Moguln, die später den bedeutendsten Beitrag zu seiner Größe leisteten. Zeitgenössische Geschichtsschreiber berichten darüber, daß die Mongolen Lahore im Dezember 1241 im Sturm eroberten, die Einwohner in blutigen Straßenkämpfen niedermachten und die Stadtmauern bis auf den Grund schleiften. Immerhin hatten sich doch wohl etliche Bürger in Sicherheit gebracht, denn trotz der nur sehr vagen Berichte aus den nächsten Jahren scheint festzustehen, daß die Stadt noch genügend Kraft besaß, um einen Teil ihres Prestiges zurückzugewinnen, noch bevor im Jahre 1270 der Neuaufbau durch den Delhi-Sultan Balban begann. Nun vollzog sich Schritt für Schritt ihr Wiederaufstieg in die alten Positionen, doch blieb sie weiterhin den Raubüberfällen durch die Mongolen und die einheimischen Khokhar ausgesetzt. Den furchtbarsten Schlag erlitt sie durch die Verheerungen, die Tamerlan Anfang 1399 anrichtete: Lahore war wieder eine tote Stadt, bis Mubarak Schah 1421 die zerstörte Stadtmauer durch eine Festung aus Lehmziegeln als starkes Bollwerk gegen die widerspenstigen Khokhar ersetzte.

In den nun folgenden unruhigen Zeiten kann sich in Lahore nur wenig ereignet haben, obwohl es noch immer von einiger Bedeutung war; wir wissen aber, daß die Stadt 1524 von dem ersten Mogul-Herrscher Baber geplündert wurde. Der dritte Mogul-Kaiser, der große Akbar (1556–1605, ein Zeitgenosse Königin Elisabeths I. von England) richtete anfangs seine ganze Aufmerksamkeit auf Agra, wo er das alte Lodi-Fort zu dem ersten der großen Mogul-Festungspaläste ausbauen ließ. Doch während in Agra noch gebaut wurde, nahm er schon ein gleiches Projekt für Lahore in Angriff – offenbar in der Absicht, diesen volkreichsten und fruchtbarsten Gebieten seines jungen Reiches die Macht der Moguln zu demonstrieren. So gewann Lahore erneut viel von seinem früheren Glanz zurück, und Akbars Biograph bezeichnet die Stadt als „Treffpunkt von Menschen aus allen Nationen". Akbar baute die Stadtmauern wieder auf, die sich leider mitsamt den Toren nicht erhalten haben, und stellte die Zitadelle an der nördlichen Stadtmauer wieder her.

Akbars Festung hatte einen rechteckigen Grundriß mit einer Ausdehnung von etwa 425 m in ost-westlicher und 340 m in nord-südlicher Richtung. Die erhalten gebliebenen Ost- und Südmauern und die Innenmauer an der Nordseite stammen aus dieser Zeit, das schöne, doch leider arg vernachlässigte Osttor ist 1566 datiert. Obwohl dieses Tor ein ausgesprochener Zweckbau ist, wurde bei der Anordnung der Blendbogen doch auf gute architektonische Wirkung gesehen. Seinen jetzigen Namen „Masti" verdankt es der Moschee (Masdschid) Maryam Zamani, der ältesten der Stadt (von 1614), die etwa 100 m vor der Ostmauer der Festung liegt und gut erhaltene Fresken und Stuckreliefs beherbergt. Unter den Gebäuden innerhalb der Mauern können nur wenige der ersten Bauphase, welche die Bauten Akbars und die frühen Hinzufügungen seines Sohnes Dschehangir umfaßt, zugeordnet werden, aber diese wenigen sind hervorragend und typisch. Der nördliche Hof, der jetzt

Das 1566 von Akbar erbaute Masti-Tor in der Ostmauer der Festung. Die hohen Zinnen und die Pechnasen erscheinen nirgendwo anders in dem Fort

Geschnitzte Konsole unter der Traufe in Dschehangirs Hof

Die Bilderwand unter dem Schah Burj; die Tierszenen spiegeln Dschehangirs Naturverbundenheit wider und erinnern an die zeitgenössische Miniaturmalerei, besonders des Malers Mansur

Blick auf die Festung von Norden über die von Handwerkern der Sikhs erbaute Außenmauer auf die „Bilderwand" im Innern

FESTUNG LAHORE

Der Diwan-i Khass (Halle der Privataudienzen), eins der schlichtesten Bauwerke in Schah Dschehans „Marmorreich". In die Ringe unterhalb der Traufen wurden bei heißem Wetter Sonnensegel und Baldachine eingehängt

Die Perlmoschee, deren Wirkung auf dem blendendweißen, glatten Marmor beruht, der nur durch die farbig gemusterte Brüstung, die geschnitzten Pilaster zu beiden Seiten des Hauptbogens und das gemeißelte Schmuckband am Sockel der Moschee unterbrochen wird

Rechte Seite: Inneres der Perlmoschee mit der einzigen Gebetsnische (Mihrab), den Stufen, die als Predigtstuhl (Minbar) dienten, und den Plätzen für die Betenden, die in schwarzem Marmor in dem Fußboden markiert sind

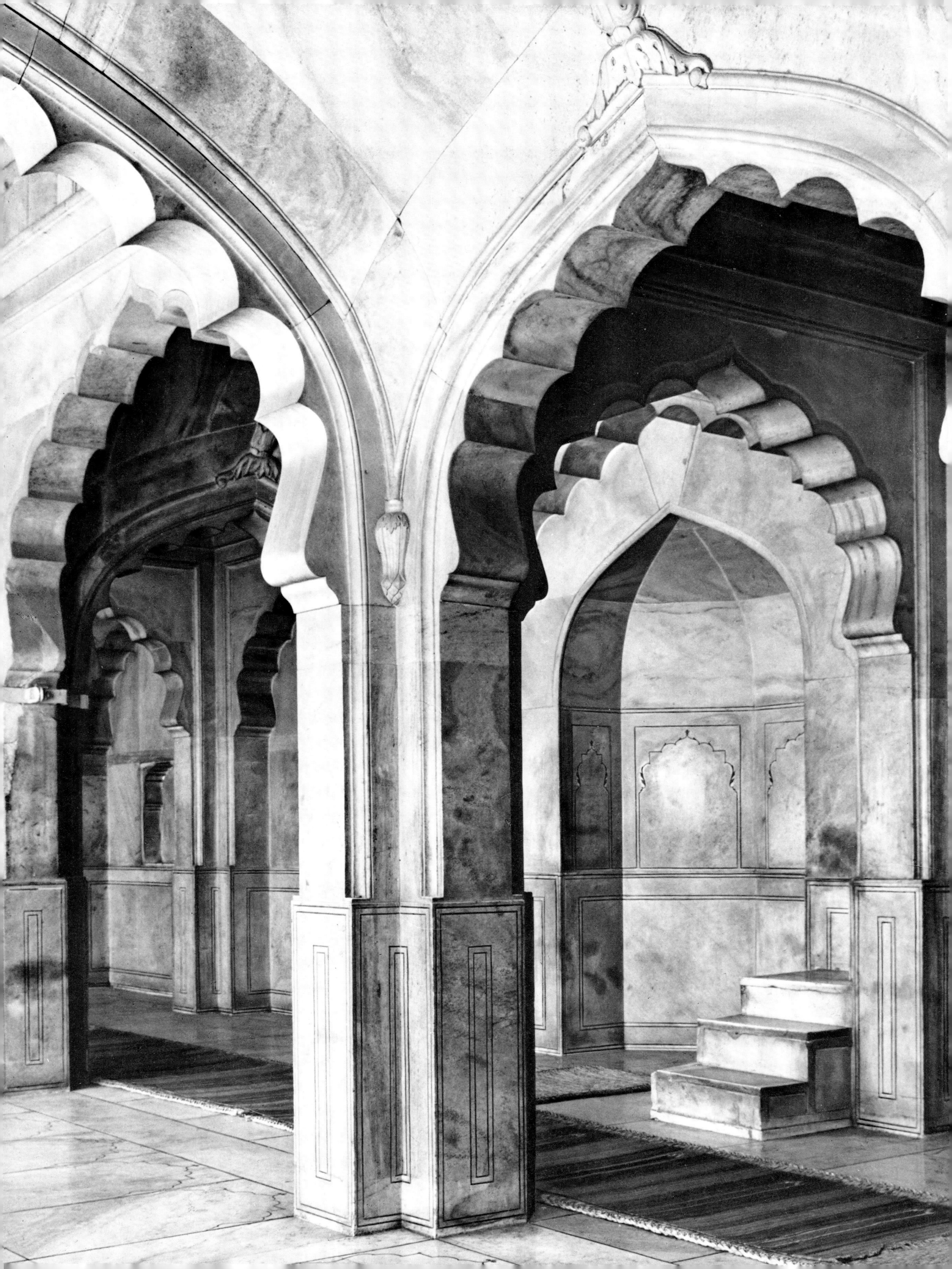

FESTUNG LAHORE

Gesamtansicht der Festung Lahore von einem Minarett der Badshahi-Moschee aus. Sie zeigt den Hof und das Osttor der Moschee mit dem Alamgiri-Tor im Hintergrund

Dschehangirs Namen trägt (er vollendete ihn 1618), zeigt an einem rings herumlaufenden Vordach den „Träger- und Konsolenstil" in rotem Sandstein mit Schnitzereien und Skulpturen, mit prächtigen Säulen und kunstvollen Konsolen, geschmückt mit Tierplastiken, die die Dachtraufen stützen.

Die zweite Bauphase unter Dschehangir und Schah Dschehan im 17. Jh. bedeutet den Höhepunkt für den Festungspalast von Lahore. Der Diwan-i Amm (große Audienzhalle), eine offene Halle auf vierzig Säulen in dem südlichen Hof, war ein frühes Bauwerk aus dieser Periode; das heutige Gebäude stellt nur eine rohe Rekonstruktion des Originalgebäudes dar, welches durch das Bombardement der Sikhs zerstört worden war. Glücklicherweise erlitt die große Bilderwand, die von Dschehangir begonnen und von Schah Dschehan vollendet wurde, keinen Schaden. Sie beginnt beim Nordwesttor und bedeckt die Außenseite der nördlichen inneren Mauer. Ihre Blendbogen sind mit Blumenbildern und geometrischen Mustern kostbar geschmückt, die quadratischen und rechteckigen Zwischenfelder mit Jagd-

Rechte Seite: Das Alamgiri-Tor am Königsweg zwischen der Festung und der Badshahi-Moschee wurde von Aurangzeb anstell von Akbars früherem Tor in der Westmauer errichte

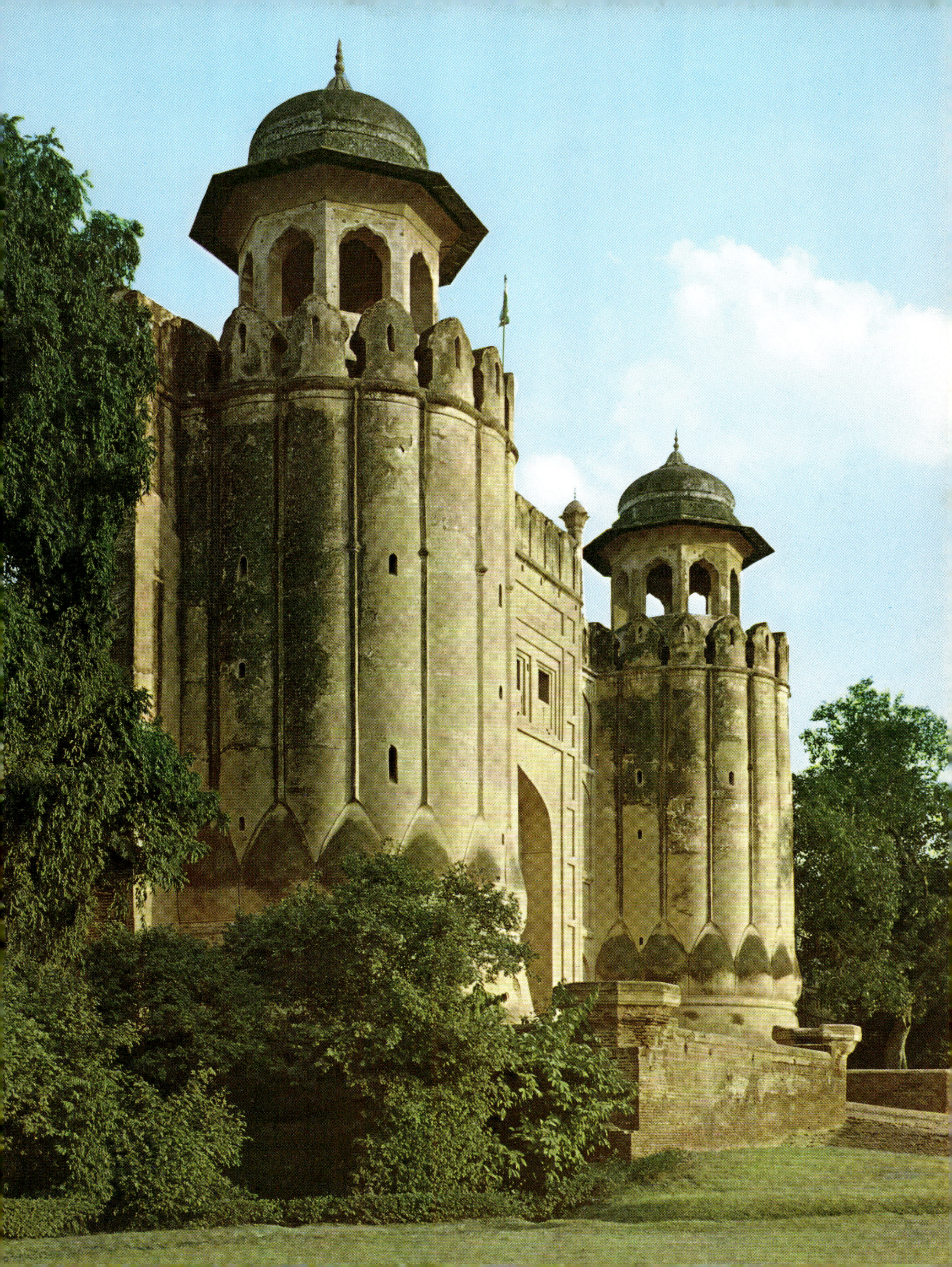

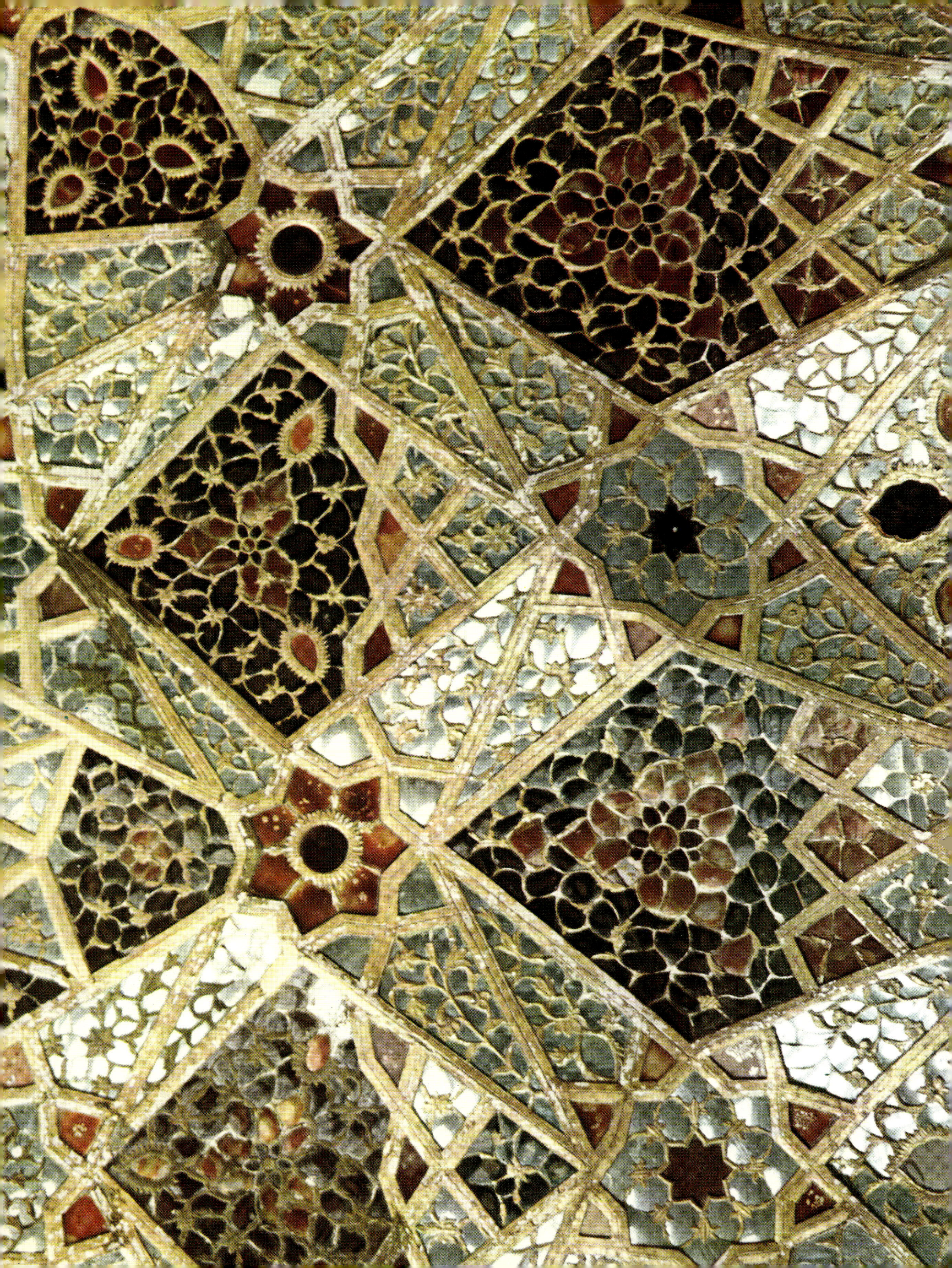

und Poloszenen, mit Elefanten- und Kamelkämpfen und mit einer bunten Menge menschlicher Figuren vom Herrscher bis zum Diener, alle in der charakteristischen Kleidung dieser Zeit. Alle Darstellungen sind in Lüsterfliesen-Mosaik eingelegt, ihre Farben sind noch heute überraschend frisch und leuchtend.

1632 ließ Schah Dschehan für seine Gemahlin den Shish Mahal (Glaspalast) errichten, der in verschiedenen Techniken dekoriert ist. Man bewundert hier den prachtvollen Marmorsockel, die spitzenartige Durchbrucharbeit der marmornen Fensterfüllungen, das Stuckmaßwerk, die *pietra-dura*-Dekoration (Blumenmuster aus Halbedelsteinen in Marmor eingelegt) besonders in den Bogenzwickeln der Arkaden und schließlich das Mosaik aus konvexem Spiegelglas (das sog. Aleppo-Glas), dem das Gebäude seinen Namen verdankt. Nicht weniger bemerkenswert ist der elegante Marmorpavillon, Bangla (Bungalow) oder Naulakha genannt, mit seinem zarten, kostbaren *pietra-dura*-Schmuck, den Schah Dschehan gleichzeitig mit dem Shish Mahal erbaute. Sein bogenförmiges Gesims geht auf die charakteristische Dachform Bengalens zurück, die oberen Wandpartien stellen eine minderwertige Imitation aus der Sikh-Periode dar. Schah Dschehans Bauwerk wurde als „Reich aus Marmor" bezeichnet. Der Vorwurf, diese Vorliebe für Marmor habe den kostbaren Stein vulgär gemacht, ist nicht unberechtigt, wenn man an das gesamte Bauschaffen der Mogul-Herrscher denkt. Immerhin fällt an dem reizvollen Divan-i Khass (Halle der Sonderaudienzen) die maßvolle und verfeinerte Anwendung des Marmors auf. Für das Schmuckmuster in *pietra-dura*-Technik auf der Brüstung haben Mauerzinnen als Vorbild gedient: Es wurde seit der späten Lodi-Periode immer wieder verwendet. Um 1645, also gleichzeitig mit dem Diwan-i Khass, wurde auch der schöne Moti Masdschid (Perlenmoschee) ganz in perlenweißem Marmor mit sehr sparsamer Dekoration erbaut. Sie ist die älteste der drei Perlenmoscheen in den Mogul-Palästen zu Lahore, Agra und Delhi. Die scheinbare Zwiebelform der Kuppel wird durch die Hohlkehle über dem Tambur erreicht.

Die dritte Bauphase der Festung Lahore umfaßt die Ergänzungen des Kaisers Aurangzeb und die späteren Hinzufügungen der Sikhs. Das schönste Bauwerk unter den erstgenannten ist der Torweg, der die Festung mit dem Hazuri Bagh verbindet, hinter dem in einiger Entfernung Aurangzebs große Kaisermoschee steht. Obwohl diese nicht zu den Festungsbauten gehört, ist sie architektonisch zu ihnen in Beziehung gesetzt, und ihre Kuppeln und Minaretts beherrschen den Nordwestteil der Stadt. Ihre Bauweise entspricht im wesentlichen derjenigen der Mogul-Moscheen zu Agra und Delhi, doch läßt sie deren Lebendigkeit vermissen. Von einem Minarett hat man einen weiten Ausblick bis zur Festung über den Hazuri Bagh hinweg, in dessen Mitte der Baradari steht, der 1818 von Randschit Singh mit gestohlenem Material aus anderen Mogul-Bauten der Stadt errichtet wurde. Das Alamgiri-Tor an der Fortseite des Hofes ist ein Werk Aurangzebs aus dem Jahre 1673 und sollte Akbars Westtor ersetzen. Es ist flankiert von zwei wuchtigen, kannelierten

Das Innere des Shish Mahal; im Hintergrund die durchbrochenen Marmorgitter mit Blumen- und geometrischen Mustern

Ein Blick durch den Arkadengang des Shish Mahal auf das Naulakha.
An den Bogen *pietra-dura*-Schmuck

Linke Seite: Detail aus dem Inneren des Shish Mahal (Glaspalast) mit dem berühmten Spiegelglasmosaik, von dem das Gebäude seinen Namen hat

FESTUNG LAHORE

Türmen, mit großen Lotosblättern an der Basis und Kiosken von hinduistischem Typ als Krönung.

Man kann über Lahores Größe nicht sprechen, ohne die feinen Kunstwerke außerhalb des Festungspalastes zu erwähnen. Der prachtvollen Moschee des Wezir Khan (1634) im Südosten der Stadt ist ein besonderes Kapitel dieses Buches gewidmet, aber ähnlich schöne Fliesenmosaiken wie dort wurden auch in dem Chauburji Torweg (zu einem nicht mehr vorhandenen Garten) in der Multanstraße (1646) gefunden. Genannt werden müssen auch der Gulabi-Bagh-(Rosengarten-) Torweg (von 1655) mit der wundervollen Fliesenkalligraphie an der großen Hauptstraße zu den Shalamar-Gärten von Dai Anga (von 1671) hinter diesem Torweg und schließlich das quadratische, turmähnliche Sarvwala Maqbara (Zypressen-Grabmal) aus der Mitte des 18. Jh., das die ungewöhnliche Form einer Grabkammer von etwa 4,60 m Höhe über dem Erdboden hat.

Wohl das bekannteste Baudenkmal der Mogul-Kaiser in Lahore ist der Shalamar-Garten im Ostteil der Stadt, eine Nachahmung des Shalamar-Gartens von Kaschmir. Er ist in drei verschieden hohen Terrassen angelegt und mit Wasserläufen, Brunnen, Balkons, Pavillons und Sommerhäusern, Springbrunnen und Kaskaden in weißem Marmor ausgestattet – und alles in einem Garten voll blühender und lieblich duftender Pflanzen. Nach einem Bericht des holländischen Botschafters Ketelaar, der Lahore im Jahre 1711 besuchte, waren 128 Gärtner für seine Unterhaltung verantwortlich.

Nordwestlich von Lahore, auf dem jenseitigen Ufer des Ravi, liegen die Grabmäler Schah Dschehangirs, seiner Gemahlin Nur Dschehan und ihres Bruders Asaf Khan. Während die beiden letztgenannten in einem schlechten Erhaltungszustand sind, ist das Grabmal des Schahs noch immer ein Kleinod der Mogul-Architektur, obwohl es unter den Sikhs zu Ende des 18. Jh. gelitten hat. Dieses langgestreckte, einstöckige Bauwerk mit vier schmuckvollen Eckminaretts aus rotem Mathura-Sandstein war von Schah Dschehan um 1637 nach zehnjähriger Bauzeit vollendet worden und lag inmitten eines ausgedehnten Gartens mit 16 rechteckigen, symmetrisch angeordneten Blumenbeeten. Auch die Außenmauern und das untere Stockwerk waren in rotem Mathura-Sandstein aufgeführt und mit Mustern aus weißem und schwarzem Marmor verziert. In diesem Dekorationsschema spielt die Weinflasche in Verbindung mit geometrischen Motiven eine wichtige Rolle. Die drei Zwischenstockwerke der Minaretts tragen eine Zickzackmusterung aus weißem und gelbem Marmor und sind durch vorkragende Balkons voneinander getrennt; ein Marmorkiosk bildet das fünfte Stockwerk. Auf dem flachen Dach steht ein zum Himmel offenes Kenotaph (das vielleicht, wie bei Akbars Grabmal zu Sikandra, ursprünglich von einem Baldachin überdacht war). Das wahre Grab befindet sich im Erdgeschoß genau unter dem Kenotaph; es ist mit Blumenmustern in zartester *pietra-dura*-Arbeit verziert und trägt in vollendeter Kalligraphie die neunundneunzig Namen Gottes.

J. BURTON-PAGE

Kaiser Dschehangir und seine Gemahlin Nur Dschehan, welche die Regierungsgeschäfte mit ihm teilte

FESTUNG LAHORE

Die westliche Gebetshalle der Badshahi-Moschee, 1673/74 von
Aurangzebs Festungsbaumeister erbaut. Die Fassade besteht aus rotem
Sandstein mit Marmorintarsien, die Kuppeln sind aus weißem Marmor

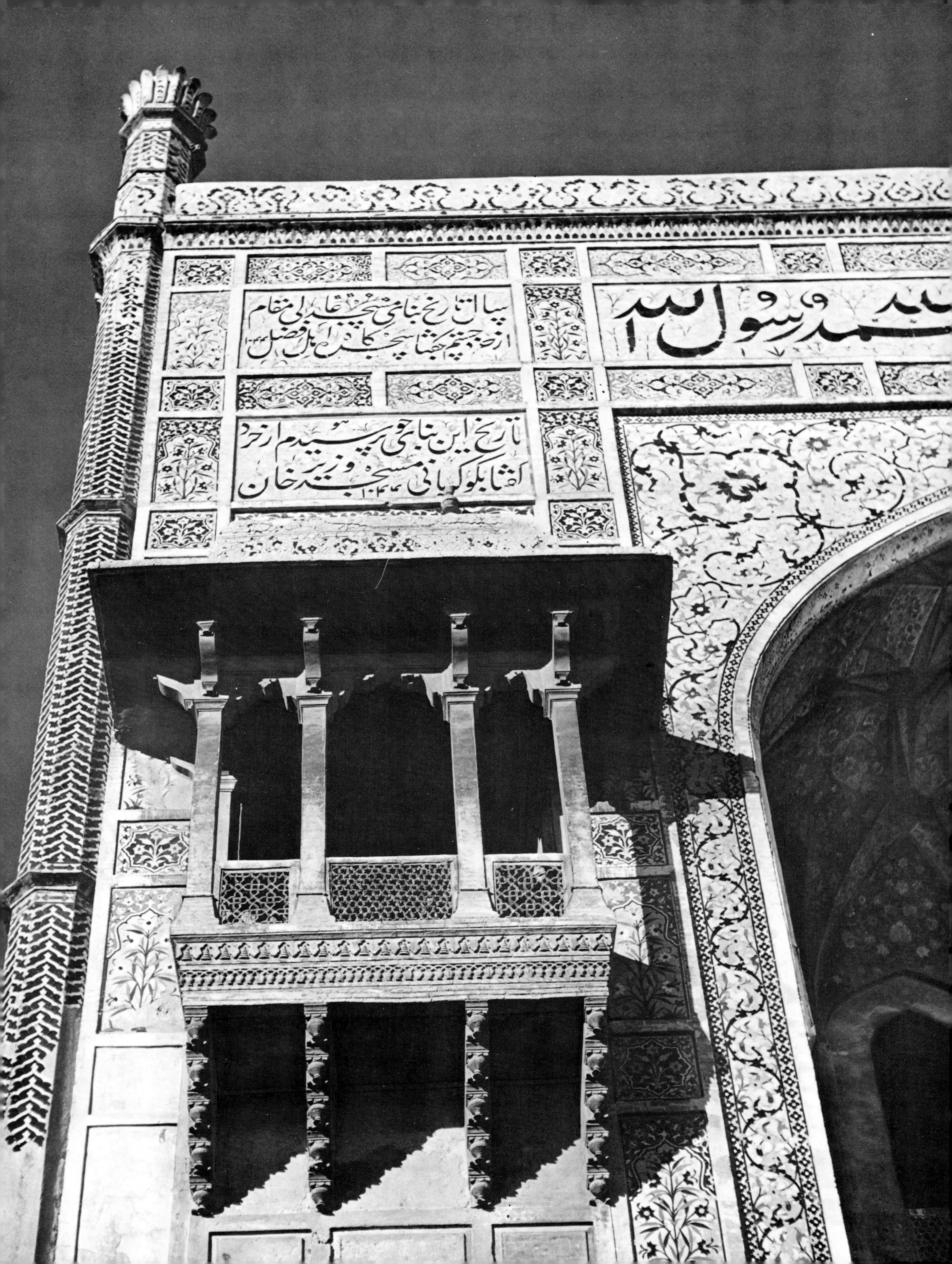

Lahore, Pakistan:
Wesir Khans Moschee

Eine verschwenderisch dekorierte Moschee aus der mittleren Mogul-Periode mit den schönsten Fliesenmosaiken und bemalten Stuckreliefs des ganzen Subkontinents

Für die großen Gebäude der Festung Lahore wurden Baumaterialien verwendet, die für den Pandschab nicht typisch sind. Das Land ist arm an Bausteinen, und so wurden zur Errichtung der Prachtbauten im Modestil der Kaiserstädte Delhi und Agra Sandsteine aus Mathura und Marmor aus Makrana in Radschasthan eingeführt. Im Pandschab selbst bestimmen im wesentlichen Ziegelsteine und Holz die Bauweise, wobei die Außenwände großer und bedeutender Gebäude mit Fliesen oder Stuckwerk verziert werden. Die Fliesendekoration, die den Bauwerken von Lahore ihr einmaliges Gepräge gibt und sich an Wesir Khans Moschee zu höchster Pracht entfaltet, hat ihren Ursprung im benachbarten Iran, wo sie unter den Sefewiden, und besonders unter dem großen Schah Abbas in seiner Hauptstadt Isfahan, ihre höchste Blüte erreichte.

Allerdings waren glasierte Fliesen in Nordindien schon mindestens hundert Jahre vorher bekannt. Sie wurden bereits im 15. Jh. an den Grabmälern der Sayyiden und Lodis und auch noch in der frühen Mogulzeit zur Ausschmückung verwendet. In Multan und Sindh ist diese Technik sogar noch älter. Aber in Nordindien war der Fliesendekor etwas mehr als ein vereinzelter Schmuckfries aus stark leuchtenden Kontrastfarben an den Mauerwänden: In Multan und Sindh zum Beispiel wurden eine, oft mehrere Außenwände völlig mit Fliesen belegt, die unmittelbar auf den Ziegelsteinen angebracht wurden. In Lahore jedoch ist der Fliesendekor weder eine einfache Schutzglasur noch ein zusätzlicher Schmuck: Er ist das hauptsächliche und nur seinen eigenen Stilgesetzen unterworfene Dekorationsmittel. Wenn vielfach behauptet wird, die übermäßige Betonung dieser Art der Dekoration habe dazu geführt, daß sie die Architektur des Gebäudes eher beherrsche als ihr untergeordnet sei, trifft das bei einigen Bauwerken sicher zu. Aber Wesir Khans Moschee ist über solchen Vorwurf erhaben. Sie würde auch dann als hervorragendes Beispiel der Architektur gelten, wenn ihre prachtvolle Fliesendekoration verblaßt oder entfernt wäre.

Wesir Khan war der Titel eines früheren königlichen Arztes mit

Detail der Fliesen-Kalligraphie auf der Fassade des Eingangsportals

Linke Seite: Das Eingangsportal in der Ostmauer mit verschwenderischem Fliesenmosaik-Dekor

WESIR KHANS MOSCHEE

Namen (Hakim) Ilmuddin Ansari, der unter Schah Dschehan Gouverneur des Pandschab geworden war. Seine Zeit – das zweite Viertel des 17. Jh. – war eine friedvolle und glückliche Zeit. Der Grundstein der Moschee, die seinen Namen trägt und zwischen den geschäftigen Bazaren im Südwestteil von Lahore steht, wurde im Jahre 1634 gelegt. Es ist ein rechteckiges Gebäude mit einem großen, offenen Zentralhof, einem turmähnlichen Hauptportal an der Ostmauer, einem mit Kuppeln überbauten Heiligtum im Westen, das fünf Eingangshallen hat, und einem hohen, achteckigen Minarett auf jeder Seite. Das Eingangsportal an der Ostmauer ist ein Kleinod für sich, die Seitenwände sind von Erkerfenstern auf kunstvoll geschnitzten Konsolen unterbrochen, deren Dachtraufen auf Pfeilern und Trägern im indischen Stil ruhen. Die Mauerkanten sind zu eleganten Pfeilern mit einem Zickzackornament ausgebildet, die Wandfläche ist in Felder eingeteilt, in welche Fliesenmosaiken eingelegt sind. Das moslemische Glaubensbekenntnis (die Shahada) – „Es gibt keinen Gott außer Allah, und Mohammed ist der Gesandte Allahs" – ist als ornamentale Fliesengraphik über dem hohen Eingangsbogen angebracht.

Auch die Mauer selbst ist nicht uninteressant. Hier fehlt der Fliesendekor völlig, aber die schlichte Verzierung mit Ziegelsteinen, die eine Art Zinnenmuster bilden, und einem einfachen Fries, der die oberen Blendbogen von den unteren Bogenöffnungen trennt, bildet eine wundervolle Einfassung des prächtig geschmückten Portals.

Im Innern des Hofes wird der Blick des Beschauers von der symmetrischen Gliederung der Gebäudeteile ebenso gefesselt wie von ihrem Farbenreichtum. Die nördlichen wie die südlichen Arkaden haben eine höhere Zentralhalle, das Gegenstück bildet in der Ostmauer die Rückseite des großen Eingangsportals. An der Westseite erhebt sich im Heiligtum die mittlere der fünf

Blick aus dem Hof auf das Südost-Minarett, dessen Wände mit den gebräuchlichsten Blumenmustern geschmückt sind

Der geometrische Fries unterhalb der Galerie des Minaretts geht auf die ghaznavidische Tradition zurück

Das Sockelgeschoß des Nordwest-Minaretts mit dem reizvollen Detail aus Blumen- und geometrischen Mustern in Fliesenmosaik

Das westliche Heiligtum mit dem pylonartigen Hauptbogen und einem Scheingewölbe mit nur leicht angedeuteten Stalaktitenpendentifs

Eine Moschee-Schule im nördlichen Bogen des westlichen Heiligtums während des Unterrichts

Auf diesem Fliesenmosaik von einer Hofwand sieht man deutlich, daß jedes Blatt, jeder Stengel und jedes Blütenblatt aus einem besonders zugeschnittenen Fliesenstück besteht

Das Innere einer der Kuppeln des westlichen Heiligtums; die Freskomalereien auf Stuckreliefs lassen zartere Schattierungen zu als das Fliesenmosaik

Eingangshallen ebenfalls über die anderen, die 9 m hohe Spitze ihres großen Bogens ist doppelt so hoch wie der Bogen an ihrer Rückwand, und das turmartige Gebäude verdeckt die hinter ihr liegende Kuppel. Das Heiligtum ist mit insgesamt fünf Kuppeln überbaut; sie sind alle flach gewölbt, wie es unter den Lodis, den Vorgängern der Moguln, üblich war. Die mittlere Eingangshalle ist der Brennpunkt des Gebetsrituals, jedoch werden auch die übrigen zu den offiziellen Gebetszeiten benutzt. Sobald die Gläubigen ihr Gebet beendet und die Hallen verlassen haben, dienen diese in herkömmlicher Weise einer anderen Bestimmung: Tische werden aufgestellt, die Kinder versammeln sich, der Unterricht in der Moscheeschule beginnt.

Die vier großen Minaretts an den Ecken des Hofes stehen auf quadratischem Unterbau und erheben sich hoch über den Hof und die benachbarten Bazare. Den oberen Abschluß der vier Unterbauten, die so hoch sind wie die Fassade des Heiligtums, bilden Balkons, deren Geländer von Paaren geschnitzter Konsolen getragen werden. Von hier führt eine Tür zum Treppenaufgang des Minaretts. Vertiefte Kassetten auf allen Seiten der Minaretts sind mit Fliesenmosaiken ausgefüllt, und der Fliesendekor ist in kunstvoller Weise bis unter den leicht vorgewölbten Unterbau der oberen Galerie fortgesetzt. Darüber erhebt sich ein Kiosk auf acht Pfeilern.

Nachdem wir mehrfach von den Fliesenmosaiken dieser Moschee gesprochen haben, erscheint es angebracht, Wesen und Technik dieses Dekors näher zu beschreiben. Zunächst sei darauf hingewiesen, daß es sich hierbei nicht um genau dieselbe Technik handelt wie beim „römischen" Mosaik, bei welchem Glasteilchen von gleicher Gestalt zu einem farbigen Muster zusammengesetzt werden. Beim Fliesenmosaik entsteht das Muster vielmehr aus kleinen, einzeln in Form geschnittenen Fliesenstückchen. Bei einem Blumenmuster werden zum Beispiel die Stengel, Blätter, Blütenblätter und Blütenböden und auch die Formen des Hintergrundes – jedes Einzelteil für sich – nach Motivzeichnungen ausgesägt; ähnlich wird auch bei einer Zierschrift mit den Buchstaben und dem Hintergrund verfahren: Dabei ist jedes Teilchen einfarbig. Die zweite übliche Form der Fliesendekoration, bei welcher die Muster über eine Reihe von gleichgroßen, mehrfarbigen Fliesen laufen, ist im Iran, in Sindh und in Multan häufig anzutreffen, in Lahore jedoch nur an dem Grabmal von Asaf Khan, Dschehangirs Schwager.

Die Produktion von Fliesen dieser Art beginnt mit der Herstellung der sogenannten Fritte aus einer Mischung von feingemahlenen silikathaltigen Steinen, Soda und Metalloxyden, die über dem Feuer erhitzt wird. Ein Teil dieser Fritte wird wieder zermahlen und mit Kalk und Soda gemischt. Daraus entsteht der Fliesenkörper, der mit einer aus Kalk und Frittepulver stark eingedickten Reiswasserpaste überzogen wird. Nach dem Trocknen erfolgt das Glätten und Polieren, und schließlich kann durch mäßiges Brennen eine weitere Härtung erreicht werden. Für jede gewünschte Farbe ist eine Wiederholung dieses Prozesses erforderlich.

Rechte Seite: Dekorationen am oberen Teil des Minaretts Unter der Galerie die asiatische Platane auf den Seiten- und die Zypresse auf den Eckfeldern

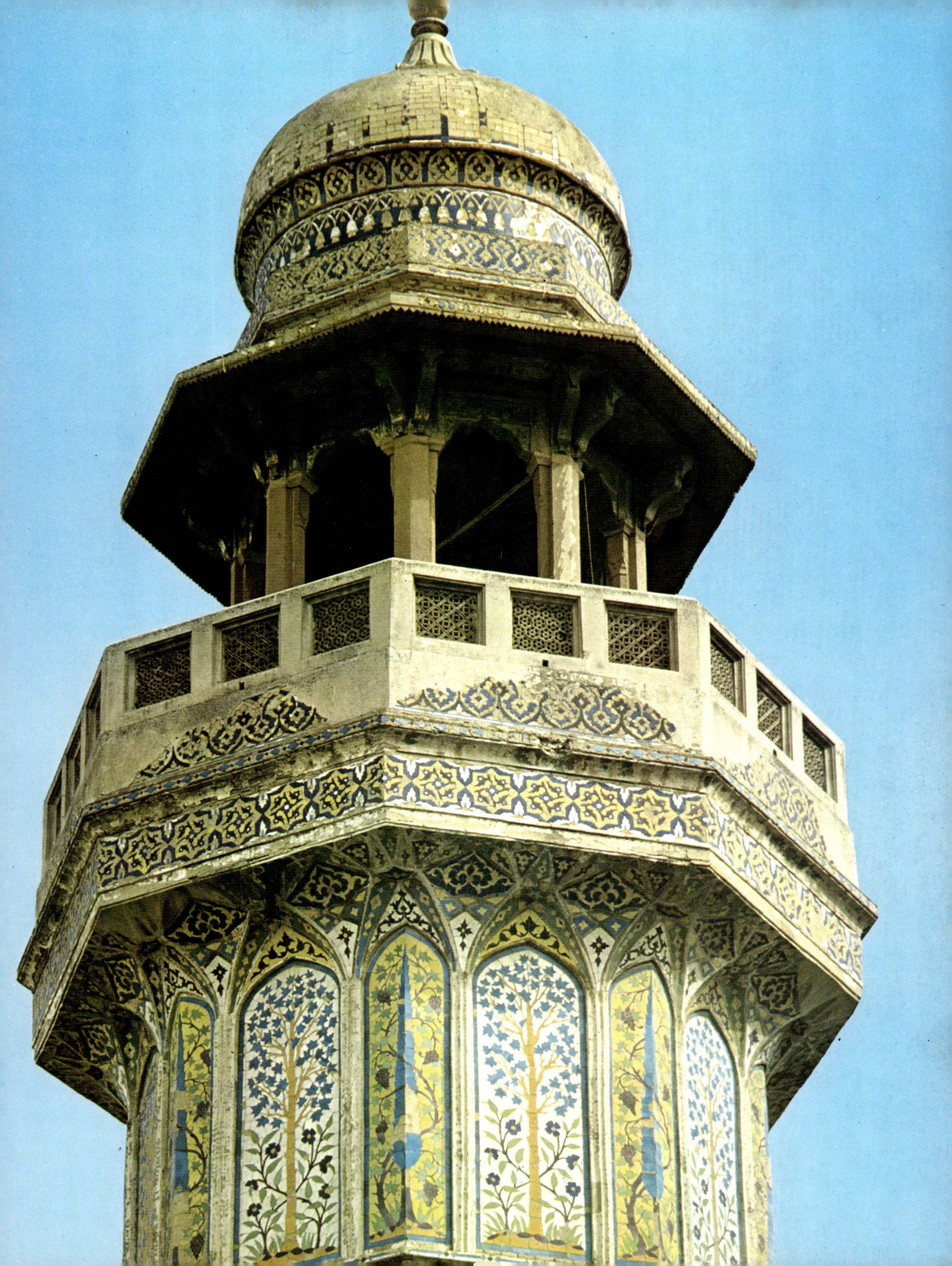

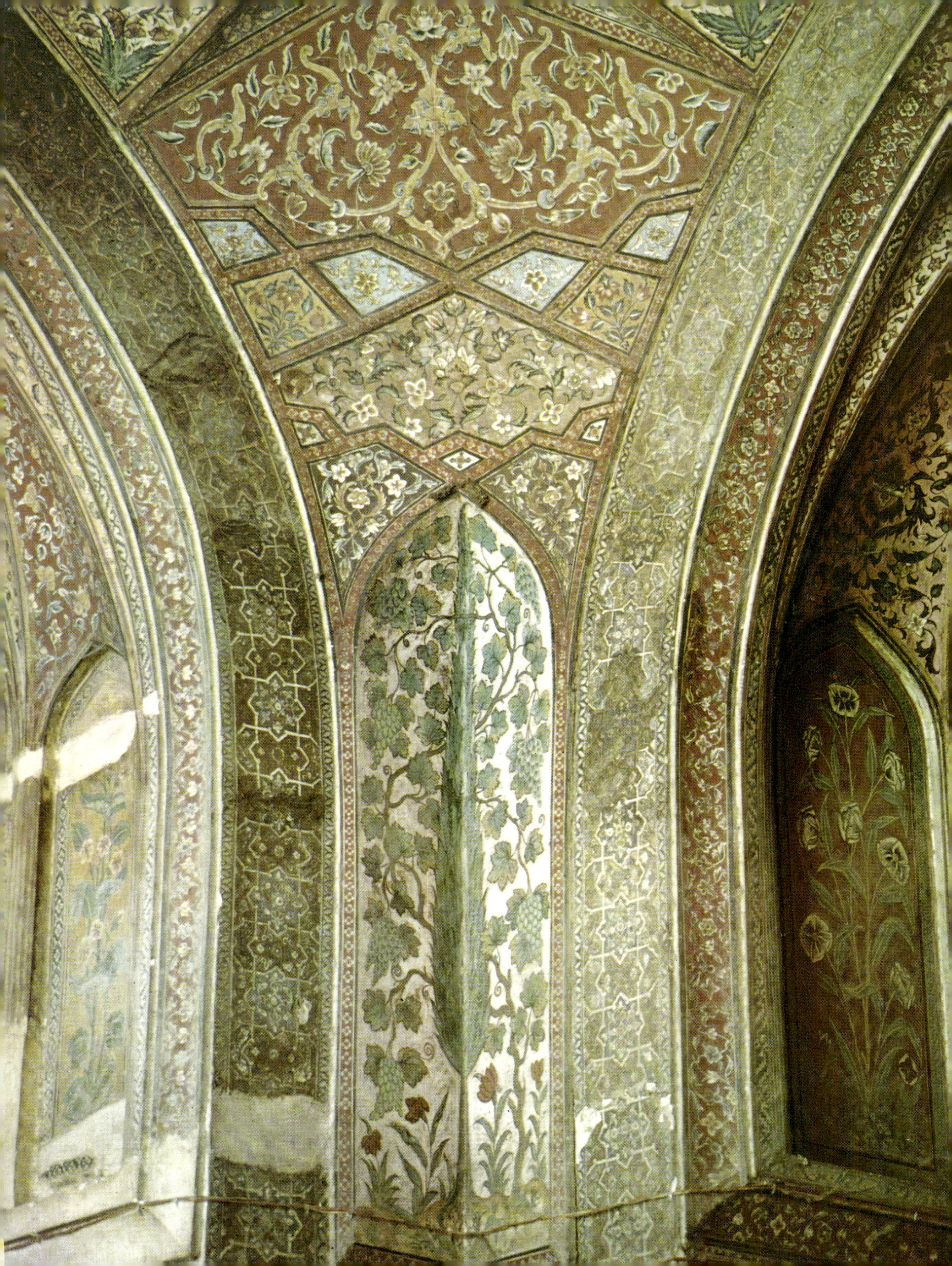

WESIR KHANS MOSCHEE

Das Ergebnis ist ein Kaleidoskop von Farben mit Gelb, Orange, Grün und vorherrschendem Blau und Weiß. Die helleren Farben sind dabei keine reinen Spektralfarben, sondern mit Weiß gemischt. Dunkle Töne werden nur sparsam verwendet, besonders für Einfassungen und Fliesengraphiken. Blumenmuster sind vorherrschend, zumeist als Bäume und Pflanzen mit naturalistischen Blüten, wobei Lilien eine bevorzugte Rolle spielen. Unter den formalen Motiven sind Vasen und Krüge mit Blütenzweigen beliebt, während bestimmte Wandflächen, zum Beispiel Bogenzwickel, mit eher konventionellen Blumenarabesken verziert werden. Geometrische Muster mit quadratischen, sechseckigen und achteckigen Grundformen beherrschen die Einfassungen, kommen aber auch auf Wandflächen vor. Die asiatische Platane mit ihren breiten, dreigelappten Blättern, in der Mogul-Kunst von großer Bedeutung, erscheint hier oben an den Minaretts. An dieser Moschee taucht auch zum erstenmal, und zwar in den Kassetten unterhalb der Minarettgalerien, die dunkelgrüne Zypresse auf, ein später beliebtes Sujet.

Fliesendekor dieser Art, der höchste Geschicklichkeit und genaueste Arbeit der Kunsthandwerker voraussetzte, erforderte viel Zeit und natürlich auch hohe Kosten. Meist wurde er deshalb dort angebracht, wo er nicht nur als Schmuck, sondern auch als Schutz dienen konnte. Die Wände im Gebäudeinnern, die Wind und Wetter nicht so ausgesetzt waren, hatten keinen Schutz nötig, deshalb wurde für sie eine weniger kostspielige Dekorationstechnik angewendet: Freskomalerei auf reliefiertem Stuck. In der ganzen mohammedanischen Welt ist reliefierter Stuck wohlbekannt, er scheint nach in Syrien erhaltenen Beispielen aus dem 8. Jh. letztlich sasanidischen Ursprungs zu sein. Seine Verbreitung durch den Islam wird von Ibn Khaldun bezeugt, nach dessen Bericht die Verzierungen in der Alhambra mit Eisenwerkzeugen in dem noch feuchten Stuck ausgeführt wurden. In Indien wurde dann diese Technik mit der Freskomalerei kombiniert. Das ging so vor sich, daß zunächst mit einem Stichel die plastischen Konturen der geometrischen oder Blumenmuster aus dem noch feuchten Stuck herausgearbeitet und dann darauf die Wasser- oder Gouachefarben aufgetragen wurden. Diesen Dekor trifft man in Lahore häufig an, ganz herrliche Arbeiten gibt es zum Beispiel in der Moschee Maryam Zamari. Auch Wesir Khans Moschee ist mit wundervollen Mustern ausgeschmückt, die mit ihren Blumen, geometrischen Figuren und eleganten Zierschriften auch über die Innenräume in der Nord- und Südmauer, über die Innengewölbe der Kuppeln und die Laibungen der Bogen im westlichen Heiligtum ihren bezaubernden Farbenreichtum ausbreiten.

Vielleicht ist auf dem ganzen Subkontinent Wesir Khans Moschee das schönste Beispiel liebevollen kunsthandwerklichen Schaffens zur größeren Ehre Allahs. Wohin der Beschauer auch blickt: überall ist vollendete künstlerische Schönheit. Und ob er will oder nicht, er muß tief beeindruckt, begeistert, ja von Ehrfurcht ergriffen sein vor diesem großen Monument eines großen Glaubens.

J. BURTON-PAGE

Das Innere der Moschee mit dem Mihrab auf der rechten Seite

Linke Seite: Das kombinierte Reben-Zypressen-Muster dieser Stuckrelief-Fresken im westlichen Heiligtum zeigt eine für Lahore typische Abwandlung früher islamischer Schmuckmotive

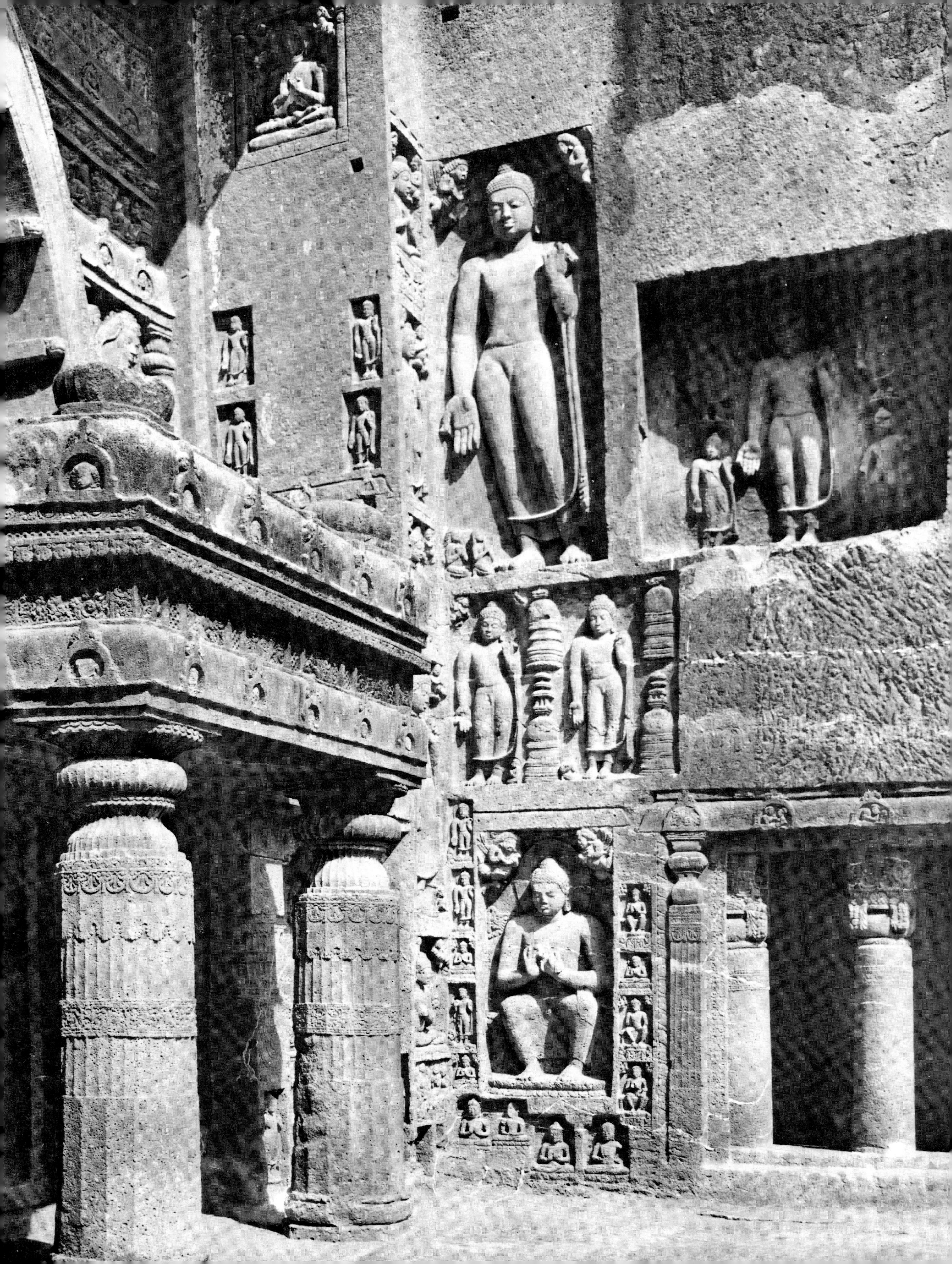

Indien: Adschanta

Buddhistische Klöster, die in einer abgelegenen wilden Schlucht Zentralindiens in Felsen gehauen sind und mit ihren bemalten Wänden und Decken einen kostbaren Schatz beherbergen

Den jungen britischen Offizieren, die im Jahre 1819 durch das Buschwerk des Nordhangs der steilen und gewundenen Schlucht von Adschanta schauten, bot sich ein überraschender Anblick. Denn an dem gegenüberliegenden, halbmondförmigen Steilhang konnten sie wabenartig in den Felsen gehauene Öffnungen erkennen, und vorgesetzte Säulen und Giebelfelder deuteten auf von Menschenhand geschaffene Hallen hin. Auch heute ist die Szenerie noch wild und unberührt. Der Lärm von Papageien und anderen Vögeln liegt ständig in der Luft, Affen toben in den Höhlen und Bäumen, Hirsche äsen in der Umgebung, Schakale heulen beim Anbruch der Dämmerung, und man soll sogar Bären, Leoparden und Tigern begegnen können.

Die insgesamt 29 Höhlen wurden als Klöster und Gebetshallen oder auch als Tempel für buddhistische Mönche aus dem Felsen gehauen. Hier lebten oft mehr als 200 Mönche, die Handwerker nicht eingerechnet. Sie dienten nacheinander den beiden Hauptrichtungen des Buddhismus: dem Hinayana („Kleines Fahrzeug" zur Erlösung) und dem Mahayana („Großes Fahrzeug"). Das Hinayana war in erster Linie eine Moralphilosophie, dem Stoizismus des Westens nicht sehr unähnlich, während das Mahayana eine wirkliche Religion war. Im Hinayana war Buddha nur ein erleuchteter Lehrer, der den „mittleren Pfad" zwischen der Hingebung an die Sinnenlüste und der Selbstkasteiung predigte und die letzte Befreiung von allen Sünden in der endgültigen Erlösung, dem Nirwana, suchte. Hier war Buddha also kein Gott, und der frühe Buddhismus war keine Religion, sondern nur ein Wegweiser zum rechten Leben. Doch in einem langwierigen und komplexen Entwicklungsprozeß wurde Buddha nach und nach zu einem Gott, zu dem man auch betete. Diese Entwicklung fand ihren Abschluß etwa im 2. nachchristlichen Jahrhundert, als das Mahayana wenigstens zeitweise die vorherrschende Glaubensrichtung wurde.

Die hier interessierenden Unterschiede zwischen den zwei Richtungen des Buddhismus offenbaren sich darin, daß es in der Zeit des Hinayana keine personelle Darstellung des Buddha in

Skulpturen aus den Seitenschreinen des buddhistischen Klosters (Vihara) Nr. 2; aus einer Folge von Zeichnungen (1846–1850) von Major Robert Gill

Inneres von Vihara Nr. 16 (6. Jh. n. Chr.); aus *Illustrations of Rock-cut Temples of India* (1845) von James Fergusson

Linke Seite: Portal des Felsentempels (Tschaitya) Nr. 19, dessen Wände mit zahlreichen Buddhafiguren geschmückt sind

der Kunst gibt. Seine Anwesenheit wird nur durch Fußstapfen, einen leeren Sitz, einen Schirm oder ein Pferd ohne Reiter symbolisiert. Um diese Symbole drängen sich die Massen: Es fehlt die zentrale, beherrschende Figur. Im Buddhismus des Mahayana dagegen steht die Volksmenge im Banne der göttlichen Buddhafigur, die immer im Brennpunkt des Geschehens ist. In der bildlichen Darstellung wie in seinem Sinngehalt war dieser Wandel revolutionär.

Die Felsentempel von Adschanta wurden in zwei Bauperioden mit einem Zeitabstand von etwa 400 Jahren errichtet. Die frühesten – sie haben die Nummern 8, 9, 10 und 12, 13 in der von West nach Ost erfolgten Numerierung – liegen etwa in der Mitte des Talbogens und wurden wahrscheinlich im 2. und 1. vorchristlichen Jahrhundert vom Hinayana geschaffen, das keine Buddha-Darstellungen kannte. Die zweite oder Mahayana-Gruppe mit den Nummern 6, 7 und 11 entstanden um 450–500 n. Chr., 14–20 wurden um 500–550 und 1–5 sowie 21–29 um 550–650 n. Chr. erbaut. Die meisten Felsentempel – wenn nicht alle – und auch die Malereien waren also vollendet, als der berühmte chinesische Buddhist Hiuen-Tsang um 640 durch das Adschanta-Tal kam.

Doch nun zur Architektur! Sie wurde mit Spitzhacke und

Oben: Eingangsportal zu Tschaitya Nr. 19 (um 550 n. Chr.)

Unten: Gesamtansicht der wilden Bergszenerie mit den Buddha-Klöstern

Meißel zumeist nach Holzvorbildern aus dem gewachsenen Felsen herausgehauen, gelegentlich wurden, zumal in den frühen Beispielen, auch Holzbauteile eingefügt. Die Grundzüge der Felsenarchitektur hatten die indischen Buddhisten im 3. Jh. v. Chr. aus Persien und Medien übernommen, wo die Felsbauten bis in das 7. vorchristliche Jahrhundert zurückgehen. Durch solche Entlehnungen wurden das Denken und die Ausdrucksformen in Indien immer wieder beeinflußt.

Im Baugefüge von Adschanta finden sich zwei Arten von Hallen: die Gebetshalle oder Tschaitya und die Wohnhalle oder Vihara. Die Tschaityahalle gleicht einer Basilika mit halbrunder Apsis (nur selten endet sie rechteckig), ihre beiden Seitenschiffe sind vom Mittelschiff durch eine Säulenreihe getrennt, die am inneren Ende der Halle der Apsidenform folgt. Und dort steht auf einem Sockel das Heiligtum selbst, der Stupa. Im Mahayana trägt der Stupa ein Bildnis des Buddha, der Mittelpunkt von Gebet und Zeremonie ist.

In ihrer ursprünglichen Form täuschten die Säulen schlichte Holzpfosten vor, wie sie in den Felsentempeln 9 und 10 von Adschanta zu finden sind. In beiden Hallen sollen auch die steinernen Gewölberippen der Seitenschiffe den Eindruck von Holz erwecken, jedoch hatten die Gewölbe des Mittelschiffs von Nr. 9 und wahrscheinlich auch von Nr. 10 tatsächlich hölzerne Rippen. Diese wurden später entfernt, und so entstanden große, freie Flächen für die Maler des 6. Jh.

Die Hauptfront der Tschaityahalle schließt einen mächtigen hufeisenförmigen Giebel ein, der sich aus dem Bambusdach der hölzerne Prototypen entwickelt hat. Das Giebelfenster war wohl mit hölzernem Gitterwerk versehen, und auch für die Galerie und kleinere Bauelemente wurde Holz verwendet. Zunächst waren – wie Adschanta Nr. 9 zeigt – die äußeren Bogen des Giebels steil und einfach, und das Ganze kam dem hölzernen Vorbild noch sehr nahe. Später wurde die Giebelform mehr und mehr verfeinert und verlor seine strukturale Funktion; die Giebelöffnungen näherten sich der Kreisform, und der äußere Bogen wurde mit „Ohren" und anderen Details verziert.

Von den beiden Tschaityahallen des Mahayana befriedigt besonders die ältere und kleinere, um 550 n. Chr. erbaute Halle Nr. 19 durch ihre harmonischen Raumverhältnisse und die ausgewogene Fülle der Dekorationen. Der Zugang zu diesem vollendeten buddhistischen Tempel führte durch einen Vorhof mit kunstvoll gemeißelten Seitenflügeln, in denen ein Pfeilersaal oder eine Kapelle lag. Die Pfeiler endeten in Kugeln, die in der üppigen Gupta-Art mit Früchten und Blumen überreich geschmückt waren. Die Felsenfassade ist mit zahlreichen größeren und kleineren Relieffiguren Buddhas und betender Gläubiger verziert. An der Innenseite des Vorhofs liegt der einzige Zugang zur Gebetshalle, ein Säulenportikus aus zwei freistehenden und zwei Halbsäulen, die kanneliert und mit Girlanden und Blütenfriesen dekoriert sind. Die gleichfalls vertikal kannelierten Kapitelle gehen auf die Lotoskapitelle von Persepolis zurück und ähneln dem Amalaka, dem Schlußstein eines „nördlichen"

Der Hauptschrein oder Stupa in Tschaitya Nr. 19

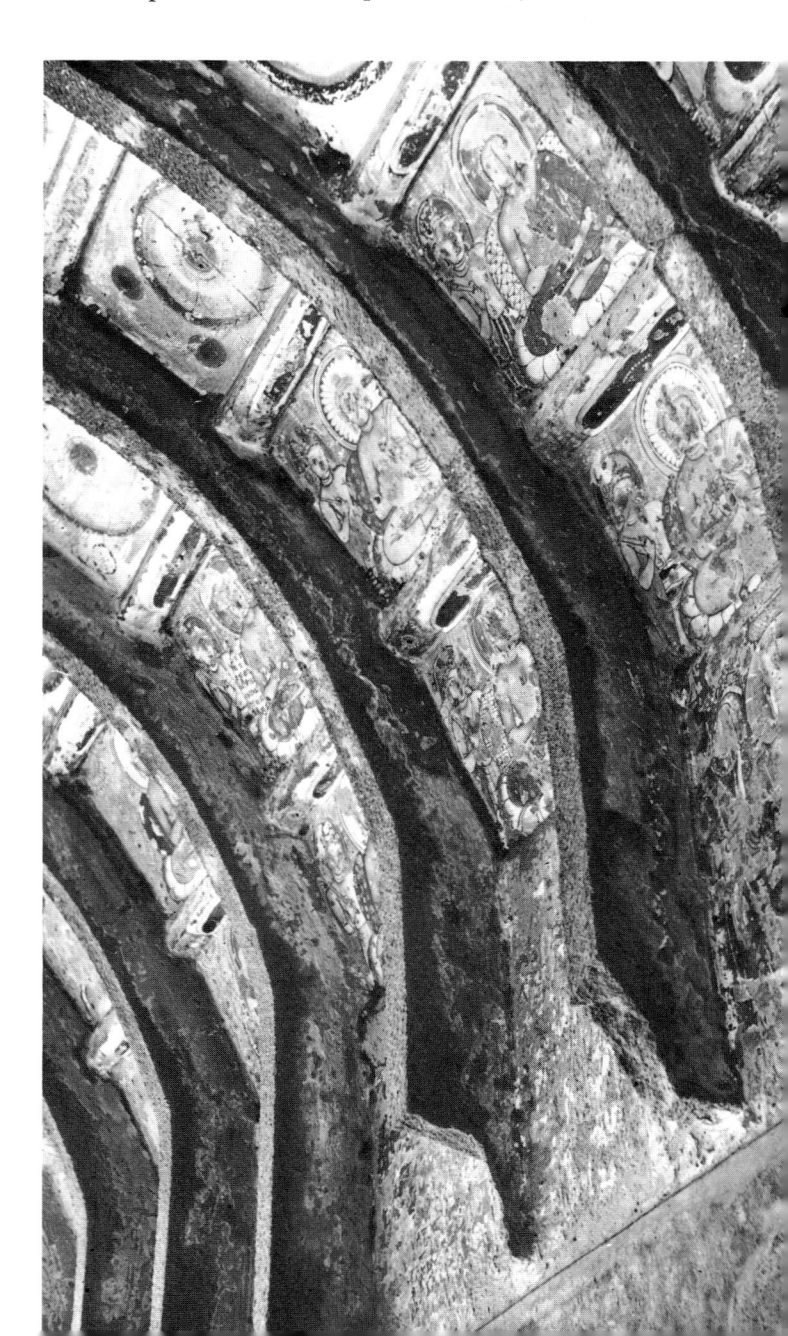

Gewölbepartie aus Tschaitya Nr. 19 mit imitierten Holzrippen aus Stein und Gemälden aus dem Leben Buddhas

ADSCHANTA

Säulengang an der Front von Vihara Nr. 1, das mit Skulpturen und Malereien reich geschmückt ist (um 500 n. Chr.). Der Portikus ist nicht mehr vorhanden

Tempels wie jenes in Bhuvaneshvar. Das Doppeldachgesims des Portikus ist mit zwei Reihen kleiner Tschaityagiebel geschmückt, die in kreisförmigen Aussparungen kleine Köpfe umschließen. Das Flachdach über dem Eingang setzt sich nach den Seiten über die Hauptfassade des „Bauwerks" als Sängergalerie fort. Hinter und über dieser Galerie steht der offene Giebel der Tschaityahalle. Er ist innen hufeisenförmig, nach außen bildet er einen Eselsrückenbogen mit seitlichen „Ohren". In die Felswände zu beiden Seiten des Portikus sind Buddha-Figuren eingemeißelt sowie Pfeiler und horizontale Schmuckfriese, die wiederum kleine Tschaityagiebel mit Köpfen tragen. Diese Relieffiguren sind oft als Massenproduktion bezeichnet worden, trotzdem ist der Gesamteindruck der Fassade durch die Fülle ihrer strukturalen Gliederung und durch ihre plastische Bewegtheit von einer so harmonischen Wirkung, daß die kleinen Mängel völlig zurücktreten.

Die Halle hat eine Länge von nur 13,50 m. Trotzdem vermittelt sie ein Gefühl von Erhabenheit, das weit über ihre Größe hinausgeht. Auf jeder Seite trägt eine Reihe verzierter Rundsäulen von 3,50 m Höhe einen Fries mit Figuren des stehenden oder sitzenden Buddha in einzelnen, eingerahmten Feldern. Die Säulen steigen aus dem tiefen Schatten der Bodenzone in den hellen Lichtstrahl, der durch die Giebelöffnung (das Sonnenfenster) einfällt. Im Zentrum, dort wo die Säulenreihen den Schwung der Apsis aufnehmen, fällt das Licht auf die Hauptkuppel des zweikuppeligen Stupa, in den für das Standbild des Buddha eine säulengeschmückte Nische eingemeißelt ist. Kopf und Leib des Buddha liegen noch im vollen Lichtstrahl, während seine Füße im Schatten bleiben. Die zweite Kuppel trägt drei sich verjüngende symbolische Schirme und eine bekrönende Vase, die aber schon wieder in das Dunkel direkt unter dem Dach eintaucht. Die Säulen haben quadratische Basen und runde Schäfte, die aus abwechselnd glatten und vertikal bzw. schräg kannelierten Zonen mit dazwischenliegenden Ornamentbändern bestehen. Über den Kapitellen, die in gewisser Weise an Persepolis erinnern, kragen Konsolsteine aus, die ebenfalls eine entfernte Verwandtschaft mit den persischen Prototypen zeigen, hier aber mit einem Buddha und ihm dienenden menschlichen und tierischen Figuren reich verziert sind. Darüber folgt ein Fries, der ohne Rücksicht auf die untere Säulenreihe in Felder bzw. Metopen eingeteilt ist. Und doch verletzt diese unsymmetrische Anordnung das an die Harmonie griechisch-römischer Kunst gewöhnte Auge nicht, da der einfallende Sonnenstrahl diesen Fries gerade noch beleuchtet und ihn zu einer eindrucksvollen Grundlinie für das dunkle, hochgewölbte Dach mit den vom Holzbau hergeleiteten Steinrippen und den schattenhaft gemalten Buddhas macht.

Die Viharas – oder Mönchswohnungen – sind relativ zahlreich und zeigen trotz verschiedener Abweichungen die gleiche Grundkonzeption: Um einen Zentralhof oder eine Halle gruppieren sich an drei Seiten die Zellen der Mönche, auf der vierten Seite liegt der säulengeschmückte Eingang. Freistehende Holzkon-

Das große Relief des betenden Buddha in dem Schrein von Vihara Nr. 1

Vihara Nr. 1: Aus dem Felsen gemeißeltes Hochrelief Buddhas, der seine Predigt
von Sarnath hält und von Darstellungen des Hindu-Gottes Indra umgeben ist

ADSCHANTA

Gemälde aus Vihara Nr. 17: Teil einer Volksmenge, die Almosen in Empfang nimmt (aus einer der Buddha-Legenden)

Ein Meisterwerk indischer Malerei: ein Bodhisattva aus Vihara Nr. 1

struktionen waren auch hier das Ausgangsmodell; doch allmählich fanden die Steinmetzen zu einem eigenen Stil und entfernten sich immer mehr von diesen Prototypen. In der Mahayana-Phase des 5.–7. Jh. gewannen die Arbeiten zunehmend an künstlerischer Vollendung, deren Höhepunkt die Höhle Nr. 1 um das Jahr 500 darstellt. Hier wird die reich verzierte Veranda an der Frontseite (und ursprünglich auch ein Portikus) von Säulen getragen, die denen der Tschaityahalle Nr. 19 ähneln. Ihre Kapitelle und Friese sind mit kleinen, aber hervorragend gemeißelten Figurengruppen bereichert. Im Innern liegt eine quadratische Halle von etwa 19,50 m Seitenlänge mit einem von 20 Pfeilern gebildeten umlaufenden Seitenschiff. Um diese Halle herum sind die Wohnzellen angeordnet, und an ihre Rückseite schließt die zentrale Kapelle an mit einem thronenden Buddha, der von Indra-Figuren umgeben ist. Der ganze innere Kapellenraum, Wände wie Decke, war prachtvoll ausgemalt.

Die Malereien hier wie auch in anderen „Höhlen" von Adschanta gehören zu den Herrlichkeiten der indischen Kunst. Eine überraschend große Zahl von Bildern hat sich durch die Jahrhunderte erhalten. Diese Felsmalereien erreichten ihren Höhepunkt im 5. und 6. Jh., und zwar besonders in den Massenszenen, die zur Illustrierung der Legenden um die früheren Inkarnationen Buddhas gemalt worden sind. Die Menschenmengen erscheinen auf den ersten Blick als planlose, ungeordnete Ansammlungen, sind aber in Wirklichkeit sorgfältig komponiert, und Einzelfiguren wie Gruppen sind mit liebevoller Hingabe bis ins Detail dargestellt.

Zwei Ausschnitte aus der langen Szene, die auf der Rückseite der Veranda des Vihara Nr. 17 gemalt ist (um 500 n. Chr.), sollen hier als typische Beispiele näher erläutert werden: Der erste Ausschnitt (links) zeigt auf der linken Bildseite verschiedene Bittsteller, die vom König (weiter links, in der Abbildung nicht sichtbar), dem Vater des Proto-Buddha, des Prinzen Vishvantara, Gaben erflehen. Unter den Bittstellern auf der linken Seite fällt ein braunhäutiger Brahmane auf, der seine Wünsche an den Fingern der linken Hand aufzählt. Hinter ihm hält ein dunkelhäutiger Wächter mit einer Geißel Ordnung unter der Menge. In der Reihe dahinter steht ein Asket mit ausgestreckter Hand. Bei ihm handelt es sich wohl um den geizigen Brahmanen Dschudschaka, dem Vishvantara in einem Akt der Nächstenliebe seinen Sohn und seine Tochter gab. Sie sind hier und auf der linken Seite des nächsten Teils (nicht reproduziert) mit ungekämmtem Haar dargestellt, das ihr schweres Los verdeutlichen soll.

Das zweite Bild (rechts) ist eine Fortsetzung der Szene. Die schwarzbraune Figur von Vishvantara unter einem chinesisch aussehenden Schirm, den eine Frau hält, ist mit drei anderen vornehmen Damen um ihn herum gemalt. Rechts steht, ebenfalls unter einem Schirm, seine Prinzessin.

Mit diesem Gemäldepanorama wurde ebenso fürstlicher Großmut ein Denkmal gesetzt wie der virtuosen Farbentechnik der Maler von Adschanta.

MORTIMER WHEELER

Rechte Seite: Gemälde aus Vihara Nr. 17: wahrscheinlich Prinz Vishvantara (unter dem linken Schirm) mit seiner Prinzessin (unter dem rechten Schirm) und ihrem Gefolge

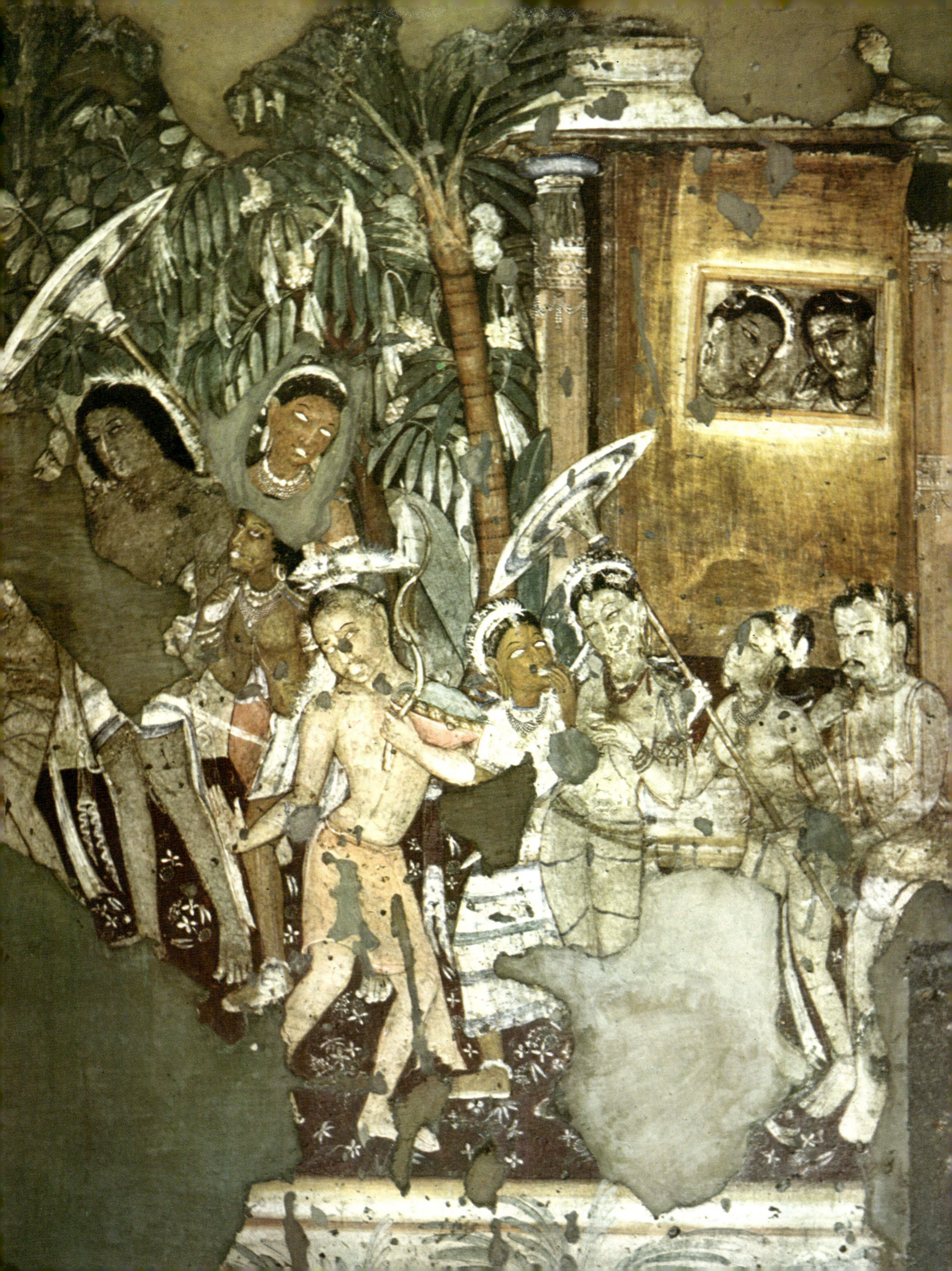

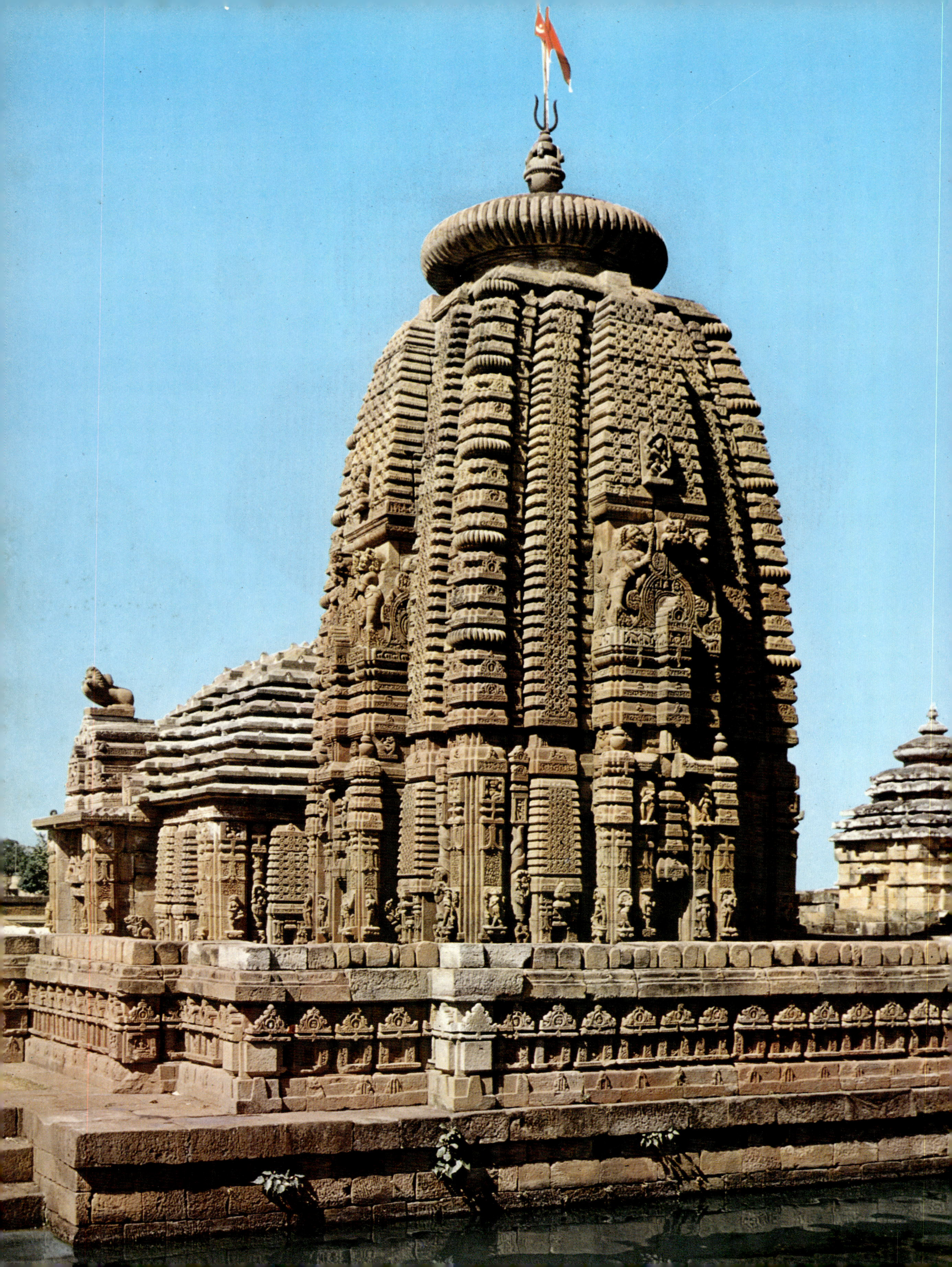

Indien: Bhuvaneshvar

Eine Stadt mit zahlreichen Tempeln, die den Formenreichtum der Architektur und Bildhauerkunst Nordostindiens durch vier Jahrhunderte widerspiegeln

Bhuvaneshvar in der ostindischen Provinz Orissa ist heute eine aufblühende Provinzhauptstadt. Ihre allmählich, doch unaufhaltsame Entwicklung wird von Gefühlsmenschen, die den Ort in vergangenen Tagen kannten, schmerzlich bedauert. Das Bild dieser Stadt bleibt in lebendiger Erinnerung. Um das große Wasserbecken in der Ortsmitte drängte sich die kleine, wimmelnde Stadt auf dem fruchtbaren, tiefroten Boden. Ihre Silhouette wurde von den Türmen der etwa 35 Tempel in ganz charakteristischer Weise geprägt, und obwohl das freie Land ringsum ohne besondere Akzente war, atmete die ganze Szene berückende Schönheit. Ein Hauch davon hat sich bis heute erhalten.

Im flachen Land, nahe der Stadtgrenze, trifft man auf hohe Erdwälle, die ersten Spuren aus geschichtlicher Zeit. Es handelt sich um die Überreste einer stark befestigten Stadtanlage mit quadratischem Grundriß von etwa 1200 m Seitenlänge. Auf jeder Seite führten zwei monumentale, symmetrisch angelegte Torwege in die Stadt. Das Straßennetz kann zwar nicht mehr rekonstruiert werden, jedoch ist anzunehmen, daß es in gleicher Weise symmetrisch angelegt war. Solche Stadtanlagen waren in Indien zwischen der Industalkultur (bis 2000 v. Chr.) und der indo-griechischen Kultur (nach 200 n. Chr.) nicht üblich, und so wird denn Shishupalgarh, wie Bhuvaneshvar hieß, von den Archäologen in das 3. Jh. v. Chr. datiert und mit einiger Sicherheit dem Maurya-Kaiser Ashoka zugeschrieben, der um 260 v. Chr. einen glänzenden Sieg über die Kalinga errang. Dieser regelmäßige, auf dem Reißbrett entworfene Stadtplan ist das Produkt eines der originellsten, interessantesten und wirkungsvollsten Geister, die Indien hervorgebracht hat.

Aber es dauerte noch 1000 Jahre, bis sich die Kalinga selbst zu einem kulturell schöpferischen und eigenständigen Volk entwickelten. Zu Ende des 8. Jh. n. Chr. begannen sie, ihren religiösen Empfindungen und künstlerischen Vorstellungen einen bemerkenswert originellen Ausdruck zu geben, ganz besonders in der imponierenden Tempelarchitektur, die noch heute in Bhuvaneshvar in großartigen Beispielen erhalten ist und dem

Vaital Deul (um 850 n. Chr.), ein Tempel, in dem sich charakteristische Merkmale des nördlichen und des drawidischen Stils vereinigen. Lithographie von T. C. Dibdin nach einer Zeichnung von James Fergusson in *Picturesque Illustrations of Ancient Architecture in Hindostan* (1847)

Linke Seite: Der Mukteshvara-Tempel (um 975) ein kraftvolles, aber etwas „kopflastiges" Beispiel des frühen Orissa-Stils

Eine prachtvolle Bildhauerarbeit aus der frühen Zeit von Orissa: das Gitter eines Steinfensters aus dem Parasrameshvar-Tempel (spätes 8. Jh.).
Die Figuren stellen Tänzer und Musikanten im Stil lebensvoller Volkskunst dar

„nordindischen" oder „indo-arischen" Stil zugehört. Die heute nicht mehr übliche Bezeichnung „indo-arisch" diente ursprünglich zur Unterscheidung dieses Stils vom „drawidischen" oder „nicht-arischen" Stil des südlichen Indien, zu einer Zeit, als man sprachwissenschaftliche Begriffe unbedenklich auch auf andere Gebiete übertrug. Der Terminus „nordindisch" dagegen bezeichnet mit hinlänglicher Genauigkeit das Verbreitungsgebiet dieses Stils im weitesten Sinne – natürlich mit dem Vorbehalt, daß bei der großen Ausdehnung Nord- und Zentralindiens die örtlichen Eigenarten und Abweichungen von höchster Wichtigkeit sind.

Unter diesen lokalen Spielarten oder Schulen des nordindischen Stils nimmt der Kalinga-Stil von Orissa, der sich in Bhuvaneshvar an zahlreichen Bauwerken so üppig entfaltet hat, eine Sonderstellung ein. Seine hervorstechenden Merkmale sind folgende:

Der Schrein (oder Deul) ist im Innern eine einfache, nur selten ausgeschmückte Cella, über der sich ein Turm (Shikara) erhebt. Gelegentlich stand diese Cella allein, doch in Bhuvaneshvar wurde ihr – von Anfang an oder erst später – eine Versammlungshalle (das Dschagamohan) vorgelagert, in der die Gläubigen ihre Opfer darbrachten. Später wurden auf einer einheitlichen Achse weitere Anbauten errichtet: die Tanzhalle, *natmandir*, und die äußere Opferhalle, *bogh-mandir*. Sie waren alle nur eingeschossig und hatten gewöhnlich pyramidenförmige Stufendächer von unterschiedlicher Höhe, die aus waagerechten Steinplatten ausgeführt waren. Zur Aufnahme der großen Dachlast waren in einigen Fällen vier Pfeiler im Innern notwendig. Innerhalb der Gesamtanlage war das Shikara überreich mit Schmuck beladen. Es steigt bis zur Höhe des Dschagamohan senkrecht hoch und verjüngt sich dann in leichtem Bogen gegen eine schulterartige Abdeckung, die als Krönung des Ganzen einen kannelierten, rundkissenförmigen Stein (das Amalaka) mit vasenförmigem Aufsatz (Kalasa) trägt. Das Amalaka dürfte sich letztlich von dem indo-persischen, senkrecht kannelierten Lotoskapitell herleiten, doch hat es die rein ästhetische Aufgabe, durch Betonung der leicht vertikal linierten Horizontalen einen harmonischen Abschluß des streng vertikal gegliederten Turms zu bilden. Das war nicht ganz einfach; denn die Wirkung der kühnen und extravaganten Architektur der großen Shikaras von Bhuvaneshvar beruht auf der sicheren, klugen und phantasievollen Anwendung der zahlreichen strukturalen und dekorativen Details.

Der Stil von Bhuvaneshvar soll hier an drei der reifsten Schöpfungen des 10. und 11. Jh. dargestellt werden. Die älteste dieser drei ist der kleine, um 975 erbaute Mukteshvara-Tempel, der mit Recht als Kleinod seiner Art gerühmt wird. Er liegt in den Außenbezirken der Alten Stadt auf einem von Mauern umschlossenen Platz mit einem prachtvollen Toreingang *(torana)*. Dieser ist flankiert von vieleckigen Säulen auf quadratischen Basen mit dekorativen Darstellungen, die Säulenschäfte sind im oberen Teil mit Perlgirlanden ausgeschmückt, und die kunst-

BHUVANESHVAR

Bogenportal zum Mukteshvara-Tempel (um 975).
Der reiche Skulpturenschmuck wird von den
strengen Konturen des Gebäudes zusammengehalten

Eine der üppigen weiblichen Figuren auf der
Archivolte des Eingangsbogens zum Mukteshvara-
Tempel. Unten links eine Nachbildung des
Tschaityagiebels, der einen Frauenkopf umrahmt

vollen Kapitelle zeigen Stilelemente des Amalaka. Der innen halbkreisförmige und außen ovale Torbogen erinnert von weitem an die Tschaitya-Giebel der klassischen buddhistischen Architektur, und dieses Thema klingt in drei kleineren Motiven am Scheitel und zu beiden Seiten des Bogens wieder an: Gemeint sind die medaillonartigen Vertiefungen, aus denen menschliche Gesichter herausschauen. Zwei liebliche und aufreizende, nur mit Juwelen geschmückte weibliche Figuren – zweifellos sind sie als Torhüterinnen (Dwarpalas) gedacht – lehnen lässig auf dem Bogenwulst, und seitlich herausragende Köpfe von Makaras (mythische Seeungeheuer) bilden den unteren Abschluß des Toraufsatzes. Das ganze Bauwerk ist schmuckbeladen, originell und beglückend; die Fülle seiner Ornamente wird durch die klaren Strukturlinien gebändigt.

Es ist ein kleiner Tempel, dessen Länge nur 14 m und dessen Turmhöhe weniger als 11 m beträgt. Aber seine Proportionen sind bewundernswert und die reichen Dekorationen von hohem Rang. In den abgerundeten Kanten des Shikara wiederholt sich

Diese Dekoration am Mukteshvara-Tempel ist ein
vorzügliches Beispiel des relativ einfachen, aber kühnen
Bildhauerschmucks in der frühen Orissa-Periode

BHUVANESHVAR

Der Lingaradscha-Tempel

Blick auf den großen Lingaradscha-Tempel (um 1000) über das große Wasserbecken im Mittelpunkt der Stadt

Oben: Der hohe Turm (Shikara), in dem der Stil von Orissa seine höchste Vollendung fand. Rechts die Versammlungs- und Opferhalle (Dschagomahan) und über den ganzen Hof verteilt kleine Votivschreine

Lithographie des Tempels, von T. C. Dibdin; nach einer Zeichnung von James Fergusson in *Picturesque Illustrations of Ancient Architecture in Hindostan* (1847)

Rechte Seite: Detail des Turms mit den schmückenden kleinen Giebelmustern und den übereinandergesetzten Shikara-Nachbildungen

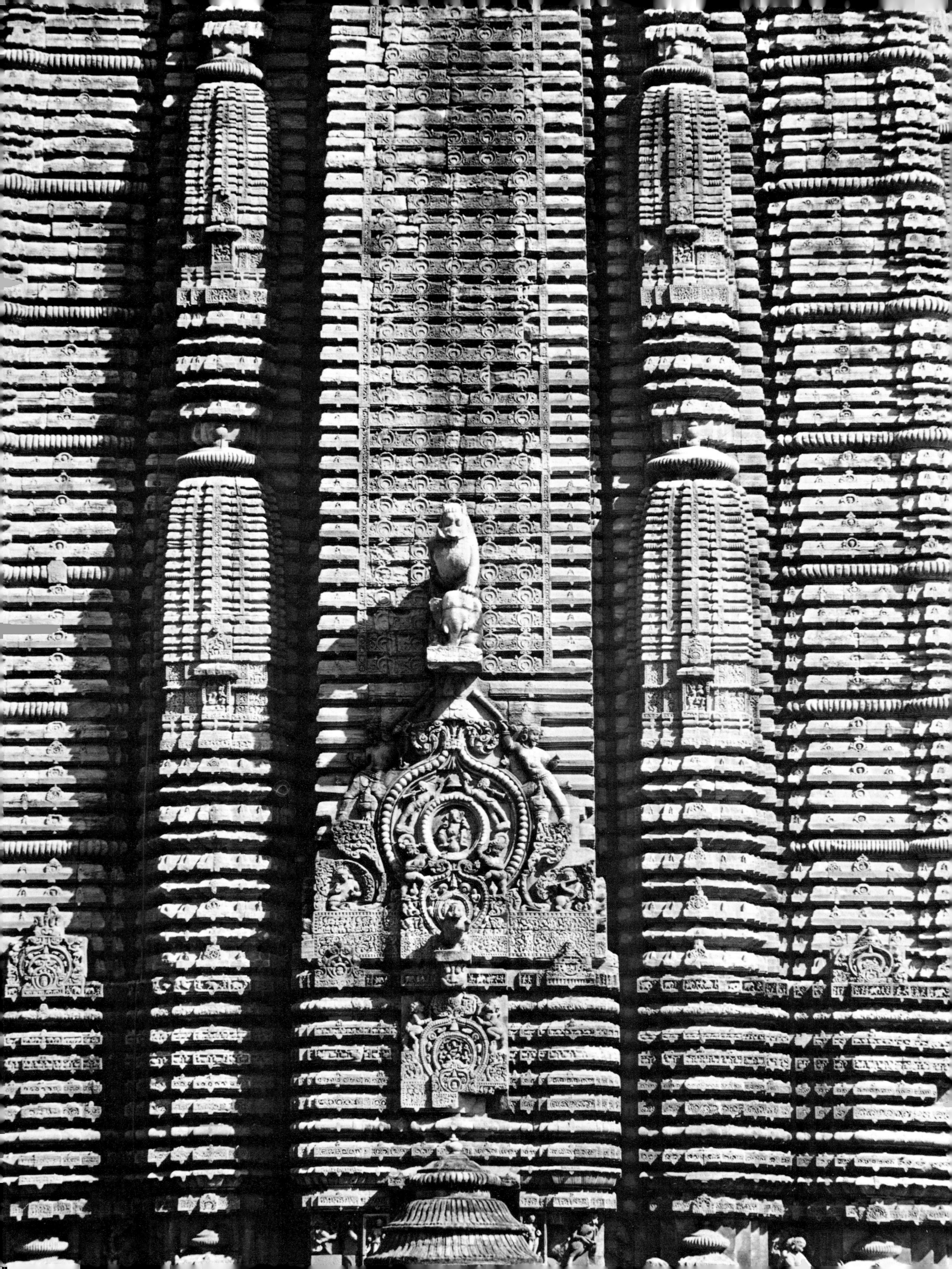

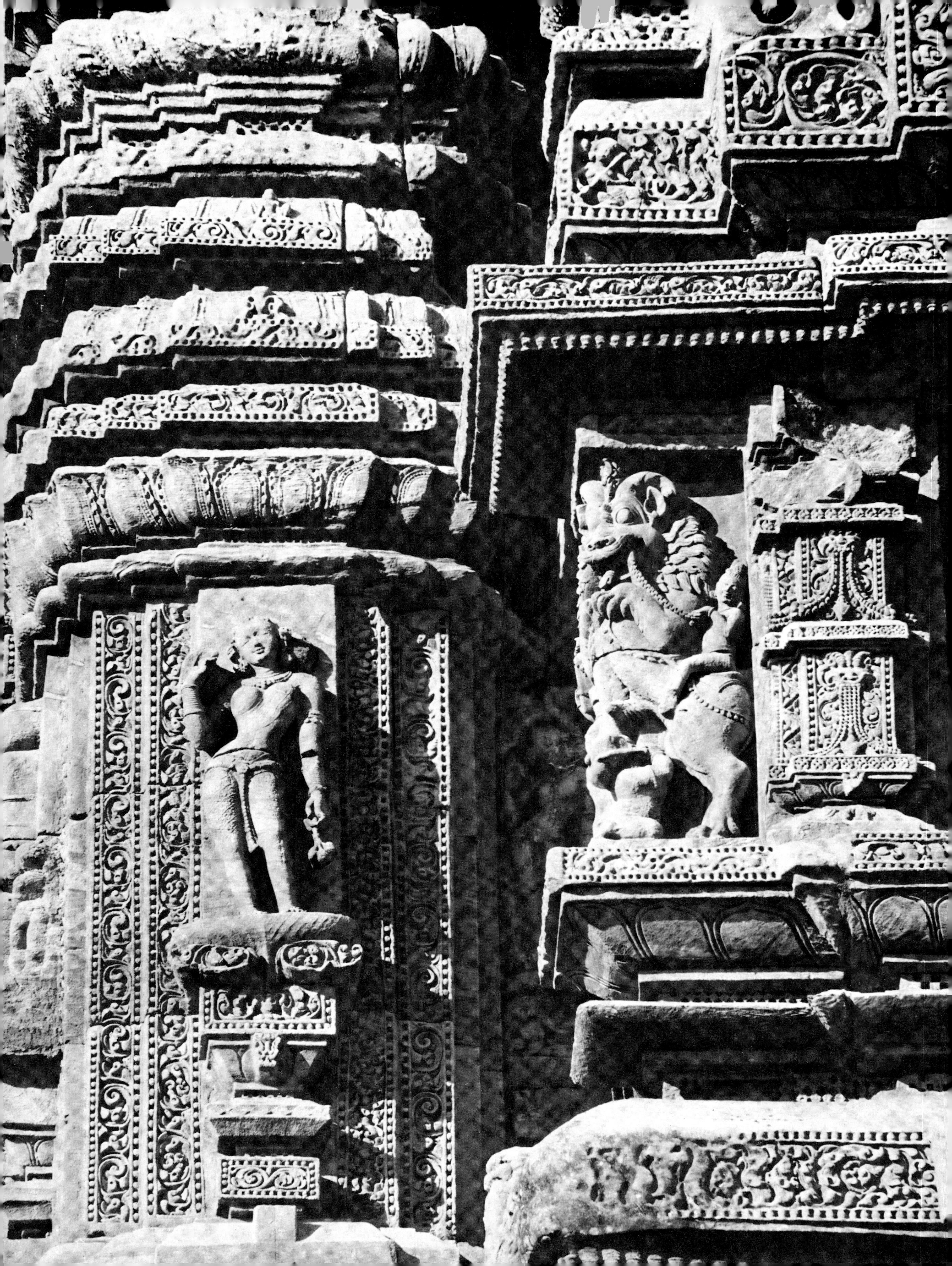

BHUVANESHVAR

in regelmäßigen Abständen das Amalaka-Motiv, und die vorspringenden Seitenwände tragen große und kraftvolle Reliefskulpturen. Die dominierenden vertikalen Linien werden durch eine horizontale Gliederung gemildert, aber nicht abgeschwächt. Sie bildet eine geistreiche Überleitung von dem aufstrebenden Charakter des Turms zu den ausgeprägten horizontalen Linien des stufenförmigen Pyramidendachs über dem angrenzenden Dschagamohan. Dessen Wände sind reich gegliedert durch Pilaster auf topfförmigen Sockeln und durch verschiedenartige Mauerverbände, die möglicherweise auf den frühen Ziegelsteinbau der nördlichen Tiefebene zurückgehen.

Das zweite unserer Beispiele zeigt den Stil von Orissa in seiner höchsten Vollendung. Es ist der Lingaradscha-Tempel, dessen großer Turm mehr als 40 m hoch ist und die ganze Stadt beherrscht. Gleichsam als sollten die riesigen Ausmaße dieses Bauwerks auch im Innern eindrucksvoll betont werden, ist der Schrein (Deul), hier bekannt als Shri Mandir, ohne eigene Decke als gigantischer Kamin innerhalb des Turms bis unter das abschließende Amalaka hochgezogen.

Der Tempel wurde um 1000 n. Chr. inmitten eines weiten, von hohen Mauern umgebenen Hofs von ungefähr 160 × 140 m errichtet. In diesem Bezirk stand wahrscheinlich auch eine große Zahl von kleinen Votivschreinen, die mehr oder weniger dem großen Tempel glichen – ebenso wie schon 6 oder 7 Jahrhunderte früher in der Hauptblüte des Buddhismus kleine Votivstupas sich rund um den Hauptstupa eines buddhistischen Klosters drängten.

Die Mauern des großartigen Turms sind im unteren Drittel vertikal gegliedert und in deutlich abgegrenzte Felder geteilt. Von hier ab neigen sich die Seiten erst ganz allmählich und dann stärker nach innen und enden in dem Amalaka, das hier von dem Dreizack des Gottes Shiva bekrönt ist. Die oberen zwei Drittel zeigen durchgehende vertikale Vertiefungen zwischen den eckigen und abgerundeten Rippen, von denen acht aus übereinandergesetzten kleinen Shikara-Nachbildungen bestehen. Diese kräftig betonten senkrechten Linien sind hier durch horizontale Einschnürungen nicht so stark unterbrochen wie beim Turm von Mukteshvara. Überhaupt strahlt der ganze Entwurf eine ruhige Sicherheit und eine Schwerelosigkeit aus, die das frühere Bauwerk nicht erreicht hat.

Nach Osten schließen sich an den Shri Mandir in Fortsetzung der Hauptachse das Dschagamohan und drei weitere Hallen an. Sie haben alle das stark horizontalbetonte Pyramidendach, doch wirken sie wie ein Spiel mit vergröbertem Detail neben der meisterhaften Verfeinerung des Shikara. Überdies entsteht durch die ungleiche Höhe dieser Annexe eine unruhige Silhouette, die im einheitlichen Bild der Gruppe als störend empfunden werden kann. Wie dem auch sei, dieser Tempel gehört in die Reihe der großen Bauwerke Indiens.

Das dritte Beispiel ist der Radscharani-Tempel, der vermutlich um 1200 entstanden ist. Hier begegnen wir einer fast barocken Fortsetzung des Lingaradscha mit der verfeinerten Schwere-

Der Radscharani-Tempel, einer der spätesten und schmuckreichsten Tempel Bhuvaneshvars

Typische Steinmetzarbeiten am Sockel des Radscharani-Tempels

Linke Seite: Detail des üppigen Schmuckwerks des Radscharani-Tempels, das charakeristisch für die späte Periode von Orissa ist

BHUVANESHVAR

Der Parshvanata-Tempel (um 1000 erbaut), ein typisches Beispiel des Kadschuraho-Stils, dem die Verbindung von überwältigendem Detailreichtum mit der beherrschenden Gesamtkonzeption zu einer künstlerischen Einheit gelang

losigkeit, von der schon gesprochen wurde. Das Bauwerk wurde niemals vollendet, doch reicht der Zustand des Shikara für eine Beurteilung aus. Wir finden hier folgendes: Das Bauwerk ist in massive Komponenten aufgelöst, deren Zusammenballung ihm eher das Aussehen eines pflanzlichen als eines architektonischen Gebildes verleiht. Die kraftvollen Shikara-Modelle, aus denen der Turm oberhalb von zwei Schmuckfriesen mit einzelnstehenden Menschen- und Tierfiguren zusammengesetzt ist, bilden ein verworrenes, aber doch mehr oder weniger rundes Büschel, das auffallende Ähnlichkeit mit einem schwellenden tropischen Gewächs hat. Damit ist dieser Tempel weit entfernt von der schlichten Vornehmheit des Lingaradscha. Da außerdem der Stil des Shikara grundverschieden von dem des angrenzenden Dschagamohan mit seiner starren, horizontalen Struktur ist, erweist sich die Anlage im Gesamtaspekt als Extravaganz, die keinen Anspruch auf Einheitlichkeit erheben kann.

Außerhalb Bhuvaneshvars war der Entwicklung dieses barocken Stils größerer Erfolg beschieden. Besonders in Khadschuraho in Zentralindien, etwa 720 km nordwestlich von Bhuvaneshvar, arbeitete zu derselben Zeit (etwa 950–1050 n. Chr.) eine andere Schule von hinduistischen Baumeistern an gleichen Projekten mit ähnlicher architektonischer und bildhauerischer Meisterschaft, aber mit völlig anderem Ergebnis. Heute noch stehen hier auf kleinem Raum in größter Einsamkeit etwa 25 Tempel, die sich von der ehemals ungefähr dreifachen Zahl erhalten haben. Wieder beherrscht das große Shikara mit seinen aufstrebenden Linien und den oft üppigen Details die Szene, während längsseits die Hallen (Mandapas) mit der gleichen strengen Horizontalgliederung wie in Bhuvaneshvar aufgereiht sind. Aber hier sind die Teilstücke der Anlage durch verschiedene geistreiche Kunstgriffe zu einem einheitlichen Ganzen verschmolzen.

Erstens ist der Tempel nicht durch eine Mauer oder andere Gebäude verdeckt – er ist frei auf eine hohe, offene Plattform gesetzt, damit ihn jeder sehen kann. Zweitens sind die Nebenhallen in absteigender Folge derart angeordnet, daß sie auf den Hauptturm geradezu hinführen und damit seine Wirkung erhöhen. Und drittens sind das Shikara und seine Hallen durch die betont horizontalen Linien des hohen, geschlossenen Sockelgeschosses sowie durch die Bänder der reichen, teilweise sinnlichen und üppigen Reliefdarstellungen zusammengefaßt, die den Blick auf sich ziehen und ihn ganz von selbst und ohne Unterbrechung rund um die endlos scheinende Anlage führen. Die resultierende einheitliche Wirkung des Bauwerks ist im höchsten Maße beglückend. Hier konnte die Geschlossenheit erreicht werden, die die spätere Bauperiode in Bhuvaneshvar vermissen läßt. Nichtsdestoweniger zählten die Werke der Baumeister und Bildhauer von Orissa mehr als zwei Jahrhunderte lang zu den bemerkenswertesten überhaupt, und sie nehmen auch heute noch in der Weltgeschichte der Architektur einen hervorragenden Platz ein.

MORTIMER WHEELER

Rechte Seite: Eine jener sinnlichen weiblichen Figure (eine Yakscha oder Apsara) vom Radscharani-Tempe Beispiel des beinahe widerlichen Spätstils von Oriss

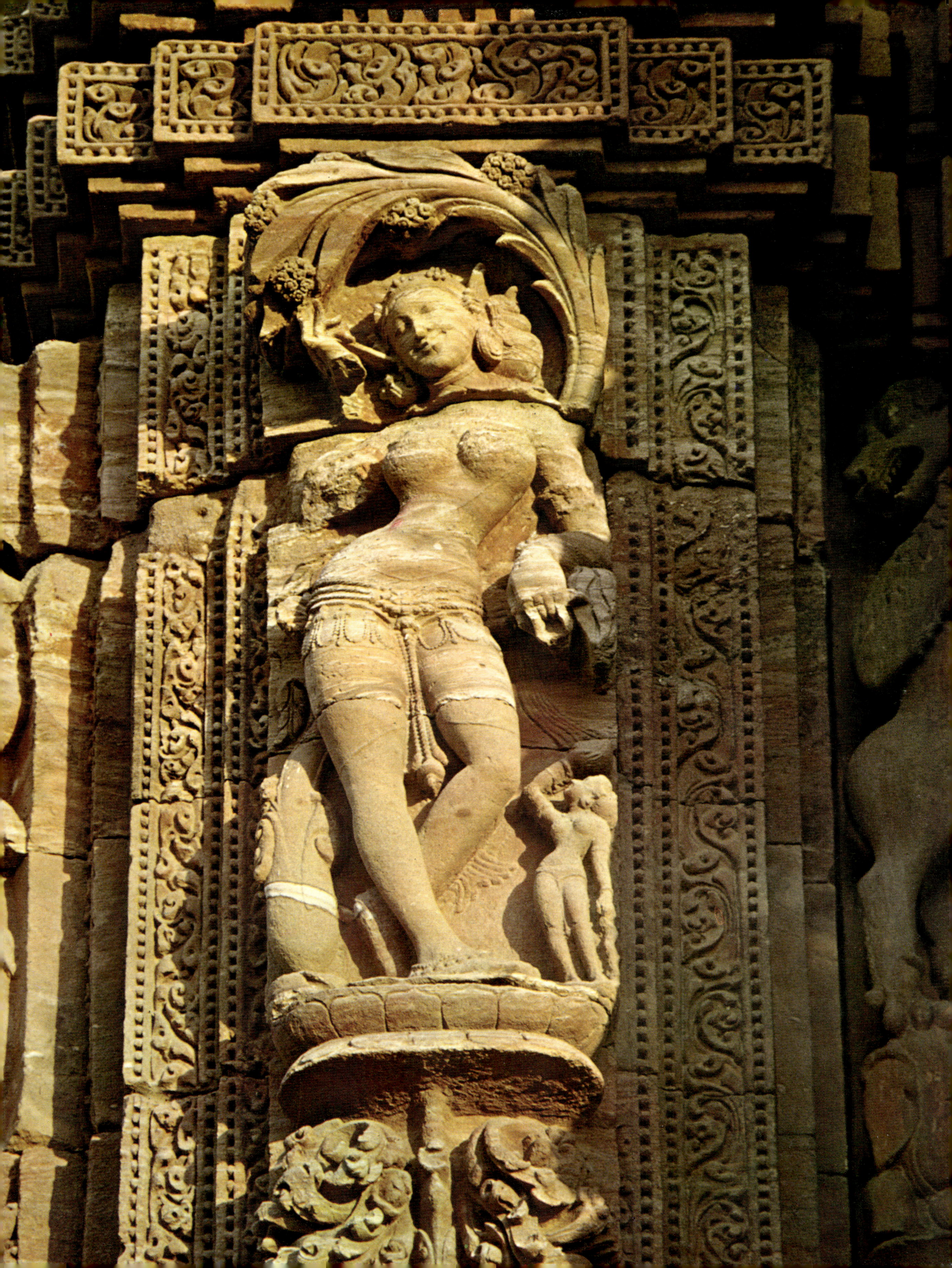

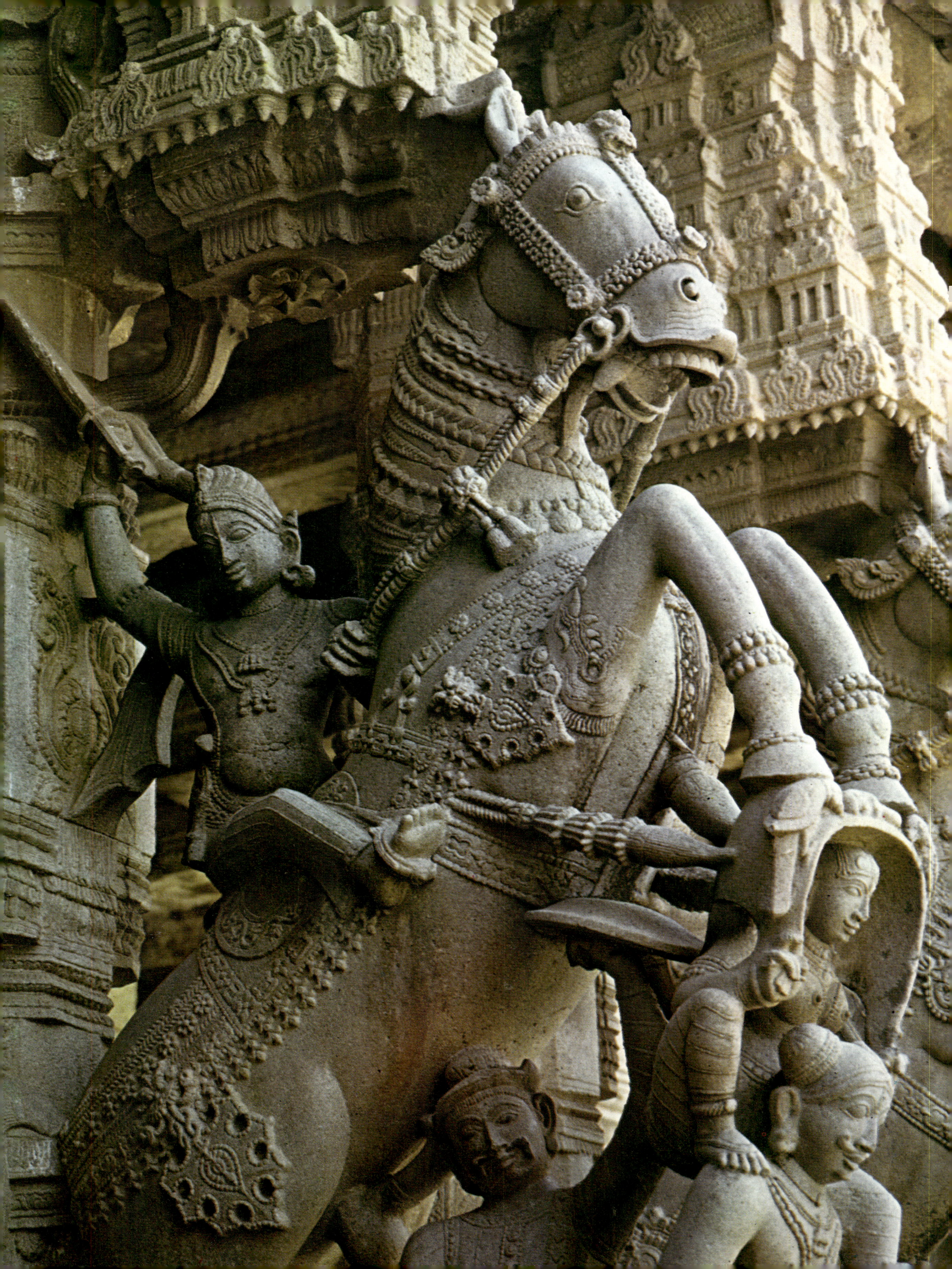

Indien: Madura und Srirangam

Die riesigen Tempeltorwege Südindiens aus dem 16. und 17. Jh. mit ihren phantastisch üppigen Skulpturen

Die riesigen Tempelbezirke Südindiens mit ihrem geschäftigen Gemisch aus Heiligem und Profanem, aus höchst weltlichem Schachern und unterwürfigster Anbetung müssen den unvorbereiteten Besucher aus dem Westen völlig aus der Fassung bringen. Im Leben der Hindus von heute, besonders auf der Halbinsel, ist die göttliche Verehrung noch immer ein nicht wegzudenkender Bestandteil im gesamten Lebensablauf. Es sei daran erinnert, daß es auch bei uns im Westen eine Zeit gab, in der sich Arbeit und Gottesdienst organisch ergänzten: zum Beispiel zu der Zeit, als die Londoner ihren öffentlichen Markt im Schiff der St.-Pauls-Kathedrale abhielten. Wenn wir aber heute mit unserer modernen Auffassung von Gotteshäusern durch die Tempelstraße von Madura gehen, müssen wir zunächst einen Schock überwinden bei der Feststellung, daß der Weg zum innersten Heiligtum durch ausgedehnte Bazare führt.

Denn der Große Tempel bildet innerhalb seiner hohen, als Viereck angelegten Umfassungsmauer von 260 m Länge und 220 m Breite eine Stadt für sich. Hinter der Mauer drängt sich eine Menge flacher Dächer, zwischen denen hin und wieder kleine goldene Aufbauten die heiligen Plätze bezeichnen. Beherrscht wird die ganze Anlage von den vier gewaltigen Tortürmen, den Gopurams, die in symmetrischer Anordnung an den vier Seiten emporsteigen. Sieben weitere Gopurams, jedes davon kleiner als das vorhergehende, liegen im Innern, so daß die Schreine des großen Gottes Shiva (hier Sundareshwar genannt) und seiner Gemahlin, der „fischäugigen" Minakshi, im Mittelpunkt der Anlage die kleinsten und bescheidensten sind. Der Grund für dieses stetige Kleinerwerden der Gopurams liegt auf der Hand: Die Anlage wurde mit den Hauptschreinen begonnen, die noch von natürlicher Einfachheit sind. Erst später wurden nach und nach die Höfe, Hallen, Vorratshäuser und Torwege um sie herum gebaut, jedes Teil größer oder prunkvoller als das vorhergehende. Aber dem religiösen Sinn des Bauwerks entspricht die umgekehrte Reihenfolge. Die flammende, lärmende Welt von außerhalb der Tore verebbt mehr und mehr, je näher

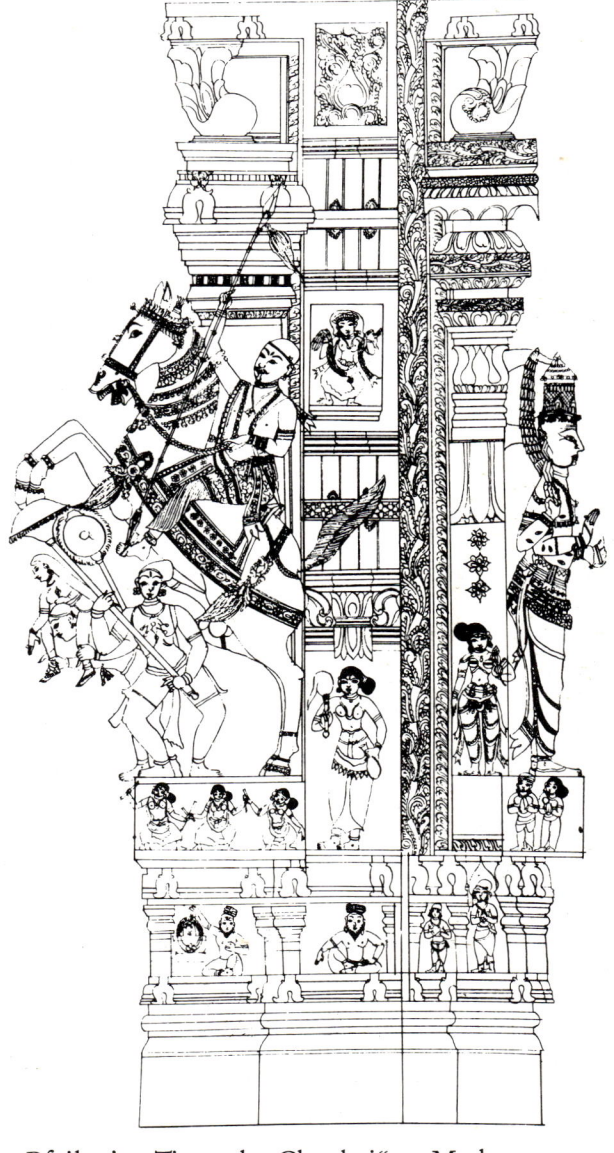

Pfeiler in „Tirumalas Chaultri" zu Madura; aus einer Serie von Zeichnungen, die ein südindischer Künstler um 1810 für Colin Mackenzie, den ersten Surveyor General of India anfertigte

Linke Seite: Krieger zu Pferde im Säulengang des Pferdehofes von Srirangam, eindrucksvolles Beispiel des extravaganten Stils der Bildhauer Südindiens (Ende 16. Jh.)

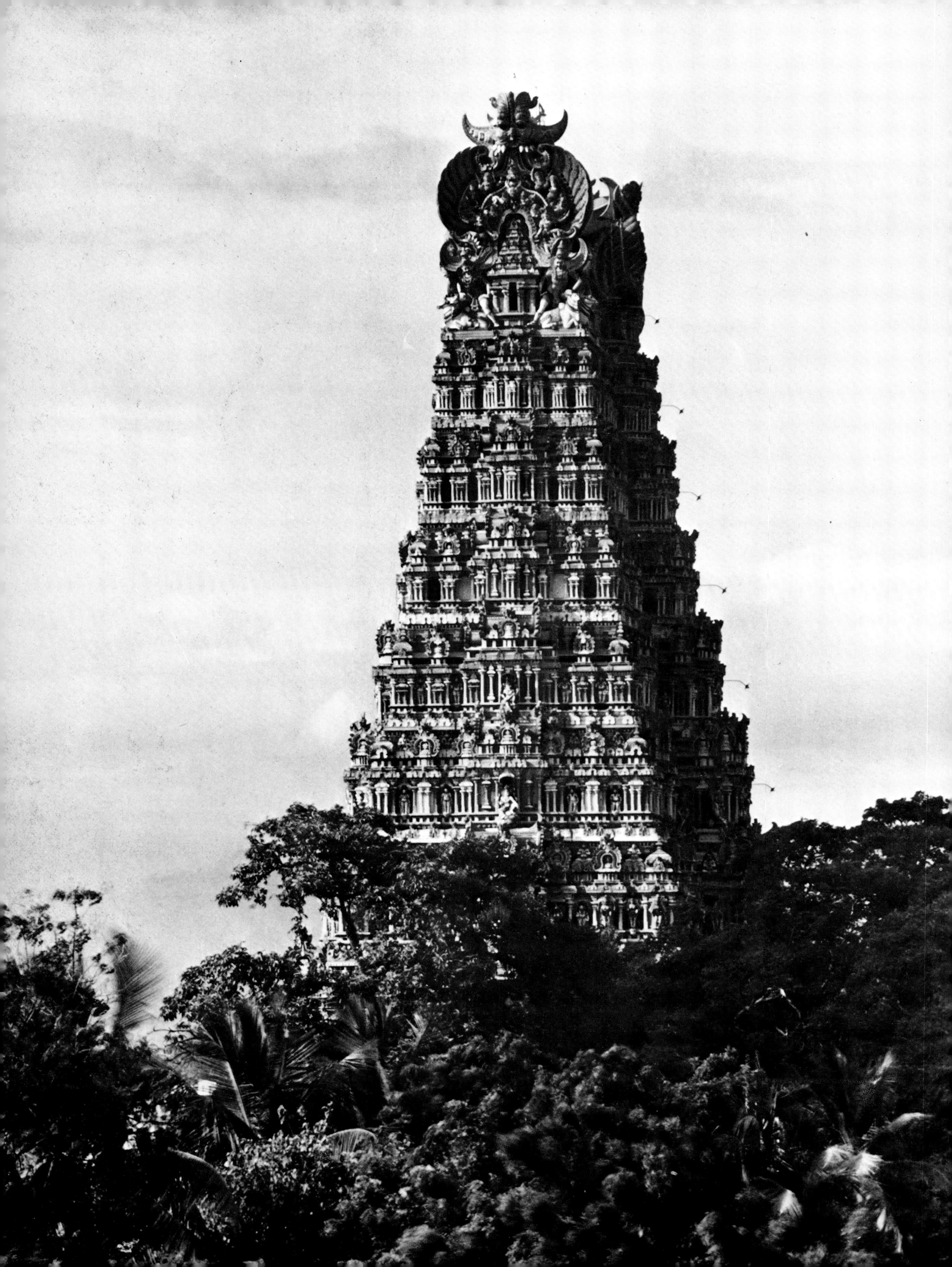

man dem Bannkreis der Ruhe und Würde ausstrahlenden Gottheit in der von Lampen erhellten Cella kommt.

Vor Betreten des heiligen Bezirkes verweilen wir noch bei den Tortürmen. Diese charakteristischen Ausdrucksformen der warmen und üppigen Hügellandschaft Südindiens fügen sich mit ihrer Größe und ihrem unbegrenzten Ornamentenreichtum vollendet in die natürliche Umgebung ein. In ihrem rechteckigen Grundriß liegt der Durchgang in der kurzen Achse. Über zwei gleichgroßen Basisstockwerken erhebt sich der Turm, dessen weitere Stockwerke sich nach oben verjüngen – hier in Madura bis zu einer Höhe von 45 m, andernorts gelegentlich auch bis zur doppelten Höhe. Auf diese abgestumpfte Pyramidenform ist ein kunstvolles Dach aufgesetzt, dessen First in der Längsachse liegt und dessen Giebel zu beiden Seiten wie barocke Nachbildungen des buddhistischen Tschaityagiebels aussehen. Bei Türmen der reiferen Periode geben die nach oben konkav geschwungenen Seitenlinien dem Bauwerk eine Anmut und Stabilität, daß es selbst die phantastische Last der Dekorationen mühelos zu tragen scheint. Zur Verringerung des Gewichts sind die Dekorationen meist in Ziegelstein oder Stuck ausgeführt. Sie zeigen wimmelnde Reihen von Figuren oder Gruppen über horizontalen Friesen, die ihrerseits dazu beitragen, eine gewisse Ruhe in diesen erstaunlichen Schmuck zu bringen. Es wäre zu einfach, diese Türme als aufdringlich und vulgär abzutun. Sie enthalten sicher ein gut Teil der 33 Millionen Bildwerke, mit denen die Tempelwärter prahlen, doch in ihrer Umgebung, der sich Architekt und Bildhauer bewußt unterordneten, haben sie oft eine überraschende Wirkung.

Die Entstehungsgeschichte der Tortürme ist nicht besonders interessant und kann hier übergangen werden. Ihre ausgereifte Form, die allerdings sehr bedeutungsvoll wurde, trat ziemlich plötzlich, mit Beginn des 16. Jh., in Erscheinung, als sich der Bau von Tortürmen unter den letzten Königen von Vidschayanagar reich entfaltete: Nach der Zerstörung ihrer Hauptstadt durch ein Moslem-Heer im Jahre 1565 wandten sich die schöpferischen Kräfte dieses Hindureiches nach Süden, und Tirumala aus der Nayyak-Dynastie erbaute in den Jahren 1623–1652 den größten Teil des Großen Tempels von Madura in der vollen Reife des südlichen Stils.

Der Eingang zum Tempelbezirk führt heute nicht mehr durch eines der vier großen Gopurams, sondern durch ein Nebentor in der Ostmauer. Ihm gegenüber liegt ein bemalter Korridor mit Minakshi-Statuen zu den Seiten, die wie Karyatiden das Dach tragen. Hier bieten hinter den Bildnissen der Göttin Händler ihre Waren feil. Andere Händler teilen mit den Tempel-Elefanten einen sehr viel längeren Kolonnadengang unmittelbar im Tempelbezirk. Die Elefanten, die heute selbst in Südindien immer seltener zu sehen sind, werden nur noch für religiöse Zeremonien gehalten, bei solchen Anlässen allerdings prächtig bemalt und aufgeputzt.

Am Ende dieses zweiten Gangs führt eine breite Messingtür zu einem kleineren Gopuram und durch es hindurch zum heiligen

Detail eines unvollendeten Gopuram vom Großen Tempel in Madura. Das Motiv ist eine späte indische Ausarbeitung eines einst für den klassischen und nachklassischen Westen charakteristischen Themas, wo es die Form von Tieren an rankenden Weintrauben hatte

Eingangshalle zum Großen Tempel von Madura. Karyatiden in der Gestalt der Göttin Minakshi tragen ein bemaltes Dach. Im Hintergrund ein Bazar

linke Seite: Eines der Hauptgopurams des Großen Tempels. Der schmucküberladene Turm steigt aus der adäquaten üppigen Tropenvegetation empor

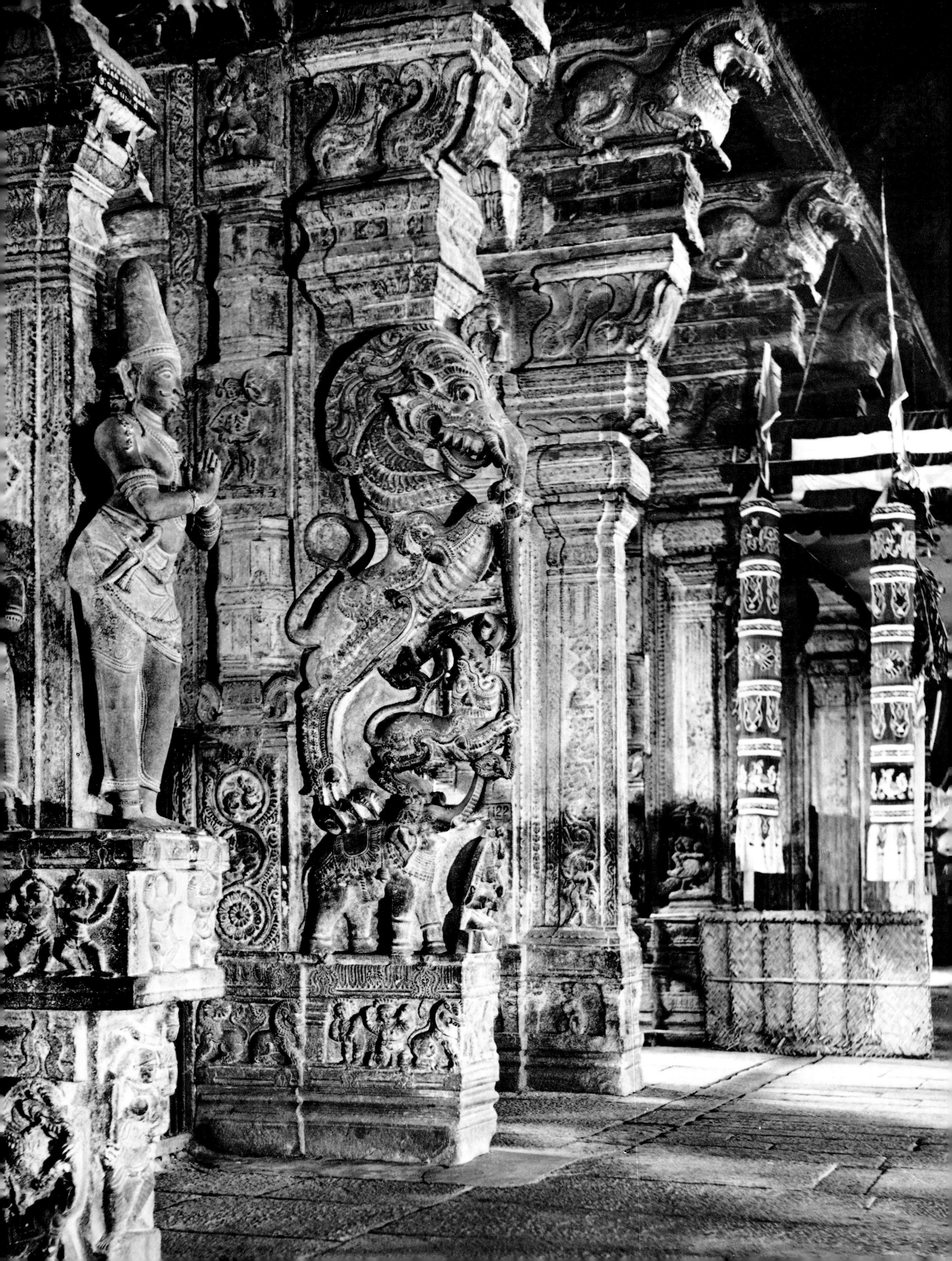

MADURA UND SRIRANGAM

Ein Teil des Palastes von Madura; nach einer Zeichnung von Thomas Daniell, 1797 veröffentlicht

Hof im Palast des Tirumala Nayyak (frühes 17. Jh.), nach einer Zeichnung der Leutnants Jenkins und Whelpdale und eines indischen Künstlers (um 1840)

Teppa Kulam, auch Swarnapushpakarini oder Pottamarai – „Behälter der Goldenen Lilien" – genannt. Das längliche Becken ist von einer Pfeilerveranda umgeben, von der Steinstufen zum Wasser hinunterführen, in dem man zu jeder Zeit Gläubige antrifft, die sich selbst und ihre Kleider waschen. Waschungen gehören überhaupt zu den charakteristischen Ausdrucksformen des alltäglichen und rituellen Lebens der Hindus, daher sind Wasserbecken in allen Tempelanlagen zu finden. Vielleicht beweist das „Große Bad" in der Burg von Mohendschodaro in Westpakistan, daß diese Sitte bis in das vorarische, dritte Jahrtausend zurückgeht.

Aus der Umgebung des Wasserbeckens leitet ein kleines Gopuram in den Tempelbezirk der Minakshi über. Die Pfeiler an dem Zugangsweg sind mit lebendigen Darstellungen von Ungeheuern und epischen Gestalten aus dem Mahabharata geschmückt – typische Beispiele der überladenen, überreifen Bildhauerkunst des 17. Jh. Ein weiteres Gopuram verbindet diesen Bereich mit dem des Gottes Shiva und seines Stieres Nandi.

In der Nordostecke des Tempelgebiets schließlich steht die „Tausend-Pfeiler-Halle" (Sahasrasthamba Mandapa), die der Begründer der Nayyak-Dynastie um 1550 erbauen ließ. Der König selbst, auf einem feurigen, sich bäumenden Roß dargestellt, grüßt die Pfeilerkaryatide den eintretenden Besucher. Hinter ihm sind weitere lebensvolle Pfeilerplastiken von Tänzern und Musikanten zu sehen sowie Ganesha, der elefantenköpfige Gott der Weisheit und des Glücks, der mit plumper Behendigkeit tanzt und eine Göttin von puppenhafter Gestalt auf seinem erhobenen Knie hält. An einem anderen Pfeiler spielt Sarasvati in gewagter Pose die *Vina*, ein Saiteninstrument, das sie angeblich erfunden hat. Ihr phantastisch modellierter Körper und die völlige Stilisierung von Gewand und Geschmeide sind Anzeichen für das Ende einer Ära, allerdings für ein anmutiges Ende. Diese große Halle diente der Nayyak-Dynastie ohne Zweifel für zeremonielle Veranstaltungen. Sie ist ein

Jenseits dieser beiden Gopurams des Großen Tempels von Madura, dehnt sich eine typisch südindische Landschaft, einst ein von schroffen Hügelketten eingerahmtes Waldgebiet

Linke Seite: Inneres von „Tirumalas Chaultri" (um 1640), einer großen Halle außerhalb des Bezirks des Großen Tempels von Madura

Blick auf eine Reihe von Gopurams im großen Vishnu-Tempel von Srirangam. Die goldene „Kuppel" im Mittelpunkt steht über dem zentralen Schrein

beredtes Beispiel der auf extravagante Schaustellung bedachten Kunst der letzten Tage des Hindu-Königtums kurz vor Beginn der Kolonialzeit.

Der Madura-Tempel war der würdige Schmuck einer Hauptstadt. Aber 130 km nordöstlich von Madura lag eine der größten Tempelanlagen Indiens, eine ganze Stadt mit eigenen Rechten. Der weiträumige Bezirk von Srirangam auf einer Insel zwischen zwei Armen des Kaweri-Flusses und etwas abseits von Tiruchirapalli (Trichanopoly), der Nebenhauptstadt der Nayyak-Herrscher, war Mittelpunkt des Vishnu-Kults, des zweiten Hauptgottes im hinduistischen Pantheon. In seiner endgültigen Form bestand der Komplex aus nicht weniger als sieben konzentrisch ineinander gesetzten, rechteckig ummauerten Bezirken, in deren gemeinsamem Mittelpunkt der einzige Tempel stand. Die äußere Mauer umschloß ein Gebiet von etwa 870 × 760 m, also fast 70 ha. Die einzelnen Bereiche haben abwechselnd nach drei oder vier Himmelsrichtungen Tortürme, deren Größe von außen nach innen abnimmt. Im ganzen sind es 21 Gopurams, von denen das an der äußersten Südmauer nie vollendet wurde. Es hätte eine Höhe von über 90 m erreicht, also etwa die gleiche Höhe wie Giottos Campanile in Florenz.

Wie Madura selbst verdankt auch Srirangam der Großzügigkeit der Nayyak-Herrscher des 17. Jh. sehr viel, doch geht aus Inschriften einwandfrei hervor, daß die Pandya des Südens hier schon im 13. Jh. am Werk waren und die Könige von Vidschayanagar im 14. und 16. Jh. den Platz weiter ausbauten. Die Einfassungsmauern der einzelnen Bezirke entstanden zu verschiedenen Zeiten, können jedoch nicht sicher datiert werden; die drei äußeren sind relativ spät erbaut.

Unter den zahlreichen Gebäuden der verschiedensten Art fallen

Rechte Seite: Das äußerste Gopuram an der Ostseite des Vishnu Tempels von Srirangam. Das Übermaß an dekorativem Schmuck wird durch die strenge horizontale Gliederung gebändigt

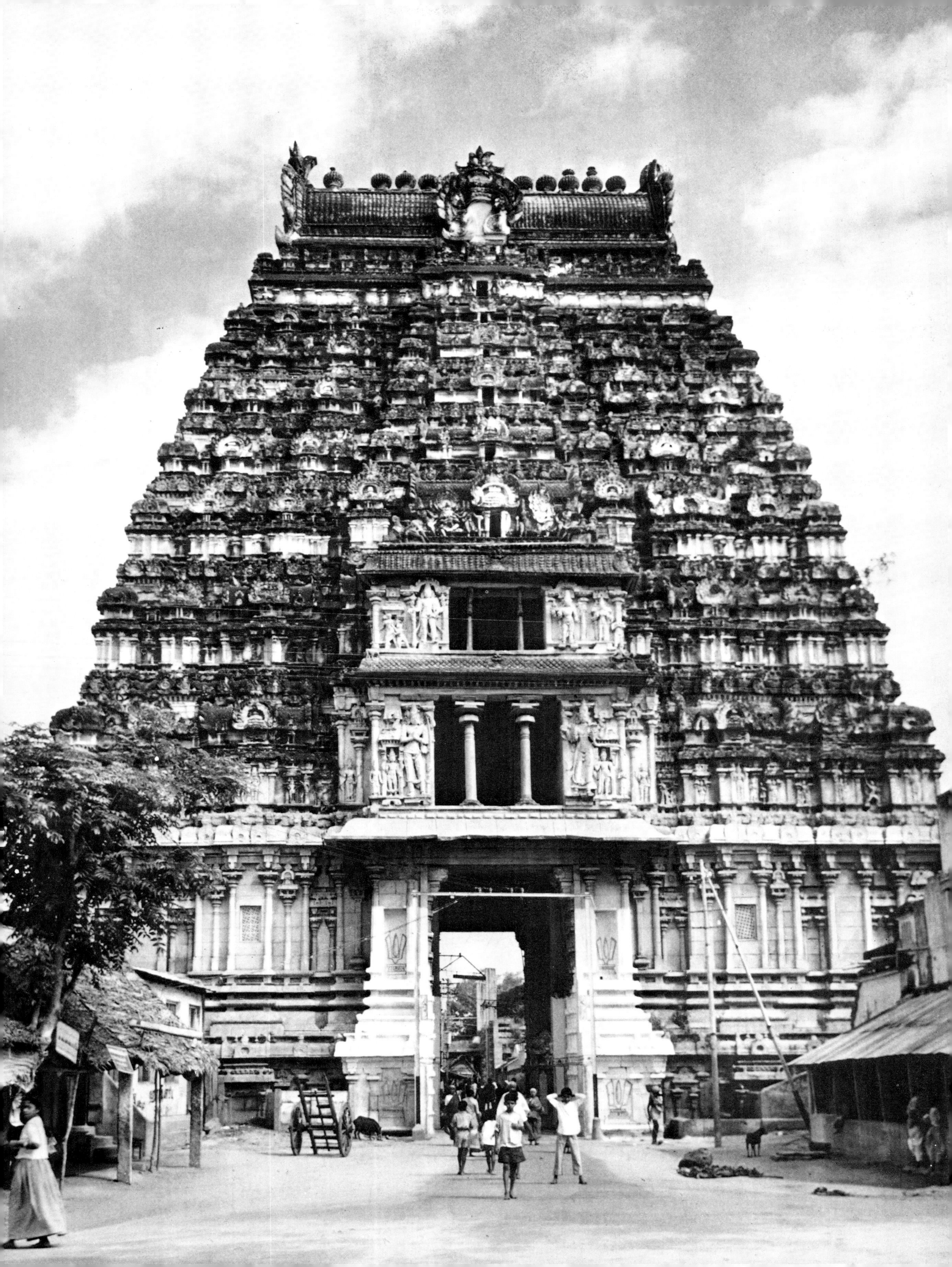

MADURA UND SRIRANGAM

zwei ganz besonders auf, beide stehen zwischen der 3. und 4. Umfassungsmauer (von der Mitte aus). Das eine ist – wie in Madura – eine „Tausend-Pfeiler-Halle" von ca. 150 × 50 m Größe mit über 940 monolithischen Granitpfeilern – eher einem öden Wald ähnlich als einer Landschaft. Das andere ist der berühmte Pferdehof (Seshagiri Mandapa) mit seinem Säulengang aus sich aufbäumenden Kriegspferden, die bis zu einer Höhe von 2,70 m hochsteigen. Die Pferde werden von freistehenden Fußsoldaten und anderen Figuren auf geniale und überzeugende Weise gestützt. Diese kraftvollen Tiere mit den aufgerissenen Mäulern und heraushängenden Zungen können sicher zu den Meisterwerken indischer Skulptur gerechnet werden; sie sind aus der letzten Hälfte des 16. Jh., fußen aber in einer langen südindischen Tradition und gehen bis auf die Pallava des 7. Jh. zurück. Hier in Srirangam sind sie ein Vermächtnis des Vidschayanagar-Reichs und werden nicht ohne Grund als Erinnerung an ein ritterliches indisches Zeitalter in einer Zeit erneuter Bedrohung durch den Islam angesehen.

Der ganze Vorwurf geht wahrscheinlich auf eine Sage zurück, nicht auf eine religiöse Episode. Wahrheit und Dichtung sind hier unentwirrbar miteinander verknüpft, doch steckt hinter allem eine ganz weltliche Absicht. Der Grundgedanke dieser aufwendigen, perfekten und üppigen Skulpturen ist die Verherrlichung der Kriegerkaste und der dynastischen Triumphe. Auch weltlicher Humor klingt an, zum Beispiel bei dem Pferd, das seine Vorderbeine auf die steife Haube einer Frau stellt, die auf den Schultern eines Kriegers mit gezogenem Schwert sitzt. Diese seltsame Gruppe, eine höchst geschickte und zugleich kindliche

Verkaufsstand in der „Tausend-Pfeiler-Halle" zu Srirangam, ein charakteristisches Beispiel für das Nebeneinander von religiösem und weltlichem Leben

Musikantin (wahrscheinlich Sarasvati) im voll entfalteten Vidschayanagar-Stil des 16. Jh. Zu der herkömmlichen „Wespentaille" und den üppigen Brüsten bilden die sensibel ausgearbeiteten Finger der Hand, welche die Vina spielt, einen feinen Kontrast

Darstellung, sollte wohl die brahmanische Vorstellung von der Herrschaft der Frau über den Mann symbolisieren.

Das ruhelose Leben und Treiben und die gesättigte Atmosphäre dieser Tempelstadt machen auf den gewöhnlichen Besucher einen tiefen Eindruck. Er schlendert zunächst wie ein fremder Müßiggänger durch den geschäftigen Bazar-Bezirk der äußeren Mauern und verliert sich schließlich in den Gärten, Lagerhäusern, Herbergen und Wohnbezirken des entlegenen Inneren. Ist sein Besuch aber entsprechend vorbereitet, dann wird der Gast wohl bei einem der Gopurams durch ein Tempelorchester mit lärmenden Trommeln, schrillen Pfeifen und Saiteninstrumenten ehrenvoll empfangen. Prunkvoll bemalte und aufgeputzte Tempelelefanten tragen dann wohl zur Ausgestaltung der Zeremonie bei und im Hintergrund wiegt sich vielleicht ein schwer an den Boden gefesselter Elefant hin und her und trompetet dabei wie wahnsinnig. Alles in allem: ein lebendiges Schauspiel! An anderen Orten boten noch bis vor drei Jahrzehnten Tempeldirnen den müden oder neugierigen Pilgern Trost, wie sie es schon vor zahllosen Jahren in Babylon und in tausend asiatischen Tempeln taten. In diesem lebensvollen und bunten Gedränge bewegen sich die wirklich Gläubigen, meist einfaches Volk, die hier und da zögern, um ein häßliches Bild durch ein gemurmeltes Gebet auszulöschen, und dann weiterpilgern zum Bade, um sich schließlich dem Allerheiligsten so weit zu nähern, wie es ihrer Kaste erlaubt ist. Nur für gute Brahmanen ist der Weg zur Gottheit und ihrer Gunst leicht; für den unbedeutenden Eindringling besteht fast keine Hoffnung.

MORTIMER WHEELER

Monolithische Pfeiler des Pferdehofs zu Srirangam mit Rittern und Fußsoldaten im späten Vidschayanagar-Stil

Mittelteil des zweiten Stockwerks vom äußersten Gopuram an der Ostseite

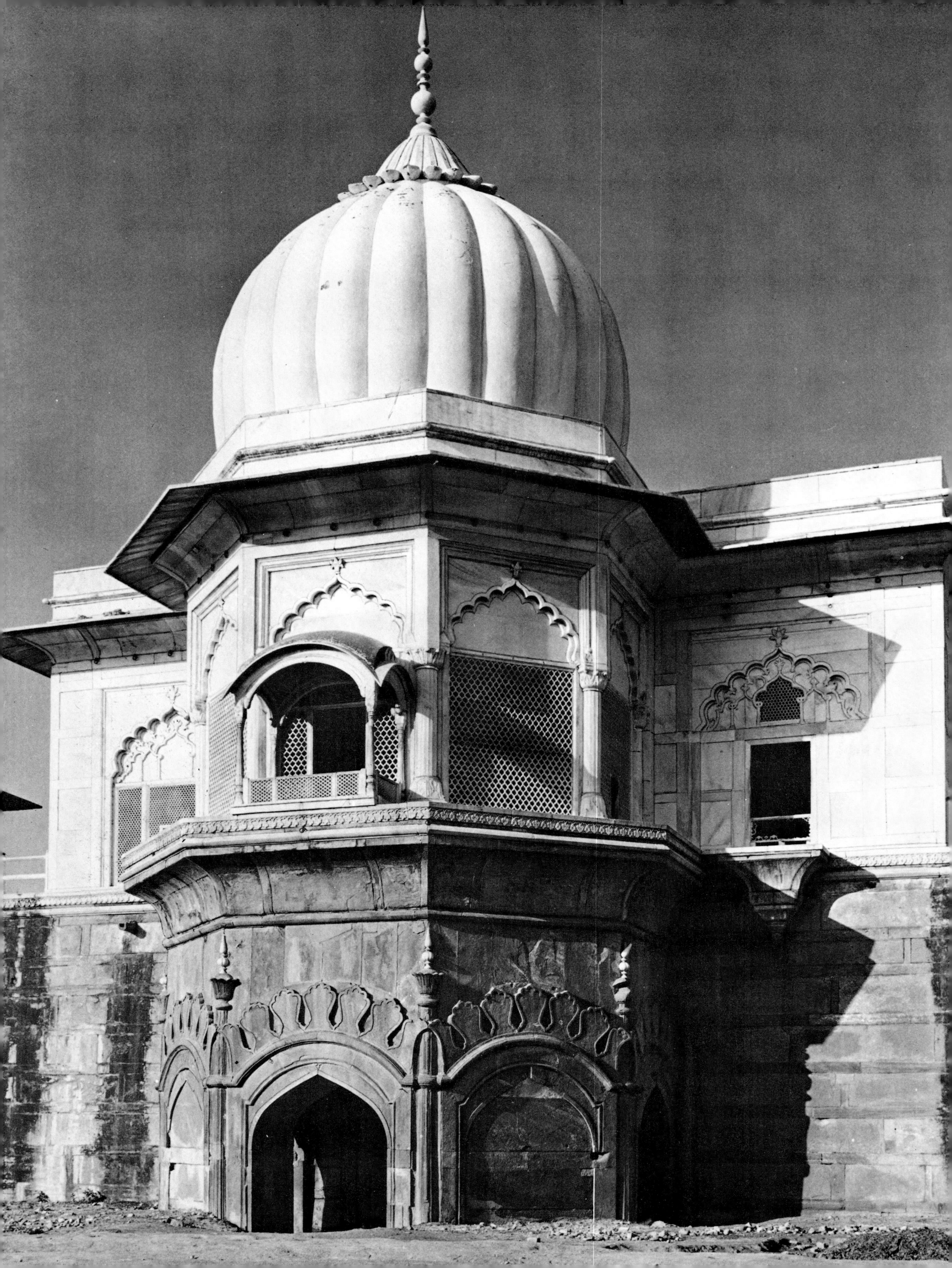

Delhi, Indien: Die Rote Festung

Der größte Kaiserpalast der Mogul-Herrscher und ihr Herrschaftssitz bis zur Rebellion von 1857

Das heutige Delhi ist eher ein Konglomerat von Städten als eine einzige Stadt. Bevor die Gebäude der großen, modernen Stadt vor einem halben Jahrhundert erbaut wurden, war es allgemein üblich, von den „sieben Städten von Delhi" zu sprechen, obwohl die Zahl der Regierungszentren im Stadtgebiet fast doppelt so groß gewesen ist. Keramische Scherben aus dem 5. Jh. v. Chr. und Relikte aus der Kuschana-Zeit (1.–2. Jh. n. Chr.) sind in der Schicht entdeckt worden, auf der die Alte Festung steht, doch lag die erste Siedlung in Delhis ununterbrochener Geschichte, eine Tomar-Stadt aus dem 9. Jh., etwa 14 km südlich von hier. Die nächste Siedlung war ein Chauhan-Radschput-Fort, rund 10 km südwestlich des vorgeschichtlichen Bodens. Dieses Fort war das Bollwerk des letzten Hindukönigs von Delhi und fiel im letzten Jahrzehnt des 12. Jh. in die Hände der mohammedanischen Eindringlinge aus Ghor. Es blieb nun, zusammen mit anderen benachbarten Plätzen, die Residenz der nördlichen Dynastien des islamischen Indien bis zum Sturz des letzten Mogulkaisers im Jahre 1858. Nur gelegentlich haben einzelne Herrscher Daulatabad, Agra oder Lahore bevorzugt. Nacheinander residierten die Gouverneure der Ghor-Könige sowie die Kaldschiden und die Tughlakiden in Delhi, bis die Stadt gegen Ende des 14. Jh. von Tamerlans Mongolenhorden erobert wurde. Auch die Sayyiden-Könige regierten das stark verkleinerte Reich von Delhi aus, ihre Nachfolger, die Lodis zogen aber Agra vor. Nach dem Einfall der Moguln im frühen 16. Jh. wurde die Residenz wieder nach Delhi in das schon erwähnte Alte Fort verlegt, das Humayun begonnen und der afghanische Eroberer Sher Schah vollendet hatte. Humayun gelang es später, die Herrschaft über Indien zurückzugewinnen, und er starb in seiner Hauptstadt Delhi. Aber sein Sohn Akbar und dessen Nachfolger zogen Lahore und ganz besonders die alte Lodi-Feste in Agra vor, die Akbar wieder aufbaute.

Schah Dschehan, der Enkel Akbars, regierte während der ersten 11 Jahre zu Agra, dann aber entschied er sich, seine Residenz wieder in Delhi aufzuschlagen. Der Grund lag darin, daß „die

Schah Dschehan, der Erbauer der Roten Festung. Aus *Old and New East India*, von François Valentyn (1726)

Linke Seite: Musamman Burj und Hintertür zur Flußseite Der kleine Balkon mit dem bengalischen Dach wurde von Akbar II. 1808 erbaut

Festungsmauer der Roten Festung mit den niedrigen, runden Basteien die von einem Kiosk bekrönt sind

übermäßige Sommerhitze in Agra diese Stadt als Residenz für einen Monarchen untauglich macht". Überdies war Agra überfüllt und die Festung zu klein für das Heer, und zweifellos schmeichelte der Gedanke der Gründung einer neuen Hauptstadt Delhi Schah Deschehans Eitelkeit. Nördlich von Humayuns Altem Fort an einer Uferkrümmung des Dschumna wurde ein Platz ausgewählt und im Jahre 1639 der Grundstein für eine Zitadelle gelegt. Diese Festung wurde, zum Unterschied von Humayuns grauer Zitadelle, Lal Kila oder „Rote Festung" genannt, denn seine Mauern sind durchweg aus rotem Sandstein aus den Steinbrüchen von Fatihpur Sikri erbaut. Das als gestrecktes Oktogon angelegte Fort mißt von Norden nach Süden etwa 900 m und von Osten nach Westen etwa 550 m und ist die Zitadelle von Schah Dschehans neuer Stadt Schahdschehanabad (heute wird sie treffend als „Delhi innerhalb der Mauern" bezeichnet).

Die Ostmauer der Festung zieht sich an der Flußseite hin, an der die Hauptpaläste angelegt wurden. Früher lag ein schmaler Sandstrand zwischen der Mauer und dem Fluß, und hier fanden die am Mogul-Hof so beliebten Raubtierkämpfe statt. Heute hat sich der Lauf des Dschumna weiter nach Osten verschoben. Die Mauer ist auf der Flußseite etwa 18 m hoch, an der Landseite steigt sie bis zu 35 m über der Sohle des sie umgebenden Grabens auf. In dem flachen Land westlich der Festung wurden früher die Zelte der Radschas der Armee aufgeschlagen.

Nördlich der Festung, aber mit dieser durch eine Brücke verbunden, liegt das von Mauern geschützte Fort Salimgarh, das von einem Nachkommen des Afghanen Sher Schah gegen die drohende Rückkehr von Humayun errichtet wurde.
Die Festung hat zwei Haupttore sowie eine kleine Schlupftür und ein Tor zum Wasser. Heute ist das Lahore-Tor der Haupteingang, ein 12 m hoher Bogen, flankiert von halboktogonalen Türmen, von denen jeder einen offenen, achteckigen Kiosk trägt. Sieben kleine, quadratische Kioske mit Marmorkuppeln liegen in einer Reihe über dem Eingangsbogen zwischen den Türmen. Die wundervolle Wirkung des Tores aus größerer Entfernung ist längst verloren gegangen, denn Aurangzeb setzte gegen Ende des Jahrhunderts ein Außenwerk vor das Tor. Das mißfiel dem abgesetzten Schah Dschehan so sehr, daß er seinem Sohn aus dem Gefängnis im Agra-Fort folgendes geschrieben haben soll: „Du hast das Fort zu einer Braut gemacht, indem du sein Antlitz verschleiert hast." Das Delhi-Tor in der Südmauer – so genannt, weil es zum alten Delhi gerichtet ist – ist ganz ähnlich gebaut, doch wurde der Hauptbogen von zwei Elefanten flankiert, die Aurangzeb aus religiöser Bigotterie zerstören ließ. Die jetzigen Elefanten ließ Vizekönig Lord Curzon 1903 aufstellen.
Durch das Lahore-Tor führte der königliche Weg zur großen Dschami-Moschee auf dem Aravalli-Felsen südwestlich vom Fort. Genau westlich des Tores erstreckt sich die Hauptstraße

Das Lahore-Tor, der Haupteingang zur Festung. Der Blick auf dieses schöne Tor von der Hauptstraße der Stadt Schah Dschehans ist durch das von Aurangzeb vorgebaute Außenwerk versperrt

Linke Seite: Blick auf die Rote Festung aus der Vogelperspektive; nach einer Gouache (Lucknow, um 1770)

DIE ROTE FESTUNG

Das Delhi-Tor zur inneren Mauerseite. Die ursprünglichen Elefanten wurden von Aurangzeb zerstört; die jetzigen sind Kopien

Pietra-dura-Wandpaneele im Diwan-i Amm mit dem nicht dazu passenden Orpheus. Wahrscheinlich kamen sie aus einer Florentiner Werkstatt

von Schahdschehanabad, die berühmte Tschandni Tschauk, „Markt des Mondlichts". Auf der Innenseite des Tores führt eine gedeckte Straße in Form eines überwölbten Arkadenganges mit Zellen für Händler im Erd- und im ersten Obergeschoß zum Naubat Khana, dem Wachhaus. Fünfmal täglich spielte hier die königliche Kapelle, dazu bei jedem Kommen und Gehen des Königs sowie an Sonntagen und an dem Wochentag, an dem der König geboren war. Jenseits dieses Eingangs erreicht man die erste königliche Halle, den Diwan-i Amm (Hauptaudienzhalle), die an der Ostseite eines großen Hofs liegt.

Der Diwan-i Amm, eine nach Norden, Süden und Westen offene Säulenhalle aus rotem Sandstein, ist im Innern in drei Bogengänge mit je 9 Öffnungen gegliedert. Die Zackenbogen werden von eleganten Säulen getragen, die an den Außenseiten als Doppelsäulen erscheinen. In einer Nische der Rückwand steht ein Marmorbaldachin, das Nashiman-i Zill-i Ilahi, der Sitz des Schattens Gottes. Er erhebt sich über einem quadratischen Marmorsockel mit wundervollen, eingeschnittenen Blumenmustern und hat ein bengalisches Bogendach mit kostbaren Intarsien aus Halbedelsteinen. Eine Gruppe von Wandplatten in *pietra dura* hinter dem Baldachin ist besonders bemerkenswert. Sie sollen von Austin von Bordeaux, einem französischen Juwelier am Mogulhof entworfen worden sein. Da aber sowohl der schwarze Marmor und die meisten eingelegten Steine als auch die Muster italienischen Ursprungs sind, nimmt man an, daß die Arbeiten in einem italienischen Atelier ausgeführt und fertig nach Indien gebracht wurden. Tatsächlich ist an der Darstellung des Orpheus mit der Leier kein indisches Stilelement zu entdecken, während die Blumenranken zwischen den Platten fraglos indische Herkunft und Handwerkskunst verraten.

Jenseits des Diwan-i Amm stehen die eigentlichen Palastbauten in einem abgeschlossenen Gebiet entlang der Flußmauer. In einem flachen Marmorbett fließt ein Wasserlauf von Norden nach Süden quer durch die Paläste. Diesen „Kanal des Paradieses" hatte Schah Dschehan an einen Kanal anschließen lassen, der von Firuz Schah Tughlak im Jahre 1350 für die Wasserversorgung Delhis angelegt worden war und das Wasser aus dem Dschumna von etwa 100 km nördlich der Stadt heranführte. Die Bauwerke an oder über dem Wasserlauf sind von Norden nach Süden: der Hira (Diamant) oder Moti (Perlen) Mahal, ein kleiner Marmorpavillon aus der spätesten Phase der Mogul-Architektur; der Hammam (Badehaus) mit drei Haupträumen, deren Fußböden, Wasserbecken, Platten und Wandsockel aus reinem weißen Marmor mit zarten Blumen-Intarsien aus Edel- und Halbedelsteinen und mit rankengeschmückten Einfassungen bestehen; der Diwan-i Khass (die Halle für Privataudienzen) in einem eigenen Hof, gegen den er durch einen roten Vorhang abgeschirmt war. Hier mußten selbst die Adeligen von höchstem Rang den Kaiser erwarten, hier stand einst auch der berühmte Pfauenthron der Moguln. Das nächste Bauwerk ist der Khwabgah (die königlichen Schlafgemächer) mit einem vor der Mauer vorspringenden Turm, dem Musamman Burj. Der Kanal fließt

Rechte Seite: Der „Sitz des Schattens Gottes" im Diwan-i Amm dahinter die Florentiner *pietra-dura*-Wan

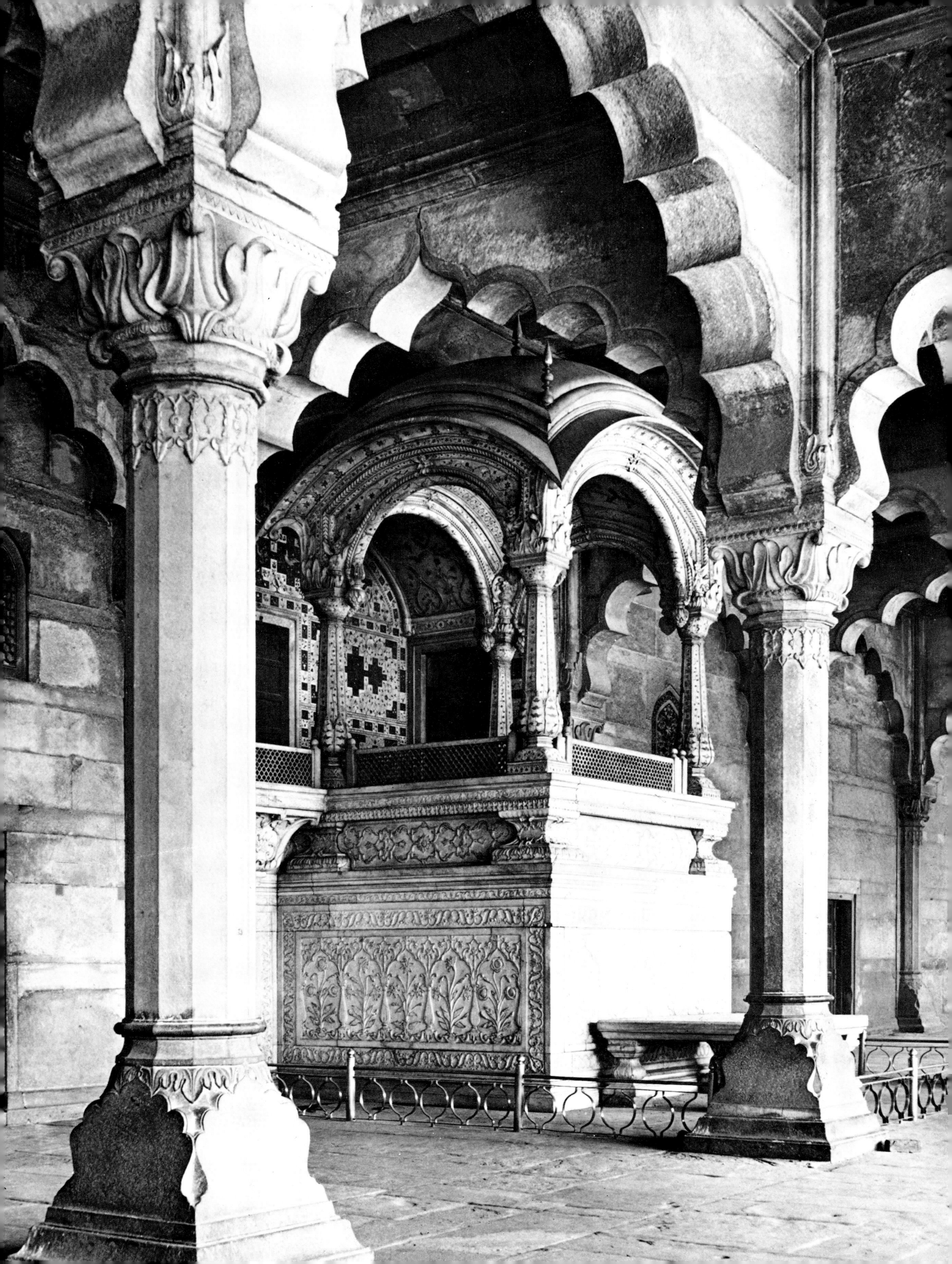

DIE ROTE FESTUNG

Die Festung mit dem alten Strand des Dschumna. *Links:* die Kwabgah (königliche Schlafgemächer) mit Musamman Burj, in der Mitte der Diwan-i Khass. Die Kuppeln des Moti Masdschid (Perlenmoschee) sind hinter dem Hammam (königliche Bäder) rechts im Bilde zu sehen

Hammam (königliche Bäder) mit *pietra-dura*-Dekorationen an den Wänden und im Fußboden

dann durch ein Gitter mit einer Darstellung der Waage Justitias zum königlichen Hauptpalast, dem Rang Mahal (Palast der Farbe), und dem Mumtaz Mahal, der früher der Wohnsitz der königlichen Prinzessinnen war, heute aber das Fort-Museum beherbergt. Drei dieser Bauten: der Diwan-i Khass, Khwabgah und Rang Mahal verdienen besondere Beachtung.

Der Diwan-i Khass ist ein eingeschossiges Gebäude des mittleren, sehr aufwendigen Mogulstils. Auf seinen kräftigen, viereckigen Pfeilern ruhen Zackenbogen mit sehr tiefgezogenen Laibungen, die flache Decke ist mit goldenen Blättern dekoriert. *Pietra-dura*-Arbeiten zieren die Seitenfüllungen der Marmorstützen unterhalb des Bogenansatzes, im oberen Teil sind sie vergoldet und bemalt. Auf der Nord- und Südwand erscheint die berühmteste aller persischen Inschriften: *agar Firdaus baruh-i zamin ast hamin ast o hamin ast o hamin ast:* „Wenn es ein Paradies auf dieser Erde gibt, ist es hier, ist es hier, ist es hier!" In die Öffnungen zur Flußseite sind herrlich geschnitzte Gitter eingesetzt. Der Pfauenthron, der hier einst stand, wurde 1739 von Schah Nadir nach Persien verschleppt und dort auseinandergebrochen.

Der Khwabgah bildet den eigentlichen Mittelpunkt der Gemächer des Khass Mahal (königlicher Palast), dessen Wände in früheren Zeiten mit herrlichen Edelsteinen inkrustiert waren. Er führt in den Musamman Burj (Achteckturm) der in phantasievoller Abkürzung auch Saman Burj (Jasminturm) genannt wird. Ein mit schönen Marmorgittern ausgestatteter Aussichtsplatz geht auf den alten Sandstrand, auf dem die Tierkämpfe stattfanden; von hier aus zeigte sich der Kaiser, einem alten Hindu-Brauch folgend, auch seinen Untertanen. Der Rang Mahal trug früher reichen Farbenschmuck, seine gedrungenen Pfeiler und seine Bogen gleichen jenen des Diwan-i Khass, und seine Decke ist aus vergoldetem Silber mit goldenen Blumenornamenten. Der Kanal speist hier ein flaches, quadratisches Becken von etwa 6,50 m Seitenlänge, in dessen Marmorboden eine vollerblühte Lotosblume eingemeißelt ist. Durch zahlreiche Düsen wurde das Wasser in das Becken gedrückt, so daß der Eindruck

Rechte Seite: Das Moti Masdschid (Perlenmoschee) m dem bengalischen Sims. Der Marmorfußboden ist in rec eckige Felder für die Betenden eingete

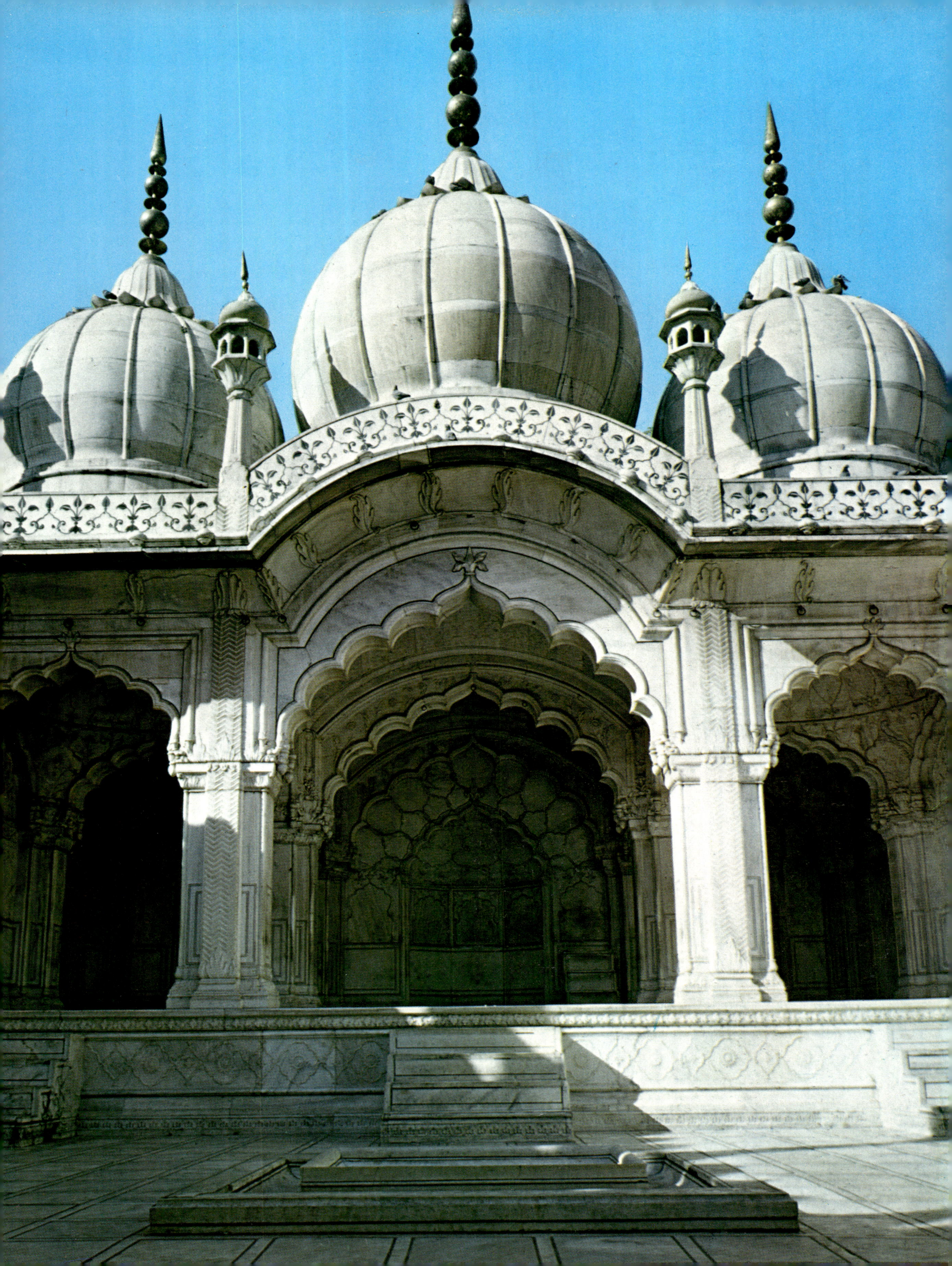

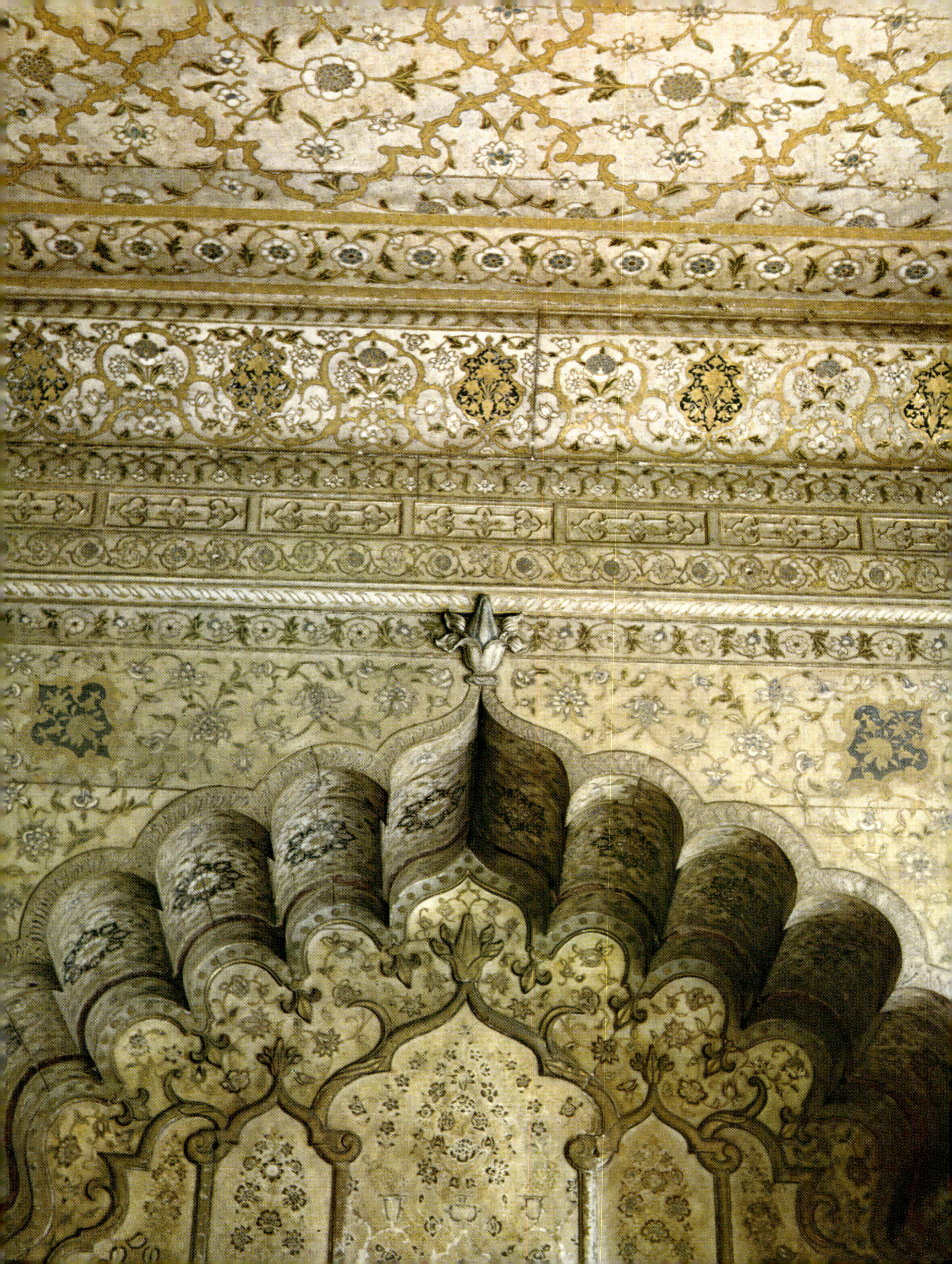

DIE ROTE FESTUNG

Diwan-i Khass mit aufwendiger *pietra-dura*-Dekoration, Marmorschnitzereien und Goldauflagen. Die Ringe über den Bogenöffnungen dienten zur Befestigung von Baldachinen

Die Aquarellbemalung des Inneren stammt aus dem 19. Jh.

Linke Seite: Innendetail aus dem Diwan-i Khass: „Wenn es ein Paradies auf Erden gibt, ist es hier, ist es hier, ist es hier."

DIE ROTE FESTUNG

Das Lotos-Marmorbecken
im Rang Mahal

Blick vom Diwan-i Khass zum Rang Mahal.
Der „Kanal des Paradieses" floß durch alle Paläste

hervorgerufen wurde, als bewegten sich Blumenblätter und Blattwerk ringsherum im Gekräusel des Wassers.

Anfangs gab es im Fort keine Moschee, und Schah Dschehan veranstaltete förmliche Prozessionen zur großen Dschehan-Moschee über die Straße. Doch der fromme Aurangzeb verlangte nach einer Gebetsstätte in der Nähe seiner Privatgemächer und befahl 1659 den Bau der kleinen Moti-Masdschid (Perlen-Moschee). Es ist ein einfaches Bauwerk aus reinem weißem Marmor, bei dem lediglich das Gesims mit *pietra-dura*-Werk dekoriert ist. Dieses Gesims schwingt sich über die Hauptöffnung der Fassade und würde schlecht mit Schah Dschehans Marmorfassaden harmonieren, doch glücklicherweise liegt die Moschee in ihrem eigenen, abgeschlossenen Bezirk. Die drei Marmorkuppeln, die nach der Meuterei anstelle der durch die Belagerung beschädigten Kuppeln aufgeführt wurden, sind zu mächtig für den Bau und vergrößern die Disharmonie.

Südlich vom Moscheebezirk ist ein großer Garten mit Wasserterrassen, Blumenbeeten und einem Zentralpavillon. Auch an den Enden des Hauptkanals stehen Pavillons, Savan und Bhadon genannt – nach den hinduistischen Namen für die ersten beiden Monate der Regenzeit. Sie lieferten das Wasser, das in die Wasserterrassen über Kaskaden herabfloß, wo zur Nacht in Nischen brennende Kerzen aufgestellt wurden.

Nun ist die Musik verklungen, der Kanal des Paradieses ist trocken, Glanz, Farbe und Rüstung des Hofes der großen Moguln sind für immer dahin. Aber genügend Überreste aus Schah Dschehans Reich aus Marmor gestatten uns heute noch einen Einblick in diesen Reichtum vergangener Zeiten.

J. BURTON-PAGE

Rechte Seite: Spitzenartig durchbrochenes Marmorgitter
in dem Musamman Bur

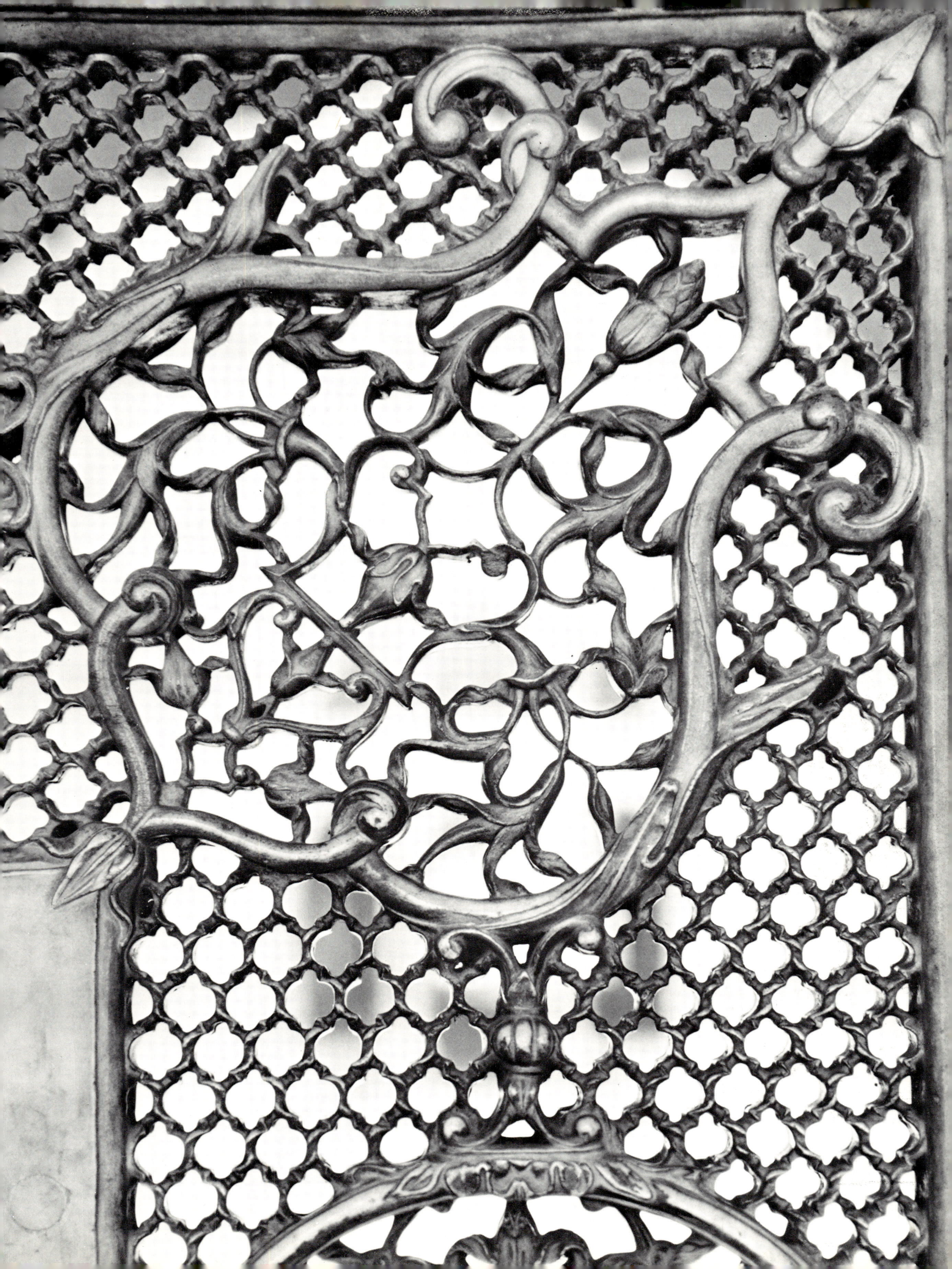

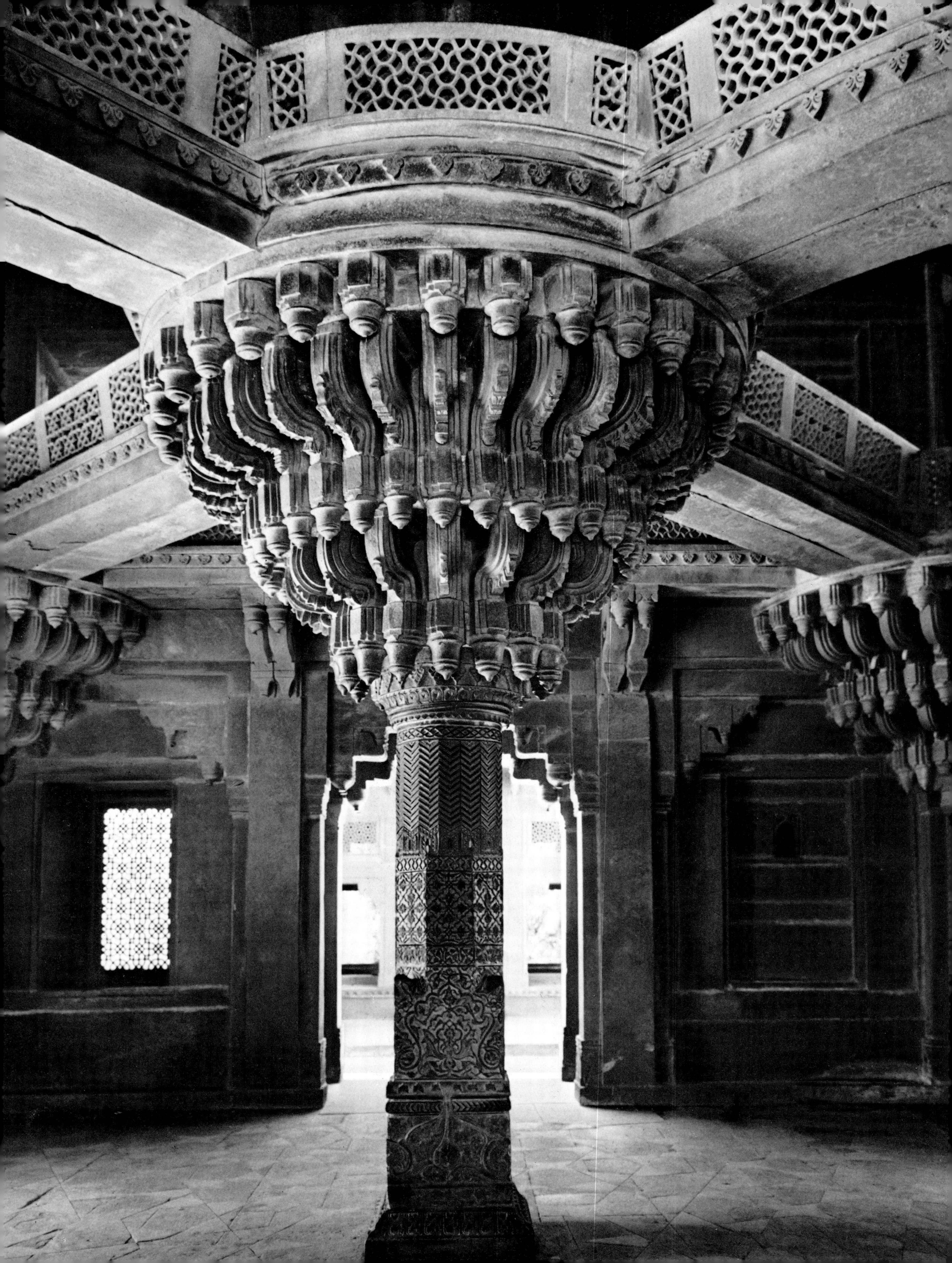

Indien: Fatihpur Sikri

Die große, verödete Sandstein-Stadt in der Nähe von Agra – erbaut, bewohnt und wieder verlassen von Akbar zu Ende des 16. Jh.

Sikri war ein kleines Dorf, das nur wegen seiner Moscheen aus der Zeit von Ala al-din Kaldschi um die Wende des 13. Jh. in Chroniken erwähnt wurde. Dann wurde es still um diesen Ort, bis Baber dort vor einer Schlacht im Jahr 1527 sein Lager aufschlug. 1568 gründete Akbar am gleichen Platz eine Stadt, die aber nur 17 Jahre lang die prächtige Residenz des Mogul-Reiches war. Sie erhielt in dieser Zeit den ehrenvollen Beinamen Fatihpur, „Stadt des Sieges" – zur Erinnerung an Akbars Eroberung von Gudscherat. 1585 verlegte Akbar seine Hofhaltung nach Lahore zurück, und die Stadt verfiel bis auf die heute noch stehenden großen Bauten.

Fatihpur Sikri spielt in der Geschichte der islamischen Kunst in Indien eine bedeutende Rolle, nicht nur weil hier lokale Stilmerkmale der Vormogulzeit rein erhalten sind, sondern mehr noch, weil die Architektur einen Eindruck von Akbars erlesenem Geschmack vermittelt. Wenn sich auch einige Gebäude nicht eben durch harmonische Proportionen auszeichnen, so sind sie doch wegen ihrer Reliefkassetten und Freskomalereien von besonderer Bedeutung. Der Kunstkritiker Havell möchte in Akbars Bauwerken in Agra und Sikri die feinsinnige Synthese zwischen dem hinduistischen und islamischen Stil sehen. Er ist der Meinung, daß Akbar seine Anregungen in Gudscherat bekam, wo schon lange hinduistische Stilmerkmale in die islamische Baukunst eingeflossen waren. Tatsächlich finden sich in einigen Bauten direkte Entlehnungen aus der Hindu-Ikonographie, so besonders im sog. „Maryams Haus", doch scheinen viele ursprünglich indische Elemente in schon assimilierter Form eingeführt worden zu sein.

Akbar wurde eher aus gefühlsmäßigen als aus strategischen Gründen von Sikri angezogen, seit sich hier Scheich Salim Chishti aufhielt, dessen Fürbitte Akbar die Geburt seines Erben Salim (1569), des späteren Kaisers Dschehangir, zuschrieb. Die Sandsteinmauern umschlossen die Stadt nur auf drei Seiten – an der vierten lag ein heute ausgetrockneter See – und dienten lediglich der Abgrenzung des Stadtgebiets. Es gab zwar einige

Detail vom Mittelpfeiler des Diwan-i Khass: Blumenmuster in Sandstein eingeschnitten

inke Seite: Der Mittelpfeiler des Diwan-i Khass.
ie Konsolen unter der Plattform wiederholen sich unter
er umlaufenden Galerie

Nördliche Partie des Palastbezirks mit dem Diwan-i Khass, dem „Sitz der Astrologen" (links) und dem Ankh-michauli (unmittelbar dahinter)

Vorkehrungen für die persönliche Sicherheit des Kaisers, aber Fatihpur Sikri war nie ein starkes „Bollwerk", das feindlichen Angriffen hätte widerstehen können. Diese Aufgabe fiel dem 42 km entfernten Agra zu, wohin sich der Hof im Ernstfall zurückziehen konnte.

In Fatihpur Sikri befinden sich heute noch zwei Palastkomplexe, eine Karawanserei, eine Wasserkunst und die große Moschee. Östlich der Palastanlagen steht im Innern eines geräumigen Hofes mit Peristyl ein niedriges Sandsteingebäude, der Diwan-i Amm, der heute ohne jede Dekoration ist. Hier findet sich zwischen zwei fein gearbeiteten Sandsteingittern der Thron des Kaisers. Nach Westen schließt sich ein weiter, offener Hof an mit dem Diwan-i Khass (Halle der Privataudienzen) und dem Ankh-michauli im Norden, dem Pantsch Mahal im Westen, einem Zierweiher und dem Khwabgah im Süden und schließlich „dem Haus der türkischen Sultanin" im Osten.

Der Diwan-i Khass, als Halle der Privataudienzen ein etwas seltsames Gebilde, ist ein quadratischer, einzelnstehender Bau und damit einmalig in der islamischen Architektur. Äußerlich erscheint er als zweigeschossiges Bauwerk, aber im Innern stellt er sich als ein einziger überwölbter Raum mit einer umlaufenden Galerie dar. Eine zentrale, reich geschmückte Sandsteinsäule trägt eine Plattform, die durch Brücken mit feinen Seitengittern diagonal mit der Galerie verbunden ist. Akbar, so heißt es, habe von seinem Platz auf der Säulenplattform aus religiöse Streitgespräche geführt; aber es liegen keinerlei Anhaltspunkte dafür vor, daß dieses Bauwerk mit Akbars Ibadat-Khana, „dem Haus der Anbetung", identisch ist. Die Form der schweren Sandsteinkonsolen, auf denen die Plattform ruht, erinnert an jene aus den Moscheen von Gudscherat und leitet sich von den Balkonen der heimischen Tempelarchitektur her. Außerhalb vom Ankh-michauli steht ein kleiner, quadratischer Kiosk, „der Sitz des Astrologen", dessen schlangenartig geformten roten Sandsteinstreben unverfälschte Nachbildungen der Streben aus den Dschaina-Tempeln in Abu, Siddhpur, Modhera und anderen Orten des Gudscherat sind.

Im weiträumigen Hof südlich dieser Bauten findet sich im Pflaster ein großes kreuzförmiges Brettspiel; es stammt vermutlich aus dem 18. Jh., als Mohammed Schah Fatihpur Sikri vorübergehend zurückerobert hatte. Die königlichen Wohngebäude südlich davon umschließen einen Zierweiher, den Khwabgah (Schlafgemach) und „das Haus der türkischen Sultanin". Das

Oben: Pantsch Mahal, ein wunderliches Bauwerk, das keine bekannten Vorbilder hat

Rechts: Säulen im ersten Stockwerk des Pantsch Mahal

FATIHPUR SIKRI

Buland Derwaze, die „Hohe Pforte" der Moschee, von Süden gesehen. Links im Bild die Kuppeln des Heiligtums

Die Hohe Pforte der Großen Moschee

146

Oben: Die Große Moschee von Südwesten mit der beherrschenden Hohen Pforte; nach einer Zeichnung von William Daniell

Rechte Seite: Die Hohe Pforte (Buland Derwaze

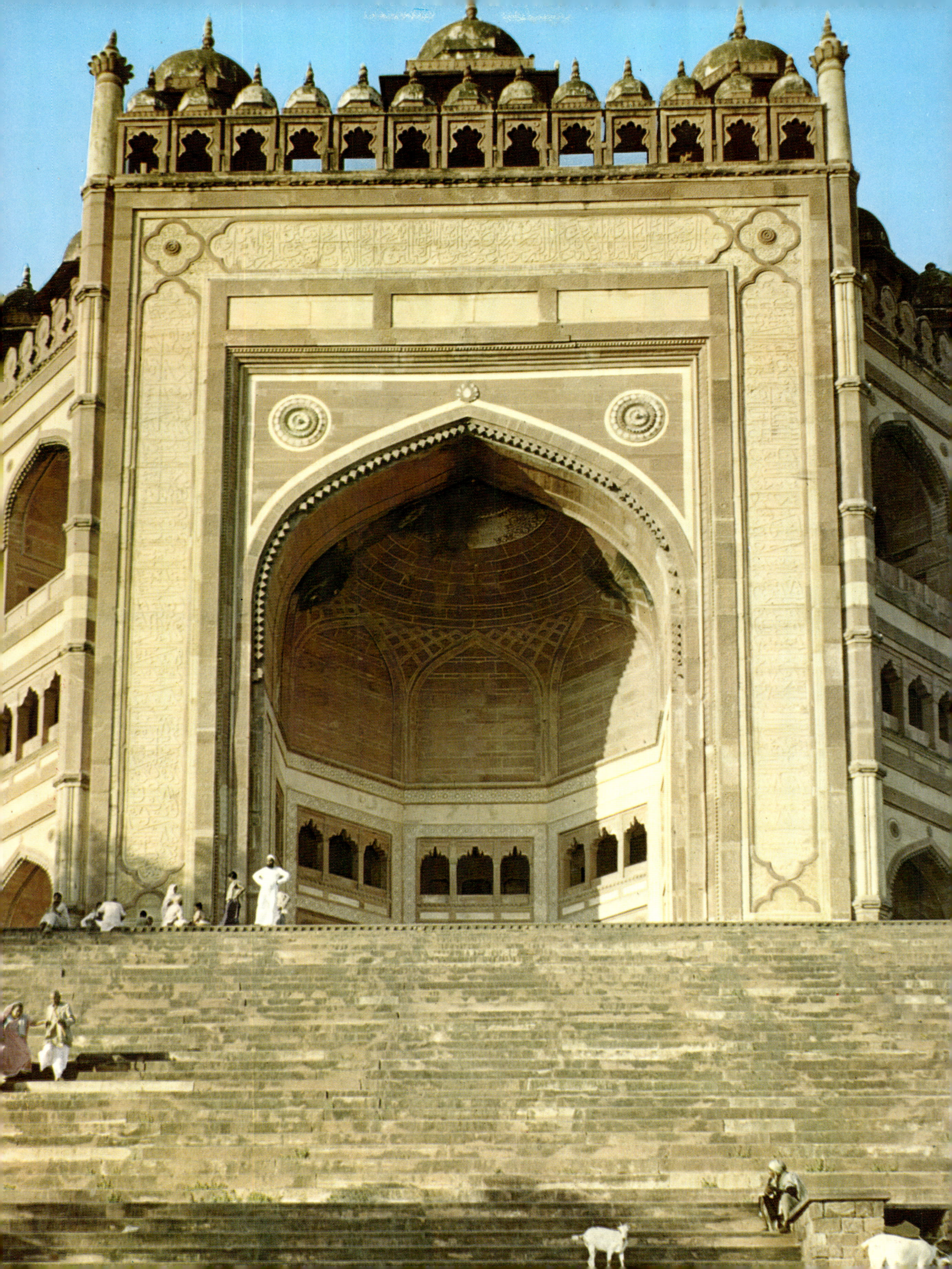

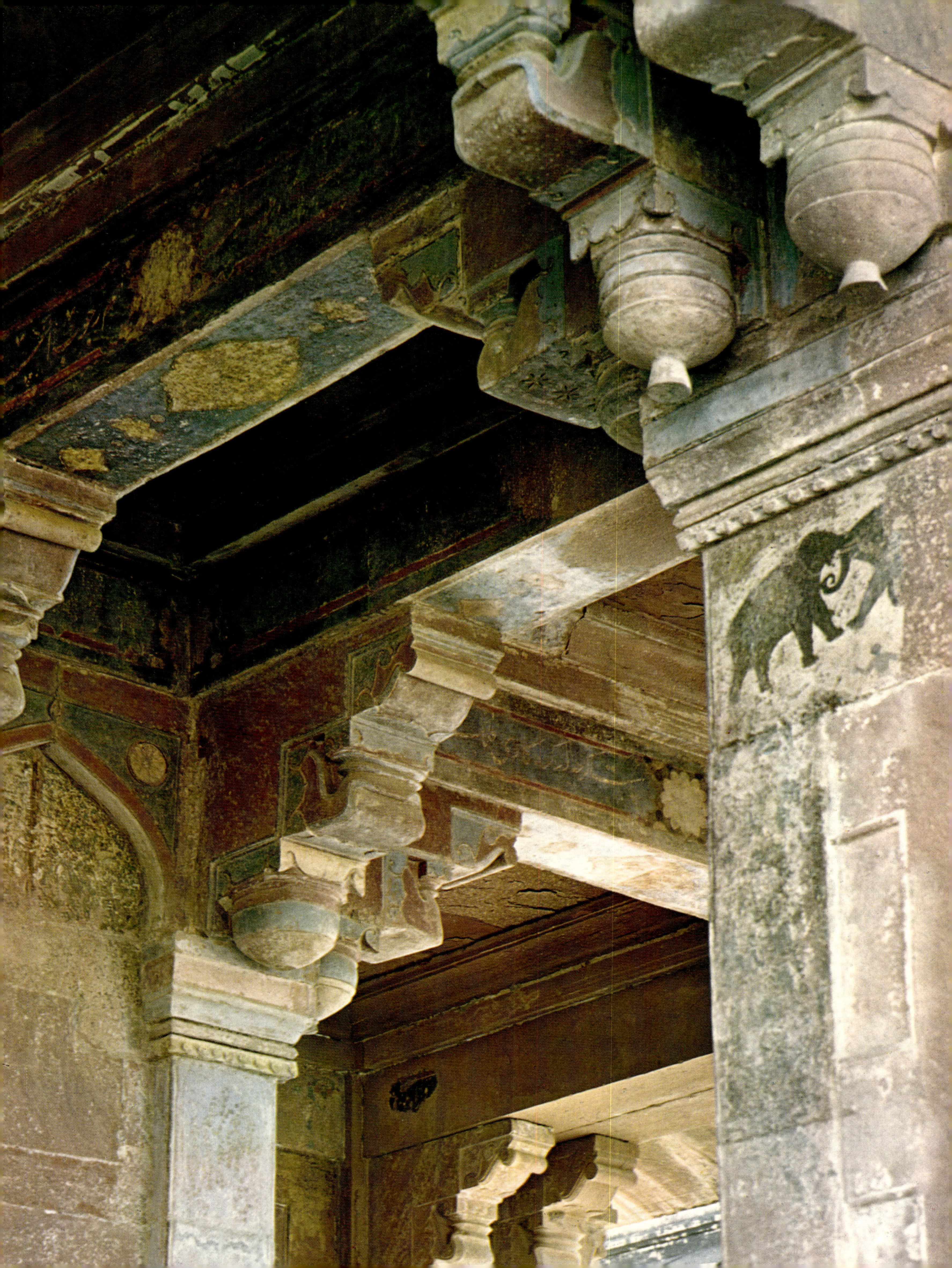

FATIHPUR SIKRI

Schlafgemach ist ein kleiner, quadratischer Raum, dessen Innenwände früher mit Fresken ausgemalt waren. Er hat einen Balkon, von dem der Kaiser sich nach altem hinduistischem Brauch dem Volk zeigte. Das „Haus der türkischen Sultanin" besteht nur aus einem einzigen schmalen Raum mit einer umlaufenden Veranda. Kein anderes Gebäude der Stadt ist so reich ornamentiert wie dieses. Das Äußere ist überher mit geometrischen und arabeskenartigen Reliefmustern verziert, im Innern sind in die Wandflächen aus rotem Sandstein Szenen eingeschnitten, die persischen Teppichmustern ähneln, aber auch wohl chinesischen Ursprung verraten. Abul Fazl, Akbars Minister und Panegyriker, erzählt, daß die Handwerker am Hof Akbars den heimischen roten Sandstein genauso geschickt schnitzten wie Drechsler ihre Werkstücke aus Holz. Dieses Gebäude ist der Beweis für die Wahrheit seiner Behauptung.

Westlich dieses Hofes liegt der zweite Palastkomplex. Da ist zunächst der kuriose Pantsch Mahal, ein fünfgeschossiger, offener Pavillon. In seinem Erdgeschoß stehen 84 Säulen, im ersten Obergeschoß 56, im zweiten 20, im dritten 12, und im obersten Geschoß schließlich tragen vier Säulen eine kleine Pavillonkuppel. Ursprünglich waren die äußeren Säulenöffnungen durch Gitter geschlossen, denn vermutlich war der Bau für die Damen der Zenana (Frauenhaus) bestimmt. Westlich hiervon folgt „Maryams Haus", ein rechteckiges Gebäude, auf der einen Seite zweigeschossig, auf der anderen von einer breiten Veranda umgeben. Ihr Traufgesims wird von kräftigen Konsolen getragen, von denen einige mit schamlosen Figuren geschmückt sind. Ein kleiner, von vier Säulen gestützter Schlafpavillon mit einer Veranda ist auf das Dach gesetzt; seine Innenwände waren einst reich mit Fresken bemalt, mit Blumenstücken, Jagdszenen, Elefantenkämpfen und Szenen aus dem persischen Epos Shahnama. Weiter westlich trifft man auf den größten und wahrscheinlich ältesten Palast der Stadt, Dschodh Bais Haus. Rings um einen weiträumigen, offenen Hof sind hier eingeschossige, in den Ecken und Mitten zweigeschossige Räume angeordnet, die aber nach außen gleiche Höhe haben. An diesem Bau sind deutlich hinduistische Einflüsse erkennbar. Die ganze Konstruktion besteht aus Balken und Konsolen, und auf den Pfeilern erscheint das hinduistische Ornament aus Kette und Glocke, gleichfalls ein typisches Muster aus Gudscherat. Der Bogen ist im Innern sparsam, und nur als Dekoration verwendet, doch hat der östliche Torweg eine breite, vierbogige Öffnung, deren Eingänge mit stilisierten Speerspitzen eingefaßt sind. Dieses Dessin findet sich an islamischen Bauten Nordindiens seit der Kaldschiden-Zeit. Das gleiche Motiv erscheint als rein dekoratives Muster auch auf den eingeschnittenen Sandsteinkassetten von „Radscha Birbals Palast", einem zweigeschossigen Gebäude mit Kuppeln auf zwei Ecken. Diese haben eine innere und eine äußere Schale und stellen außerhalb Delhis die ältesten Beispiele zweischaliger Kuppeln dar. Alle Fassaden des Palastes sind überreich mit eingeschnittenen Dekorationen versehen, die äußeren Konsolen sind besonders fein geschmückt.

Geschnitzte Sandsteinfüllungen am Äußeren des „Hauses der Türkischen Sultanin", das als schmuckreichstes der Stadt gilt

linke Seite: Elefantenkampfszene in Freskomalerei in der nördlichen Veranda von „Maryams Haus"

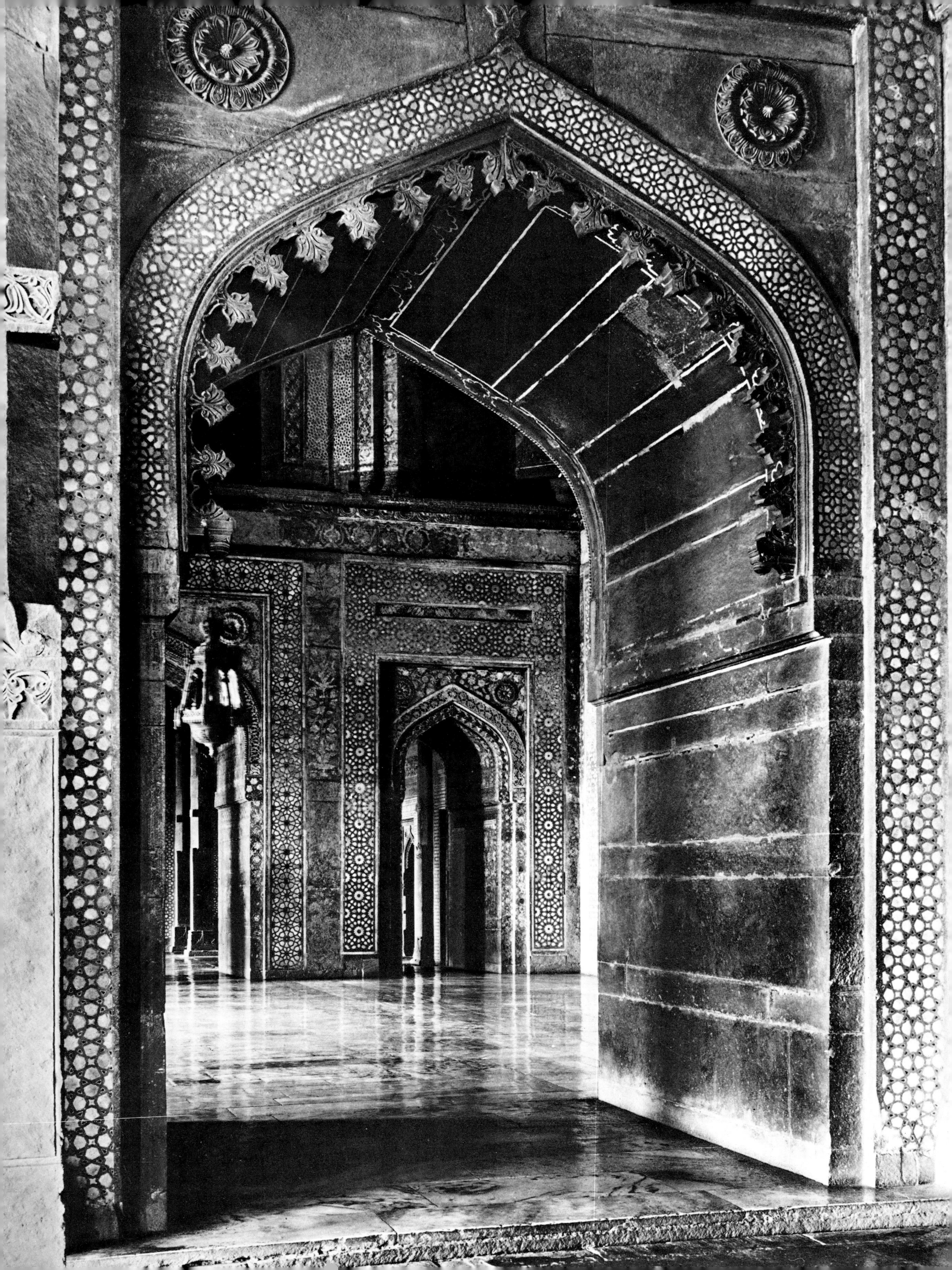

Der sogenannte Palast des Radscha Birbal, wahrscheinlich die Wohnung einer von Akbars Königinnen

Vorhalle in „Dschodh Bais Haus", dem größten und vielleicht ältesten Palast der Stadt

Nordwestlich von diesem Palast beginnen die Befestigungen der Stadt mit einem großen, von zwei steinernen Elefanten flankierten Torweg und einer einzelnen massiven Bastion. Das Ganze stellt allerdings lediglich eine konventionelle Dekoration des Palastgebiets dar, denn nichts deutet darauf hin, daß je die Absicht bestand, diese nur symbolischen Befestigungen vollständig auszubauen. Unterhalb der Befestigungen befinden sich die Karawanserei und die Wasserkunst, und noch weiter unten ein einfacher Turm, der im Volksmund „Hiran Minar", der Antilopenturm genannt wird. Möglicherweise ist das aber eine Verfälschung des Namens „Haram Minar", Haremsturm, von dem aus die Haremsfrauen den Elefantenkämpfen in der Arena zuschauen konnten.

Südwestlich von allen diesen Gebäuden erhebt sich die große Moschee mit einem Zentralhof von 130 × 110 m. Das Osttor richtet den Blick von den Palästen zu dem großen Kuppelheiligtum mit drei rechteckigen Innenräumen. Seine Pfeiler ähnlen denen der späten Moscheen in Gudscherat, aber die Bogen haben die gleiche Speerspitzeneinfassung, wie wir sie schon an anderer Stelle beschrieben haben. Die Oberflächendekoration aus poliertem *opus sectile* ist jedoch rein islamisch. In dieser Moschee wurde Akbars eklektische Religion Din i Ilahi mit ihrer doppelsinnigen Formel *Allahu Akbar* („Gott ist groß" oder

Der große Akbar (1556–1605) hielt 1568–1585 in Fatihpur Sikri Hof. Aus François Valentyn, *Old and New East India* (1726)

Linke Seite: Das Heiligtum der Großen Moschee

FATIHPUR SIKRI

Das Grabmal des Scheichs Salim Chishti ist das einzige
Marmorgebäude in dieser Stadt aus Sandstein

„Akbar ist Gott"), zum ersten Male verkündet. Dabei fallen mir Popes Verse ein:
   Wer eine Kirche baut für Gott und nicht zum eignen Ruhme,
   Wird niemals seinen Namen in den Marmor schneiden.
Doch der „Göttliche Glaube" starb mit Akbar.

Das im Hof liegende Becken für die Waschungen wurde von einem großen Reservoir unter dem gepflasterten Hof gespeist. Auch dies erinnert an den Einfluß von Gudscherat, wo die Wasserreservoire der Moscheen kühle Zuflucht vor der Tageshitze boten. Diese Art von Anlagen kommt sonst nirgendwo in Nordindien vor. Die Höfe haben ihre ursprüngliche Symmetrie durch drei spätere Hinzufügungen verloren: durch zwei Grabstätten an der Nordseite und einen monumentalen Torweg an der Südseite. Das Grabmal aus Sandstein ist das von Scheich Salims Enkel, Nawab Islam Khan, den Dschehangir vorübergehend zum Gouverneur von Bengalen erhoben hatte. Das andere, ursprünglich ebenfalls aus Sandstein erbaute Grabmal wurde schon in den ersten Jahren unter Dschehangir mit Marmor verkleidet. Es bildet nun einen großen, von Marmorgittern umschlossenen Schmuckkasten mit einem weit vorspringenden Traufgesims, das von phantastischen, schlangenförmig gebogenen Konsolen unterstützt wird. Auch das ist ein typisches Baumuster aus Gudscherat. Dort finden sich in verschiedenen Tempeln ähnliche Konsolen, doch sind solche Formen auch in den islamischen Bauwerken nicht unbekannt, wie die Dschami-Moschee in Chanderi in Zentralindien beweist.

Beherrscht werden die Moschee und der ganze südliche Höhenrücken, auf dem Fatihpur Sikri erbaut ist, von dem Buland Derwaze, dem „Hohen Tor", das von Akbar anstelle des südlichen Torwegs erbaut wurde. Eine große Eingangsöffnung mit Halbkuppel bildet den Portikus, auf dessen Rückseite sich drei kleinere Bogen zum Hof der Moschee öffnen. Hier ist das Problem, einem großen Gebäude einen wohlproportionierten Eingang zu geben, aufs beste gelöst. Der Portikus erreicht eine Höhe von 54 m über der Zugangsstraße.

Es stehen noch viele andere Gebäude in Fatihpur Sikri: Bäder, Stallungen, Wohnhäuser, Kioske, Verwaltungsgebäude, Läden, Wachtstuben und eine Münze, von denen einige noch heute Spuren des früheren Glanzes aufweisen. Nach Akbars Übersiedlung nach Lahore, die zum Teil wegen des schlechten Wassers, doch zwingender wegen der politischen Situation an der Nordwestgrenze erforderlich war, ging vieles von diesem Glanz in wenigen Jahren verloren. Schon 1604 fand der jesuitische Missionar Jerome Xavier die Stadt stark verfallen und von der ehemaligen Bevölkerung verlassen vor. Mit Ausnahme gelegentlicher Besuche späterer Mogulherrscher änderte sich nichts mehr an dieser Stadt aus rotem Sandstein, die keine Bewohner hat, in der keine Stimmen zu hören sind, es sei denn das Heulen der Schakale und das Geschrei der Pfaue. Doch der Zauber aus den Tagen, da dies Akbars Stadt war, ist nicht ganz gewichen und spricht zu uns über die Jahrhunderte hinweg.

J. BURTON-PAGE

Traufenkonsolen am Grabmal des Scheichs Salim Chishti

Agra, Indien: Tadsch Mahal

Das berühmteste unter den großen Bauwerken des Ostens, das Schah Dschehan seiner Königin als Denkmal der Liebe aus weißem Marmor errichtete

Mumtaz-i Mahal, die Herrin des Tadsch

Wer hätte noch nicht vom „Tadsch" gehört? Für viele ist er das höchste Symbol orientalischer Pracht und mystischer Schönheit. Die einen behaupten, es gebe kein schöneres Bauwerk auf der Welt, andere wieder meinen, er werde maßlos überschätzt. „Der Tadsch ist bis ins letzte Detail ohne Makel. Von höchster Schönheit und absoluter Vollendung, kann er als das Werk eines Genies gelten, das nichts von den Mühsalen und Schwächen des Menschengeschlechts wußte", schrieb der Amerikaner Bayard Taylor 1853. „Im Gesamtaspekt ist manches schwach und verweichlicht", sagte Keene 1909. Und in jüngster Zeit klagte Aldous Huxley, daß die Eleganz des Tadsch „von recht trockener und gewöhnlicher Art" sei. Für ihn ist der Klassizismus des Bauwerks nicht etwa „das Ergebnis weiser Zügelung einer üppigen Phantasie", sondern ganz im Gegenteil „das Produkt ausgesprochener Phantasiearmut, das auf den ersten Blick durch die Eintönigkeit seiner Architekturformen auffällt". Diese sich widersprechenden Urteile könnte man beliebig vermehren und käme doch zu keinem gültigen Schluß. Als ich selbst vor nunmehr 25 Jahren das Gebäude zum erstenmal sah, ergriff mich zugleich Ehrfurcht vor den riesigen weißen Marmormassen der Grabkammer und inneres Ergötzen über die Minaretts, die offen gesagt ein wenig wie Fabrikschornsteine aussehen. Vielleicht sollten wir uns hier jeglichen Werturteils überhaupt enthalten.

Der Tadsch ist gewiß immer wieder mißverstanden, mißdeutet und falsch dargestellt worden. Schon sein Name ist verfälscht, obgleich er zu ihm gehört. Der Name der hier beigesetzten Dame war Arjumand Bano, mit dem Titel Mumtaz-i Mahal „Erwählte des Palastes", aber die einheimische Bevölkerung kennt keinen Unterschied zwischen z und j, und so wurde aus ihrem „Mumtaj" (gesprochen: Mumtadsch) der Name, wie wir ihn heute kennen. „Tadsch" bedeutet jedoch soviel wie „Kleinod" – ein glückliches Zusammentreffen zwar, aber nicht mehr. Überdies steht der Bau nicht in Agra, sondern in einem Dorf außerhalb der alten Stadt – doch mag dieses über kurz oder lang

Tadsch Mahal mit Gartenpartie

TADSCH MAHAL

Blick vom südöstlichen Minarett auf den
„persischen" Garten und den Torweg

in der wachsenden Stadt aufgehen. Und ganz sicher wurde er nicht auf Befehl des Mogul-Kaisers von einem venetianischen Architekten erbaut, selbst wenn ein spanischer Mönch, der ihn im Bau sah, es behauptete. Weiter hat „der berühmte Architekt" Ustad Isa, der abwechselnd aus Persien, Konstantinopel, Schiraz, China oder Kandahar stammen sollte, keinen erwiesenen Anspruch darauf, der Architekt des Tadsch gewesen zu sein; ja, es gibt vor dem 19. Jh. nicht einmal Beweise dafür, daß ein solcher Mann überhaupt existiert hat. Und das Wichtigste ist, daß die Gedenkstätte nichts anderes ist als ein großes Marmorgrabmal mit einem Minarett an jeder Ecke.

Begam Arjumand Bano war die Lieblingsfrau von Schah Dschehan. Sie heiratete ihn im Jahr 1612 und folgte ihrem Gemahl durch ganz Indien, wohin auch immer ihn das Glück – oder seine Feldzüge riefen. Nach seiner Thronbesteigung 1628 nahm sie lebhaften Anteil an allen Regierungsgeschäften; sie war beliebt wegen ihrer Wohltätigkeit und ihrer Fürbitte für politische Missetäter. Vierzehn Kinder gebar sie Schah Dschehan und starb 1631 bei einer Niederkunft während eines Feldzugs in Burhanpur in Kandesh. Der Kaiser war niedergebeugt vor Gram; er ließ die Königin zunächst in Burhanpur beisetzen, überführte ihren Leichnam aber schon Anfang 1632 in die königliche Residenz Agra und bestattete sie in einem Garten südöstlich der Stadt, wo die Fundamente für ihr Mausoleum bereits gesetzt waren. Trotzdem vergingen noch 20 Jahre bis zu seiner Fertigstellung. Die führenden Architekten und Ingenieure des Königreichs wurden zu Rate gezogen – möglicherweise auch der Venetianer Geronimo Verroneo, aber irgendeinen Einfluß auf den endgültigen Entwurf hat er sicher nicht gehabt. Die Pläne mußten unter sorgsamster Beachtung jedes Details ausgearbeitet werden. Handwerker und Materialien wurden aus allen Teilen des Reiches und sogar aus dem Ausland nach Agra gebracht. Verzeichnisse darüber finden sich in einigen Handschriften, deren Echtheit aber nicht erwiesen ist.

Die Fundamente für die Grabkammer wurden so tief gegründet, wie es bei der Nähe des Flusses Dschumna nur möglich war. Ausgrabungen in den vergangenen Jahren zeigten, daß der Unterbau wenigstens zum Teil auf tiefen, gemauerten Schächten ruht. Darüber liegt eine hohe Marmorterrasse mit dem Ehrengrabmal und den vier Eckminaretts. Aber das ist nicht der ganze Tadsch, es ist lediglich sein Hauptstück. Das Denkmal für die Begam ist ein großzügig angelegter Komplex: eine langgestreckte Gartenanlage mit Torgebäude und Eingangsallee, einer Umfassungsmauer mit Ecktürmen, die weite Bogenöffnungen haben, einer Flußfront, mit Kanälen, die in Richtung auf die Hauptterrasse und rechtwinklig dazu angelegt sind, einer Hauptplattform aus Marmor und Seitenpavillons aus rotem Sandstein. Das Grabmal und die Minaretts liegen an der Flußseite, sie werden von zwei Sandsteinbauten flankiert: einer Moschee und dem genau gleichen Gegenstück, der Versammlungshalle. Außerhalb des großen Tores liegen in einem schönen Hof weitere Bauwerke, die ebenfalls in das Schema der Ge-

Rechte Seite: Der Tadsch Mahal in der Dämmerung vom gegenüberliegenden Dschumna-Ufer aus gesehen

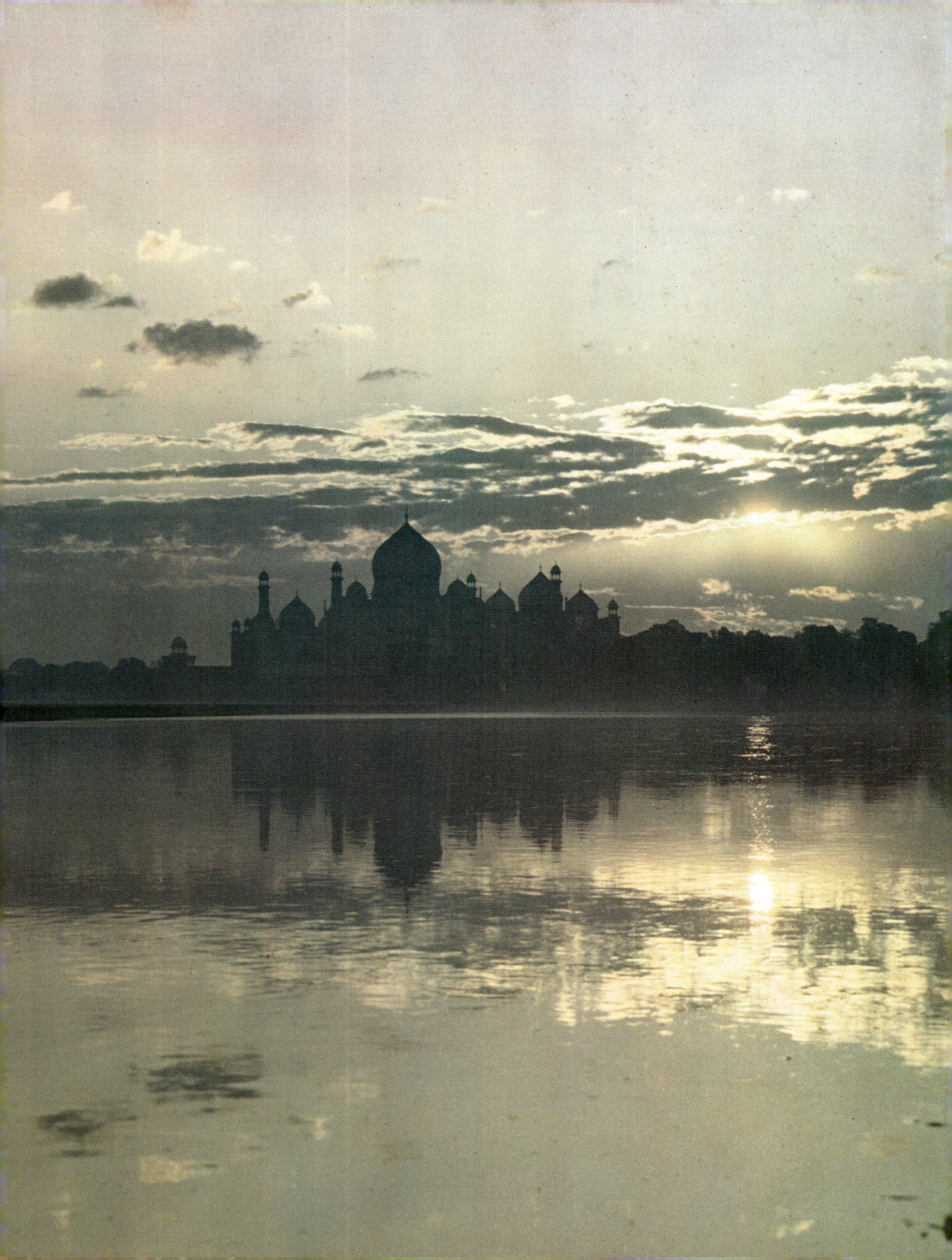

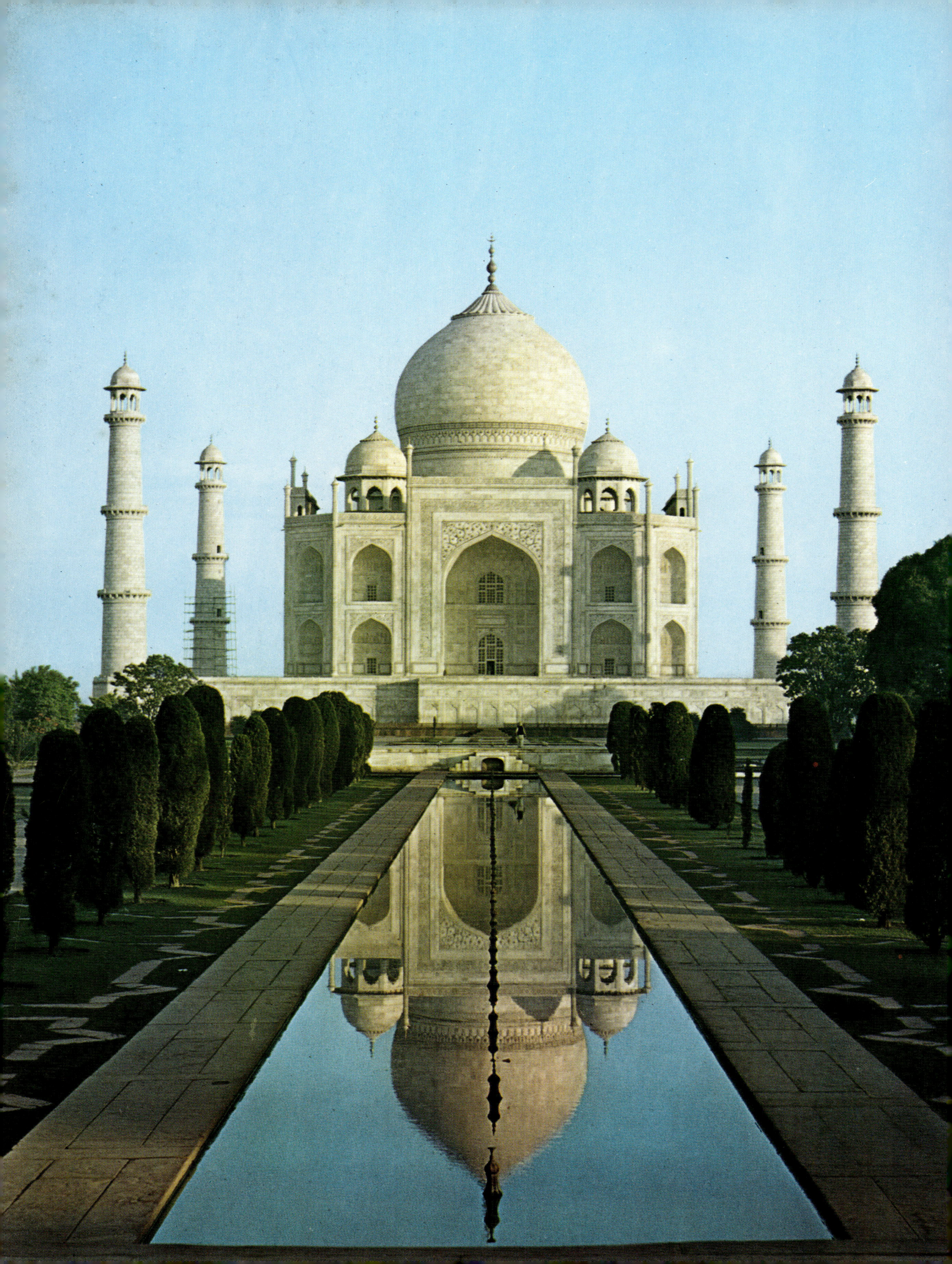

samtanlage passen. Der ganze Komplex ist unter Beachtung einer vollkommenen Doppelsymmetrie geplant.

Das Haupttor zum Garten ist ein hervorragendes Beispiel der Mogul-Kunst zu Schah Dschehans Zeiten. Es ist rund 33 m hoch, sein Zentralraum mit Halbkuppel wird von Wänden mit großen Bogenöffnungen und anschließenden oktogonalen Ecktürmen von offenen Kiosken aus rotem Sandstein mit Marmorintarsien bekrönt werden. Auf dem Architrav über dem Torweg ist eines der schönsten Muster arabischer Kalligraphie aus schwarzem Marmor zu sehen. Die rechteckige Gartenanlage ist in jeder Richtung symmetrisch geplant und in große mit Sandstein eingefaßte Blumenparterres eingeteilt. Die beiden Hauptachsen werden von einer in geometrischen Mustern gepflasterten Terrasse gebildet, die durch das Marmorbett des Kanals geteilt und durch Wasserspiele belebt wird; in ihrem Schnittpunkt liegt eine Marmorplattform mit einem Wasserbecken und mehreren Fontänen. Das Mausoleum jenseits der Gartenanlage spiegelt sich in dem Wasser des Kanals.

Das Bauwerk, im Grundriß ein Quadrat mit abgeschnittenen Ecken, steht auf einem hohen Marmorsockel, in dem die Treppenaufgänge von vorn nicht zu sehen sind. Alle Fassaden des Mausoleums weisen einen hohen zentralen Bogen auf, deren Geländer die Hauptgebäudelinie überschneiden, und zu beiden Seiten je zwei übereinanderliegende kleinere Arkaden. Jeweils zwei gleichgroße übereinandergestellte Bogen füllen auch die schmalen, schrägstehenden Verbindungswände zwischen den vier Fassaden. Jeder dieser Abschnitte wird von dem anschließenden durch einen schlanken Pilaster getrennt, der über das Gesims hinausragt und in einer schlanken Spitze endet. Auf dem Dach des Hauptbauteils stehen an jeder Ecke oktogonale, offene Kuppelkioske, und in der Mitte erhebt sich die große weiße Zwiebelkuppel über einem hohen Tambur. Die Höhe der Kuppel ohne die Metallspitze entspricht mit rund 58 m genau der Länge der Hauptfassade.

Das Bauwerk ist, mit Ausnahme der Verzierungen, vollständig aus Marmor aufgeführt. Die Pilaster sind mit Zickzackbändern aus schwarzem und gelbem Marmor eingelegt, auch die Kassetten in den Fassaden zeigen solche Zickzackeinfassungen. Alle Bogenzwickel sind mit Blumenarabesken aus Halbedelsteinen inkrustiert, während als Kontrast dazu die Innenwände der Bogennischen einzig und allein durch flache Blendnischen und Kreuzrippen aus reinem weißen Marmor aufgegliedert sind. Ein Marmorsockel mit eingeschnittenen Verzierungen läuft rings um das Grabmal, und die Nischen der vier großen Bogen zeigen meisterhaft gearbeiteten Blumenschmuck in Basrelief. Die Kontrastwirkungen ergeben sich also aus den verschiedenen Höhen und Formen der Bogenöffnungen und den wechselnden Materialien und Techniken des dekorativen Schmucks.

Einen stärkeren Kontrast bilden die vier Minaretts. Ihre umlaufenden, von Konsolen getragenen Galerien entsprechen genau der Höhe der horizontalen Gurte und Gesimse des Hauptbaus. Sie überragen mit 42 m Höhe die vier Eckkioske,

Südwestecke des Tadsch Mahal mit Intarsienschmuck in den Bogenzwickeln und an der Dachbrüstung sowie Zickzackbändern in den Eckpfeilern

Geschnitzte Plinthe und untere Mauerpartie der Grabkammer mit Zickzackintarsien in schwarzem und gelbem Marmor

linke Seite: Der Tadsch Mahal mit Hauptzugang und Kanal

TADSCH MAHAL

sind aber nicht so hoch wie die Zentralkuppel. Dadurch soll das Auge des Beschauers von der strengen, fast pyramidenförmigen Masse der Grabkammer abgelenkt werden. Der Mantel der Minaretts ist allerdings im Gegensatz zu den völlig glatten, fast fugenlosen Wandflächen des Hauptbaus aus roh behauenen Marmorsteinen mit stark betonten schwarzen Fugen aufgeführt.

Einen weiteren Kontrast zu der Hauptbaugruppe aus weißem Marmor bilden die Moschee an der Westseite und ihr Pendant an der Ostseite. Beide Gebäude sind aus rotem Sandstein errichtet, jedes hat drei Marmorkuppeln auf schachbrettartig ge-

Marmorrelief im östlichen Alkoven der Grabkammer. Es ist wohl das vollendetste Marmor-Basrelief der ganzen islamischen Welt

Rechte Seite: Gewölbepartie vom westlichen Portal der Grabkammer. Im Gegensatz zu den Fassadenwänden ist die Nische lediglich mit flach eingeschnittenen Dekorationen mit weißem Marmor versehen

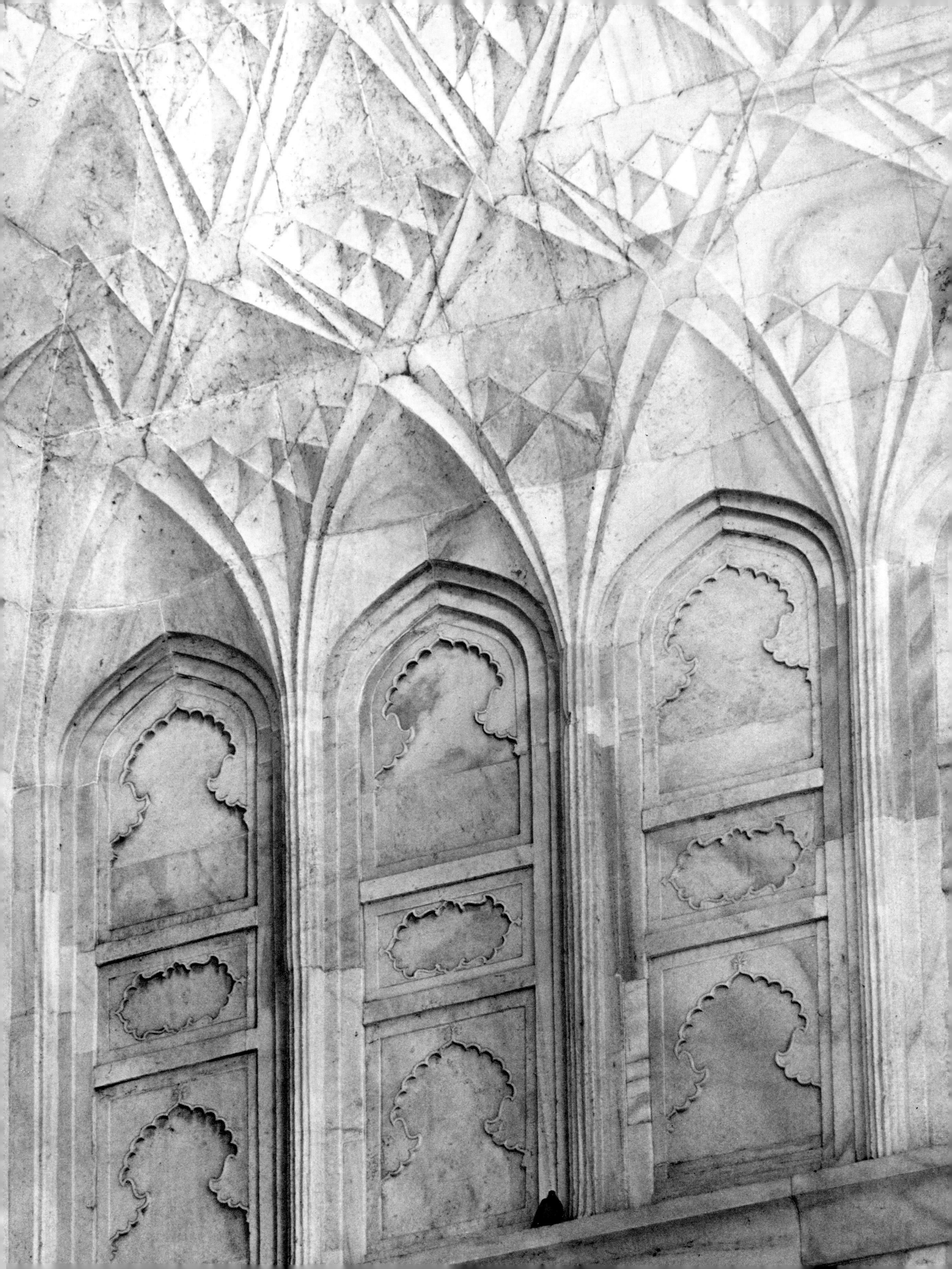

TADSCH MAHAL

Die Wandtäfelung der Sandsteinfassade und die niedrigen Kuppeln der Moschee bilden in Form und Farbe eine reizvolle Einfassung des Hauptgebäudes

mustertem Tambur und sparsamen *pietra-dura*-Schmuck in den Bogenzwickeln. Eigentlich sollten sie als Einfassung der zentralen Baugruppe erscheinen, doch unglücklicherweise bleiben sie durch die zahlreichen hohen Bäume dem Blick verborgen, wenn man sich auf der Allee dem Zentralgebäude nähert.

Im Innern des Mausoleums liegt unter der falschen Decke der Kuppel ein achteckiger Raum, in dessen Mitte das Kenotaph von Mumtaz-i Mahal steht und ihm zur Seite das von Schah Dschehan. Hätte der Kaiser den Tadsch ursprünglich als sein eigenes Grabmal vorgesehen, dann stände sein Kenotaph in der Mitte. Tatsächlich beabsichtigte er, auf dem anderen Flußufer eine dem Tadsch ähnliche Grabanlage für sich selbst aus schwarzem Marmor zu errichten und beide Mausoleen durch eine Brücke miteinander zu verbinden. Reste der Fundamente sind auf dem gegenüberliegenden Ufer des Dschumna gefunden worden. Aber Schah Dschehan mußte die letzten Jahre seines Lebens als Gefangener im Fort von Agra verbringen, während sein Sohn Aurangzeb in Schahdschehanabad-Delhi herrschte. Die beiden Kenotaphe sind umgeben von einem achteckigen Gitterschirm aus durchbrochenem weißen Marmor, der früher über und über mit Edelsteinen inkrustiert war, die wahrscheinlich von Aurangzeb hinzugefügt wurden. Wenn das zutrifft, hat er seinem toten Vater offenbar mehr kindliche Pietät entgegengebracht als dem lebenden. Die Kenotaphe sind überher mit *pietra-dura*-Werk bedeckt, wie es schöner und vollkommener im Tadsch nicht zu finden ist. Die wirklichen Gräber befinden sich in einer Krypta im Sockel, direkt unter den Kenotaphen. Neben dem roten Sandstein aus Fatihpur Sikri und dem makellos weißen Marmor aus Makrana in Radschasthan sind noch viele, zum Teil kostbare Materialien verwendet: Lapislazuli, Jaspis, Achat, Heliotrop, Sardonyx, Kupfer, Jade, Onyx, Koralle, Amethyst und Türkis. Ihre nur leicht abgestuften Farbkontraste bilden im Zusammenspiel einen effektvollen Gegensatz zu dem strahlend weißen Marmor des Bauwerks. Doch neben den schon erwähnten Materialkontrasten und Wechselwirkungen der Dekorationen ergeben sich weitere Kontrastwirkungen aus dem unterschiedlichen Ursprung der verwendeten Techniken und Stilelemente. Die Kuppel, die Fassaden mit ihren Halbkuppelöffnungen, die Minaretts, die *pietra-dura*-Dekorationen in den Bogenzwickeln – alles das ist persischer Herkunft; dagegen deuten die Kuppeldächer der Kioske auf den Ecken und auf den Minaretts ebenso wie die umlaufende Marmorsockelleiste fraglos auf einheimische Kunst hin. Der bei den Moguln so beliebte rechteckige Garten kommt ursprünglich aus Zentralasien.

Die Gesamtanlage ist ein typisches Produkt islamischer Kunst auf indischem Boden. Der Fluß unterstreicht diesen Eindruck noch. Eine ganz besondere Rolle in der Gesamtwirkung spielt das Klima, denn der weiße Marmor, der das Auge in der vollen Mittagssonne blendet, erscheint grau, wenn die Monsunwolken über ihn hinziehen, und rosa oder orange, wenn die tiefstehende Sonne ihn bei Anbruch der Nacht oder des Tages bestrahlt.

Rechte Seite: Blick vom südöstlichen Minarett auf die Hauptkuppe

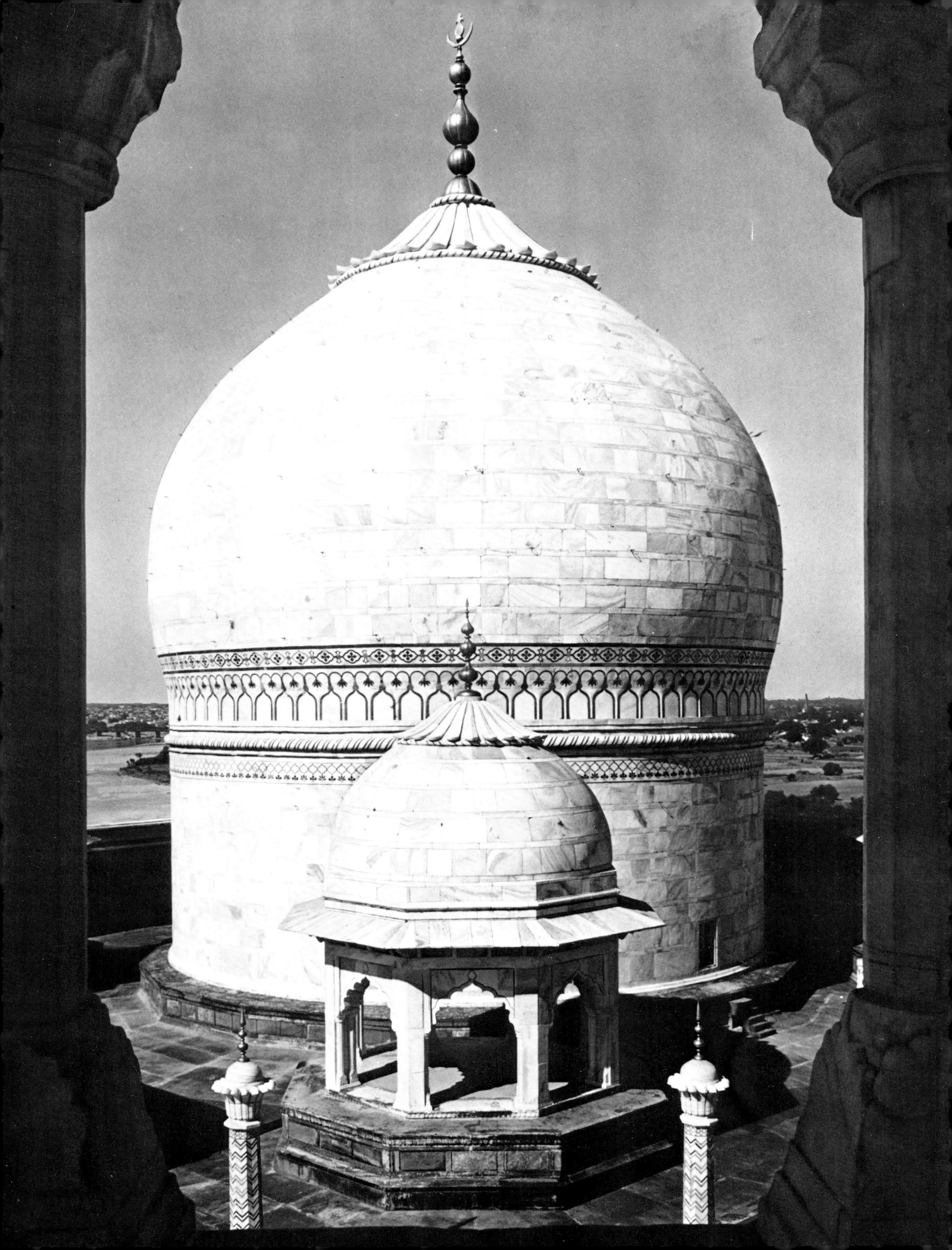

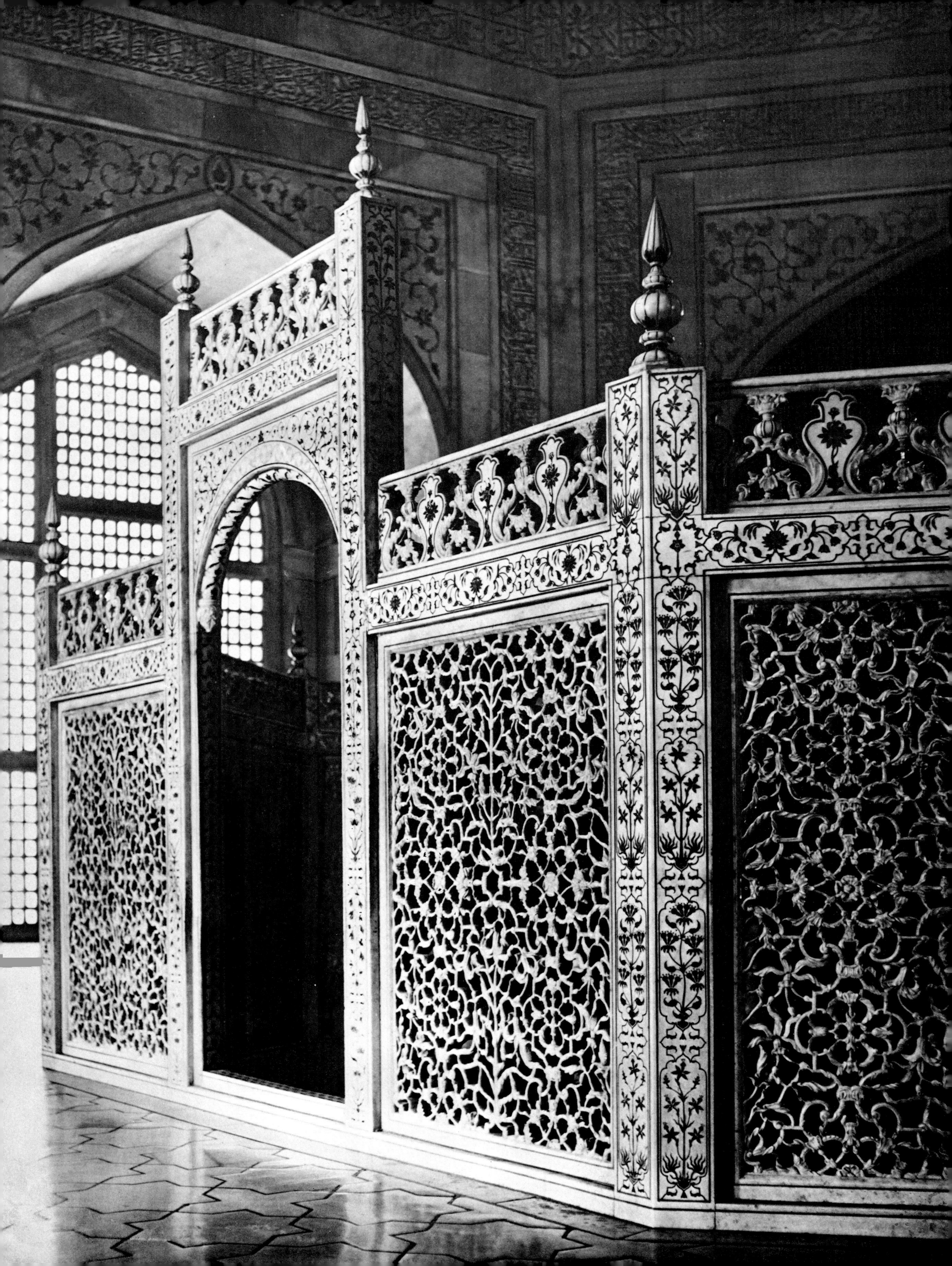

TADSCH MAHAL

Heute bildet der bunte, malerische Strom der Besucher einen weiteren farblichen Kontrapunkt ganz eigener Art.

Der Tadsch hatte in der Mogulzeit zwei große Vorgänger. Erstens das Grabmal des Kaisers Humayun in Delhi, das 70 Jahre zuvor gebaut worden war. Es geht zum Teil auf die Grabarchitektur von Samarkand und Buchara, zum Teil aber auch auf Kazwin in Persien zurück, wo Humayun mit seiner Gefährtin Jahre im Exil verbrachte. Zweitens das Grab von Abdurrahim Khankhanan in Delhi, das kurz vor dem Tadsch vollendet wurde. Seine Kuppeln kommen denen des Tadsch schon näher, beweisen aber, daß die Tradition früherer Vorbilder lebendig geblieben war. Doch mit dem Tadsch starb etwas. Kaum 30 Jahre nach dessen Vollendung gab Aurangzeb den Befehl, außerhalb seiner Dekhan-Residenz Aurangabad ein Grabmal für sein Weib Rabia-ud-Daurani nach dem genauen Plan des Tadsch zu errichten. Besucher, die nie in Agra waren, nennen es den „Tadsch Mahal von Dekhan". Es ist etwa halb so groß wie die Anlage in Agra und ist mit seinen verkrampften Proportionen und dem unruhigen Umriß eher ein Zerrbild als eine Kopie des Tadsch. Der Hauptkanal, die Fontänen, die Zypressenreihen, die Eckminaretts, der Garten, der hohe Sockel – alles erscheint hier in pathetischer Übertreibung als trauriger Beweis für Aurangzebs Geschmacklosigkeit. Eine andere, noch kleinere Imitation in Lakhnau ist noch weit schlechter. Aber in Delhi ging die Tradition wenigstens nicht ganz unter, denn eine der letzten Monumentalgrabanlagen, die des 1753 gestorbenen Safdar Dschang, ist ein maßvoller, würdiger und künstlerisch wertvoller Nachfolger des früher erbauten Grabmals von Humayun – auch wenn sie oft als „schwach und dekadent" bezeichnet wird.

J. BURTON-PAGE

Der puritanische Kaiser Aurangzeb (1658–1707), dessen bigotte Frömmigkeit dem Mogulreich die größte Ausdehnung und den schlechtesten Ruf eintrug

Das Mausoleum der Rabia-ud-Daurani, Aurangzebs Königin, zu Aurangabad. Die sich verjüngenden Eckürmchen, die flachen Bogennischen, der steife Umriß und die unproportioniert massiven Minaretts stempeln dieses Bauwerk zu einer schlechten Imitation des Tadsch Mahal

Linke Seite: Den exzellenten oktogonalen Schrein, der die Kenotaphe von Mumtaz-i Mahal und Schah Dschehan umschließt, ließ Kaiser Aurangzeb errichten

Nepal

Das Nachbarland Indiens im Himalaja mit deutlich eigenständiger Kunst und Architektur

Die vollendetsten Schöpfungen der nepalesischen Architektur sind im Katmandu-Tal auf einem Gebiet von etwa 500 qkm konzentriert. Während die weiten Bergregionen des äußeren Nepal dem Reisenden, der nicht passionierter Bergsteiger ist, unzugänglich bleiben, kann man Katmandu von Indien aus leicht per Flugzeug erreichen, und die Tempel und Schreine des Zentraltals ziehen heute Besucher aus aller Herren Ländern an. So wurde Nepal berühmt durch seine „Pagoden", jene Tempel mit rechteckigem Grundriß und mehrfach übereinandergetürmten Dächern, deren Zahl in der Regel zwei oder drei, in Ausnahmefällen auch fünf beträgt. „Pagode" nannten im 16. Jh. zuerst portugiesische Kaufleute in Indien die typisch indischen Tempel jener Zeit, und seither wird diese Bezeichnung ausschließlich in der westlichen Welt für jede Art von Tempeln mit mehrfachen Dächern gebraucht. Inder und Nepalesen haben keinen besonderen Namen für diese eigenwilligen Gebäude.

Mögen sich auch einige der schönsten Bauwerke dieses Architekturtyps hier im Katmandu-Tal erhalten haben, ihr Stil ist mit Sicherheit indischen Ursprungs. Doch nicht allein in der Baukunst, auch in seiner religiösen und sozialen Struktur hat dieses Zentraltal von Nepal Formen bewahrt, wie sie für das nördliche Indien vor 1000 Jahren typisch waren. Nepal war aber nicht der einzige geistige Schuldner Indiens, vielmehr standen bis zum Vordringen des Islam, welcher der weiteren Ausbreitung des indischen Einflusses Einhalt gebot, die Länder des Karakorum und des Pamir, Zentralasiens und selbst Chinas unter den von Nordwestindien ausgehenden Ausstrahlungen der großen hindu-buddhistischen Zivilisation, die sich auch in Nepal und schließlich weiter nach Tibet ausbreitete.

Buddhistische Klöster und hinduistische Tempel wurden im Zentraltal von Nepal schon vom 5. Jh. an gegründet. Auf dem Gebiet der heutigen Stadt Patan und im nördlichen Teil des heutigen Katmandu wurden, wie aus Inschriften hervorgeht, dank königlicher Stiftungen Klöster errichtet. Aus gleichen Quellen ist bekannt, daß auch eine dritte Stadt – das heutige Bhatgaon – bereits im 6. Jh. existierte und sich wahrscheinlich

König Bhupatindra Mall

Rechte Seite: Bhupatindra Mall auf seinem Pfeilerthron auf dem Durbarplatz von Bhatgaon

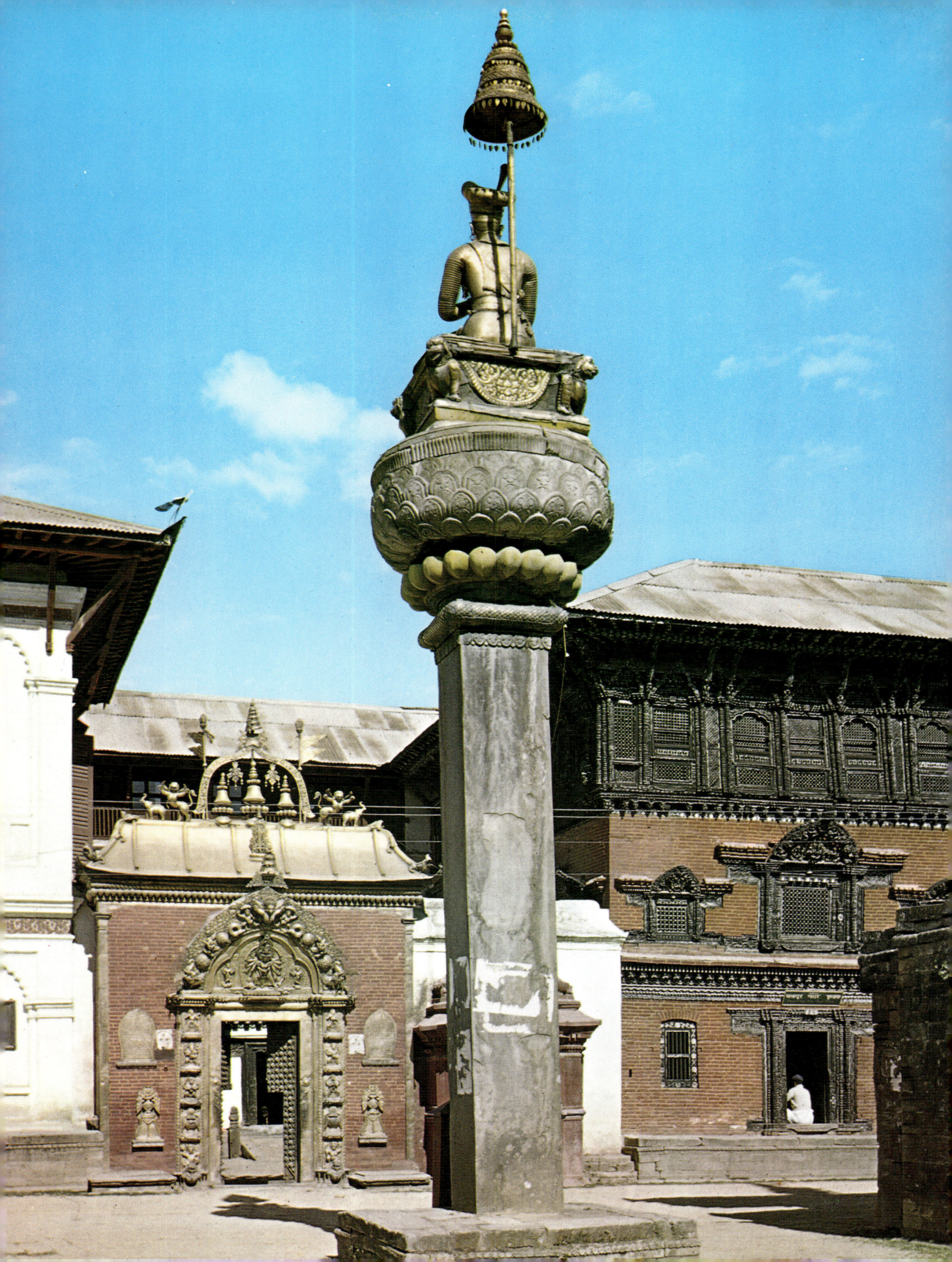

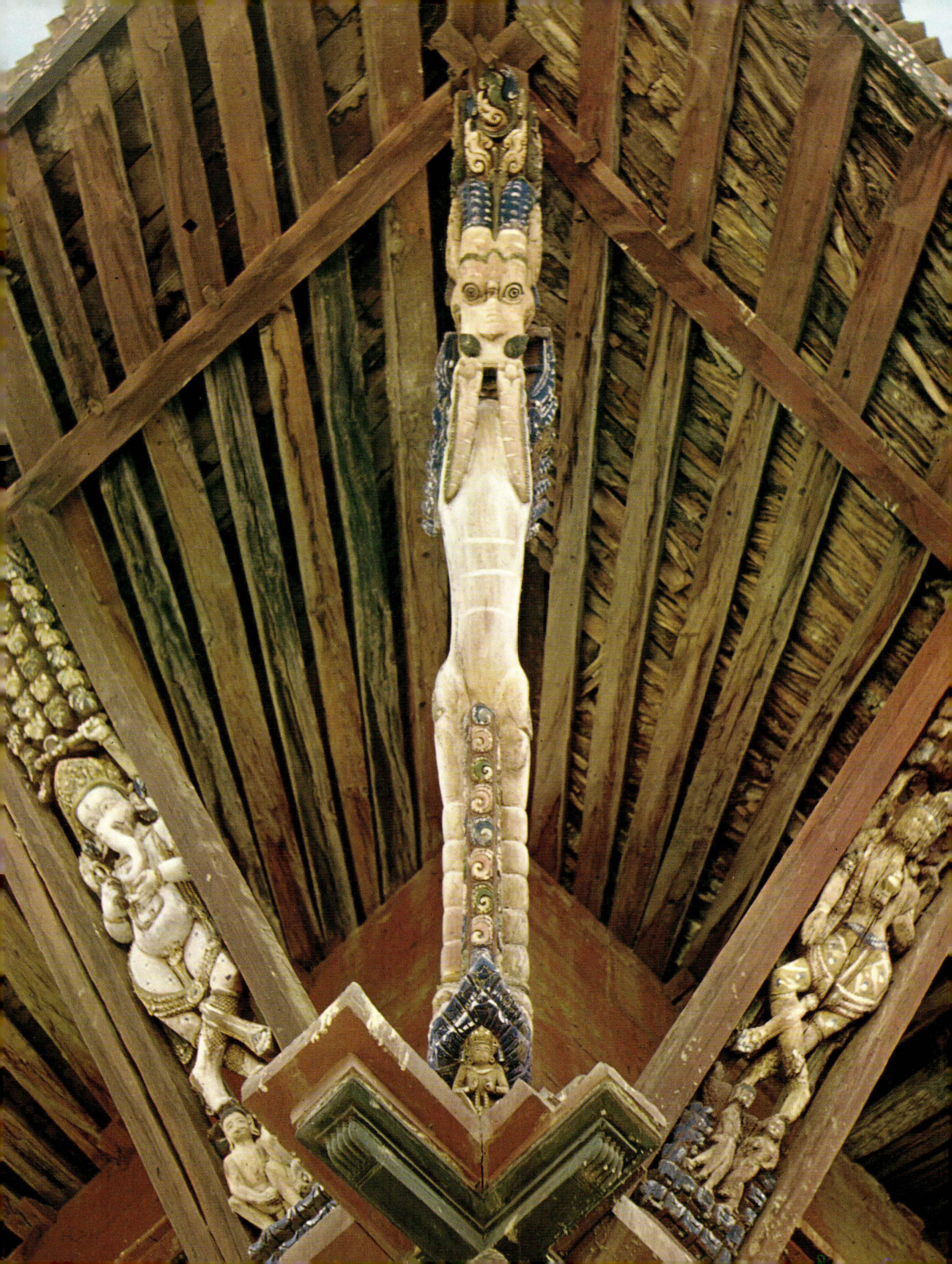

NEPAL

um eine kleine Gruppe von buddhistischen Klöstern herum entwickelte, die heute noch in dem alten nordöstlichen Stadtteil zu finden sind. Möglicherweise ging der Anstoß zu solchen Entwicklungen von den großen buddhistischen Universitätsstädten in Nordindien aus, von Bodh-Gaya, Nalanda, Odantapuri und anderen. Aber ebenso wie in Indien im ersten Jahrhundert nach Christus entwickelten sich Hinduismus und Buddhismus auch in Nepal als zwei verschiedene religiöse Aspekte ein und derselben Kultur. Hsüan-Tsang, ein berühmter chinesischer Pilger, der Indien im 7. Jh. besuchte, erwähnt in seinen Reiseberichten auch Nepal. Ihm war bekannt, daß dort über 2000 Mönche des Mahayana und Hinayana lebten und daß buddhistische Klöster und Hindu-Tempel unmittelbar nebeneinander standen. Er weiß auch zu berichten, daß dort hervorragende Handwerker lebten. Um 1200 hatte der Islam die großen religiösen Zentren Nordindiens zerstört und verdrängte den Buddhismus rasch aus seinem Ursprungsland. Auch das Katmandu-Tal wurde 1346 und 1349 von Invasionen der Moslems heimgesucht, aber trotz der Zerstörung von Schreinen und Tempeln kam es zu keinem plötzlichen Bruch in der nepalesischen Kulturtradition. Von Indien gingen weiterhin starke Impulse aus, allerdings nicht mehr so sehr vom Buddhismus als vielmehr vom Brahmanismus. Die Könige von Nepal – Hindus von der in Indien traditionellen Toleranz – traten als Wohltäter buddhistischer Klöster wie brahmanischer Tempel auf. Erst vom 14. Jh. an zeigten sie ausgeprägteres Kasten-Bewußtsein, das ihrer Toleranz allerdings kaum Abbruch tat.

In dieser Zeit waren Patan und Bhatgaon, jede mit einer eigenen königlichen Dynastie, die beiden bedeutendsten Städte im nepalesischen Zentraltal. Katmandu stand damals in Abhängigkeit von Patan, und auch eine andere kleine Stadt, Kirtipur, entstand im 12. Jh. als ein südlicher Vorposten von Patan. Während in Patan wie in Katmandu immer mehr buddhistische Klöster errichtet wurden, entwickelte sich Bhatgaon mehr und mehr zu einer hinduistischen Stadt. Noch heute finden sich in Patan über 40 und in Katmandu mehr als 30 Klöster (in der Ortssprache heißen sie *baha*), dagegen sind es in Bhatgaon nur etwa sechs.

Diese buddhistischen Klöster sind in der Regel um einen Haupthof angelegt, an dessen einer Seite sich der Tempel erhebt, der an seinem zwei- oder dreistöckigen Dach leicht erkennbar ist. Gedeckte Gänge führen in Nebenhöfe, wie man es in ähnlicher Art in den Universitäten von Oxford und Cambridge antrifft, und wenn man die architektonischen Stilunterschiede außer acht läßt, kann sich der Besucher von Katmandu und Patan in das mittelalterliche Oxford versetzt fühlen. Heute gibt es in diesen alten Klöstern keine eigentlichen Mönche mehr, doch die gegenwärtigen Insassen sind Nachfolger der ursprünglichen Ordensbrüder (sie werden *ba-re* genannt), und viele von ihnen üben das Amt eines Geistlichen aus. So entstand die Kaste der *ba-re* als buddhistisches Gegenstück zu den Brahmanen.

Die Hindu-Tempel unter der Obhut der Brahmanen standen gelegentlich ebenfalls in Höfen, aber weitaus öfter auf mehr-

Der Bhairava-Tempel in Kirtipur, eine der ältesten Pagoden im Zentraltal von Nepal

Hauptstupa in Kirtipur, den fünf höchsten Buddhas geweiht. Ihre Schreine stehen in der Kuppel

Linke Seite: Kunstvoll geschnitzte Streben einer Dachkonstruktion von Bhatgaon

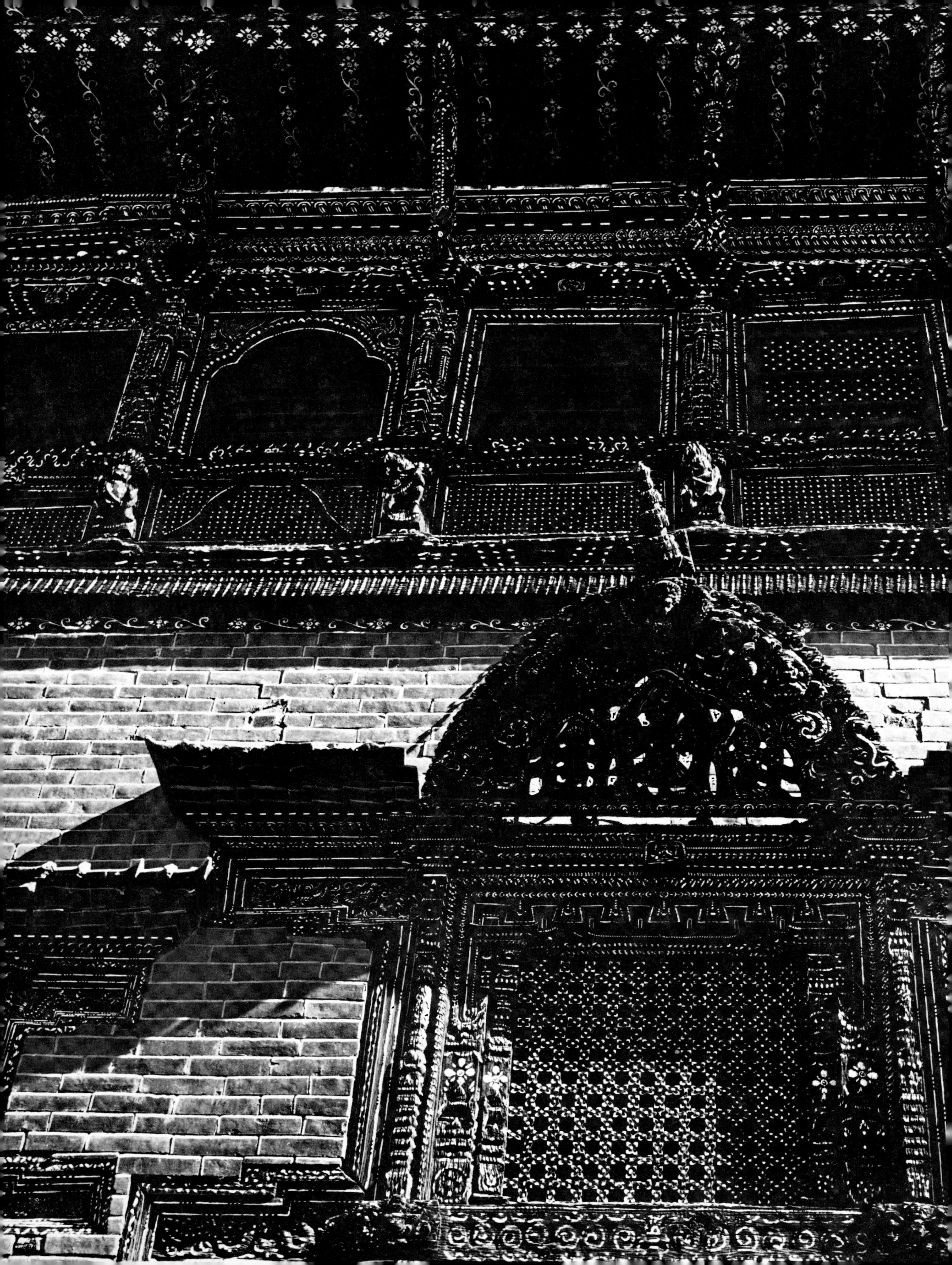

Kambodscha: Angkor Wat

Der große Tempelplatz der Khmer-Könige mit den großartigen erzählenden Basreliefs

Der folgende Bericht über die Hauptstadt Kambodschas ist den Schriften von Chou Ta-kuan entnommen. Er war Mitglied einer Abordnung, die der Mongolenherrscher Tamerlan 1296 dorthin entsandte:

Die Stadtmauer hat einen Umfang von einigen 20 li. Fünf Torwege führen hindurch, die auf jeder Seite ein Nebentor haben. Zwei der Torwege liegen auf der Ostseite, auf jeder anderen Seite einer. Außerhalb der Mauer ist ein breiter Wassergraben angelegt, über den sich große Brücken spannen. Auf jeder Seite der Brücken stehen 54 steinerne Riesen, sie gleichen steinernen Generalen von furchterregendem Aussehen. Die fünf Torwege stimmen in der Form völlig überein. Die steinernen Brückengeländer haben die Gestalt einer 9köpfigen Schlange. Die 54 Riesen halten die Schlangen, als wollten sie ihre Flucht verhindern. Die Tore werden bekrönt von fünf in Stein gehauenen Buddhaköpfen: Das mittlere, nach Westen gerichtete Haupt ist vergoldet. Die Seiten des Torwegs sind zu Steinelefanten ausgearbeitet. Die ganze Mauer ist aus Bruchsteinen aufgeführt, die mit größter Sorgfalt und Genauigkeit aufeinandergesetzt sind, so daß sich in ihren Fugen keinerlei Pflanzenwuchs festsetzen konnte. Die Mauer hat keine Zinnen. Auf dem Wall wurden an einigen Stellen Palmen angepflanzt. Die innere Seite des Walls gleicht einer 10 Fuß hohen Rampe, an deren höchstem Ende Tore liegen, die bei Nacht geschlossen, tagsüber aber geöffnet sind.

Die Mauer ist als Rechteck mit vier Ecktürmen angelegt. Verbrechern, die an den abgeschnittenen Ohren kenntlich sind, ist der Zutritt nicht gestattet. Der Mittelpunkt des Königreichs ist durch einen goldenen Turm markiert, der von über 20 Seitentürmen und Hunderten von Steinzellen flankiert wird. Im Osten liegt eine goldene Brücke mit zwei goldenen Löwen auf jeder Seite und acht goldenen Buddhas auf dem Boden der Steinkammern. Ein li nördlich des goldenen Turms ragt ein Kupferturm von größerer Höhe auf, dessen Anblick äußerst eindrucksvoll ist. An seinem Fuß stehen etwa ein Dutzend Steinbauten. Von hier aus ein li nach Norden liegt der Königspalast mit einem weiteren goldenen Turm im Bereich der privaten Gemächer. Nach unserer Ansicht gaben diese Bauwerke den Anlaß für die lobenden Berichte über Kambodschas Pracht und Reichtum, welche Kaufleute landauf, landab verbreiteten, seit sie sie sahen. Nach dem Verlassen des Südtores trifft man ein halbes li vor der Mauer auf einen Steinturm, der der Überlieferung nach von Lu Pan in einer einzigen Nacht errichtet worden sein soll. Mehr als ein li vor dem Südtor liegt das Grabmal Lu Pans mit einem Umfang von über 10 li. Es enthält mehr als hundert Steinbauten.

Holzfigur eines Betenden aus Angkor Wat, jetzt im Nationalmuseum zu Phnom Penh

Linke Seite: Fensterpfeiler und Basreliefmotive in der Fensterumrahmung einer Galerie in Angkor Wat

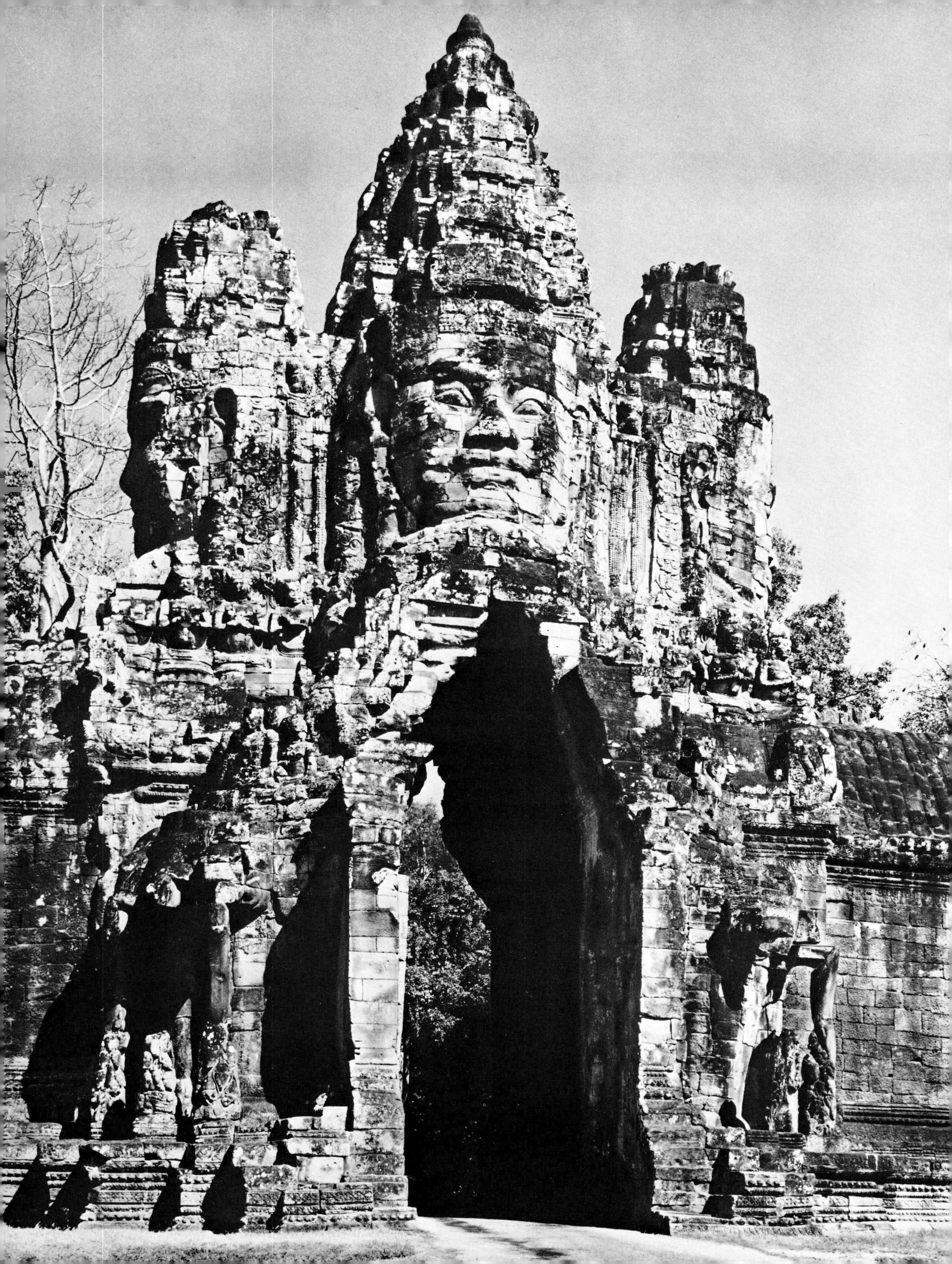

ANGKOR WAT

Hundert Jahre vor Chous Besuch war die Hauptstadt der Khmer-Könige von den Cham geplündert worden, einem Volk, das damals das Landinnere und die südlichen Küstengebiete des heutigen Vietnam eroberte. Nach ihrem Überfall baute König Dschayavarman VII. (1181–1219), ein fanatischer Buddhist, die Hauptstadt im wesentlichen wieder auf. Er errichtete auch die als Angkor Thom bekannte, von Mauern umgebene Zitadelle mit den mit großen Buddhaköpfen geschmückten Torwegen, wie Chou sie beschrieb. Sein „Goldener Turm" ist sicherlich der Bayon (dessen Türme das Kopfthema der Tore wiederholen); dieser war dem Bodhisattva Avalokiteshvara geweiht, der vielleicht in dem Bilde des Königs im Mittelpunkt des Königreichs dargestellt war. Der „Kupferne Turm" scheint der Baphuon zu sein, ein Bauwerk, das den Mittelpunkt einer früheren Hauptstadt aus dem 11. Jahrhundert markierte.

Im Norden wiederum lag „der Palast", der Phimeanakas genannt wird, ein vielumstrittener Bau, der wahrscheinlich unter König Suryavarman I. nach 1002 vollendet wurde. Er ist bekannt als Hemashringagiri, „Berg des goldenen Horns", doch welche Bestimmung er auch gehabt hat, als Palast kann er kaum gedient haben. Sein heutiger Name „Fliegender Palast" deutet eher darauf hin, daß er mit dem König als einem göttlichen Wesen in Verbindung gebracht wurde; denn nach indo-khmerischer Überlieferung haben göttliche Wesen oft fliegende Wohnstätten. Chou wiederholt eine Sage, wonach der König in diesem Turm schlief:

... alle Eingeborenen glauben, daß in diesem Turm ein Geist in Gestalt einer neunköpfigen Schlange wohnt, der Herr aller Seelen im Königreich ist. Er erscheint Nacht für Nacht in Gestalt eines Weibes, und der König muß die erste Wache jeder Nacht mit ihm verbringen. Selbst seine Hauptfrauen wagen nicht, ihn dabei zu stören. Er darf sich erst in der zweiten Wache erheben, um dann mit seinen Frauen und Konkubinen zu schlafen. Wenn der Schlangengeist nicht erscheint, ist das ein Zeichen für den bevorstehenden Tod des Königs.

Man wird bemerken, daß Angkor Wat bis jetzt noch nicht erwähnt wurde, obgleich es heute das bekannteste unter den Bauwerken des Khmer-Reichs ist und dem ganzen Gebiet von Siemreap, auf dem nacheinander die Hauptstädte errichtet wurden, seinen Namen gegeben hat. Zwar erwähnt Chou es in seinem Bericht, aber doch so unklar, daß man es nicht sofort erkennt. Er spricht von dem Steinturm südlich des Südtors, den Lu Pan an einem einzigen Tag errichtete. Hiermit ist der Phnom Bakheng gemeint. Er steht auf einem natürlichen Hügel inmitten eines von Mauern umgebenen Bezirks, der größer ist als Angkor Thom. Phnom Bakheng war der zentrale Schrein, der das Palladium, das Devaradscha von Yashovarman I. (889 bis 900) beherbergte. Dieser Gott-König war – in der Übersetzung seines Sanskrittitels – ein Shiva-linga, und seine Einbringung in den Phnom Bakheng markiert die Wiederherstellung der Hauptstadt Siemreap. Vorher war Roluos längere Zeit die Hauptstadt gewesen, das südlich von Siemreap an der Straße zur heutigen Hauptstadt Phnom Penh lag.

Phantasiedarstellung der vom Dschungel überwucherten Ruinen, welche die Forscher des 19. Jh. im Gebiet von Siemreap vorfanden; aus L. Delaporte, *Voyage au Cambodge*. Erst jüngst wurden die mysteriösen Gesichter an den Mauern von Angkor Thom als die des Avalokiteshvara, des zukünftigen Buddha identifiziert

Steinbildnis Jayavarmans VII. (1181–1219), des Erbauers von Angkor Wat

linke Seite: Der südliche Torweg von Angkor Thom. Vermutlich stellen die Bildnisse von Avalokiteshvara über dem Tor zugleich den König Jayavarman VII., den Erbauer von Angkor Thom, dar

ANGKOR WAT

Der Verlegung der Hauptstadt nach Phnom Penh vollzog sich erst um 1434, nach der Plünderung von Angkor durch Thai-Eindringlinge, die das Kriegshandwerk als Söldner der Khmer erlernt hatten. Als solche sind sie in den Basreliefs von Angkor Wat dargestellt, der nach Chous Bericht, das Grabmal Lu Pans, des Erbauers von Phnom Bakheng ist. Chou Ta-Kuans Bericht über verschiedene Etappen in der Geschichte der Hauptstadt der Khmer zwischen dem Ende des 9. Jh. (Phnom Bakheng) und dem Ende des 12. Jh. (Bayon) ist äußerst verwirrend. Er wird dadurch noch komplizierter, daß er zwei der Gebäude dem chinesischen Architekturgott zuschreibt. Diese Tatsache scheint zwar Chous Bericht völlig unglaubwürdig zu machen, erhöht aber in Wirklichkeit seine Wahrscheinlichkeit. Er wiederholt nämlich die Khmer-Überlieferung, daß Angkor Wat von dem göttlichen Architekten erbaut wurde, den die Hindus Vishvakarman nannten und dessen Namen Chou Ta-kuan in sein chinesisches Äquivalent umdeutete. Jedoch scheint Chous Wissen über den großen Tempel sehr begrenzt gewesen zu sein, vielleicht weil Fremden der Zutritt in den heiligen Bezirk verwehrt war oder weil er bereits zur Zeit seines Besuchs nicht mehr als Kultstätte benutzt wurde. Trotzdem hält Chous Erzählung wesentliche Tatsachen über den Khmer-Staat und seine Herrscher fest. Selbst die merkwürdige Geschichte von dem rituellen Zubettgehen des Königs mit dem landbeherrschenden Schlangengeist ist Bestandteil des geistigen Fundaments des Khmer-Königtums.

Zum Wesen dieses Königtums gehört die Vorstellung, daß es in einem Palladium, dem Devaradscha, verkörpert ist, dessen Heimstatt sich im Mittelpunkt des Königreichs befindet. Vom 9. Jh. an bezeugen zahllose Inschriften diesen Glauben ebenso wie den Wunsch, einen zentralen Berg als Achse des Königreichs zu erschaffen. Dieses Thema ist auch in Indien bekannt, wo es sicherlich mit einem herkömmlichen mesopotamischen Bauelement, dem Zikurrat, in Zusammenhang steht. Mit wachsendem indischem Einfluß auf Südostasien ging die heimische Tradition des Heiligen Berges in die indische Vorstellung vom Sumeru, der Achse der Welt, über. In der Baukunst führte diese Konzeption zu der Tempelanlage mit einem hohen zentralen Block, der von Mauern und Wassergräben umschlossen wurde und einen Mikrokosmos bildete, der die königliche Wesenheit aufnahm und den König, seinen zeitweiligen Besitzer, zum wahren Tschakravartin oder Weltbeherrscher machte. Der König mußte den nur zeitweiligen Besitz durch seine Verbindung mit dem wirklichen Beherrscher des Landes, dem Schlangengeist, ständig neu erwerben.

Dieser Kreuzung zweier Kulturen entsprang eine weitere Vorstellung, die im Khmer-Reich Wurzeln faßte und sowohl seine Kunst als auch seine Terminologie beeinflußte. Denn da der Herrscher mit der Gottheit so innig verbunden war, konnte er zu Lebzeiten durch die Form seines Namens mit dem Gott identifiziert und nach seinem Tode als in dem Gott aufgegangen betrachtet werden. So waren der Name des Königs, der

Rechte Seite: Buddha-Figuren aus Angkor Wat
Dieser Tempel, ursprünglich dem Vishnu-Kult geweiht, wurde später ein buddhistischer Schrei

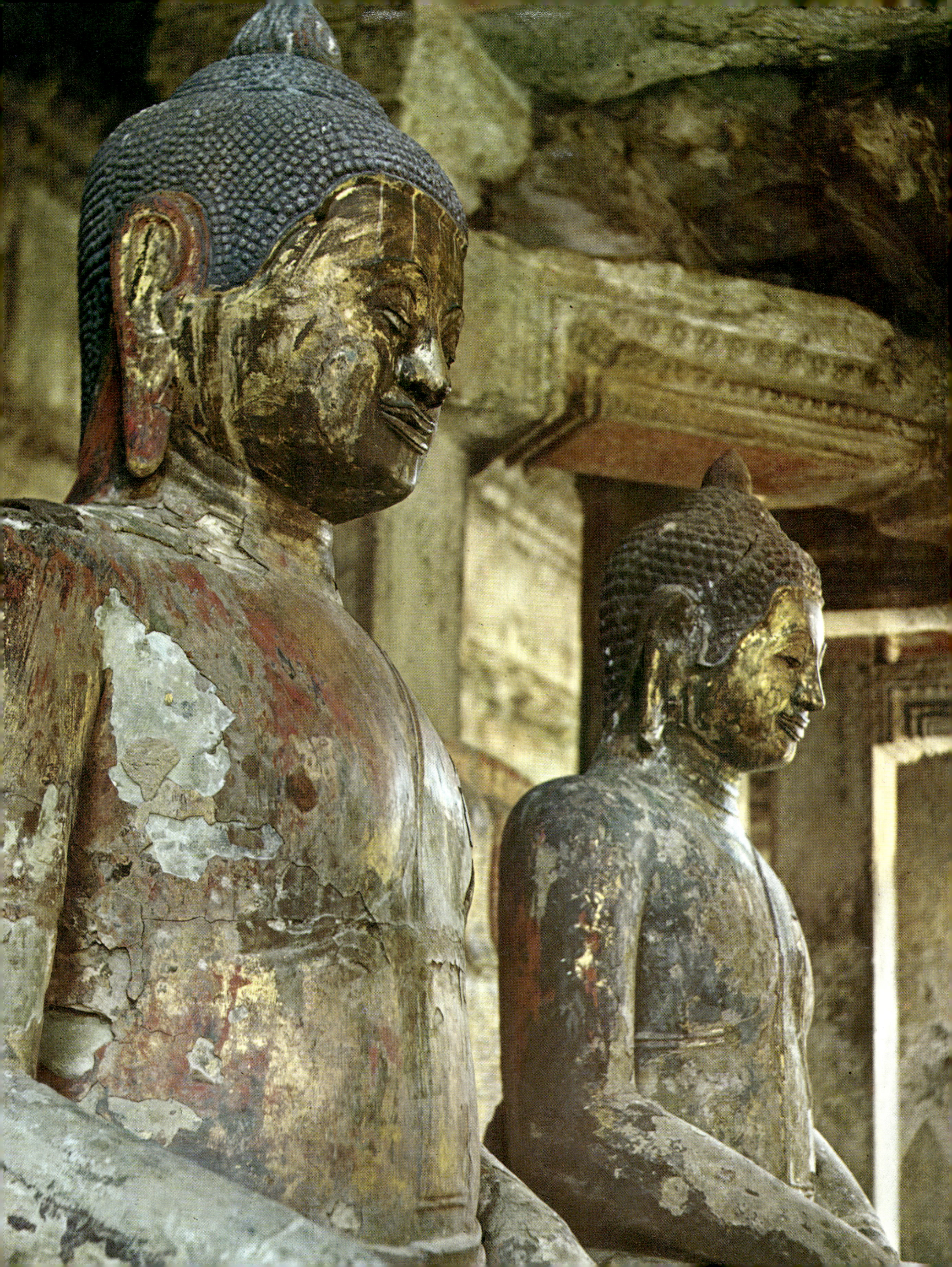

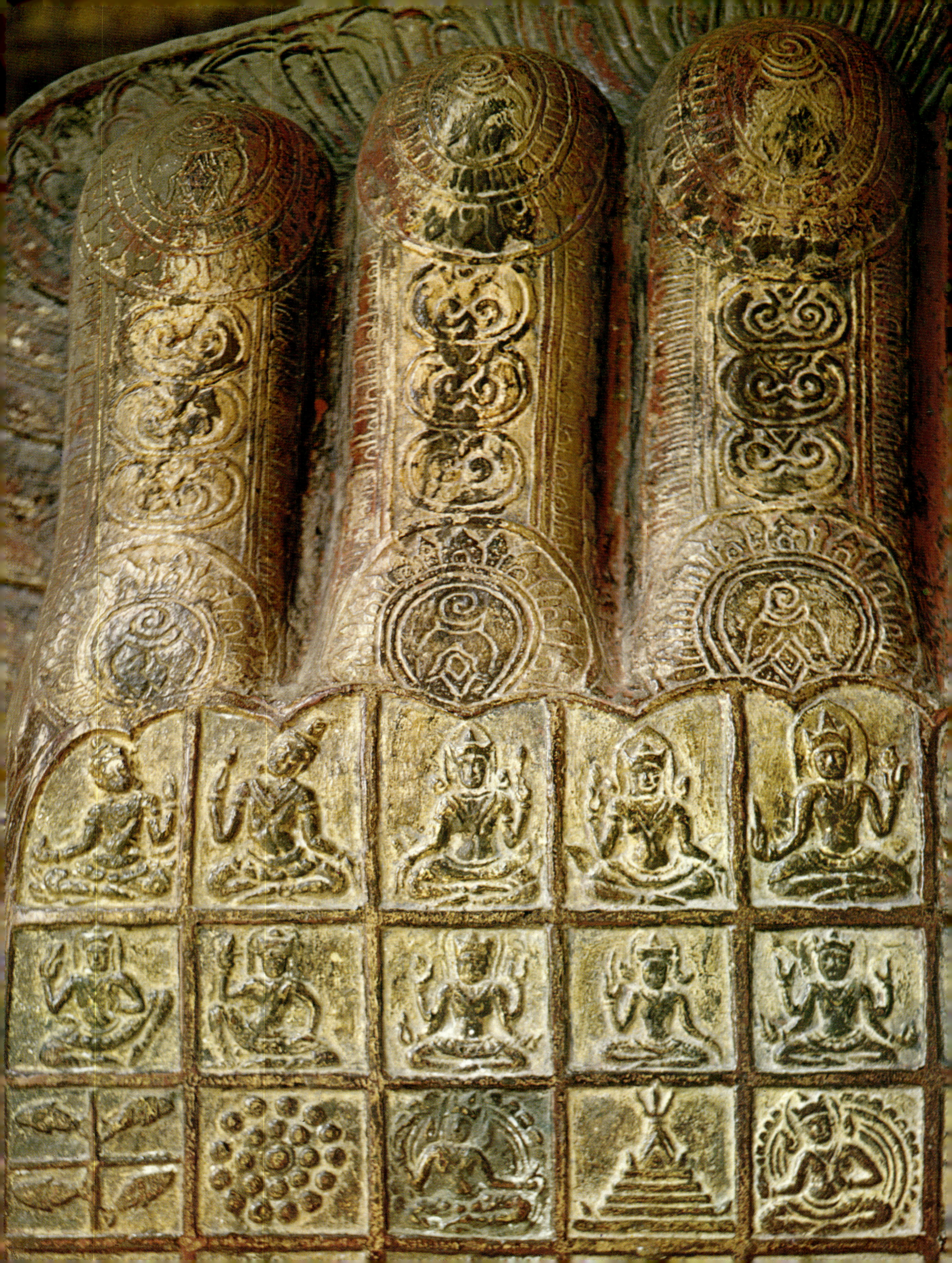

ANGKOR WAT

Name seiner Hauptstadt und der Name des Bildnisses, das, wie man annahm, die Wesenheit des Königs beherbergte, so gewählt, daß in ihnen die Verbindung zwischen dem Herrscher und seiner Gottheit zum Ausdruck kam. Nach dem Tode wurde der Name des Königs geändert; er bezeichnete nun die Gottheit, in der des Königs Geist jetzt wohnte. Aus dem Tempel, der die königliche Wesenheit beherbergte, wurde sein Totenschrein; es scheint, daß hier die Hauptgottheit den zum Gott erhobenen König repräsentierte.

Solch ein Tempel war Angkor Wat. Der große Zentralturm, der Sumeru, erreicht trotz Fehlens seiner Spitze die Höhe von 64 m (über der Zugangsstraße). Die Wassergräben von 190 m Breite rings um die äußeren Mauern stellen den Ozean dar, und die Mauern, ein Rechteck von 1300 × 1500 m, sind als Berge am Rande des Erdkreises gedacht. Die Ausmaße sind riesengroß: Die Sandsteinbedeckung am äußeren Graben ist fast 3 m hoch und hat eine Länge von mehr als 10 km. Der Zugang zu diesem Mikrokosmos erfolgt von der Westseite, wodurch nach Ansicht einiger Schriftsteller sein Grabcharakter betont wird, denn bei den meisten Tempeln liegt der Haupttorweg im Osten. Ein breiter Steindamm mit einem kunstvollen Schlangengeländer überquert den Graben und führt zu einem inneren Bezirk, dessen umfassende Sandsteinmauern (etwa 815 × 1000 m) an drei Seiten Eingänge haben. Der Hauptzugang ist als eindrucksvoller, monumentaler Torweg-Gopuram von rund 200 m Länge ausgebildet, dessen drei Pavillons von Türmen bekrönt sind. Er führt auf eine weitere Zeremonienstraße, die ebenfalls von Schlangengittern eingefaßt ist. Gebäude auf allen Seiten bilden eine Art Hof. Am Ende stehen zu beiden Seiten Zeremonienbehälter gegenüber dem Zugang zum nächsten Bezirk von etwa 270 × 340 m Größe, fast 350 m vom vorhergehenden entfernt. An diesem Punkt ändert sich die Natur des Heiligtums, und erst jetzt, so scheint es, betreten wir den eigentlichen Tempel. Zusammenhängende Galerien verbinden die verschiedenen Bauteile, und das Ganze staffelt sich auf Terrassen bis hin zum Zentralturm, dem innersten Schrein von Angkor Wat. Unmittelbar im Torweg liegt eine große, kreuzförmige Plattform, die zeremoniellen Handlungen am Tempeleingang gedient haben mag. Dieser führt zu einem weiteren Bezirk, der wie der ihn umgebende mit einer gedeckten Galerie ausgestattet war. Der äußere Bereich mißt etwa 185 × 215 m, der innere rund 100 × 115 m; jeder hat Ecktürme und in der Mitte der Seiten nach außen führende Treppen. Die innere Terrasse liegt fast 14 m über dem Niveau des zweiten Hauptbezirks. Die dritte Plattform liegt wiederum 14 m darüber, sie ist etwa 5500 qm groß und von Galerien mit hohen Türmen an jeder Ecke umschlossen. In der Mitte liegt der Zentralturm, der Bildnisschrein, aus dem die Statue aber verschwunden ist. Dieser steigt über einer zusätzlichen Plattform auf, die auf die dritte Terrasse gesetzt ist. Man erreicht ihn über eine steile Steintreppe.

Solcher Art ist das Bauwerk, das Chou Ta-kuan als Grabmal des Lu Pan bezeichnete. Nur wenige Besucher haben den Sinn

Die Nord-Bibliothek von Banteay Srei, etwa 19 km nördlich von Angkor. Der Tempel wurde im Jahre 967 dem Gotte Shiva geweiht

Linke Seite: Detail der Darstellung von Buddhas Fußstapfen mit einigen der 108 magischen Zeichen. Solche Fußstapfen wurden in Asien schon früh verehrt und bedeuteten offenbar die endgültige Inbesitznahme des Landes durch Buddha

Der Große Tempel
von Angkor Wat

Nordwestlicher Eckpunkt des
zentralen Quincunx

Blick von Südwesten auf den Hauptbezirk von Angkor Wat

Blick nach Westen vom zentralen Quincunx auf die innere Seite des zweiten Umgangs

Luftbild von Angkor Wat aus Südosten

ANGKOR WAT

Detail eines Basreliefs mit Kampfszenen aus dem *Mahabharata* in der Westgalerie von Angkor Wat

Vishnu auf seinem Reittier Garuda, Relief aus Prasat Kravan, einem Ziegeltempel, der 921 geweiht wurde

der Überlieferung, die das Werk einem himmlischen Architekten zuschreibt, nicht verstanden. Pierre Loti, Paul Claudel und viele andere erlagen seinem Zauber. Die nüchternsten Gelehrten waren von seiner Majestät und seiner Ornamentik leidenschaftlich bewegt. Nur wenige interessierten sich allerdings für seinen Schutzherrn, den Khmer-König Suryavarman, der den Bau in den ersten Jahren seiner Regierung (1113–1150) begann und in den Reliefs zweimal unter seinem posthumen, vergöttlichten Namen Paramavishnuloka erscheint. Es ist fast sicher, daß die fehlende Statue des Zentralturms den König als Gott Vishnu verkörperte, vermutlich in synkretistischer Gestalt, denn es ist allgemein bekannt, daß der König, der ein bedeutender Bauherr war, auch eine religiöse Reform anstrebte und wenigstens den offiziellen Gottesdienst im Lande zu vereinheitlichen trachtete.

Obwohl der unbekannte Meister für die Anlage des ritusgemäßen Zugangs zum inneren Schrein und die Verkörperlichung des Symbolgehalts des Tempels höchstes Lob verdient, beruht das Wunder von Angkor Wat nicht allein auf seinem Gesamtentwurf und seiner Architektur. Was den Tempel aus den vielen anderen großen Bauwerken des Khmer-Reiches vor allem heraushebt, ist die Behandlung des Ornaments: Nicht nur der rein dekorative Schmuck, auch die Zierschnörkel an den Säulen und die Reihen erzählender Basreliefs an den Galerieumgängen fügen sich harmonisch in die einheitliche Gestaltung des Bauwerks ein. Die blinden Fenster und Türen (die in allen Khmer-Tempeln aus Gründen der Symmetrie und der Orientierung nach den vier Himmelsrichtungen vorhanden sein mußten) gehören zu den schönsten erhaltenen Beispielen von Mauerwerk aus dieser Zeit. Die feinen, flach geschnitzten Blattwerkranken, in deren Blättern Waldvögel spielen, und die zahllosen Apsaras, die himmlischen Nymphen, die die Pilaster und Außenwände der Galerien schmücken, sollen die Mikrokosmos-Vorstellung bekräftigen, ohne die Aufmerksamkeit von dem Hauptschrein des Gottkönigs abzulenken. Der Stil des Schnitzwerks ähnelt Stickereimustern, die Wirkung ist der mit Samttapeten geschmückter Wände vergleichbar. Und obgleich die langen Reihen von Reliefs viel stärker hervortreten, spürt man doch eine außergewöhnliche Zurückhaltung: Sie ergänzen die Architektur und verherrlichen Gott und den König, ohne im geringsten das Bauwerk zu beherrschen.

Nicht alle erzählenden Reliefs datieren aus der gleichen Zeit. Unterschiede in Stil und Technik legen vielmehr den Schluß nahe, daß das Bauwerk nicht zu Lebzeiten des Königs vollendet wurde. Zwar wurde in der Tatsache, daß die Reliefs nur in einem Rundgang entgegen dem Uhrzeigersinn betrachtet werden können, der Beweis dafür gesehen, daß das Monument als Grabmal bestimmt war, jedoch ist das System der Hauptthemen nicht ganz klar und daher auch die Schlußfolgerung nicht unbedingt überzeugend. Ganz sicher behandeln die Reliefs aber alle vishnuistische Themen, und selbst jene des Königs zeigen ihn als Paramavishnuloka, unter welchem Namen er mit dem

Gott Vishnu identifiziert wurde. Zwei der dargestellten Szenen (an den beiden Flanken des nordöstlichen Eckturms) wurden später als die anderen ausgeführt, obgleich sie schon in der ersten Bauperiode umrissen wurden. Sie zeigen Vishnu auf dem Vogel Garuda und Vishnus Kampf mit Bana, in welchem der Gott als Krishna erscheint – ein lange Zeit beliebtes Thema bei den Khmer. Die südliche Hälfte der östlichen Galerie ist dem Quirlen des Ozeans gewidmet, jenem Ereignis, bei dem Götter und Dämonen ihre Kräfte vereinigten, um mit Meru als Quirl und der Weltenschlange als Quirltau, das Ambrosia der Unsterblichkeit aus dem Meer zu gewinnen. Dieses Motiv wurde bei den Khmer zum Hauptthema und ist in Angkor Thom sogar in dreidimensionaler Darstellung zu finden. Hier benutzen Götter und Dämonen zu den Seiten jedes Torwegs den Zentraltempel selbst als Quirl, während der Schlangenleib den ganzen Bezirk umschließt.

Entlang der westlichen Galerie sind zwei Kampfszenen nach Schilderungen von Hindu-Klassikern dargestellt. Die eine behandelt die Schlacht von Lanka, in welcher Affenheere unter Hanuman dem Rama (einer Gestalt Vishnus) beistehen, um sein Weib Sita aus der Gewalt des Dämonenherrschers von Ceylon zu befreien. Diese Geschichte ist dem Ramayana entnommen. Der anderen liegt eine Episode aus dem Mahabharata zugrunde, nämlich die große Schlacht zwischen den Pandava und Kurava. Die Südgalerie zeigt zunächst eine Doppelszene: In der oberen erläßt der König von einem Berg aus Befehle an seine Armee, in der unteren nimmt er mit seiner Begleitung an einer Militärparade teil. Im Anschluß daran, an der anderen Seite der südlichen Vorhalle, finden sich Szenen aus Himmel und Hölle, und es ist erstaunlich zu sehen, daß auch hier – wie so oft in der mittelalterlichen christlichen Kunst – die Höllenszenen weitaus erfindungsreicher und lebendiger gestaltet sind. Die Reihenfolge dieser Darstellungen, so wird vermutet, bedeutet, daß der König, der hier mit seiner Begleitung erscheint, schon das Reich des Todes durchschritten hat und (vielleicht mit Hilfe des Ambrosias aus der anschließenden Quirlszene) gerade in Vishnus Himmel eingehen will, um im zentralen Turm als Paramavishnuloka verehrt zu werden. Pierre Loti, der als „Pilger von Angkor" bekannt wurde, schrieb überschwenglich von „... Pälasten, in denen jene maßlos prunkliebenden Könige lebten, von denen wir nichts wissen, die in Vergessenheit gerieten, ohne mehr zurückzulassen als einen in Stein oder ins Gedächtnis eingemeißelten Namen".

Die Khmer selbst schrieben Angkor Wat dem göttlichen Architekten Vrah-Bisnukarman zu. Die Forschungen französischer Archäologen und Gelehrter haben zwar nicht die Namen der einzelnen Künstler und Handwerker zutage gebracht, aber doch wenigstens den des Königs, der dieses Meisterwerk als Tempel und Grabschrein inspirierte. Doch diese Erkenntnis kann der Unermeßlichkeit dieser architektonischen Großtat im Kambodscha des 12. Jh. gewiß in keiner Weise Abbruch tun.

A. H. CHRISTIE

Himmlische Tänzerin (Apsara) von der Innenseite der Umfassungsmauer

Ausschnitt aus dem Fries oberhalb der Tänzerinnen an der Innenseite der Umfassungsmauern

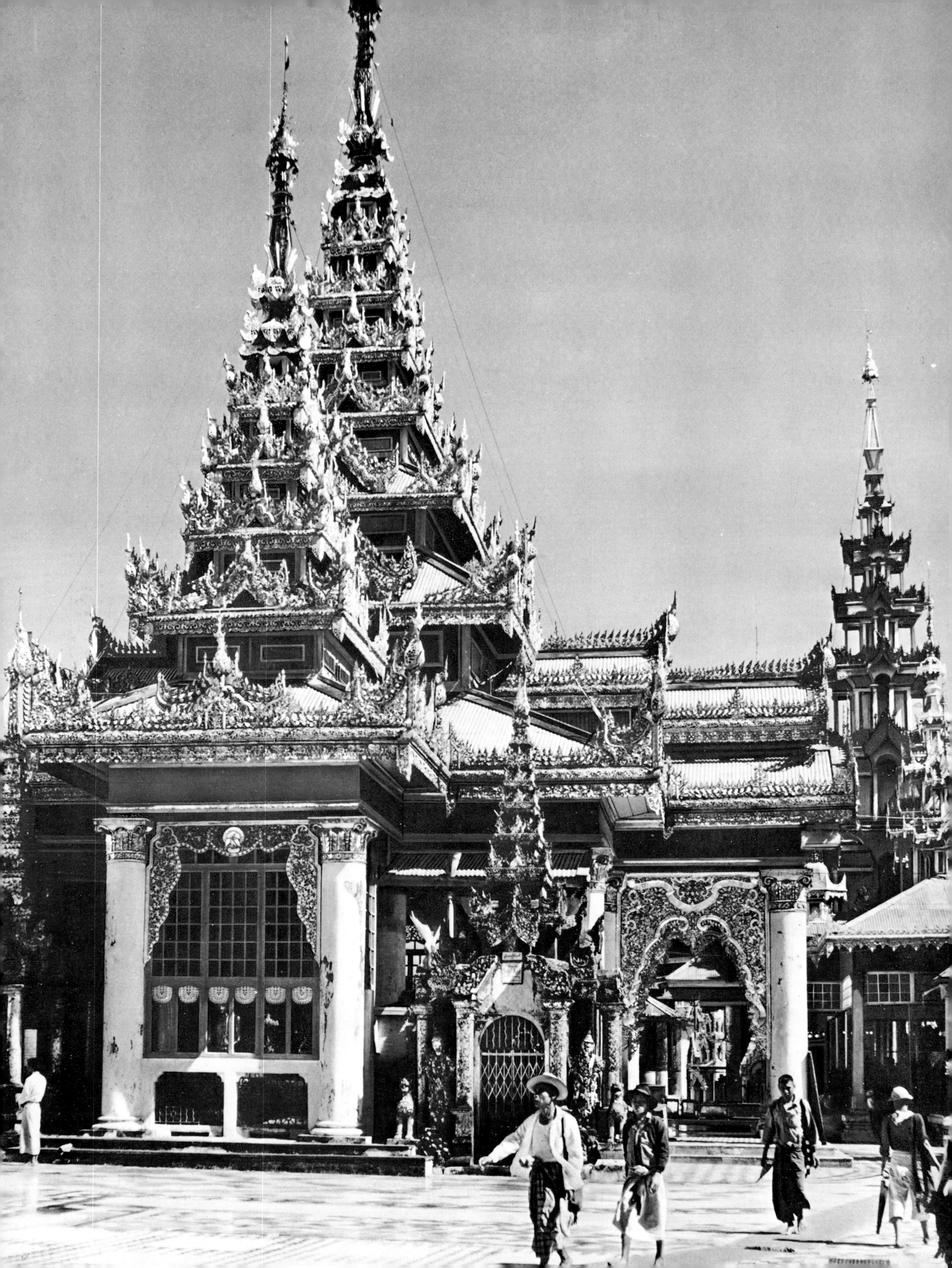

Burma: Der Shwe Dagon

Der bekannteste Tempel Burmas, ein spitzer goldener Turm, der die Stadt Rangun hoch überragt

Das Recht, mit dem Titel „Gründer eines Klosters", „Stifter einer Buddhafigur" oder „Erbauer einer Pagode" angeredet zu werden, wird nur dem Burmesen zuteil, der eine der Haupttugenden des Buddhismus erfüllt hat: das Schenken. Durch Schenken erwirbt sich der Laie Verdienste, die auch schlechte Taten aufzuwiegen vermögen, und er kommt dem höchsten Ziel, dem Nirwana, einen Schritt näher, dem Zustand, in dem die unerbittlichen Gesetze des Karma ihre Wirkung verloren haben. Die Erreichung des Nirwana ist für den Buddhisten die letzte Hoffnung; das Mahaparinirwana Buddhas bezeichnete das Ende seiner irdischen Laufbahn. Er lehrte das Gesetz, den Dharma, auf dem der Buddhismus beruht, und gründete den Orden, das Sangha, der unaufhörlich seine Lehre befolgt und sie den Laien verständlich macht.

Die Drei Juwelen: Der Buddha, der Dharma und das Sangha sind das Herz des Buddhismus, und der Laienstand dient ihm auf verschiedene Weise: durch die Versorgung der Mönche mit Nahrung, durch den Bau von Pagoden und Klöstern, durch die Stiftung von Buddhastatuen und von Bildern oder Reliefs, welche die Hauptsätze der Lehre erläutern oder als Ermahnung zum Wohlverhalten dienen. Es ist allerdings merkwürdig, daß in den kanonischen Büchern der Buddhistischen Lehre solche Betätigungen kaum erwähnt werden. Der alte Brauch des Stiftens und Schenkens geht also mehr auf die Überlieferung zurück als auf ausdrückliche Gebote der Schrift.

In einer Fassung des buddhistischen Kanons wird erzählt, warum eine Darstellung vom „Rad der Lehre" an der Außenmauer des Klosters angebracht wurde. Dieses Symbol versinnbildlicht einen entscheidenden Augenblick aus der Lebensgeschichte Buddhas: seine erste Predigt im Hirschpark von Benares, mit der er das „Rad der Lehre" in Bewegung setzte. Das Rad steht also symbolisch für die Lehre Buddhas, und aus dem Text der Geschichte geht hervor, daß das Bild dazu bestimmt ist, die Ausbreitung der Lehre während der Abwesenheit Buddhas zu fördern, zunächst während seiner Wanderjahre,

Wächterfigur aus vergoldetem Holz vom Shwe Dagon. Der Stil ist nachklassisch. Das Kostüm hat sich im traditionellen Schauspiel erhalten

Linke Seite: Der Pavillon im Shwe Dagon mit den verschwenderischen Vergoldungen und Lackarbeiten. Die einzelnen Spitzen wurden ebenso wie das Bauwerk insgesamt als Sinnbilder der Weltachse angesehen und die gestuften Dächer als die verschiedenen Himmel

Blick auf den Shwe Dagon vom jenseitigen Ufer der königlichen Seen

Details der Schreine an der Nordostecke des Shwe-Dagon-Bezirks

später nach seinem Eingang in das Nirwana. Eine andere Geschichte berichtet von einem Bild Buddhas, das unter wunderbaren Umständen entstand, damit seine Erscheinung für die Nachwelt erhalten blieb; die große Wirksamkeit anderer berühmter Buddhabilder wird darauf zurückgeführt, daß sie getreue Kopien dieses Originals sind.

Die Errichtung von Bauten für Mönche und kultische Zwecke ist zwar eine Selbstverständlichkeit, doch ist auch hierfür eine grundsätzliche Anweisung kaum zu finden. Zweifellos ist der Stupa – um einen Begriff der europäischen Vorgeschichte zu gebrauchen – nichts anderes als ein rundes Hünengrab; denn letzten Endes besteht er aus einem halbkugelförmigen, von einer Palisade umgebenen Erdhügel über einem Grab mit einem hochragenden Mast, an dem vielleicht eine Art Wimpel flatterte, um die Aufmerksamkeit der Vorübergehenden auf sich zu ziehen. Daß der Stupa für die Aufnahme heiliger Reliquien bestimmt war, ändert an dieser grundsätzlichen Ähnlichkeit ebensowenig wie seine traditionelle Bestimmung als Wallfahrtsort.

Nach Hsüan-Tsang, dem berühmten chinesischen Pilger, der von 629–645 die buddhistischen Länder durchwanderte, war in Baktrien noch immer die alte Überlieferung lebendig, wonach Buddha seinen beiden ersten Laienjüngern, den Kaufleuten Trapusha und Bhallika (im Burmesischen Tapusa und Palikat), eine Locke seines Haares sowie ein Stück seines Nagels schenkte und ihnen Anweisungen für den Bau eines diesen Gaben angemessen Schreins gab:

Er nahm seine drei Gewänder, faltete sie vierfach zusammen und legte sie übereinander auf die Erde, das größte zuunterst, das kleinste obenauf. Dann legte er seine Bettlerschale auf die Kleidungsstücke, steckte endlich noch seinen Bettlerstab auf die Spitze und sagte: „So macht man einen Stupa."

Dieser Wortlaut ist verhältnismäßig späten Datums, aber die Reliquien, der Buddha und der Stupa sind in der Überlieferung schon so früh miteinander in Zusammenhang gebracht worden, daß der Stupa zu einem Grundmodell buddhistischer Architektur wurde. Schon die ältesten Baudenkmäler zeigen, daß der Stupa, gewöhnlich in Gedankenverbindung mit dem Baum, in dessen Schatten Buddha starb, das Symbol für sein Eingehen in das Nirwana ist und als bildhafter Ausdruck des historischen Ereignisses seines Todes gilt. Eine weitere Bestätigung findet sich in der Überlieferung des Reliquienkrieges, der nach seinem Tode ausbrach, weil alle jene, die ihn zu Lebzeiten begleitet hatten, ein Teil von ihm als heilige Reliquie beanspruchten. Der Legende nach soll Kaiser Ashoka in seinem Reich über 80 000 Stupas für Buddha-Reliquien errichtet haben. Der tiefere Sinn der Verbindung von Buddha und Stupa ist am eindringlichsten in einer mittelalterlichen javanischen These festgehalten: „Der Leib Buddhas ist ein Stupa."

Der Stupa und der Ritus des kultischen Umgangs (*pradakshina*) im Richtungssinn des Sonnenbogens sind daher althergebrachte buddhistische Formen; aber die Entwicklung des Bildkultes führte bald zu der Notwendigkeit, für die Bilder Gehäuse zu schaffen. Und nun war es nur noch ein kleiner Schritt zum Tempel. Allerdings nahmen keineswegs alle buddhistischen Schulen den Tempel an (denn eigentlich war der Buddha keine Gottheit und sollte daher auch nicht angebetet werden). Während also das Bildnis Buddhas ausdrücklich von der Anbetung ausgeschlossen war, wurde, wie mit gutem Grund angenommen werden kann, der Stupa oder ein kleines Stupamodell in einem Schrein oft als eine Art Gottheit angesehen und verehrt.

Auf jeden Fall kamen im Buddhismus sehr schnell zahlreiche Bräuche auf, die sich kaum von der Verehrung einer hinduistischen Gottheit unterschieden. Das führte zu einer Entwicklung der buddhistischen Tempelarchitektur, die ganz natürlich von hinduistischen Vorbildern inspiriert war. Lange Zeit existierten in Burma Stupa und Tempel nebeneinander, doch es gibt auch eine interessante Synthese, für welche die Ananda-Pagode in Pagan (erbaut 1105 n. Chr.) ein Beispiel ist. Äußerlich erscheint sie zwar als Tempel, kann aber ihre Herkunft von einem Stupa nicht verleugnen. (Der Stupa bildet jetzt scheinbar das Kultzentrum des Bauwerks, ist jedoch massiv, ohne Cella, gebaut.) Um den Bau herum führt eine Reihe von Wandelgängen, die wie der Grundriß des Tempelsockels quadratisch angelegt sind. Die Gänge sind überdeckt, als handelte es sich hier um einen herkömmlichen Tempel, die Wohnung eines Gottes.

Die frühesten erhaltenen Bauwerke in Burma, etwa vom Ende des 7. Jh., enthalten Schreine zur Aufnahme eines Götterbildes, Schreine mit massivem Kern, an dessen vier Seiten Reliefbilder des Gottes zur Schau gestellt werden konnten, und Stupas, die eine gewisse Ähnlichkeit mit jenen im Gangestal in Indien zeigen. Diese Gebäude werden den Pyu zugeschrieben, einem Volk, das mit den Burmesen verwandt ist, aber noch vor diesen in Burma lebte. Einst beherrschten sie den größten Teil des zen-

Das *hti*, die vergoldete Spitze des Shwe Dagon mit dem königlichen Sonnenschirm. Der Stupa gilt als Personifizierung Buddhas der von einem solchen Sonnenschirm (Hoheitsschirm) beschattet werden muß

DER SHWE DAGON

Die Mingalazedi-Pagode zu Pagan, 1241 erbaut, ist ein großartiges Beispiel der klassischen religiösen Baukunst in Burma

tralen Hochlandes, und ihre Kultur hat wesentlich zur Entwicklung Burmas und seiner buddhistischen Architektur beigetragen. Ähnliches gilt auch für die Mon, die das burmesische Flachland sowie Teile von Thailand bewohnten und einst große Gebiete in der Mitte und im Süden des Landes beherrschten.

Sowohl die Mon als auch die Pyu hatten einen entscheidenden Einfluß auf die große Blüte der religiösen Baukunst, die sich in Pagan (Zentralburma) im 11., 12. und 13. Jh. entfaltete. Hier, auf einem Raum von ungefähr 32 qkm am Ufer des Irawadi, in einem trockenen und fast baum- und regenlosen Dünenland erbauten sie über 6000 Tempel und Klöster aus Ziegelsteinen. Nur eines dieser Bauwerke diente den Hindus und einige wenige den Anhängern des Mahayana. Die Gebäude in Pagan, zum Beispiel die Mingalazedi-Pagode, waren fast ausnahmslos dem Dienst des Theravada-Buddhismus geweiht. Es sei auch daran erinnert, daß Tausende anderer Bauten: Klöster, königliche

DER SHWE DAGON

Residenzen sowie Häuser und Hütten für die Laienbruderschaft, aus Holz gebaut waren, von denen keine Spuren übrigblieben. Jedenfalls setzte sich hier eine Synthese aus den frühen Stilen der Mon und Pyu durch, und zwar in einem Gebiet, in dem die Burmesen nach und nach das Übergewicht erlangten. So kam es zur Entwicklung einer Kultur, die hinfort als im eigentlichen Sinne burmesisch bezeichnet werden kann, eine Kultur, in welcher der Buddhismus eine Hauptrolle spielte.

Durch Mithilfe bei der Errichtung religiöser Gebäude konnte der Laienstand ebenfalls im Dienste der Religion tätig sein. Zwar waren die großen Stupas, wie aus den Inschriften hervorgeht, häufig königliche Gründungen, aber auch der geringste Bauer konnte und kann heute noch zum Bau beitragen, indem er ein Stück Goldfolie für die Kuppel oder für eine der Schmuckfiguren des Schreins stiftet oder auch nur einen Wassertopf zur Erfrischung der Pilger. Die wohlhabenderen Bürger umgaben wohl den Sockel des Hauptgebäudes mit kleineren Stupas oder Schreinen und stellten Statuen oder erbauliche Gruppen mit Szenen aus dem Leben Buddhas hinein.

Eine andere Art von Schreinen mag für die *nats* bestimmt gewesen sein, für jene halbgöttlichen, nicht immer gutgesinnten Geister, bei denen es sich vielleicht um Glaubensreste vorbuddhistischer Zeit handelt. Das beste Beispiel hierfür ist die zu Ende des 11. Jh. von König Kyanzittha erbaute Pagode Shwe Zigon in Pagan, die oft als der nationale Schrein Burmas angesehen wird. Hier sind die Nats stilvoll untergebracht; darauf soll der König selbst bestanden haben, um die Verehrer der Nats in den Stupa zu ziehen, wo sie nach seiner Meinung eher überzeugt werden konnten, den Buddhismus anzunehmen.

Obwohl die Shwe-Zigon-Pagode in der Geschichte des burmesischen Nationalismus eine so bedeutende Rolle spielt, ist sie außerhalb Burmas nicht der bekannteste Stupa dieses Landes. Das ist vielmehr der große Shwe-Dagon-Stupa, der sich auf einem kleinen Hügel im Weichbild Ranguns erhebt und die Stadt und ihre Umgebung weithin beherrscht. Nach der burmesischen Überlieferung schenkte Buddha Tapusa und Palikat acht von seinen Haaren, die sie in das Goldene Land Suvannabhumi brachten und dort zusammen mit Reliquien von drei vorhergehenden Buddhas unter der Shwe-Dagon-Pagode in Schreine schlossen. So die Überlieferung; aber die Pagode hat, soweit bekannt ist, kein hohes Alter, und ganz sicher ist ihre gegenwärtige Form jüngeren Datums. Wir wissen, daß sie im Jahre 1362 von einem König ausgebessert und dabei auf 20 m erhöht wurde. Um die Mitte des folgenden Jahrhunderts war die Höhe bereits verdoppelt, und 1768 hatte die Pagode die Höhe von fast 100 m und damit ihre gegenwärtige Form erreicht. Als ornamentalen Abschluß der Pagode stiftete König Mindon im Jahre 1871 zur Erinnerung an den 5. Buddhistischen Kongreß zu Mandalay das *hti*, die bei burmesischen Pagoden übliche krönende Spitze mit dem Sonnenschirm. Diese Schenkung stellte in Wirklichkeit sowohl einen Akt der Frömmigkeit dar als auch eine Manifestation des burmesisch-buddhistischen Nationalis-

Tempel und Klöster in Pagan

Blick auf die trostlose Einöde von Pagan, von Colesworthy Grant, einem Künstler, der 1855 den burmesischen Hof zu Ava besuchte. Hier standen einst über 6000 aus Ziegeln erbaute Tempel, Stupas und Klöster; hier vollzog sich die Synthese zwischen den Stilelementen der Inder, Mon, Pyu und Burmesen, aus der später die burmesische Architektur und Kultur hervorgingen

Der Sockel des großen Shwe-Dagon-Stupa mit den kleineren Schreinen und Wächtertieren

Der Shwe Dagon, wie ihn Lt. Joseph Moore (of His Majesty's 89th Regiment) im Jahre 1825 sah. Die Glocke ist wahrscheinlich die zweitgrößte der Welt

DER SHWE DAGON

mus wider die britische Fremdherrschaft. Als deshalb die Behörden dem König die Teilnahme an der Feier versagten, überreichten seine Abgesandten das *hti*, dessen Juwelen damals einen Wert von 62 000 £ hatten.

Von einem englischen Kaufmann namens Ralph Fitch, der fast 200 Jahre früher Burma bereist hatte, gibt es folgenden Bericht über seine Eindrücke vom Shwe Dagon:

Über zwei Tagesreisen von Pegu (der damaligen Hauptstadt Burmas) entfernt steht eine Pagode, der Wallfahrtsort der Einwohner Pegus. Ihr Name ist Dagonne, sie ist von märchenhafter Größe und von unten bis oben vergoldet. In einem Tempel in der Nähe verrichten ihre Priester die Gebete. Dieser Tempel ist 55 Schritt lang, im Innern sind drei Gänge angeordnet, zwischen denen 40 vergoldete Pfeiler stehen. An allen Seiten hat der Bau Öffnungen mit kleinen ebenfalls vergoldeten Pfeilern, überhaupt ist das ganze Bauwerk innen und außen mit Gold bedeckt. Ringsherum liegen hübsche Häuser, in denen die Pilger sich ausruhen, sowie Gebetshäuser für die Priester mit zahlreichen männlichen und weiblichen Skulpturen, die auch über und über vergoldet sind. Ich glaube, dies ist der schönste Platz auf der Erde. Die Pagode steht auf einer Anhöhe, vier Wege mit Obstbäumen zu beiden Seiten, auf denen man über 2 km im Schatten wandern kann, führen zu ihr hin. An den hohen Festtagen kommt man wegen des großen Gedränges zu Lande und zu Wasser nur mühsam voran; denn das Volk strömt hier aus allen Teilen des Königreichs zu seinem Fest zusammen.

Noch heute stehen die schattenspendenden Bäume an den langen Zufahrtswegen mit den herrlich geschnitzten und von Spitzen bekrönten Eingängen aus vergoldetem Holz. Diese Spitzen wiederholen sich immer und immer wieder an den zahlreichen kleinen Schreinen und niedrigen Stupas, die sich in den Schatten des Shwe Dagon drängen. Die Terrasse, über der sich der Hauptstupa erhebt, ist weit größer als zu Zeiten Fitchs. Sie ist rechteckig angelegt mit Seitenlängen von 275 × 210 m und steigt fast 51 m über den Fuß des Hügels auf. Chintés, burmesische Leogryphen, bewachen den Schrein und seine Zugänge sowie die Urnen mit der Asche von Mönchen, die nach strengem Ritual verbrannt wurden.

Hier werden keine Gottesdienste abgehalten; wie Fitch bemerkt, „waren weder Gottesdienste noch andere Zeremonien festzustellen, sondern nur das Gebet". Die Mönche legen die Lehre aus, wie Buddha es befahl; die Laien hören zu und erwerben dadurch Verdienste. Für sie besteht das Beten – wenn man diesen Begriff überhaupt in einer Religion anwenden kann, in der es keine Gottheit gibt – im Bezeugen der Ehrerbietung für den Stupa, vielleicht im Anheften eines Stückchens Blattgold, im Einholen von Vorzeichen und im Rundgang um den Schrein. Gelegentlich befragen sie auch einen der zahlreichen Astrologen, die ihr Geschäft im Bezirk der Pagode betreiben, oder treffen sich mit Freunden zum Picknick. Denn der Besuch der Pagode ist ein Feiertag, der zu Zeiten hoher Festlichkeiten zum Familienausflug wird. Über allem aber steht immer wieder weithin sichtbar die große goldene Spitze, die an die Nichtigkeit der Welt gemahnt und an die Wahrheit, daß letzte Erfüllung nur durch das Eingehen in das Nirwana möglich ist.

A. H. CHRISTIE

Gläubige vor einem der Schreine, die den Hauptstupa umgeben

Detail der Schnitzereien am Shwe Dagon, ein hervorragendes Beispiel der von den Burmesen vollendet beherrschten Holzschnitztechnik

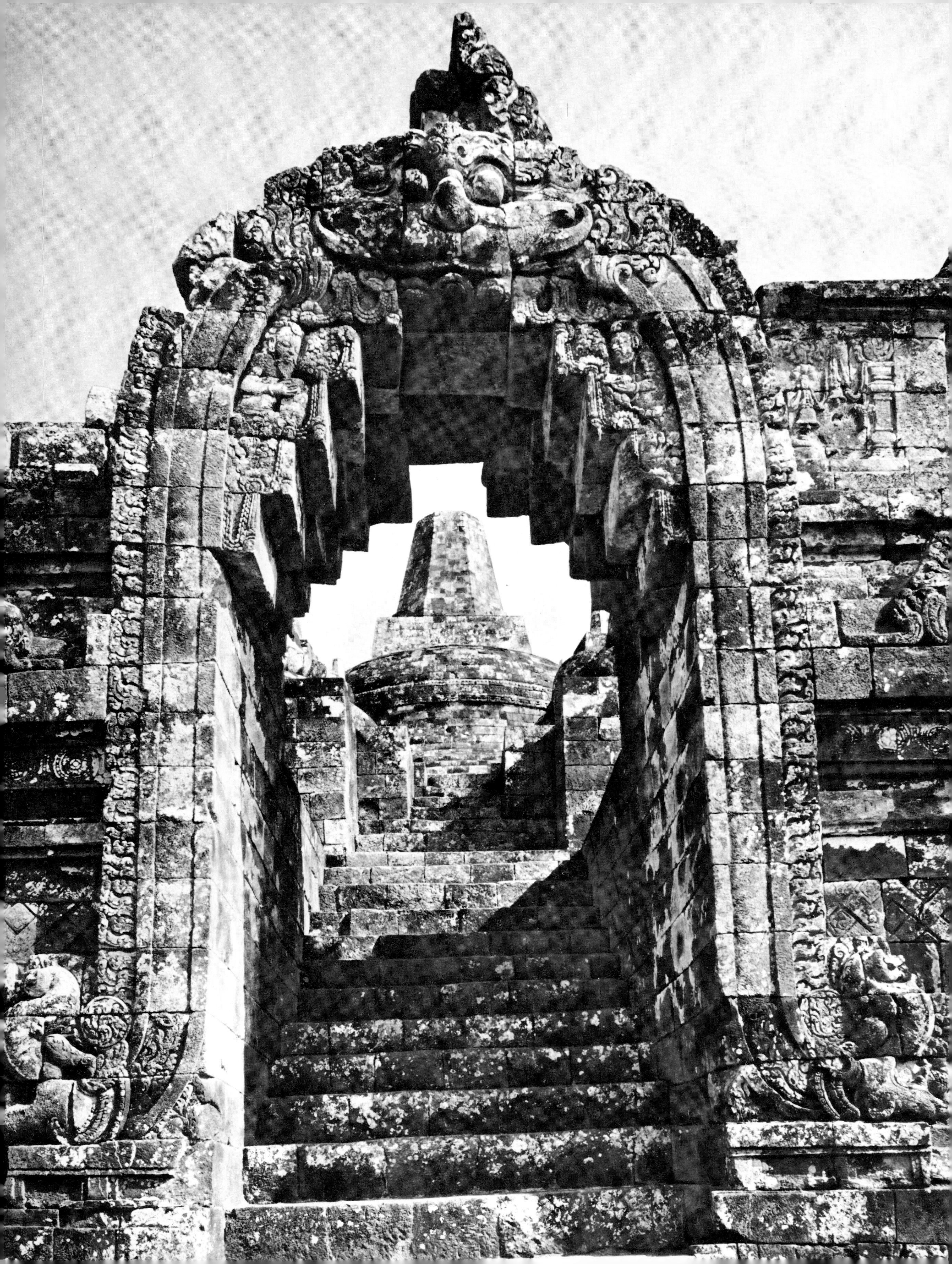

Indonesien: Borobudur

Ein reich dekorierter Tempel, Beispiel für die einzigartige Übersetzung religiöser Vorstellungen in die Formensprache der javanischen Architektur

Das großartige, von Vulkanen eingerahmte Monument in der Mitte der Kedu-Hochebene in Zentraljava gehört ohne Zweifel zu den eindrucksvollsten Bauwerken, die der Buddhismus hervorgebracht hat, und nimmt unter den religiösen Anlagen der Welt einen hervorragenden Platz ein. Um so mehr muß es überraschen, daß weder der Zeitpunkt seiner Erbauung noch der Name des Baumeisters bekannt sind, während seine religionsphilosophische Deutung erhebliche Zweifel hervorruft. Trotz dieser Probleme teilt sich selbst dem nur zufälligen Besucher des Borobudur ein außergewöhnlicher Eindruck der unendlichen Ruhe mit, die der Buddhismus seinen Gläubigen vermittelt. Allein in dieser Wirkung manifestiert sich schon eine architektonische Leistung von höchstem Rang, die vornehmlich auf die glückliche Verbindung von Baustruktur und Dekoration zu einer vollkommenen Einheit zurückzuführen ist.

Alle Anzeichen deuten darauf hin, daß dem Bauwerk ein einheitlicher Bauplan zugrunde lag, der jede Improvisation ausschloß, die für viele indische Bauwerke charakteristisch und nicht selten sehr wirkungsvoll ist. Der Gesamtaspekt und besonders der Standort des Bauwerks offenbaren das Genie eines großen Baumeisters, denn was auf den ersten Blick als ein vielleicht etwas unkonventioneller Stupa erscheint, entpuppt sich als eine aus Galerien um eine Hügelkuppe herum getürmte Anlage, die den Kern des Monuments bildet. Es gibt noch eine Reihe weiterer Details, in denen sich Borobudur von den übrigen Bauwerken Javas unterscheidet, vor allem ist es der einzige Stupa auf Java, das sonst so reich an buddhistischer Architektur ist. Aber gerade diese Einmaligkeit macht seine Beschreibung so schwierig.

Die Grundkonzeption ist einfach: An vier quadratische über der unteren Plattform aufeinander gesetzte Terrassen schließen sich nach oben drei Rundterrassen an, die einen Stupa tragen. (Verschiedene Anzeichen deuten darauf hin, daß das Bauwerk unvollendet blieb, woraus gefolgert wurde, daß ursprünglich ein weit größerer Stupa als Abschluß vorgesehen war. Zwar fehlen

Der Zugang zur ersten Terrasse auf der Südseite, aus einer Zeichnung, die Sir Stamford Raffles in Auftrag gab, der während der britischen Besetzung von Java in den Napoleonischen Kriegen die erste wissenschaftliche Untersuchung des Borobudur anordnete

Linke Seite: Der von einem Monstrekopf bekrönte Torbogen führt von der zweiten Terrasse aufwärts zur strengen Einfachheit des Zentralstupa

BOROBUDUR

hierfür die Beweise, aber man muß diese Vorstellung immerhin ins Auge fassen.) Um die vier unteren Terrassen sind Mauern gezogen, so daß eingefaßte Fußwege rings herumführen. Jeweils von der Mitte der vier Seiten aus führen Treppen mit reich dekorierten Bogengängen auf die Spitze des Bauwerks.

Wir haben von quadratischen Terrassen gesprochen, tatsächlich aber hat jede Seite eine zweifach einspringende Ecke, wodurch die Umrißlinie der Anlage erheblich bewegter wird. Das hinwiederum verstärkt die Kontraste im lebendigen Spiel von Licht und Schatten sowohl auf den Fassaden als auch in den Wandelgalerien und erhöht die Wirkung des Bauwerks ungemein. Andernfalls hätten seine überlangen Horizontalen, die an der Basis fast 150 m lang sind, allzu monoton gewirkt. Die gebrochene Umrißlinie setzt sich auch in der Plattform und selbst im Sockel fort, dessen Baufunktion nicht ganz klar ist; aber beiden fehlt die äußere Mauer des eigentlichen Stupa. Überhaupt ist der untere Teil der Plattform ästhetisch nicht befriedigend, er gibt dem Bau etwas Gedrungenes. Es wird sogar angenommen, daß der Sockel, der die ganze Plattform stützt, erst hinzugefügt wurde, als die Baumasse während des Baus abzugleiten drohte. Für diese Vermutung spricht die Tatsache, daß bei Restaurierungsarbeiten etwa 160 Reliefs hinter der Sockelummauerung gefunden wurden. Einige von ihnen sind unvollendet und erwecken ganz den Eindruck, als sei die Arbeit durch ein unerwartetes Ereignis abgebrochen worden. Diese verborgenen Reliefs sind das einzige offensichtlich erzählende Schmuckdetail am Äußeren des Bauwerks – womit nicht gesagt sein soll, daß der Bau schmucklos ist. Im Gegenteil: Das Ganze ist überzogen mit eingemeißelten Girlanden, Blumengehängen und anderen Motiven, während die reich verzierten Torbogen oben mit einem Riesenkopf und die unteren Pfeilerenden mit Makaras geschmückt sind. Das Makara-Motiv (eine Art mythisches Seeungeheuer) und das Kopfmotiv sind bevorzugte Themen der javanischen Bildhauerkunst, obgleich Indien deren Ursprungsland ist. Auf die Mauerkronen sind besonders hervorgehobene Figuren aufgesetzt und in jede Fassade des Bauwerks sind Schmucknischen, bekrönt von kleinen Stupas, eingelassen, in denen lebensgroße Buddhas thronen. Den Reliefs des Sockelgeschosses liegt ein religiöser Text zugrunde, das Mahakarmavibhanga, der die buddhistische Lehre von Belohnung und Strafe für gute und böse Taten behandelt. Dieser Komplex ist in dem Begriff Karma zusammengefaßt, was sehr frei mit „Schicksal" übersetzt worden ist. Der Text selbst wie auch die im Borobudur aufgefundenen Darstellungen dieses Themas lassen darauf schließen, daß er in erster Linie für die Laienwelt gedacht war, der im Buddhismus unter anderm die Aufgabe zufällt, die Mönche zu unterstützen und damit Verdienste zu erwerben. Wenn dieses Bauwerk also als Wallfahrtsort für die Laien geplant war, dann muß die bildliche Darstellung gerade dieses Textes an seiner Außenwand als besonders sinnvoll bezeichnet werden. Viel tieferliegende theologische Probleme tauchen allerdings auf, wenn wir uns mit

Der etwa 2,80 m große thronende Buddha vom Chandi Mendut

Rechte Seite obe[n]
Die überwältigende Masse des Chandi Borobud[ur]
Rechte Seite unte[n]
Chandi Mendut, einer der kleinen Tempel in der Nähe des Borobud[ur]

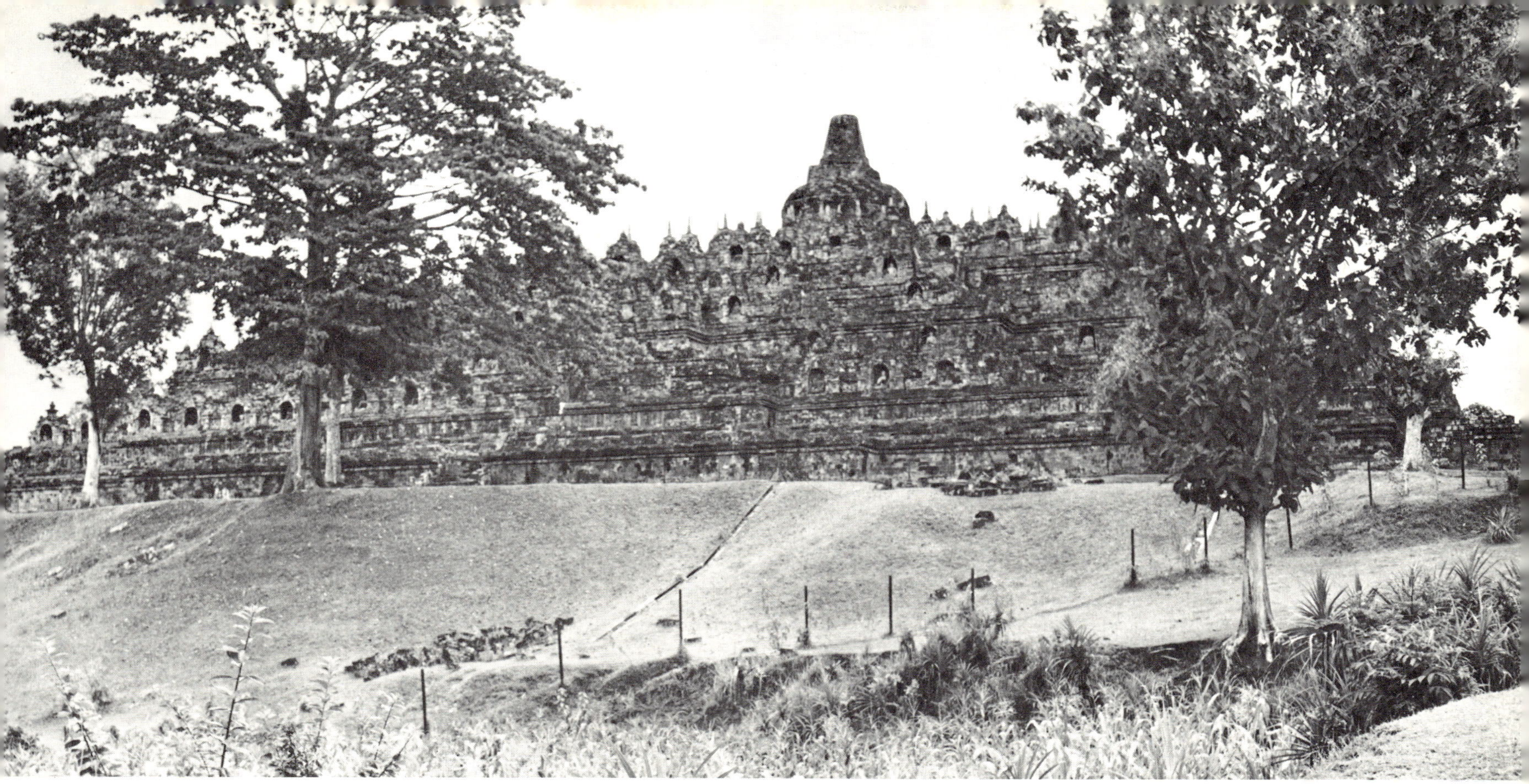

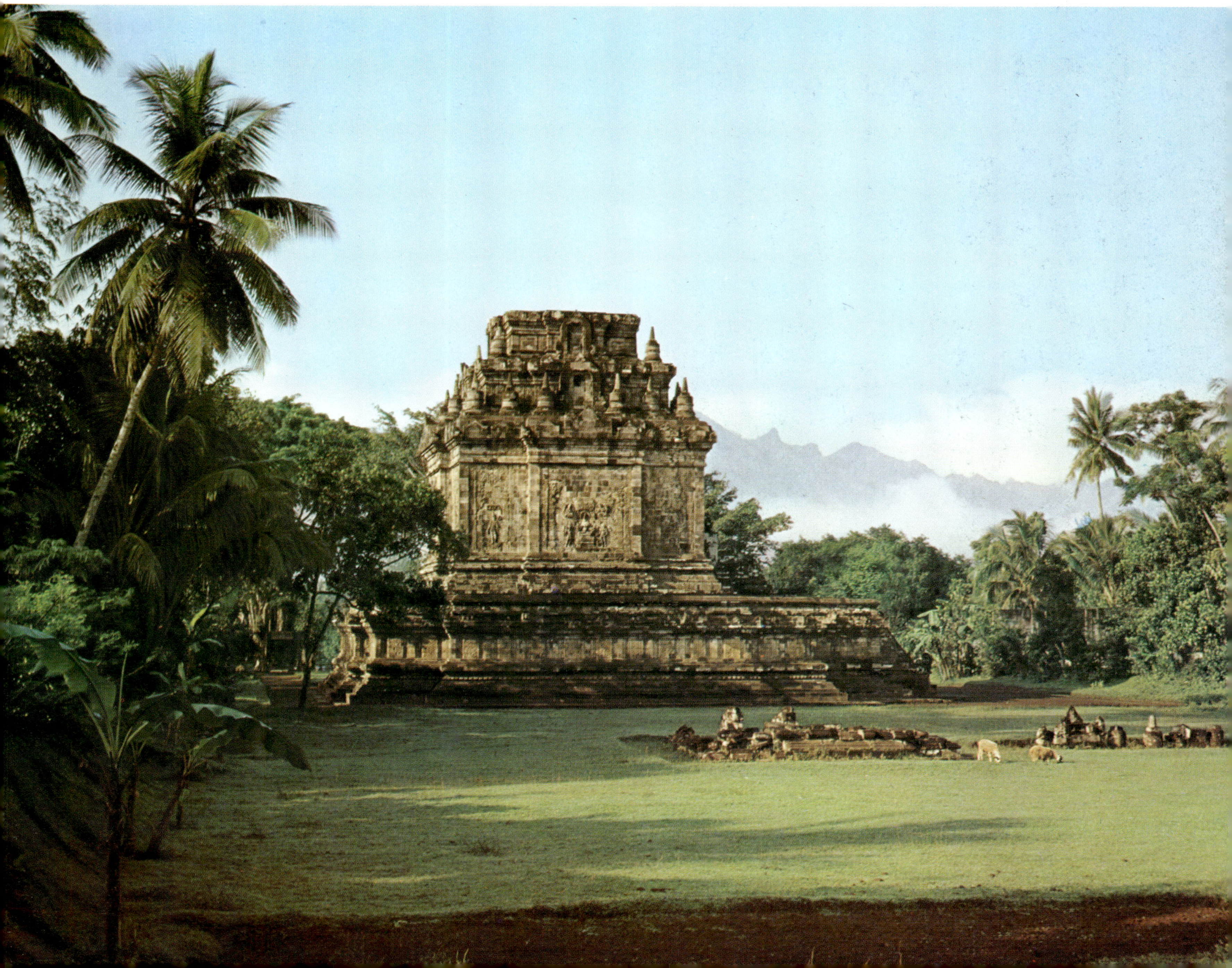

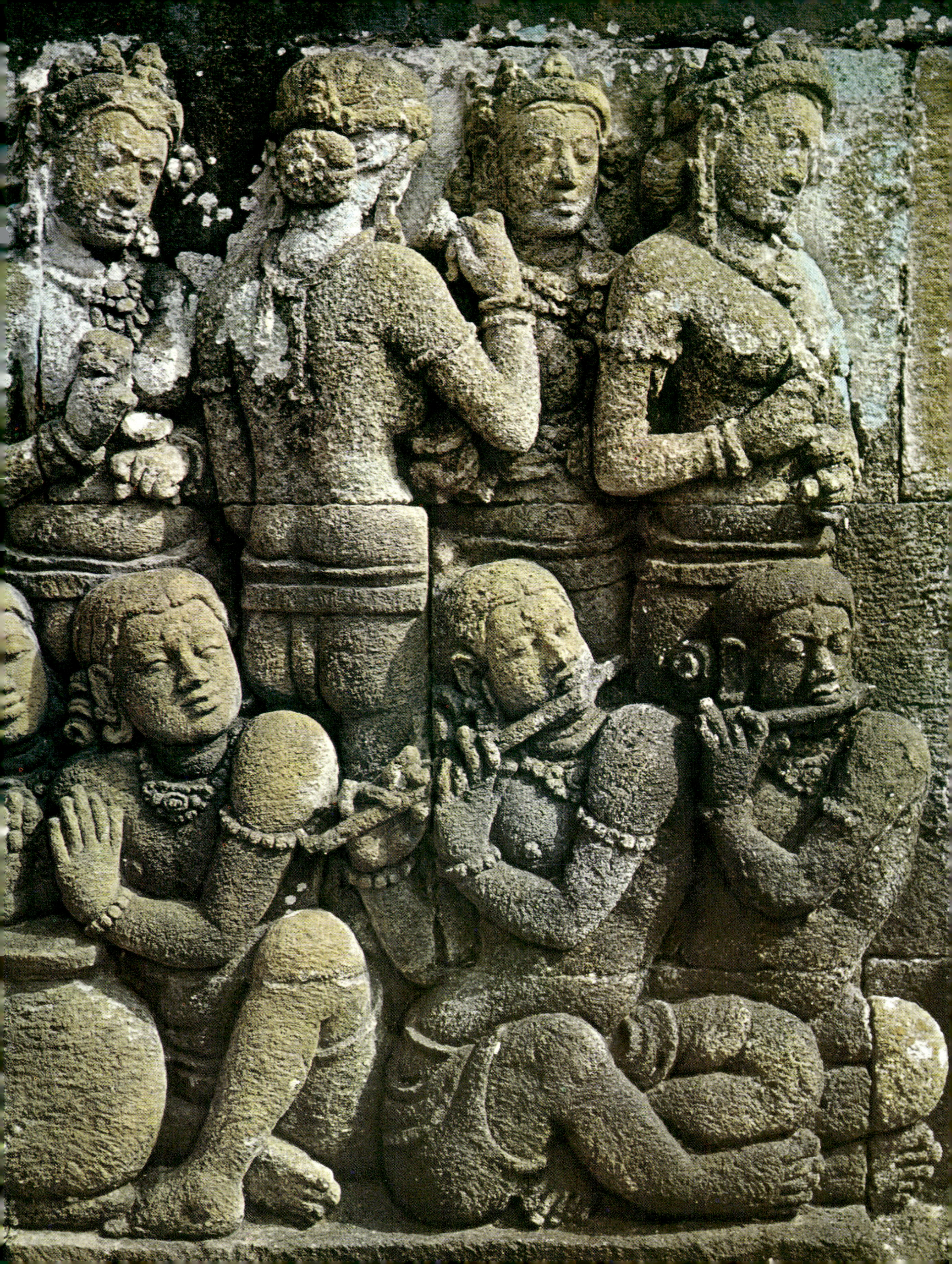

BOROBUDUR

den Buddhafiguren in den Nischen der Fassaden beschäftigen. Auf jeder Seite des Bauwerks sind 92 Statuen in vier Reihen, entsprechend den vier Terrassen, angeordnet. Die Figuren der einzelnen Seiten unterscheiden sich durch die Haltung der Hände, was offenbar bedeutet, daß jede Gruppe einen der sogenannten Dhyani-Buddhas: Akshobya, Ratnasambhava, Amitabha und Amoghasiddha repräsentiert. Sie sind den vier Himmelsrichtungen Osten, Süden, Westen und Norden assoziiert, so wie sie hier auf den entsprechenden Seiten des Bauwerks stehen. Über dieser vierfachen Reihe ist eine fünfte, auf allen Seiten völlig gleiche angeordnet. In ihren Mauernischen thront Vairocana, der dem Zenith assoziierte Dhyani-Buddha. 16 dieser Statuen stehen auf jeder Seite, zusammen sind es also 108 Buddhas an jeder Fassade, eine Zahl, die im indischen Zahlensystem zu den glückbringenden gehören.

Auf den oberen, kreisförmigen Terrassen, die im übrigen nicht ausgeschmückt sind, stehen weitere kleine Stupas mit gitterartigen Mauern, die typisch für Borobudur und sonst nirgendwo zu finden sind. 32, 24 und 16 sind es auf den aufeinanderfolgenden Terrassen. In allen diesen Stupas thront ein weiterer Dhyani-Buddha, der Vajrasattva, der als der höchste dieser Buddhas verehrt wird und in einigen buddhistischen Richtungen als höchste Gottheit gilt. Auf der obersten Kreisterrasse erhebt sich endlich der Hauptstupa mit einem Durchmesser von fast 16 m. Ob sich, wie berichtet wird, bei Restaurierungsarbeiten in diesem Stupa eine unvollendete Buddhafigur gefunden hat, ist nicht sicher, jedenfalls erscheint es zweifelhaft, daß eine solche Buddhafigur, wenn sie wirklich aufgestellt war, irgendeine geheime Bedeutung hatte.

Die Außenseiten des Monuments sind zwar prachtvoll ausgestattet und theologisch hoch bedeutsam, sie werden aber weit übertroffen von den Innenwänden der Terrassen mit den schönsten Beispielen javanischer Bildhauerkunst. Der Prozessionsweg der Pilger begann in der Mitte der Ostseite und wurde rechts und links von Hunderten von Reliefdarstellungen begleitet. Die beinah 1500 Reliefs würden aneinandergereiht eine Strecke von nahezu 5 km Länge ergeben. Jede der vier quadratischen Terrassen ist auf diese Weise geschmückt. Doch beim Betreten der ersten Rundterrasse bemerkt der Pilger einen grundsätzlichen Unterschied: Die Reliefs fehlen, und lediglich die halb verborgenen Figuren des Vajrasattva in Gebetshaltung, der *mudra* – was bedeutet „das Rad der Lehre in Bewegung setzen" –, drücken symbolisch die Lehre aus, die das ganze Bauwerk verkörpert.

Bevor wir weiter über den religiösen Symbolgehalt der Anlage sprechen, soll der Inhalt der Reliefs beschrieben werden. Auf der Innenmauer der ersten Terrasse findet sich eine Doppelreihe von je 120 Bildfeldern. Die obere Reihe erzählt die Geschichte vom Leben Buddhas bis zu der ersten Predigt in Benares, auf die sich das Wort bezieht, daß das „Rad der Lehre" in Bewegung gesetzt sei. Die untere Reihe enthält eine Anzahl moralischer und erbaulicher Geschichten (*avadana*). Die Außenwände

Mauerwinkel auf der dritten Terrasse der Ostseite. Die Reliefs an der inneren Wand berichten vom Streben nach wahrer Erleuchtung

Relief der ersten Terrasse: Schiff mit Dreifuß-Mast und schwerem Ausleger, Schiffe dieser Art segelten in den ersten Jahrhunderten n. Chr. in den indonesischen Gewässern

Linke Seite: Relief vom Borobudur: Musikanten spielen zur Unterhaltung des Königs

Die kraftvolle Kunst der javanischen Bildhauer kommt in diesem Basrelief von der inneren Wand der untersten Galerie wundervoll zum Ausdruck. Die Darstellung der Tiere und Pflanzen gibt wertvollen Aufschluß über die Naturbeschaffenheit dieses Tempelgebietes auf Java im 8. Jh., und die Baudetails sind eine wichtige Fundgrube für die Geschichte der indonesischen Baukunst in vergänglichen Materialien. Kleidung, Waffen, Schmuck und viele andere Aspekte der javanischen Zivilisation dieser Zeit sind in diesen Reliefs verewigt

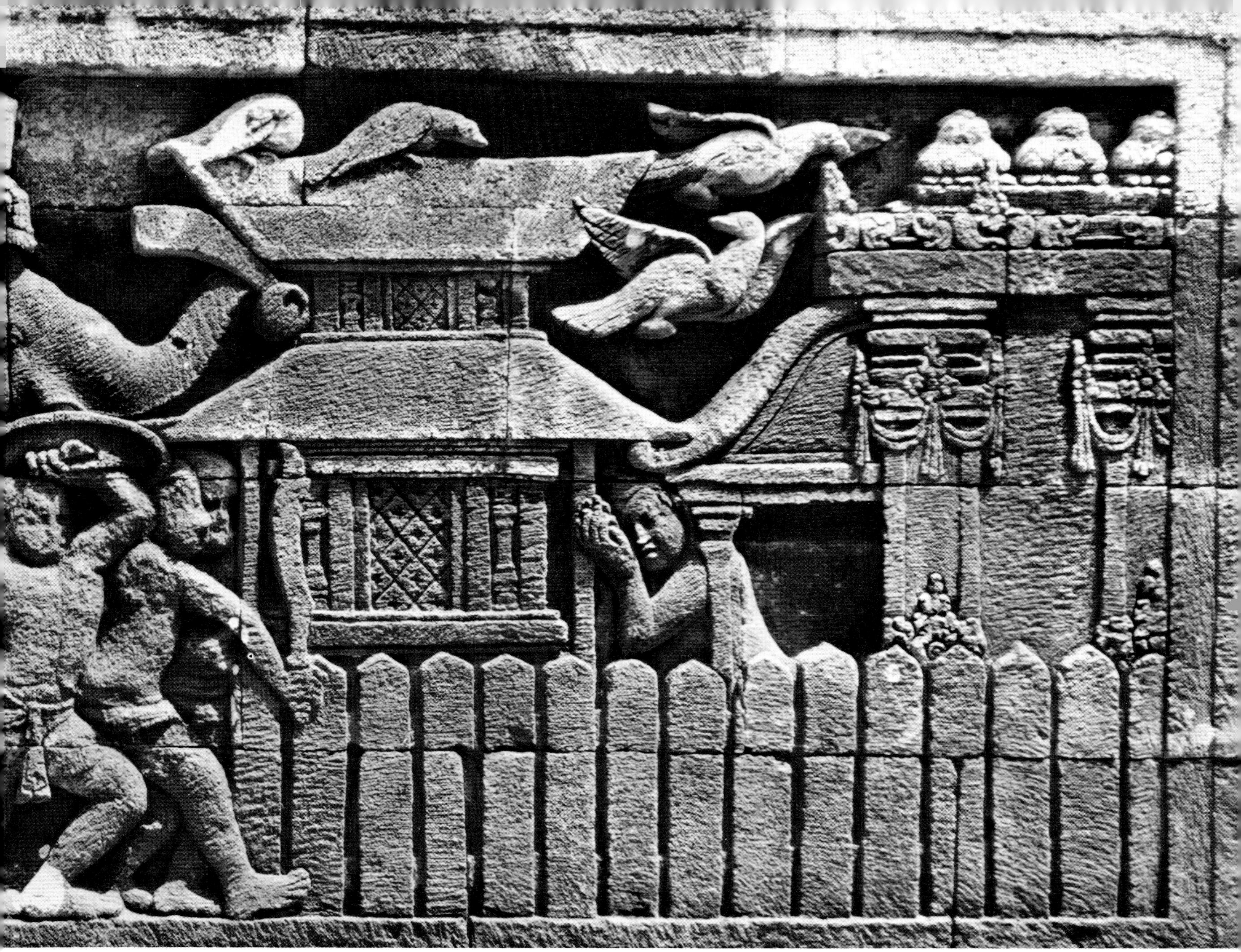

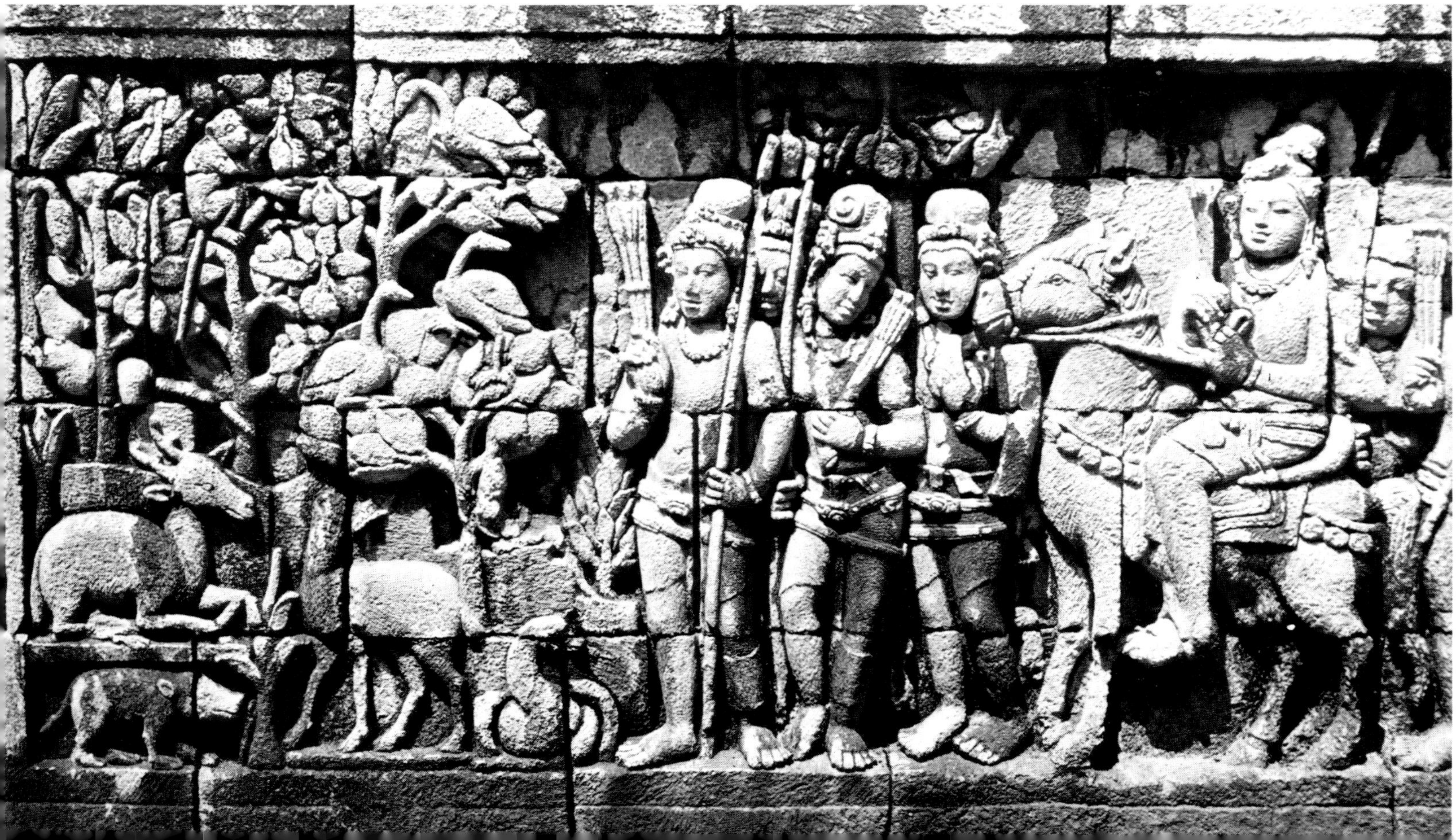

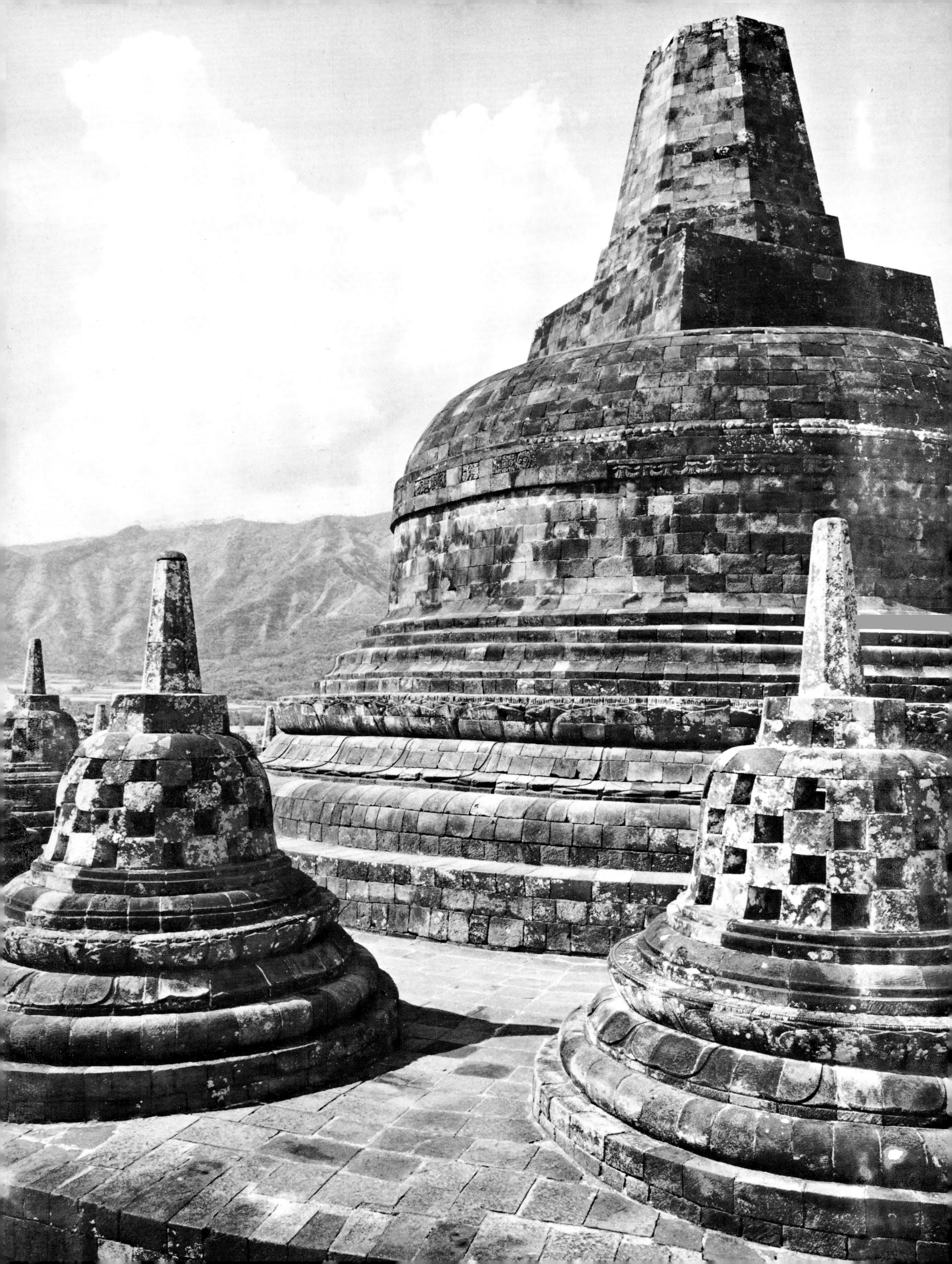

BOROBUDUR

der ersten und zweiten Terrasse stellen Ereignisse aus früheren Leben Buddhas dar *(jataka)*.

Auf der Innenwand der zweiten Terrasse beginnt eine Serie von Bildfeldern, die anscheinend auf den als Gandavyuha bekannten Text zurückgehen, der die Reisen des Bodhisattva Sudhana auf der Suche nach der transzendentalen Weisheit behandelt. Im Verlauf dieser Reisen besucht er Weise, Götter und die Bodhisattvas Manjushri, Maitreya und Samantabhadra. Die zwei letzten dieser Reisen sind in den Bildfeldern der dritten und vierten Terrasse wiederholt, beziehungsweise erwecken diese den Eindruck, daß es sich um die Darstellung derselben Geschichte handelt. Die Ungewißheit rührt daher, daß die älteren Reliefs in großen Details angelegt und bis in kleinste Nuancen ausgearbeitet sind, die eine Bestimmung ihres Inhalts erleichtern, während die späteren weitaus einfacher und förmlicher erscheinen. Dieser Unterschied entspricht logisch dem theologischen und geistigen Aufbau der Bildreihen bis zu den völlig schmucklosen Rundterrassen.

Dem Pilger vermittelt dieses Heiligtum einen Bericht über die Geschichte des Buddhismus und die von Buddha verkündete Lehre. Am Äußeren der Plattform werden die unerbittlichen Gesetze des Karma geschildert. Beim Betreten der Prozessionsgalerie der ersten Terrasse sieht der Pilger den Weg Buddhas, der durch eine Folge früherer Leben (die Dschataka- und Avadana-Tafeln) auf seine Rolle vorbereitet wurde; er sieht seine Geburt zur letzten Existenz, seine Erleuchtung und seine erste Predigt, in der er die Lehre verkündet, durch die die Menschheit vom Karma erlöst wird. Dieser Gedanke liegt der Gesamtanlage dieses Bauwerks zugrunde, denn – wie ein Stupa – soll das Monument selbst den Augenblick von Buddhas Vollendung, von seinem Eingehen in das Nirwana symbolisieren, ein Ereignis, von dem kein besonderes Bildwerk im Borobudur zu finden ist. Doch die Lehre hat weit tiefere Wahrheiten zu offenbaren als den einfachen historischen Bericht über Gautama. Die Geschichte von Sudhanas Suchen nach diesen Wahrheiten wird in stilisierter, knapper Darstellung wiedergegeben, denn hier ist bereits der Rahmen der Volkserzählung überschritten und der Bereich der Metaphysik erreicht. Dies wird besonders auf den kreisförmigen Terrassen deutlich, die keine Reliefs mehr zeigen, und dann beim Zentralstupa, wo auch die Dhyani-Buddhas verschwunden sind. Wenn wir jetzt noch die Dhyani-Buddhas auf den Fassaden und runden Terrassen gewissermaßen als die geistige Hülle um das ganze Bauwerk betrachten, dann kann es als ein Kosmos, ein Universum angesehen werden, und der Zentralstupa mit dem hohen, jetzt fehlenden Mast ist die Achse der Welt – der Sumeru der indischen Kosmologie.

Borobudur verdient als steinernes Vermächtnis höchste Beachtung, doch auch ohne die religiöse Symbolik würden die Reliefs ihm einen ersten Platz unter den bedeutendsten Bauwerken der Welt sichern. Dabei ist zu beachten, daß alles, mit Ausnahme des geistigen Gehalts der dargestellten Texte, rein indonesisch ist: Nichts Indisches findet sich hier.

A. H. CHRISTIE

Bogengang von der vierten Terrasse zu der ersten runden Plattform mit den durchbrochenen Stupas

Bildnis des Bodhisattva Vajrasana als Prediger der Lehre. Ursprünglich war diese Figur in einem durchbrochenen Stupa eingeschlossen

Linke Seite: Der zentrale Stupa, streng und schmucklos bis auf den stilisierten Lotossockel und den Fries um die Trommel. Die durchbrochenen Stupas ringsherum enthalten Bildnisse des Bodhisattva Vajrasana

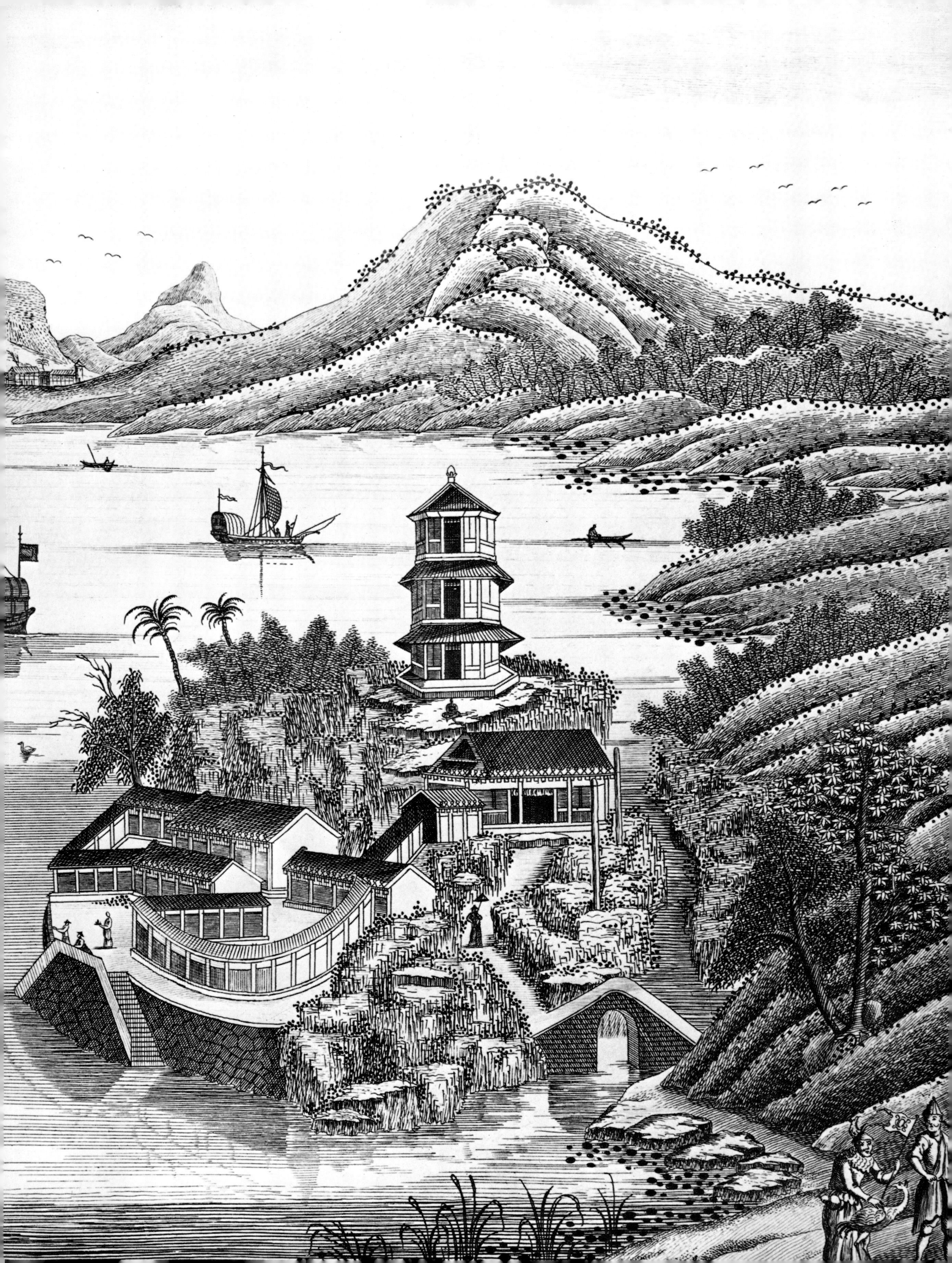

CHINA

Einführung von S. H. Hansford

Es ist eine schwere Aufgabe, drei oder vier der bedeutendsten Bauwerke auf chinesischem Boden auszuwählen, denn aus den Entwicklungsjahren der chinesischen Zivilisation blieben kaum Spuren von Baudenkmälern erhalten und aus der Zeit vor mehr als 300 Jahren nicht viel mehr. Im Laufe ihrer langen Geschichte haben die Chinesen immer mit vergänglichen Materialien gebaut, vornehmlich mit Holz, das noch mehr als heutzutage Stahl in Rahmenbauweise verwendet wurde. Brauchbare Bausteine gibt es zwar in vielen Teilen Chinas, und die massiven Bildwerke von Tierfiguren, die in Anyang, einer Hauptstadt aus dem 2. Jahrtausend v. Chr. ausgegraben wurden, sind sicher architektonischer Schmuck gewesen. Trotzdem lassen sich unter den gegenwärtigen Bauwerken nur wenige finden, die nicht aus Holz errichtet sind: die steinernen Pagoden und Brücken und natürlich die Mauern, unter denen die Große Chinesische Mauer die berühmteste ist.

Es gibt jedoch Dokumente, die Licht in die Bautätigkeit der chinesischen Vergangenheit bringen und Visionen einer langen Reihe wundervoller Prachtbauten aus den letzten zwei Jahrtausenden vor unserem geistigen Auge erstehen lassen. In diesen Dokumenten finden sich Angaben über Grabmäler aus den ersten Jahrhunderten n. Chr., über Tonmodelle von Häusern, die den Toten in die Gräber mitgegeben wurden, über Malereien und Skulpturen aus buddhistischen Felsentempeln des 5. bis 10. Jh. und über alte japanische Gebäude in chinesischem Stil; außerdem enthalten sie Beschreibungen von Städten und Palästen aus chinesischen Büchern. Von alldem haben archäologische Ausgrabungen bisher wenig zutage gefördert – abgesehen von der Feststellung, daß die alten befestigten Siedlungen sehr groß waren.

Aus allen Zeugnissen spricht das stetige Festhalten der Chinesen an der Tradition, das auch aus der übrigen chinesischen Kunst und dem Handwerk bekannt ist. Nationale und lokale Geschichten berichten von der peinlichen Beachtung überkommener Traditionen beim Wiederaufbau oder bei der Neugründung einer Hauptstadt. Auch fremde Eroberer richteten sich danach, selbst Anführer mehr oder weniger nomadischer Völker, die zwangsläufig chinesische Architekten beschäftigten. Im „Buch der Dichtkunst", dem klassischen Werk *Shih ching,* wird mit Ehrfurcht von den fürstlichen Palastbauten und Ahnenschreinen der Lehnsstaaten der Chou-Konföderation von etwa 500 v. Chr. an erzählt. Auch wenn man den Wunsch der Dichter und Chronisten berücksichtigt, ihre königlichen Herren zu verherrlichen, scheint es unwahrscheinlich, daß die Architektur hinter der übrigen Kunst ihrer Zeit zurückblieb, deren prachtvolle Werke aus dauerhaften Materialien, wie Bronze und Jade, erhalten geblieben sind.

In anderen alten Schriften, besonders in den Ritualtexten *Chou li* und *Li chi,* finden sich zahlreiche Hinweise auf einen Teil des Palastkomplexes mit dem Namen Ming T'ang, „Halle des Lichts" oder auch „Halle des Glanzes". Die Beschreibungen dieses Palastes sind unklar und widerspruchsvoll, doch scheint die Halle gleichzeitig als Audienzsaal und als Tempel gedient zu haben. Hier brachte der Sohn des Himmels kosmischen Mächten, die ihm nach altem Glauben sein hohes Amt erhielten, Opfer und Verehrung dar, um seine Harmonie mit ihnen zu bekunden. Die Chinesen kannten keine so klare Trennung zwischen religiösen und weltlichen Gebräuchen wie die westliche Welt, und daher ist der doppelte Zweck dieses Gebäudes nicht unglaubwürdig. Anfänglich war der Besitz eines solchen Ming T'ang das Vorrecht des Herrschers, doch schon im 5. oder 4. Jh. v. Chr. erbauten sich auch die Feudalherren solche Hallen, die in jeder königlichen oder fürstlichen Hauptstadt zu den vornehmsten und hervorragendsten Bauwerken gehörten. Diese Vorbilder haben die nachfolgenden Generationen fasziniert, und verschiedene Kaiser späterer Zeiten haben versucht, einen Ming T'ang zu rekonstruieren und sein Ritual nachzuahmen, um auf diese Weise ihre Autorität und ihren Anspruch auf einen göttlichen Rechtstitel zu unterstreichen.

Durch die Eroberung und Einigung der chinesischen Welt unter dem König des Ch'in-Staates, der sich selbst zum „Ersten Weltherrscher", Shih huang-ti, proklamierte (221 v. Chr.), erlebte die Baukunst einen kräftigen Aufschwung. Seit dieser Zeit wurden mauerumgebene Städte und Residenzen geplant und in wahrhaft großartigem Maßstab angelegt. Der Kaiser baute seine Hauptstadt zu Hsien-yang wieder auf, die sich nun in einer Länge von vielen Kilometern zu beiden Seiten des Wei-Flusses in der heutigen Provinz Shensi erstreckte. Sooft er ein Fürstentum eroberte, ließ er, wie Chroniken berichten, in seiner Hauptstadt eine Nachbildung der zerstörten Palastanlage errichten

„Ansicht des von Eunuchen verwalteten Tempels und der entzückenden Insel, auf der er steht"; aus *The Emperor of China's Palace at Pekin, and his principal Gardens* (1753)

CHINA

und mit Personal und Lebensmitteln ausstatten, damit er jederzeit für die Aufnahme des Herrschers bereit war. Die wohlhabendsten Familien des Landes verpflichtete er, mit ihrem Gefolge ihren Wohnsitz in der Hauptstadt zu nehmen. Die Reformen des Kaisers erstreckten sich auch auf die Vereinheitlichung des Münzwesens, der Gewichte und Maße, der Schrift, der Kleidung und vieler anderer Dinge. Vermutlich gab er auch die Anregungen für einen eklektischen Achitekturstil aus den besten Stilelementen der einzelnen Landesteile. Auf beiden Flußufern ließ er einen weiträumigen Kaiserpalast errichten, doch beide Anlagen wurden zerstört, als die Stadt nach dem Tode des Kaisers geplündert und gebrandschatzt wurde.

In der weiten Welt ist dieser „Erste Kaiser" als Schöpfer der großen chinesischen Mauer bekannt. Dieses ungeheure Werk der Ingenieurkunst ist als achtes Weltwunder bezeichnet worden; es soll das einzige Werk von Menschenhand sein, das, wie man annimmt, vom Mond aus sichtbar ist. Die Länge der heutigen Großen Mauer ist verschiedentlich geschätzt worden, wobei nicht sicher ist, ob auch alle die zahllosen Biegungen und Abzweige mitgerechnet wurden. Die kürzeste Strecke der Hauptmauer von Shan-hai Kuan am Golf von Po-h'ai im Osten bis nach Chia-yü Kuan (Liautung) im Nordwesten der Provinz Kan-su beträgt schätzungsweise 275 km, aber die Gesamtlänge des ganzen Mauersystems beläuft sich auf kaum weniger als 4000 km. Zwei Irrtümer sind allerdings weit verbreitet; einmal, daß der Plan und die Errichtung einer großen Schutzmauer gegen die unablässigen Einfälle barbarischer Grenzvölker ursprünglich auf den „Ersten Kaiser" zurückgehen, und zum anderen, daß es sich hierbei um die Mauer handelt, die heute noch existiert und von vielen Touristen von Peking aus besucht wird. Alle Städte und Dörfer im alten China waren durch Mauern geschützt, von denen viele erhalten geblieben sind. Aus alten historischen Schriften läßt sich belegen, daß die Fürsten verschiedener Feudalstaaten sogar ihr gesamtes Territorium, so wie der Kaiser sein Erbkönigreich Ch'in, gegen ihre Nachbarn und die Barbaren im Norden und Westen durch Mauern gesichert hatten. Diese Mauern waren es, die der Kaiser mit einem ungeheuren Aufwand an menschlicher Arbeitskraft instand setzte, miteinander verband und weiter ausdehnte, um sein ganzes Reich zu umschließen. Verschiedene spätere Dynastien, zuletzt die Ming-Kaiser im 15. Jh. haben es ihm gleichgetan und die bis heute noch erhaltene Große Mauer vollendet.

Die Hauptmauer hat etwa die Länge des ursprünglichen Walls, nimmt aber einen anderen Verlauf. Während dieser Wall aus gestampfter Erde aufgehäuft war und nur die Tore, Schanzen und Wachtürme aus Mauerwerk bestanden, ist die gegenwärtige Mauer fast ausschließlich aus Ziegeln oder Steinen aufgeführt, die Mauerkrone ist gepflastert und hat ein zinnenartiges Geländer. In der Nähe von Nan-k'ou, etwa 48 km nördlich von Peking, wo die Ausfallstraße in die innere Mongolei hindurchgeht, ist sie besonders gut erhalten. Hier hat die Mauer am Fuß eine Breite von 7,50 m und ist bis zu einer Höhe von 6 m aus großen Granitblöcken aufgemauert. Darüber besteht sie bis zu einer Höhe von 15 m aus breiten und schweren Ziegeln von ganz hervorragender Qualität, die mit hartem und dauerhaftem Mörtel ausgefugt sind. Die Straße auf der Mauerkrone ist 4,20 m breit und teilweise sogar befahrbar, soweit sie nicht von Treppenläufen unterbrochen ist. In regelmäßigen Abständen sorgen Rinnen für den Abfluß des Regenwassers. Alle paar hundert Meter trifft man auf Wachtürme von 9 × 12 m im Grundriß und mehr als 12 m Höhe. Zu Zeiten, wenn die Mauer voll besetzt war, lagen Hunderte und Tausende von Soldaten in befestigten Lagern hinter der Mauer. Durch Landschenkungen versuchte man, sie zur Mitarbeit in der Landwirtschaft zu ermuntern.

Im alten China mußten die Werke der Baukunst zum Ruhme des Herrscherhauses von Ehrfurcht gebietender Größe und Schönheit sein – das ergibt sich aus den beachtlich objektiven und umfangreichen historischen Gebäudebeschreibungen der letzten 2000 Jahre. Die Han-Dynastie, die auf die der Ch'in folgte, und besonders ihr berühmtester Herrscher, Kaiser Wu (140–87 v. Chr.), entwickelte ein ehrgeiziges Bauprogramm für Verwaltungsbauten und kaiserliche Vergnügungspaläste. Schon früh wurden für die Planung von Städten wie von Palästen Richtlinien aufgestellt. Danach sollten bei Palästen die Hauptbauten mit Ausnahme der Wacht- und Aussichtstürme eingeschossig sein, einen rechteckigen Grundriß haben und symmetrisch an einer zentralen Nord-Süd-Achse liegen. Die Nebengebäude sollten wieder symmetrisch dazu östlich und westlich der Hauptgebäude angeordnet werden. Der Zugang erfolgte durch eine Reihe von Torwegen und weiträumigen, rechteckigen Höfen bis zur großen Audienzhalle, die auf einer über einen kurzen Treppenlauf erreichbaren Terrasse lag. Durch diese Anordnung sollte bewirkt werden, daß der Bittsteller, ob Prinz, ob Provinzgouverneur oder Tribut bringender Gesandter, in einem Zustand körperlicher und geistiger Erschöpfung vor den Thron trat. In weiteren Hallen, zu denen begünstigte Höflinge oder Besucher Zutritt hatten, sollten diese von der verschwenderischen Dekoration an Malereien und Skulpturen oder durch die Teilnahme an zügellosen Banketten überwältigt werden.

Mit dem Buddhismus, der China schon bald nach Beginn unserer Zeitrechnung erreichte, drangen neue Elemente in die nationale Baukunst ein. Die ersten buddhistischen Tempel waren vermutlich weltliche Bauten, Wohnhäuser, die den Aposteln des neuen Glaubens von wohlhabenden Bekehrten geschenkt wurden. Doch mußten sehr bald schon für die großen Bronze- oder Holzstatuen zwei- und mehrgeschossige Pavillons errichtet werden, für welche die einheimischen Wacht- oder Aussichtstürme das Vorbild waren. So wurden diese vielleicht die Vorgänger des hölzernen t'a, der chinesischen Pagode. Diese Pavillons oder Türme oder Pagoden wurden als Mittelpunkt der Verehrung in dem vorderen Hof gegenüber dem Haustor in der Hauptachse der Gebäude aufgestellt, die relativ niedrigen rechteckigen Hal-

Die Große Mauer

len lagen direkt dahinter. Durch diesen Turm erhielt die weltliche Anlage ihren religiösen Charakter. Im 4. oder 5. Jh. erschien eine neue buddhistische Turmform, die von den Chinesen ebenfalls *t'a*, von uns aber Pagode genannt wird. Diese war vom indischen Stupa inspiriert, und zwar nicht von seiner frühen Form, wie sie in Sanchi und Bharhut zu sehen ist, sondern von dem berühmten Reliquienstupa Kanishkas I. bei Peshawar, der im chinesischen Turkestan in ähnlichen Formen nachgeahmt wurde, deren Überreste heute noch zu sehen sind.

Es hat den Anschein, daß Ursprung und Bestimmung dieser beiden Arten von Turm oder Pagode in Vergessenheit gerieten, daß jedem neue Symbolgehalte zugewiesen und manche ihrer Unterscheidungsmerkmale vom einen auf den andern übertragen wurden. Als dann eigene Buddha-Tempel aufkamen, wurde eine große Haupthalle – die Buddha-Halle – mit Altar und Bildnissen Kultmittelpunkt, die Pagode verlor ihre Vorrangstellung und hätte eigentlich verschwinden müssen. Inzwischen war sie aber das charakteristische Bauelement des buddhistischen Tempels geworden, so wie der Kirchturm für die christliche Kirche, und konnte nicht mehr aufgegeben werden. Die Vorliebe der Chinesen für Symmetrie kam bei größeren Tempeln durch Errichtung von zwei Pagoden rechts und links vom Eingangstor zu ihrem Recht; von hier führte die Achse jetzt direkt zur Haupthalle. Bei kleineren Tempeln oder in Zeiten geringeren Wohlstandes mußte eine Pagode ausreichen; sie stand dann hinter der Haupthalle oder auch an einer Seite. Die Pagoden, ob aus Holz oder Mauerwerk, können einen runden, quadratischen oder polygonalen Grundriß haben. Ihre Stockwerke, gewöhnlich eine ungerade Anzahl zwischen 3 und 15, werden von unten nach oben kleiner, jedes Stockwerk hat ein eigenes, auskragendes Dach. Die Vielzahl der Typen, besonders bei Ziegel- und Steinpagoden, ist verwirrend, ihre Vorbilder und Formen sind im wesentlichen indischer Herkunft und stehen außerhalb der chinesischen Architekturtradition. Diese Pagoden sind unter den ältesten buddhistischen Bauwerken in China am zahlreichsten vertreten, und einige wurden zu Wahrzeichen der Landschaft.

Bedeutende Beispiele der chinesischen Holzarchitektur aus dem 7.–9. Jh. haben sich hauptsächlich in Japan erhalten; das älteste in China selbst entdeckte Beispiel ist die Haupthalle des Fokuang Ssu, eines Tempels auf dem Wu-t'ai Shan, dem heiligen Berg und berühmten buddhistischen Wallfahrtsort in der Provinz Shanhsi. Dieses bedeutende Baudenkmal aus dem 9. Jh. und dazu die japanischen Beispiele vermitteln trotzdem nur eine matte Vorstellung von dem durch literarische und andere Zeugnisse belegten Glanz der ruhmreichsten Epoche der chinesischen Architektur der T'ang-Dynastie (618–907). Einen weiteren Aufschwung erlebte die Baukunst unter der Sung-Dynastie (960–1279). Auch aus dieser Zeit ist nur wenig erhalten; jedoch beweisen die Überreste und die literarischen Quellen, daß die Bauwerke der Sung-Zeit nicht so überwältigend groß und extravagant waren wie die der T'ang-Zeit, dafür aber zu größerer Höhe tendierten, reicher mit Gold, Silber und Edelsteinen ausgeschmückt waren und die Verwendung von farbig glasierten Dachziegeln beträchtlich zunahm.

Ein weiteres wichtiges Datum fällt in die Zeit der Sung-Dynastie: Im Jahre 1100 widmete Li Chieh dem Thron sein Werk *Ying-tsao fa shih* oder „Die Methode der Architektur", die erste umfassende Abhandlung über die Baukunst. Dieses Werk wurde im Jahre 1103 und dann wieder 1145 gedruckt, aber es existiert, soweit bekannt ist, keine Kopie dieser beiden Drucke mehr. Erst 1925 wurde in China ein hübscher, aber nicht ganz befriedigender Neudruck nach einer handschriftlichen Kopie veröffentlicht.

Der dritte Kaiser der Ming-Dynastie, unter seinem königlichen Namen Yung-lo (1403–23) bekannt, verlegte den Regierungssitz von Nanking nach Peking. Seither blieb Peking, abgesehen von einer Unterbrechung von nur 20 Jahren, die Hauptstadt Chinas. Hier wurden die berühmtesten Bauwerke des Landes errichtet, von denen einige auf den folgenden Seiten beschrieben sind. Yung-lo legte die Stadt so an, wie sie heute noch zu sehen ist. Sie ist das früheste erhaltene Beispiel für eine Stadtplanung mit derart monumentalen Maßstäben. Während der Stadtplan und einige der kaiserlichen und Verwaltungsbauten aus dem 15. und 16. Jh. erhalten blieben, wurden viele der späteren Bauwerke durch Feuersbrünste zerstört und erst im 17. und 18. Jh. wieder hergestellt. Dieses Werk wurde mit der herkömmlichen Ehrfurcht vor der Tradition, ohne Rücksicht auf die Höhe der Kosten ausgeführt, und zwar zu einer Zeit, in der die Handwerkskunst auf einer nicht zu übertreffenden Höhe stand.

Pagode des Sung-Yueh-Tempels (523),
der älteste Ziegelsteinbau Chinas

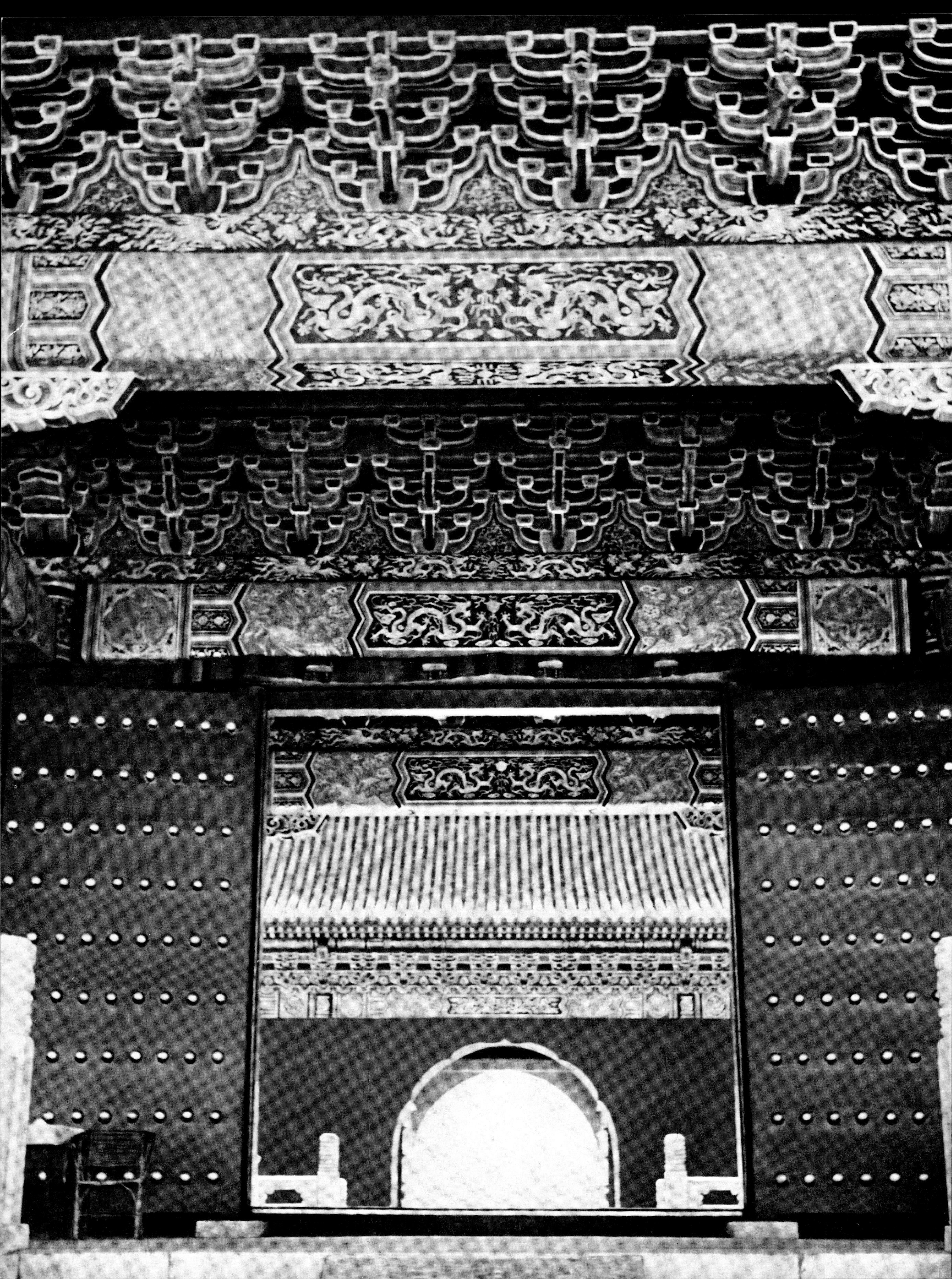

Peking: Der Himmelsaltar

Der zentrale Schrein der Nationalreligion des kaiserlichen China und Szenerie eines alten, eindrucksvollen Rituals

Die Ursprünge des T'ien- oder Himmelskults gehen weit zurück ins Altertum. Aus Inschriften der frühen Chou-Dynastie (vom 11. Jh. v. Chr. an) wissen wir, daß das Schriftzeichen, das dem jetzt als *t'ien* ausgesprochenen gleicht, aus dem Bildzeichen für „groß" oder „großer Mann" entstanden ist, einer Figur mit fest postierten Beinen und weit ausgestreckten Armen und einem übermäßig großen Kopf. Ihre ursprüngliche Bedeutung war „großer Geist" oder „Geister". Aus Inschriften geht hervor, daß die Ahnen als Bewohner des Himmels angesehen wurden, von wo sie ihre Segnungen „herniedersenden". Den Wohnsitz der Ahnen aber mit dem Schriftzeichen für Ahnen zu bezeichnen, ist nur ein kleiner Schritt. Dieses Zeichen hat gewöhnlich Plural- oder besser kollektive Bedeutung: die Versammlung oder das Konklave der Ahnen, und wird nach einem allmählichen Entwicklungsprozeß für die unpersönliche Macht da droben gebraucht. Aber in alten Inschriften aus der Zeit der Chou-Dynastie scheint T'ien eher „Geister" bedeutet zu haben als einen unpersönlichen Himmel, und so mag denn auch *T'ien Tzu,* „Sohn des Himmels", später Titel des Kaisers von China, ursprünglich die Bedeutung „Sohn der Geister der Ahnen" gehabt haben.

Obwohl also das Schriftzeichen für T'ien anthropomorphen Ursprungs ist, war es im alten China keineswegs üblich, den höchsten Gott als Mann, das heißt als Bildnis mit menschlicher Gestalt darzustellen. Mit Sicherheit waren im Ritual am Altar des Himmels, das sich viele Jahrhunderte hindurch bis zum Ende der letzten Dynastie im wesentlichen gleichblieb, keine Bildnisse zu sehen. Der Kaiser selbst war der Hohepriester, und nur er allein konnte dem Himmel, dessen irdischer Repräsentant er war, Gebet und Opfer darbringen. Der Opferplatz war von altersher der T'ien T'an, der „Himmelsaltar", ein großes, kreisförmiges Podium aus Erde oder Mauerwerk unter freiem Himmel und in südlicher Richtung außerhalb der Mauer der jeweiligen Hauptstadt gelegen. Wegen dieser Lage wurde er oft auch Chiao T'an, „Altar in der Vorstadt", genannt. Nachdem der ursprüngliche Altar im Jahre 1420 erbaut worden war, war

Gepflasterter Weg zum Himmelstempel

Linke Seite: Innerer und äußerer Torweg des Himmelstempels

DER HIMMELSALTAR

die Außenstadt noch ohne Umfassungsmauern, so daß er tatsächlich in den vorstädtischen Wohnbezirken lag.
Der Himmelsaltar in einem geräumigen Park mit Umfassungsmauern von etwa 5,5 km Umfang ist Mittelpunkt des Altarbezirks, der wieder von einer Mauer umgeben ist. Der Zugang erfolgt gewöhnlich von Westen, vorbei an dem „Haus der Enthaltsamkeit", einer prachtvollen Villa mit einem Wassergraben ringsherum, mit Brücken, Balustraden und Treppen aus weißem Marmor, die zu den verschiedenen Hallen und Räumen führen. In diesem Hause verbrachte der Kaiser die Nacht mit Fasten als Vorbereitung auf die großen Zeremonien des folgenden Tages. Nach Durchschreiten eines weiteren Torwegs liegt plötzlich der Altar mit allen seinen Bauten im freien Blickfeld. Die Anlage besteht aus drei kreisförmigen, konzentrischen Terrassen aus blendendweißem, kunstvoll geschnittenem Marmor, die mit kleiner werdendem Durchmesser stufenförmig zur Mitte hin aufsteigen. Die untere Terrasse hat etwa 60 m Durchmesser, das Ganze ist zunächst von einer ringförmigen, dann nochmal von einer quadratischen Mauer eingefaßt. Dreifache Torwege aus weißem Marmor führen in den vier Himmelsrichtungen durch jede der Mauern, die ebenso wie alle Gebäude in Sehweite mit glasierten Ziegeln von ultramarinblauer Farbe abgedeckt sind.

Blick vom Himmelsaltar nach Norden

Auf dem geräumigen Pflaster zwischen der inneren und äußeren Mauer befindet sich eine große Feuerstelle, auf der die Opferspeise verbrannt wird, auch Kohlepfannen gibt es da für die Brandopfer aus Seide. Drei Marmortreppen führen zum Mittelpunkt der oberen Terrasse, wo so viele Kaiser gestanden und in Ehrfurcht gekniet und von wo sie ihren Blick nach Norden gerichtet haben über ein Meer von blauen Dächern, weißen Torbogen und tief rosenfarbigen Mauern. Links und rechts befinden sich eine Halle für Musikanten, Lagerhäuser für Geschirr und Opfergefäße und eine Küche für die Zubereitung der Opferspeisen und -weine. Nach vorn, jenseits der Marmortorbogen, umschließt eine weitere ringförmige Mauer ein wundervolles achteckiges Kapellchen, den Pavillon des Höchsten Firmaments. In ihm wurden die Votivtäfelchen abgelegt, die dem Himmel, den Elementarmächten und den kaiserlichen Ahnen geweiht waren, damit sie von hier hinausgetragen und als Gegenstand der Verehrung und Höhepunkt des Zeremoniells auf dem Altar aufgestellt werden konnten. Jede Tafel trug einen Namen. Auf einer Tafel, die in der Mitte über den andern stand, war zu lesen: *Huang T'ien Shang Ti,* „Höchster Himmel, Herr in der Höhe".

Jenseits des Pavillons erstreckt sich ein breiter, gepflasterter Weg, zieht sich durch drei blaugedeckte Tore und endet vor dem in aller Welt bekanntesten chinesischen Bauwerk, dem sogenannten „Himmelstempel". Sogenannt deshalb, weil die Chinesen ihn nicht unter diesem Namen kennen; für sie ist er der Ch'i Nien Tien, die „Halle der Jahresgebete".

Blick vom Himmelsaltar nach Süden

Gesamtansicht des Heiligen Bezirks.
Im fernen Hintergrund Peking

DER HIMMELSALTAR

Der Pavillon des höchsten Firmaments, in dem
die Votivtafeln des Himmels, der kaiserlichen Ahnen
und der Elementarkräfte aufbewahrt wurden

DER HIMMELSALTAR

Läßt man den Altar hinter sich und geht nach Norden, die Stufen hinunter, durch die Torwege zum Pavillon mit den Votivtafeln, dann außerhalb der Umfassungsmauer auf dem gepflasterten Dammweg weiter, so bemerkt man viele interessante Einzelheiten. Und doch können sich unsere Augen nicht loslösen von dem Wunder, das nicht aus der Sicht verschwindet, sondern immer klarer und erhabener erscheint, wenn man Tor um Tor passiert. Schließlich lassen wir alles hinter uns und betreten einen Platz, der rechts und links von langgestreckten einstöckigen Gebäuden mit blauen Dächern gesäumt wird. Der große Rundturm mit dreifach gestaffeltem Dach steigt von seinem weißen Marmorkissen auf, oder besser gesagt: er scheint sich soeben darauf niedergelassen zu haben. Er ist 31 m hoch, und seine Proportionen erscheinen vollkommen, von welcher Höhe oder aus welchem Winkel man ihn immer sieht. Für viele konservative Chinesen ist er der Himmel im kleinen, und wenn man sein Bild vor Augen hat, ist jede Schilderung in Worten eine Anmaßung. So überraschend es sein mag: Der Ch'i Nien Tien ist ein vergleichsweise junges Gebäude. Sein Vorgänger brannte nach einem Blitzschlag im Jahre 1889 nieder – ein böses Omen, wie man glaubte, das sich durch die folgenden Ereignisse in China zu bestätigen schien.

Gottesdienste auf dem Altar und im Tempel des Himmels fanden nur drei- bis viermal jährlich statt, boten aber immer wieder ein großartiges Schauspiel. Das höchste Opfer, *Chiao T'ien*, die Vereinigung mit dem Himmel, fand zur Zeit der Wintersonnenwende statt. Dann ist in Peking bereits Winter, doch fällt außer im Juli und August selten Regen, sonst scheint das ganze Jahr hindurch die Sonne oder der Mond von einem wolkenlosen Himmel. Im Mittelpunkt des Gottesdienstes standen ein demütiger Bericht des Kaisers an den himmlischen Thron und ein Akt feierlicher Weihe seiner Person und seines Volkes. Am Vorabend des Festes wurde der Kaiser in feierlicher Prozession über 5 km von seinem Palast in der Verbotenen Stadt zum heiligen Bezirk getragen, gefolgt von einer großen Menge seiner ehrwürdigsten Untertanen. Zu Fuß durchschritt er dann das Südtor und wandte sich zum Pavillon des Firmamentes, wo er Weihrauch verbrannte und vor den Votivtafeln niederkniete. Nachdem er noch die Vorbereitungen am Altar inspiziert hatte, zog er sich in das Haus der Enthaltsamkeit zurück, wo er die Nacht in Gebet und Meditation verbrachte. Zwei Stunden vor der Morgendämmerung wurde er wieder zum Südtor getragen, wo er ein Zelt aus gelber Seide innerhalb der quadratischen Außenmauer betrat. Hier wurden ihm die zeremoniellen Gewänder angelegt, und auf ein Zeichen eines Herolds trat er ins Freie und erstieg die zweite Terrasse des Altars.

Jetzt, in dem trüben Licht großer Laternen auf hohen Pfählen und durch die Wolken von Weihrauch, die aus bronzenen Räucherfässern auf den Terrassen emporstiegen, glich der Altar einer in ungewöhnliche Farben getauchten, beseelten Bühne. Auf einem Altartisch an der abgelegenen Seite der oberen Terrasse und nach Norden durch ein Gitter abgeschirmt, stand die

Der Himmelstempel

DER HIMMELSALTAR

Der Hauptaufgang zum Himmelstempel mit dem in Marmor geschnittenen Drachenpflaster.
Es handelt sich hier um eine alte Photographie, die den Tempel noch in sehr vernachlässigtem Zustand zeigt

„Tafel des Himmels", etwa 60 cm hoch und 15 cm breit, in die der heilige Name in goldenen Schriftzeichen auf zinnoberrotem Grund eingeschrieben war. Links und rechts waren auf kleineren Tischen die Tafeln der kaiserlichen Ahnen aufgestellt, auf anderen Tischen Dutzende von dunkelblauen Porzellangefäßen in antiken Formen mit verschiedenen, wohl zubereiteten, delikaten Opferspeisen, wie Fleisch, Fisch, Früchte, Gemüse, Reis und Hirse, Suppe und Weine, aber auch Opfergaben von Jade und Seide. Auf der zweiten Terrasse standen auf mehreren Tischen die Votivtafeln für Sonne und Mond, für die Planeten und Sternbilder sowie für die Geister des Regens, des Windes, der Wolken und des Donners. Auf der untersten Terrasse war der Platz für die kaiserlichen Prinzen, die Minister, die Mitglieder des Ritualamtes und die Leibdiener des Kaisers. Und dann, auf dem gepflasterten Innenring, ein großes Aufgebot von Musikanten, Tänzern, Sängern, Fahnen- und Standartenträgern, der Rest der Festteilnehmer befand sich außerhalb der Mauer.

Drei Trommelschläge gaben das Signal zum Beginn des Gottesdienstes, und sofort intonierten Sänger und Orchester die Anrufungshymne, die von feierlichen Bewegungen der Tänzer begleitet war. In ähnlicher Weise untermalte die Musik die Höhepunkte des langen Rituals, das bis ins einzelne in einer alten Vorschrift festgelegt war. Es bestand aus drei Teilen und dauerte bis zur Morgendämmerung. Zu Beginn verbrannte der Kaiser Weihrauch vor der Tafel des Himmels und reihum vor allen anderen Tafeln. Dann opferte er Jade und Seide, die er in einem Korb von einem Diener zu seiner Rechten entgegennahm und nach der Darbietung einem andern zu seiner Linken reichte. Nun folgte das Opfer von Speise und Wein in den rituellen Gefäßen, wobei ihm wieder Diener zur Hand gingen. Den Schluß bildete die Gebetszeremonie. Das Gebet, das durch die zuständigen Geistlichen in Beratung mit dem Kaiser ausgewählt und auf eine Tafel geschrieben war, wurde einem Sprecher übergeben, der es laut sprach, während der Kaiser vor der Tafel des Himmels kniete. Dann ging er zur Mitte des Altars, verzehrte selbst von dem Fleisch und Wein und vollführte zusammen mit der ganzen Gemeinde den neunfachen Kniefall. Während der Kaiser noch kniend verharrte, wurden Gebetstafel, Weihrauch, Jade, Seide und Speisen weggetragen und den Flammen der Kohlebecken übergeben, derweil die ersten Strahlen der aufsteigenden Sonne die goldenen Schriftzeichen in der Tafel des Himmels aufleuchten ließen.

Der Hauptgottesdienst vor der mit drei Dächern versehenen Halle der Jahresgebete folgt einem ähnlichen Ritual, war aber weniger aufwendig. Er fand früh im Jahre statt, und während das Gebet am Himmelsaltar seine Art Jahresbericht und die Bekräftigung des Einvernehmens mit den übernatürlichen Mächten enthielt, war es hier eine Bitte für Frieden und Wohlfahrt. In China haben Riten solcher Art eine alte Tradition, und ihre sorgfältige Ausübung galt Konfuzius und seinen Nachfolgern als ein wesentliches Anliegen einer gerechten und beständigen Regierung.

S. H. HANSFORD

Rechte Seite: Der Chi Nien Tien, Halle der Jahresgebete oder Himmelstempel mit seinen vollendeten Proportionen

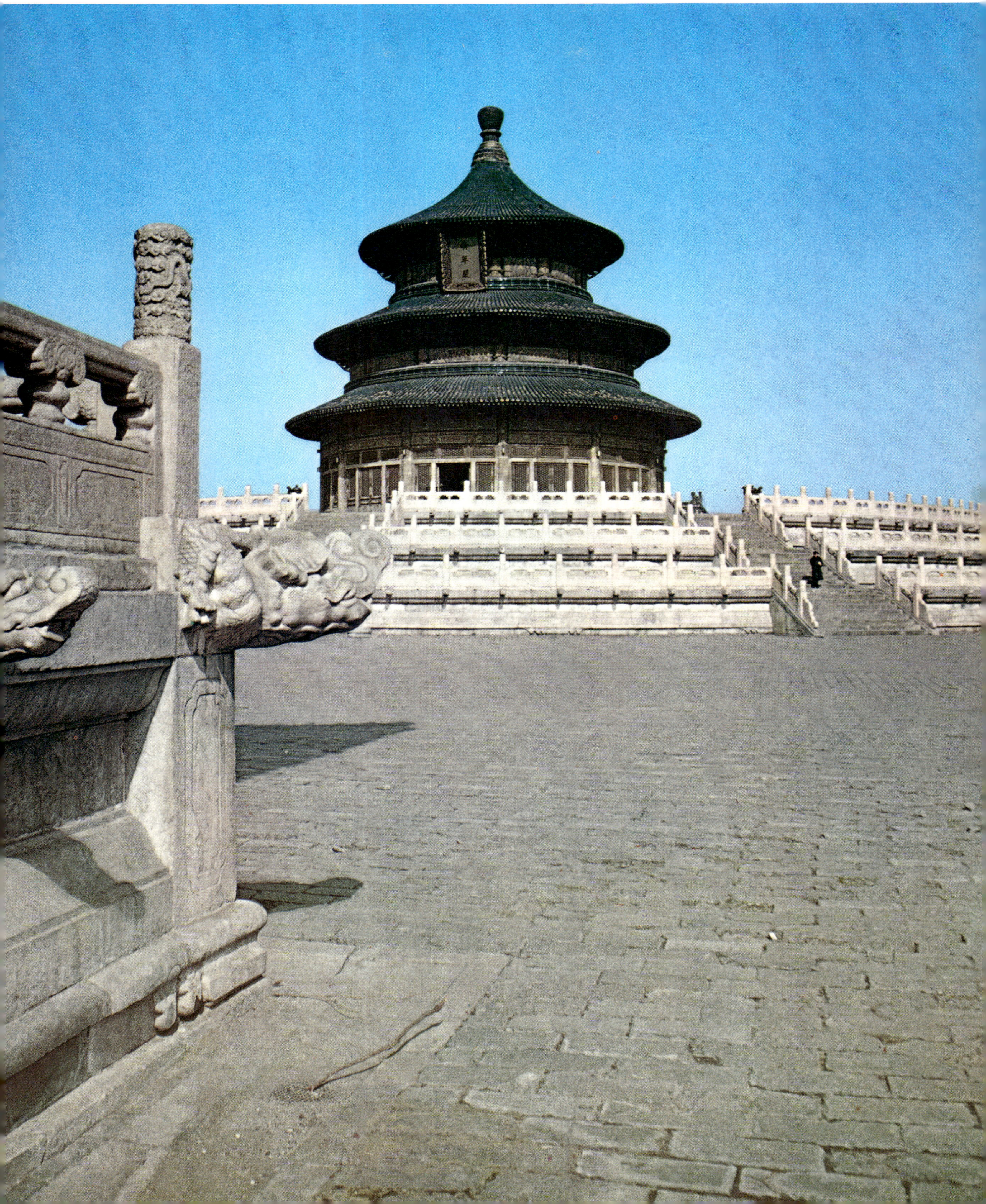

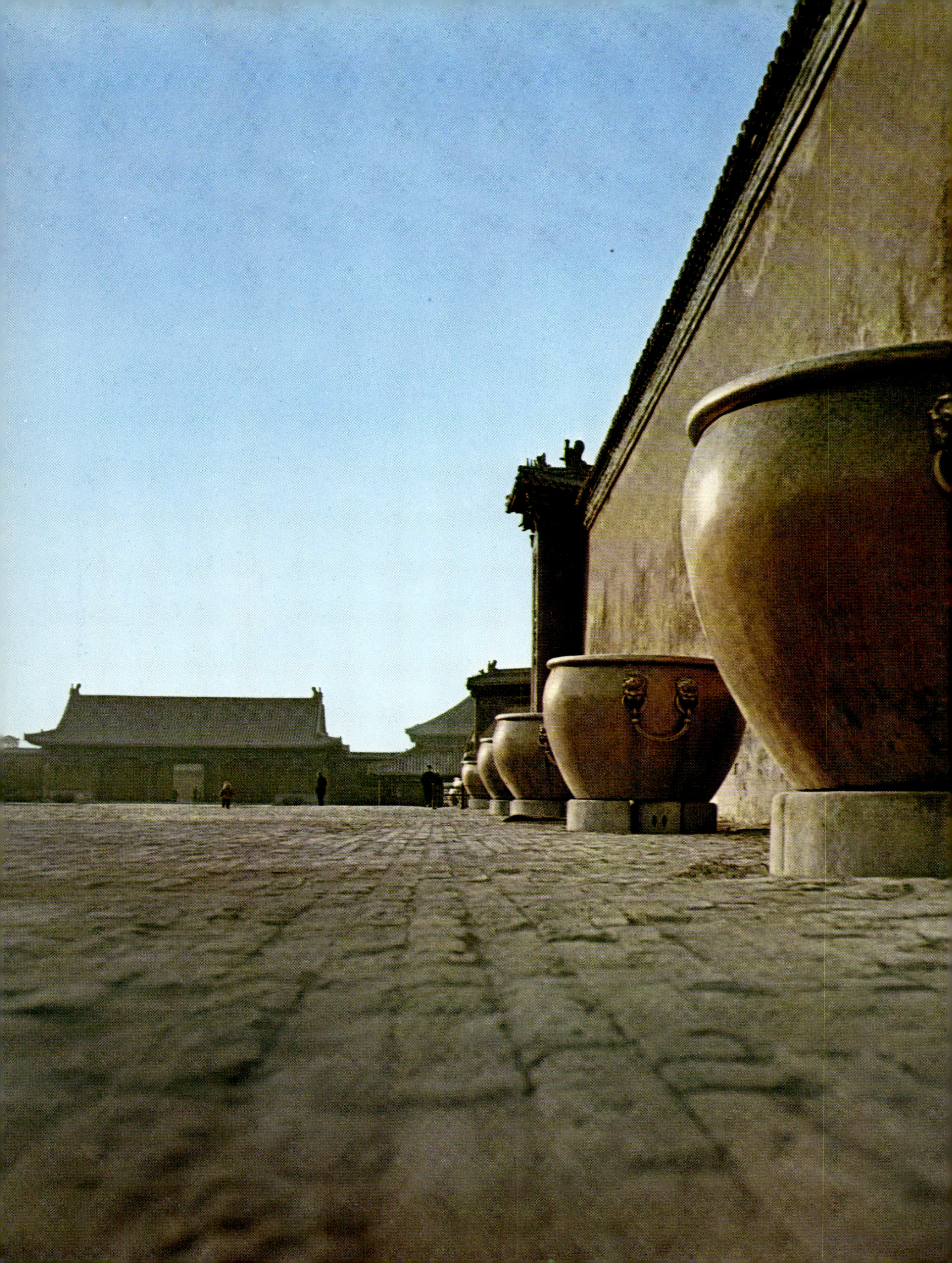

Peking: Die Verbotene Stadt

Vor fünf Jahrhunderten Residenz des „Sohnes des Himmels" und Mittelpunkt des höfischen Lebens in der chinesischen Hauptstadt

Peking, die Hauptstadt der Volksrepublik China, steht auf dem Boden einer alten Siedlung mit dem historischen Namen Chi. Sie war während des größten Teiles des 1. vorchristlichen Jahrtausends der Sitz der Herzöge von Yen, berühmter Lehnsmänner der Chou-Dynastie, auf die auch ihr literarischer Name Yen-ching zurückgeht. Seitdem war sie ununterbrochen eine hochbedeutende Stadt, bis sie im 13. Jh. zur Hauptstadt Chinas wurde, als der große Mongolenherrscher Kublai Khan seine Riesenstadt Khanbaligh auf dem Terrain des heutigen Peking erbaute. Für einige Jahrzehnte war dann Khanbaligh die Hauptstadt eines großen Teils der damals bekannten Welt, des größten Landimperiums aller Zeiten, das vom Baltischen Meer bis zum Pazifik reichte. Die Prachtbauten der Stadt und das Leben am Mongolenhofe hat Marco Polo in lebendigen Schilderungen dargestellt.

Der größte Teil der Mongolenstadt wurde beim Sturz der Dynastie durch Feuer zerstört. Der Plan der jetzigen Hauptstadt stammt im wesentlichen von Yung-lo (15. Jh.). Die Mauern umschließen ein Areal von mehr als 65 qkm, und wenn man sich der Stadt von der nordchinesischen Ebene her nähert, erweckt sie den Eindruck eines riesigen flachen Kastens. Nach dem Grundriß sind es eigentlich zwei Städte: eine quadratische – die Nördliche oder Innere Stadt – und, gleich daran anschließend, eine rechteckige – die Südliche oder Äußere Stadt. Beide sind von hohen Mauern umgeben, durch die in regelmäßigen Abständen prächtige Torwege mit aufgesetzten Wachthäuschen führen. Auffallend ist die Symmetrie beider Stadtanlagen: Die Innere Stadt ist mit einem Netz von großen Boulevards, zahllosen Straßen und Gassen überzogen, die fast alle genau Süd-Nord- oder West-Ost-Richtung haben. Die Innere Stadt beherbergt auch die meisten berühmten Bauwerke und Denkmäler – bis auf den „Altar des Himmels" und den „Altar des Landbaus", die innerhalb der Äußeren Stadt stehen.

In der Inneren Stadt selbst liegt nun wieder eine Reihe eingefriedeter Bezirke, unter denen der Huang Ch'eng, die Kai-

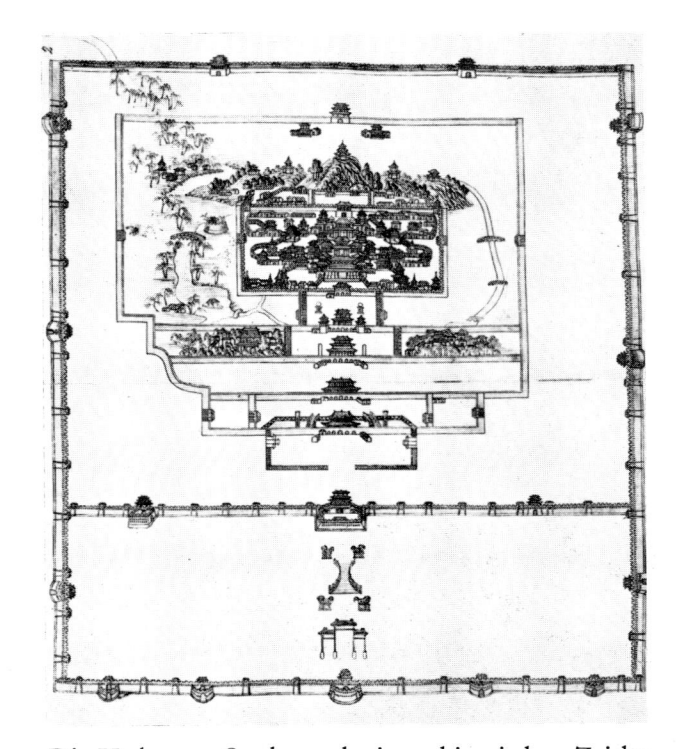

Die Verbotene Stadt; nach einer chinesischen Zeichnung aus einem Manuskript des 19. Jh.

Linke Seite: Nebenhof in der Verbotenen Stadt mit bronzenen Wasserbehältern

Blick auf die Verbotene Stadt vom Ching Shan oder „Kohlenhügel"

Westlicher Flügel des Wu Men (Mittagstor)

DIE VERBOTENE STADT

serliche Stadt, der größte ist. Er hat zentrale Lage und einen rechteckigen Grundriß von etwa 2800 m in Süd-Nord- und 2400 m in Ost-West-Richtung; leider mußte der größte Teil seiner Mauern inzwischen dem Verkehr weichen. Die Kaiserliche Stadt beherbergt zahlreiche öffentliche Gebäude: frühere Regierungsgebäude, die Pei-Ta-Universität, die Nationalbibliothek und die ehemaligen Kaiserlichen (heute öffentlichen) Vergnügungsparks mit den schönen Zierweihern. Im Herzen der Kaiserlichen Stadt aber liegt der Tzu Chin Ch'eng, die Verbotene Stadt oder das Palastviertel, mit rechteckigem Grundriß von etwa 1600 m in Süd-Nord- und 800 m in Ost-West-Richtung.

In dem deutschen Namen „Verbotene Stadt" schwingt eine leise Drohung mit, und ohne Zweifel zog das widerrechtliche Betreten der Stadt ernste Strafen nach sich. Genau wie andere Residenzen irgendwo in der Welt wurde der Tzu Chin Ch'eng scharf bewacht, und unberechtigte Personen konnten nur mit Gewalt oder List den Einlaß erzwingen. Der chinesische Titel läßt dagegen eher an höchste Macht und Autorität und ihren geheimnisvollen Hintergrund denken. Durch einen Auftrag des Himmels war der Kaiser aufgerufen, nicht nur über China sondern über die ganze Welt zu herrschen, auch wenn dieser Auftrag von den fernen Völkern nicht anerkannt wurde. Das Wort Tzu in dem chinesischen Titel versinnbildlicht den Pol, um den alles irdische Geschehen kreist, er ist das Gegenstück des Polarsterns, um den sich die Gestirne drehen.

Es ist äußerst schwierig, einen genauen Eindruck von Lage und Größe dieses riesigen Palastkomplexes von irgendeinem Punkt seines Areals aus zu gewinnen. Den besten Überblick hat man von dem kleinen Hügel Ching Shan, dem „Aussichtshügel" (oder auch „Kohlenhügel"), genau im Norden der Verbotenen Stadt. Von hier aus sieht der Beschauer das ganze Peking, die Innere und die Äußere Stadt mit ihren vielen, aus grünumsäumten Höfen aufsteigenden Wahrzeichen, ausgebreitet zu seinen Füßen liegen. Sie erstreckt sich bis zu den fernen Mauern und Toren, weiter in die große Ebene hinein und bis in die dunstige Ferne der westlichen Hügel. Unmittelbar unter dem Hügel steht der Shen Wu Men, das „Tor des Militärischen Schutzgeistes", das rückwärtige Tor der Verbotenen Stadt. Von dort führen nach rechts und links die Mauer und der mit Lotosblüten übersäte Wallgraben zu den anmutigen Ecktürmen. Von hier setzt sich die Mauer bis zu den entsprechenden Türmen an der Südseite fort. Sie umschließt gleichsam einen See von glutgelben Ziegeln auf den mächtigen Dächern der großen Audienz-Hallen und den bescheideneren der alten Wohnhäuser der fürstlichen Familien und Hofbeamten inmitten von Höfen und mit blühenden Sträuchern bewachsenen Steingärten.

Vom „Kohlenhügel" führt ein etwa 2400 m langer Weg am Wallgraben entlang zum Süd- oder Haupttor, dem T'ien An Men, dem Tor des Himmlischen Friedens. Hier, auf dem großen quadratischen Platz vor dem Tor, werden an den nationalen Feiertagen die großen Paraden und Aufmärsche abgehalten.

Eckturm und Wassergraben in der Verbotenen Stadt

DIE VERBOTENE STADT

Pavillon in der Nähe des Shen Wu Men (Tor des militärischen Schutzgeistes)

Westteil der Marmorterrasse der Halle der Höchsten Harmonie

Vor dem T'ien An Men fließt ein Zierkanal vorüber, der von fünf schönen, parallel laufenden Brücken aus weißem Marmor mit wunderbar geschnitzten Geländern überspannt ist. Diese münden in fünf parallele Fahrwege ein, die als Tunnel durch den T'ien An Men fortgesetzt sind. Bei den großen kaiserlichen Umzügen bewegten sich fünf Gruppen Seite an Seite vorwärts, der Tragstuhl des Kaisers befand sich im mittleren Block. Hierfür waren die Fahrwege und Brücken angelegt.

Die Tunnels, die etwa 20–24 m lang sind, münden in einen geräumigen Hof ein, über den der gepflasterte Fahrweg im Baumschatten einer Allee zu einem zweiten Tor, dem Tuan Men, weiterführt. Dieses Tor ist dem ersten sehr ähnlich und ebenfalls von fünf Tunnels durchstoßen, die den Zugang zu einem weiteren Hof bilden, der dunkel aber größer als der vorhergehende ist. An seiner Breitseite steigt das Haupttor zur Verbotenen Stadt, der Wu Men, auf, das „Mittagstor", eins der prächtigsten Bauwerke Chinas.

Das Tor ist größer als das erste und zweite. Zwei Flügelbauten führen an beiden Seiten südwärts, so daß der gesamte Torbau drei Seiten eines Quadrates bildet. Auf einer Terrasse mit Marmorbrüstung oben auf dem Tor steht ein langgestrecktes, rechteckiges Bauwerk mit Doppeldach, das durch Korridore mit zwei kleineren auf dem Nord- und Südende jedes Flügels verbunden ist. Diese Baugruppe ist unter dem Namen „Türme der fünf Phönixe" bekannt. Früher waren hier Regierungsbüros untergebracht, heute gehören die Bauten zum Historischen Nationalmuseum. Der Beschauer wird schon auf dem Torplatz überwältigt von dem mächtig aufsteigenden Bauwerk, aber der Blick von der oberen Terrasse, auf die an jedem Flügel lange Rampen führen, ist geradezu atemberaubend.

Über den folgenden Hof fließt in einem weichen, weiten Bogen der Chin Shui Ho, der Goldene Fluß, und jenseits davon, genau gegenüber, erblickt man den T'ai Ho Men, das „Tor der Höchsten Harmonie". Der glitzernde Fluß — oder besser Kanal — fließt in einem Bett aus weißem Marmor zwischen Ufermauern und durchbrochenen Balustraden aus demselben Material. Fünf Marmorbrücken von anmutiger Form und harmonischen Proportionen, die, wie es heißt, die fünf Tugenden versinnbildlichen, überspannen den Fluß.

Der T'ai Ho Men bildet einen starken Kontrast zu den anderen Torwegen. Das viel kleinere Bauwerk hat nur geringe Höhe und besteht lediglich aus einer Doppelterrasse aus gemeißeltem weißem Marmor. Von hier an wurde der Kaiser bei den Feierlichkeiten nur von seinem nächsten Gefolge und seinen 16 Trägern begleitet. Den Aufgang zur Terrasse bilden zwei parallele Treppenläufe, zwischen denen das geschnittene „Drachenpflaster" schräg ansteigt. Des Kaisers Stuhl wurde über dem Pflaster emporgetragen, er ruhte auf langen Stangen, so daß die Träger die Stufen hinaufsteigen konnten, hinter ihnen das Gefolge. Durch das Tor führen drei mit massiver Bronze beschlagene Doppeltüren, von denen das mittlere Paar für den Kaiser und seine Träger, die Türpaare zur Rechten und Linken

Rechte Seite: Gartenpartie mit dem Goldenen Fluß

DIE VERBOTENE STADT

für sein Gefolge bestimmt waren. Der T'ai Ho Men ist eins der wenigen heute noch erhaltenen Bauwerke der Verbotenen Stadt aus der Ming-Dynastie. Vor dem Tor kauern zwei mächtige Bronze-Löwen auf Marmorsockeln.

Durch den Wu Men gelangt der Besucher in den Hof, geht über eine der Brücken, steigt die Marmorstufen zum T'ai Ho Men hinauf, wandelt unter dem von zinnoberroten Säulen getragenen Dach und verläßt ihn durch die großen Türen. Etwa 135 m entfernt steht an einem weiten Platz die große Thronhalle, der T'ai Ho Tien, oder die „Halle der Höchsten Harmonie". Sie ist zusammen mit zwei kleineren Hallen, dem Chung Ho Tien und dem Pao Ho Tien auf der dreigeschossigen, mit geschnitzten Balustraden verzierten Marmorterrasse erbaut, die über vier parallele Treppenläufe mit einem längeren „Drachenpflaster" in der Mitte erreicht wird. Bei hohen Festlichkeiten, wie dem Neujahrstag und dem Geburtstag des Kaisers, auch bei Siegesfeiern empfing der Kaiser hier die Glückwünsche seiner ihm ergebenen Prinzen und Beamten. Dann versammelten sie sich zu Tausenden in ihren kostbaren Festgewändern und nahmen ihrem Rang entsprechend die durch Bronze-Marken im Pflaster bezeichneten Plätze ein. Wenn der Kaiser auf dem

Bronzelöwe als Wächter vor dem Tai Ho Men

DIE VERBOTENE STADT

Die Halle der Höchsten Harmonie

Die Dritte Audienzhalle, Pao Ho Tien, unweit der Halle der Höchsten Harmonie

Die Zweite Audienzhalle, Chung Ho Tien, hinter der Halle der Höchsten Harmonie

Die Thronhalle oder Halle der Höchsten Harmonie mit der dreistufigen Marmorterrasse

Drachen-Schildkröte aus Bronze auf der obersten Terrasse der Halle der Höchsten Harmonie

DIE VERBOTENE STADT

Sonnenuhr am östlichen Ende der Halle der Höchsten Harmonie

Drachenthron Platz genommen hatte, verkündeten Herolde seine Anwesenheit, und die Versammlung vollzog wie ein Mann den neunfachen Fußfall.

18 Weihrauchgefäße auf der Terrasse stehen, wie es heißt, symbolisch für die 18 Provinzen und sollen an die Neun Dreifüße von Yü, die Palladien der alten Dynastien erinnern, die vermutlich von einem Herrscher auf den anderen übergingen wie sein Titel als Beauftragter des Himmels. Auch die schöne Bronzeplastik eines Kranichs, eine riesige Bronze-Schildkröte mit Drachenkopf und eine steinerne Sonnenuhr finden sich auf der Terrasse.

Außer diesen zeremoniellen Vierteln der Verbotenen Stadt gibt es natürlich noch vieles mehr, was man nur in Tagen oder Wochen der Muße kennenlernen könnte: Bibliotheken, Schatzkammern, Zeughäuser, Tempel, Gärten, aber vor allem die früheren Wohnviertel der Kaiser und Kaiserinnen, Prinzen, Witwen, Favoritinnen und hohen Offiziere des Hofes. Jedes dieser Häuser steht in einem abgeschlossenen Hof hinter hohen roten Mauern und wird von den „Straßen", die sie trennen, durch massive Türen betreten. In diesem Labyrinth den richtigen Weg zu finden, wäre sehr schwierig, aber jedes Haus hat einen glückbringenden Namen, der in goldenen chinesischen Schriftzeichen – manchmal auch in Mandschu – auf einer Tafel steht, die an den Traufen befestigt ist. Ein solches Haus – es wurde einstmals von der berüchtigten Kaiserinwitwe Tzu Hsi bewohnt – ist der Palast des Ewigen Frühlings. Der Palast des Friedvollen Alters ist die Wohnstatt, in die sich der große Kaiser Ch'ien-lung am Ende einer ruhmreichen Regierungszeit von 60 Jahren nach freiwilliger Abdankung zurückzog (1795). Man mag sich fragen, was den Besucher der Verbotenen Stadt – abgesehen von ihrem historischen Fluidum – am tiefsten beeindruckt. Ohne Zweifel sind es die Raumaufteilung, die Komposition, die majestätischen Proportionen und die Farben. Nur wenige Gebäude haben mehr als zwei Geschosse, ja, viele der größten sind überhaupt eingeschossig angelegt. Die hervorragenden Akzente setzen die Dächer, die ausnahmslos höher sind als der Baukörper selbst. Der Eindruck übermäßiger Schwere wird durch die vornehme Linienführung und manchmal durch kleine Wächterfiguren in der Gestalt von Ungeheuern, die die First- und Giebellinien unterbrechen, aufgehoben. Die Lichtreflexionen von den zahllosen glasierten Ziegeln in leuchtendem Gelb und den langgestreckten strahlend weißen Marmorbalustraden blenden das Auge, doch im Bereich der umschlossenen Wohnviertel wird das Licht weicher und voller durch die Wärme der alten roten Mauern und die in bunten Farben ausgemalten Balkons und Konsolen, die unter den Traufen sichtbar werden. Eine Atmosphäre von Ruhe und Heiterkeit geht von der Verbotenen Stadt aus. Auch das Volk hält stets Ruhe und Ordnung, selbst wenn es in großer Zahl kommt. Die Verbotene Stadt, deren Hallen und Paläste der Schauplatz vieler historischer Ereignisse und dunkler Intrigen waren, erscheint heute wie ein schlafender Riese in wohlverdienter Ruhe. S. H. HANSFORD

Rechte Seite: Eingang zu der Zweiten Audienzhalle Chung Ho Tien; auf Balken und Konsolen sind komplizierte Schmuckmuster aufgemal

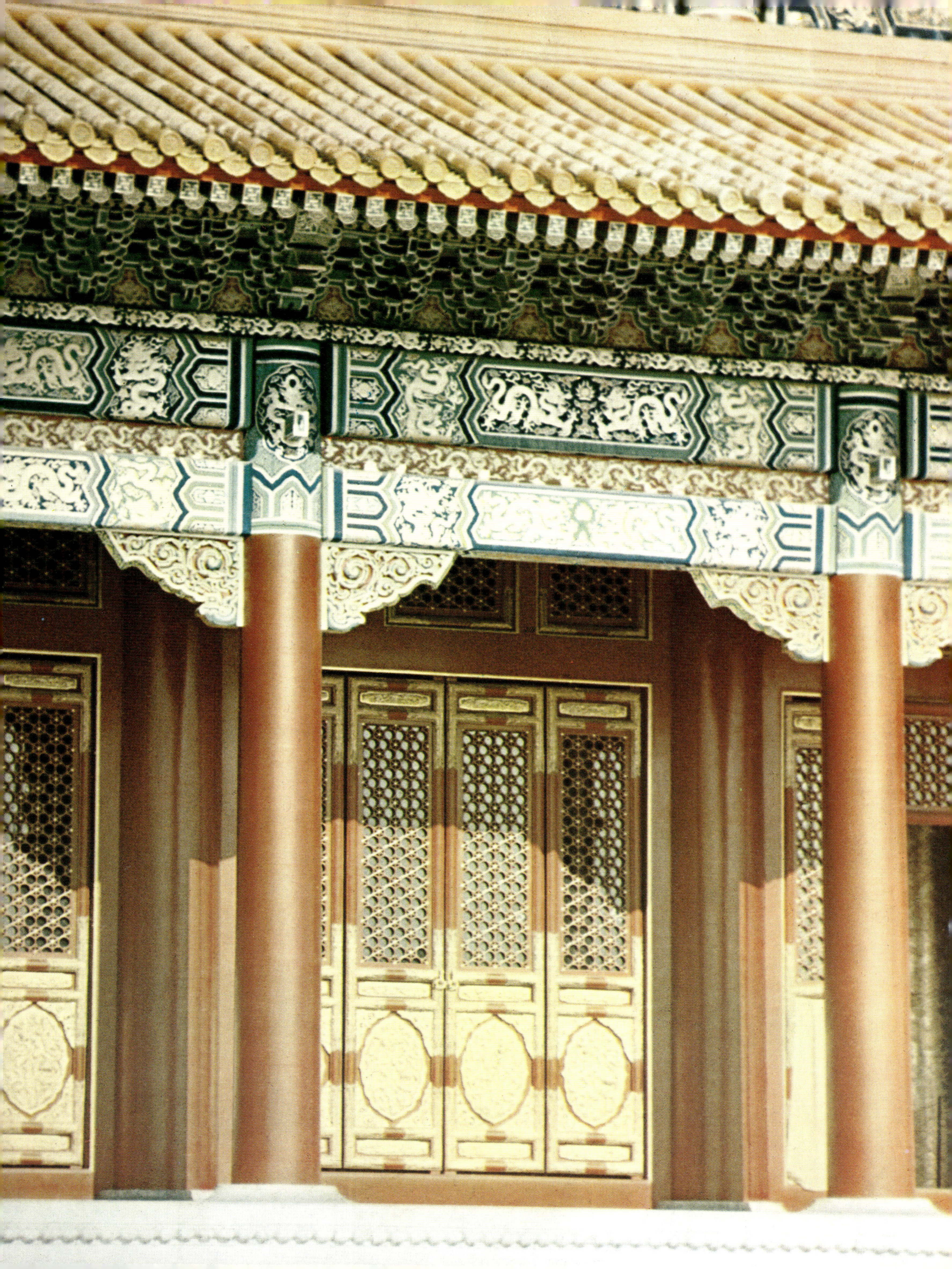

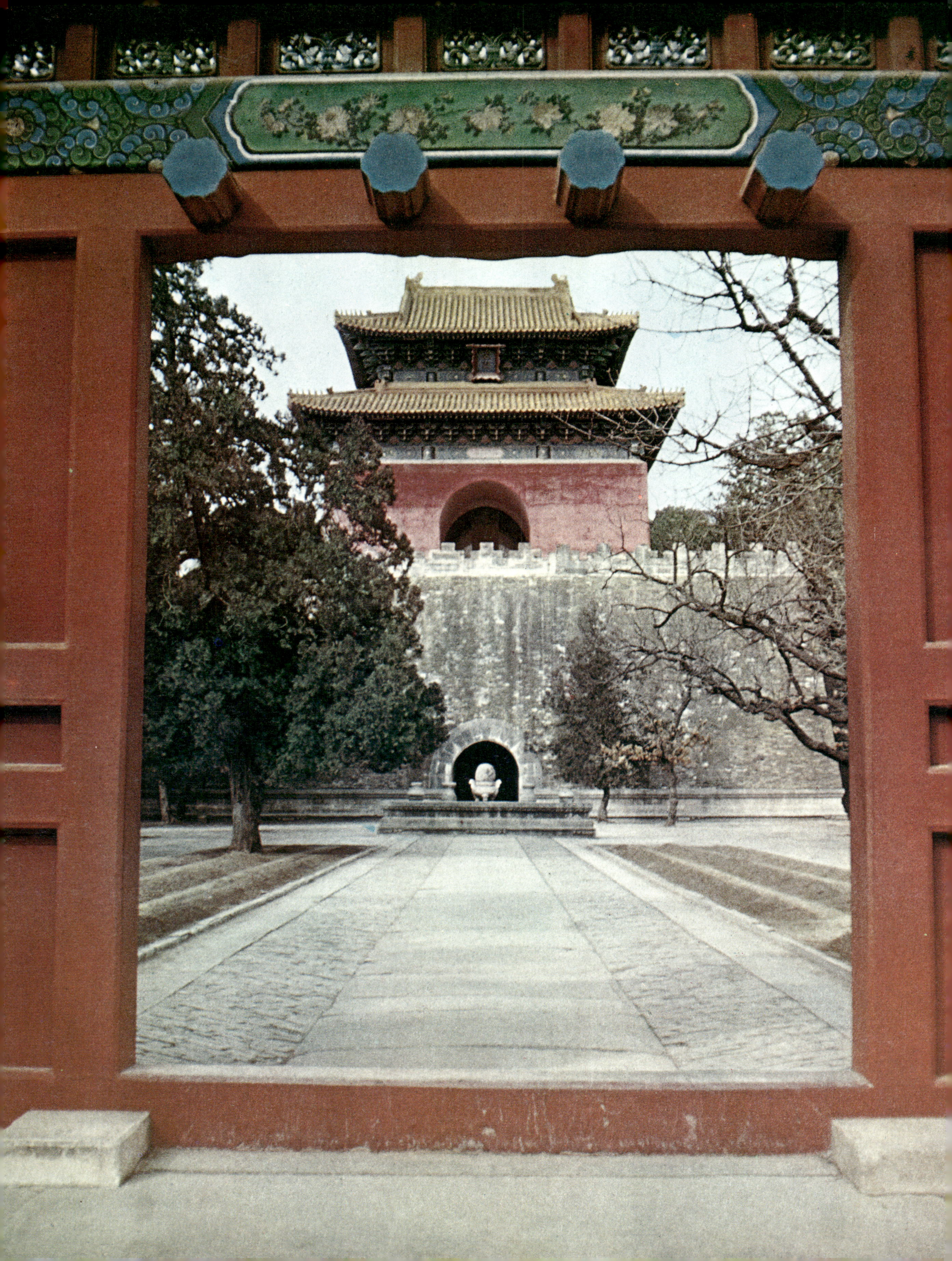

Nahe Peking: Die Ming-Gräber

Die Grabstätte von 13 Kaisern und ihren Frauen aus der Zeit vom 5. bis zum 7. Jh.

Fast 50 km nordwestlich von Peking in einem weiten Tal, das im Norden, Osten und Westen von Bergen eingeschlossen ist, liegen die Kaisergräber der Ming-Dynastie (1368–1644). Der Talgrund mißt in Nord-Süd-Richtung etwa 5 km und von Ost nach West etwa 3,5 km. Wie bei allen Bauwerken des alten China üblich, wurden Lage und Standort der Gräber nach dem Rat der Weisen des *feng-shui,* der Geheimwissenschaft von „Wind und Wasser", ausgewählt, die in dem Ruf standen, die Lage eines Bauwerks so bestimmen zu können, daß böse Geister ferngehalten wurden, gute Geister aber ungehindert Zutritt hatten. Diese Experten sahen in dem Tal einen besonders geeigneten Ort für die große Totenstadt, die hier von Yung-lo, dem dritten Ming-Kaiser und berühmten Stadtplaner, angelegt wurde. Sein eigenes Grab ist das imposanteste überhaupt und hält den Ehrenplatz am Talende, seine zwölf Nachfolger wurden in oder nahe den Hügeln am Talrand beigesetzt. Im Volksmund wird die Anlage Shih-san Ling, „Dreizehn Gräber" genannt.

Ein Pailou, eine prachtvolle Ehrenpforte mit fünf Durchgängen führt in das Tal. Sie wurde 1540, mehr als ein Jahrhundert nach dem ersten Grabmal, errichtet, ist 27 m breit und 15 m hoch und besteht aus weißem Marmor. Nur die sechs großen, rechteckigen Säulenbasen sind aus feinem grauem Stein gearbeitet und mit mythischen Tierbildern in Hochrelief geschmückt – ein wirkungsvoller Kontrast zu dem weißen Marmor. Selbst die Dachziegel sind aus Marmor, aber blau bemalt, um glasierte Keramik vorzutäuschen. Im übrigen folgt das Bauwerk den traditionellen Vorbildern der chinesischen Holzarchitektur, und Reste von grüner und roter Farbe lassen darauf schließen, daß der Architekt auch den Eindruck eines Holzbauwerkes hervorrufen wollte. Hier wie bei den übrigen Gräbern wird offenkundig, daß die Chinesen durchaus fähig waren, großmaßstäbliche Steinbauten zu errichten. Trotzdem sahen sie im Stein lediglich einen Ersatz für Holz und verwendeten ihn nur dort, wo besonders dauerhaftes Material erforderlich war.

Feuerstelle für Brandopfergaben vor dem Ling-en Tien, der „Halle des Opfers für Kaiser Yung-lo"

Linke Seite: Der Seelen-Turm Yung-los, von der Rückseite der „Opferhalle" aus gesehen. In dem Turm befindet sich der Grabstein, in dem großen Hügel dahinter liegt der Unterirdische Palast

Die große Ehrenpforte, Pailou, am Eingang zu dem Tal der Gräber

Etwa 800 m jenseits der Ehrenpforte liegt der eigentliche Eingang zu der Gräberstätte, das Große Rote Tor (Ta Hung Men). Es ist ein massiver Bau, durch den drei gewölbte Gänge führen. Sein Dach ist wie bei allen weiteren Bauwerken mit gelben Ziegeln gedeckt. Nach links und rechts erstrecken sich die Reste der roten Mauer, die früher das ganze Tal umschloß. Hier beginnt der Geisterweg (Shen Tao), die Via Sacra, auf der große Steinstelen mit Inschriften alle Besucher, ob Minister oder anderen Standes, auffordern, zu Fuß weiterzugehen.

Das erste bedeutende Bauwerk am Geisterweg ist der Pavillon der Stele. Er beherbergt eine fast 4 m lange Marmorschildkröte mit einer 9 m hohen Tafel auf dem Rücken, in die ein von dem Sohn und Nachfolger Yung-los verfaßter Lobspruch eingemeißelt ist. Dann beginnt die berühmte Prachtstraße der steinernen Giganten aus 24 Tierfiguren und 12 menschlichen Gestalten. Sie stehen sich paarweise frontal gegenüber: Kamele, Löwen, Elefanten, Pferde und verschiedene mythologische Phantasiegestalten, einige stehend, andere sitzend; dann folgt eine Reihe bürgerlicher und militärischer Beamter. Die Größenunterschiede der Figuren sind erheblich, entsprechen aber ihrem natürlichen Maßstab. Die stehenden Elefanten sind fast 4 m

Die Halle des Opfers für Kaiser Yung-lo.
Sie gleicht der Thronhalle eines Kaiserpalastes,
aber statt des Thrones enthält sie einen Schrein mit
der Tafel des Herrschers, in die sein posthumer
Titel eingeschrieben ist

Ein Altar und Altargefäße aus Stein vor dem
Seelen-Turm des Kaisers Yung-lo

Elefanten in Lebensgröße als Wächter
am kaiserlichen Geisterweg

hoch, die Kamele nicht viel niedriger. Die Haustiere und Beamten waren als das der Würde des Verstorbenen angemessene Gefolge gedacht, die Löwen und Phantasietiere sollten Feinde und böse Geister fernhalten.

Es folgen verschiedene Ehrendenkmäler und Ehrenbogen, Reste von Zierbrücken und eine Küche, in der die Opfermahlzeiten zubereitet wurden. Erst dann erreicht der Besucher den eigentlichen Grabbezirk. Er ist von einer Mauer umschlossen und ähnelt, abgesehen von dem Begräbnisplatz selbst, einem kleinen Palast: Eine Folge von Torwegen und Hofanlagen führt zu einer imposanten Halle, die der Adienzhalle einer kaiserlichen Residenz vergleichbar ist. Hier ist es jedoch eine Opferhalle, Lung-en Tien oder „Halle der Gunst und Gnade" genannt, in der anstelle des Thronsitzes ein Schrein steht. Er birgt in seinem Innern die Totentafel des Herrschers, in die sein posthumer Titel, Ch'eng Tsu, der „Allvollkommene Ahne", eingeschnitten

DIE MING-GRÄBER

von den Ch'ings abwendete und besonders in den letzten Jahrzehnten ihrer Regierung die Sitten immer mehr in Verfall gerieten, kamen diese Maßnahmen in Vergessenheit, und ein großer Teil der Gebäude verfiel. Obwohl die gegenwärtige Regierung in Peking den Hochmut, die Zügellosigkeit und die religiösen Anschauungen der Ming-Kaiser aufs schärfste verurteilt, schätzt sie die Grabmäler als nationale Monumente und setzte ein großangelegtes Restaurierungsprogramm mit bedeutsamen archäologischen Ausgrabungen in Gang. Bis zum Jahre 1956 stammte unser ganzes Wissen um den Unterirdischen Palast der Ming-Dynastie aus literarischen Quellen. In jenem Jahr gab die Regierung den Auftrag zur Erforschung des großen Grabhügels von Wan-li.

Dieser Kaiser war erst 10 Jahre alt, als er den Thron bestieg, und erst 21, als er sich mit den Plänen für sein eigenes Grabmal beschäftigte. Solche Voraussicht war in jener Zeit allgemein üblich. Das Werk wurde begonnen und 1590 fertiggestellt – wie berichtet wird, mit einem Kostenaufwand von 8 Millionen Taels. 30 Jahre später, 1620, starb die Kaiserin, der Kaiser folgte ihr im gleichen Jahr nach. Sein Sohn und Nachfolger war das Kind einer Konkubine, die schon 8 Jahre vorher verstorben war. Bei der Thronbesteigung des Sohnes wurde sie posthum in den Rang einer Kaiserin-Witwe erhoben, ihr Leich-

Gesamtansicht vom Grabmal Kaiser Wan-lis.
Im Mittelpunkt der Seelen-Turm,
dahinter der Hügel über seinem Unterirdischen Palast

DIE MING-GRÄBER

Feierliches Leichenbegängnis einer bedeutenden Persönlichkeit; aus *Atlas Chinensis* (1671), *von Arnoldus Montanus*

nam wurde exhumiert und in dem großen Grab neben den beiden anderen beigesetzt.

Die Schwierigkeiten, die sich jetzt bei der Ausgrabung ergaben, waren immens, denn die Gräber waren so angelegt, daß der Zutritt zu ihnen unmöglich sein sollte. So brauchte man allein 6 Monate, um den überwölbten Zugang und den großen Torweg zum Unterirdischen Palast aufzuspüren, der entgegen der Bauweise der Wohnpaläste in China ganz aus Stein errichtet ist. In die massive Abdeckung des steinernen Torwegs ist ein Gitter eingemeißelt, das Keramikziegel vortäuscht, und auf die Grate sind Wächtertiere gesetzt. Die schweren Flügeltüren sind aus weißem Marmor, jedes Türblatt wiegt 6–7 Tonnen und ist mit Reihen von Buckeln verziert, die Nagelköpfe darstellen sollen. Die Türen waren an einem 3,75 m langen bronzenen Kreuzbalken aufgehängt und wurden von innen durch einen großen, „selbstschließenden Stein" verriegelt, der beim Zuschlagen der Tür in die richtige Lage rutschte. Vielleicht weil die Türen sich gesenkt hatten, stießen die Flügel nicht mehr genau aufeinander, so daß es möglich war, einen Pfahl durch den Spalt zu schieben und den Verschlußstein zurückzustoßen. Andernfalls hätte man die Türen aufsprengen müssen und damit sicher unübersehbaren Schaden angerichtet.

Der Torweg führt in einen Vorraum, der 18 m lang und fast 5 m breit ist, und dann durch weitere Marmortüren zu dem fast doppelt so großen Opferraum, der durch Korridore mit den geräumigen Galerien auf der rechten und linken Seite verbunden ist. Am Ende dieses Raumes stehen drei wunderbare Thronsitze aus weißem Marmor: der Kaiserthron mit geschnitzten Drachen und zu beiden Seiten die etwas kleineren der Kaiserinnen, mit Phönixen und Drachen verziert. Vor jedem Thron sind die üblichen Altargefäße und große Behälter aus blauweißem Porzellan aufgestellt. Sie waren mit Öl gefüllt, auf welchem Dochte schwammen, und sollten als „ewige Lampen" brennen. Hinter dem Kaiserthron führt das letzte Marmortürpaar in die Grabkammer, den größten Raum überhaupt, der 18 × 9 m mißt und in den Hauptachsen des Grabmals liegt. Auf einem langen Podium gegenüber dem Eingang standen drei Katafalke, die die rotlackierten Särge trugen; die Farben leuchteten frisch wie am ersten Tag. Nach dem Öffnen der Särge wurden die Leichname – besser: die Gebeine und der Staub, zu dem sie verfallen waren – sichtbar, prächtig gekleidet und mit Kronen und Edelsteinen geschmückt. Rings um sie herum waren kostbare Schätze von Gold, Silber, Jade, Seide und Porzellan aufgehäuft.

Während Überreste der chinesischen Baukunst aller Jahrhunderte mit Ausnahme der jüngsten Zeit außerordentlich selten sind, spiegeln die Ming-Gräber die unvergleichliche Entfaltung des Palastbaus durch mehr als zwei Jahrhunderte in lückenloser Tradition wieder. Es besteht die große Hoffnung, daß sie unter der gegenwärtigen Regierung auch in Zukunft vor dem Verfall bewahrt bleiben und weiterhin Erstaunen und Bewunderung erregen.

S. H. HANSFORD

Rechte Seite: Pavillon im Bezirk der Ming-Gräber

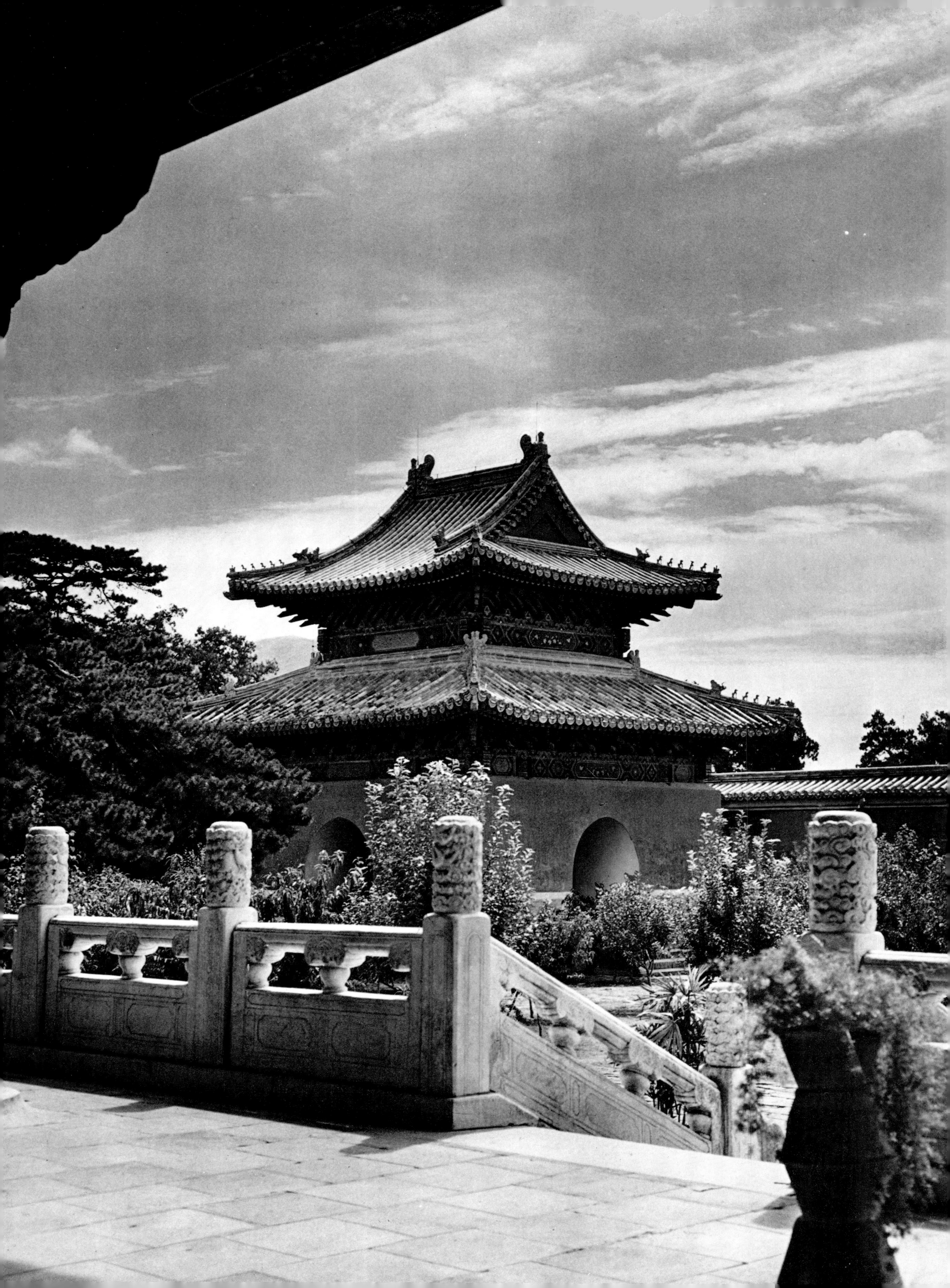

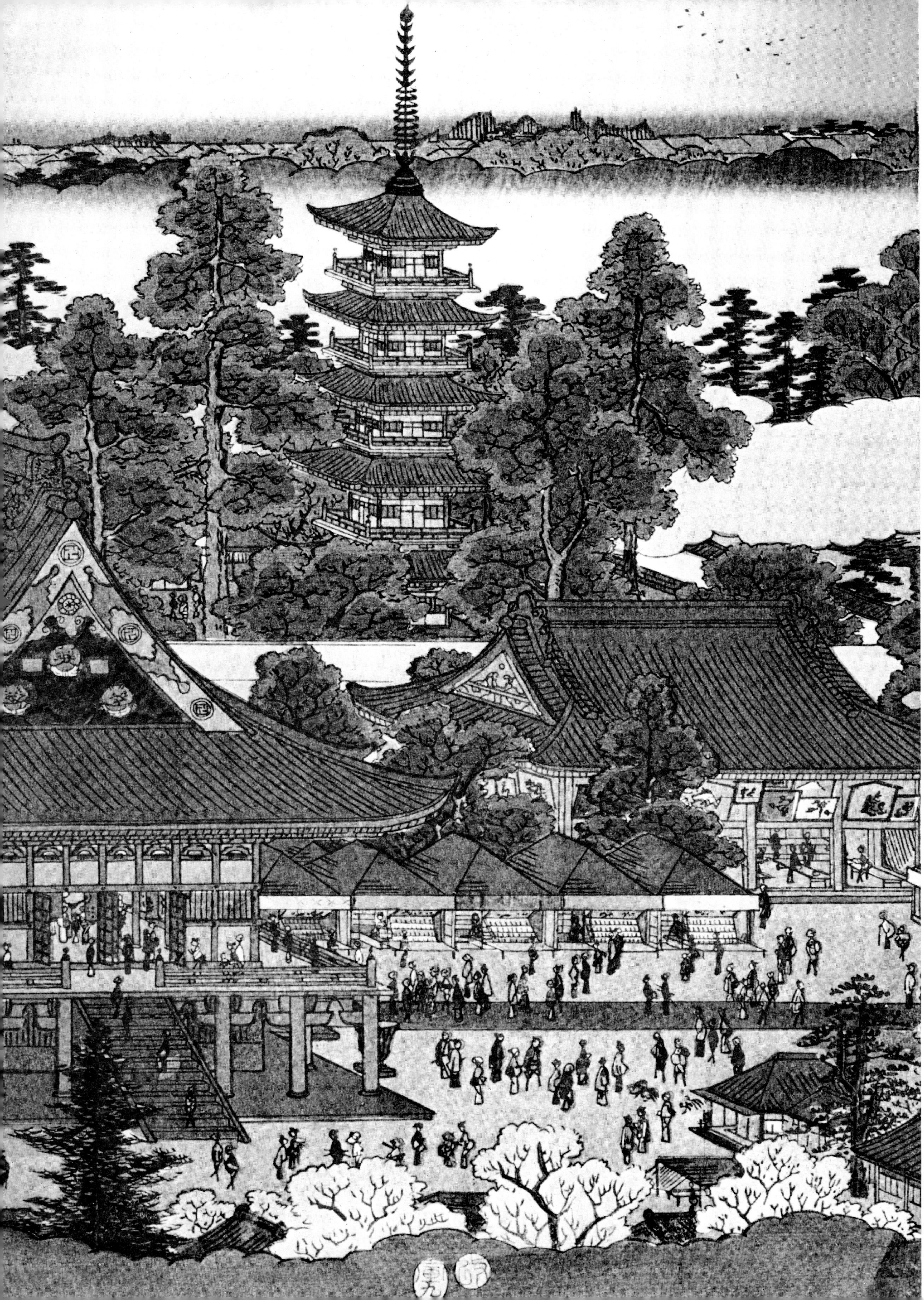

JAPAN

Einführung von John Figgess

Seit frühester Zeit entwickelte sich die japanische Architektur fast ausschließlich als Holzarchitektur, was in einem Lande, das fast zur Hälfte mit Wäldern bedeckt war, nur natürlich ist. Da aber selbst bis zum Ende des 19. Jh. Stein- und Ziegelbauwerke nahezu unbekannt waren, ist die Tatsache, daß sich einige großartige Gebäude aus ferner Vergangenheit bis heute erhalten haben, höchst bemerkenswert. Denn einmal ist Holz kein dauerhaftes Baumaterial, zum andern wurde Japan immer wieder von verheerenden Taifunen, Erdbeben und Feuersbrünsten heimgesucht, ganz zu schweigen von den Verwüstungen durch den Bürgerkrieg. Daß die Bauwerke trotzdem so gut erhalten sind, ist zum Teil auf wiederholte Restaurierungen in den vergangenen Jahrhunderten zurückzuführen, zum Teil aber auch auf das trotz der häufigen Naturkatastrophen für Holzkonstruktionen günstige Klima: feuchte Hitze im Sommer, trockene Kälte im Herbst und Winter.

Während die Bewohner des Landes im 4. und 5. Jh. eine eigenständige primitive Baukunst mit nachweisbaren Elementen aus Nordost- und Südostasien pflegten, verdanken die Japaner den Chinesen einen nachhaltigen Einfluß auf ihre Gedankenwelt, besonders auf ihre religiösen Vorstellungen. In dem Bau der ersten Shinto-Schreine fand die genuine japanische Architektur zum erstenmal einen zweckbestimmten Ausdruck, und die machtvolle Wirkung des Buddhismus, der um die Mitte des 6. Jh. vom asiatischen Festland eingeführt wurde, setzte einen neuen Anfang in Richtung auf die chinesische Palastarchitektur, die schon vor der Zeit ihrer strahlendsten Blüte unter der T'ang-Dynastie (618–907) hoch entwickelt war.

Eine generelle Vorstellung von der antiken japanischen Architektur vor dem Eindringen des Buddhismus vermitteln die Shinto-Schreine, von denen besonders die großen Schreine von Izumo und Ise unbeschadet wiederholter Restaurierungen noch ihre ursprünglichen Formen bewahrt haben. Doch trotz der überwältigenden Wirkung chinesischen Gedankenguts auf die japanische Baukunst seit dem frühen 7. Jh. bewahrte diese ein gut Teil vom Geist ihrer eigenständigen Architektur und im besonderen ihre charakteristischen Merkmale: die auffallende Schlichtheit und die Leichtigkeit der Konstruktion, die besonders an nicht-buddhistischen und weltlichen Gebäuden aus allen Jahrhunderten bis auf den heutigen Tag festzustellen sind.

Trotzdem kann der Einfluß der buddhistischen Religion auf Japan kaum überschätzt werden. Das gilt vor allem für die Architektur, die sich, vom Buddhismus angetrieben, immer neue Inspirationen aus China holte.

Um diese Entwicklung aufzuzeichnen, erscheint es ratsam, der von Kunsthistorikern geübten Praxis zu folgen und einige typische Zeitabschnitte zu schildern. Der erste dieser Art ist die Asuka-Periode (538–645), so genannt, weil der Hof während jener Jahre in der Nachbarschaft eines Ortes dieses Namens unweit der heutigen Stadt Nara residierte. In dieser Zeit fand der Buddhismus weite Verbreitung, die buddhistische Kunst blühte auf, und allenthalben regte sich der Wunsch, Bildnisse aufzustellen und Tempel zu errichten, mit denen der religiöse Eifer der Gläubigen sich Verdienste zu erwerben trachtete. Im frühen 7. Jh. wurde dann der Einfluß der chinesischen Architektur immer größer. Viele Künstler und Handwerker kamen jetzt aus Korea und China nach Japan, angelockt von der Nachfrage nach ihren Diensten, die durch den Ausbruch der religiösen Begeisterung unter den Japanern der oberen Klassen entstanden war. Ihnen muß ein großer Teil der in der Asuka-Zeit geschaffenen Meisterwerke zugeschrieben werden, da auch die japanischen Handwerker, die bei den Bauarbeiten mitwirkten, völlig unter fremdem Einfluß standen.

Es ist ein bemerkenswerter Glücksfall, daß sich verschiedene prachtvolle Bauten im typischen Stil jener Zeit erhalten haben. Zu ihnen gehören die Haupthalle und andere zeitgenössische oder wenig später entstandene Gebäude im Horyu-ji bei Nara. Dieser Tempel wurde im Jahre 607 von Prinz Shotoku, der hervorragendsten Persönlichkeit jener Zeit, gegründet, der 593 zum Mitregenten der Kaiserin Suiko ernannt worden war. (Die Namen buddhistischer Tempel in Japan enden immer auf die Silben *ji*, *tera* oder *dera*, welche abgewandelte Schreibweisen derselben chinesischen Silben sind, wie zum Beispiel Todai-ji, Asuka-dera. Die Bezeichnung *in*, die immer auf eine Art Kloster oder Priorei hinweist, wird ähnlich gebraucht; sie bezeichnet gewöhnlich einen kleineren Tempel innerhalb eines größeren Bezirks: so der To-in des Horyu-ji, der Byodo-in). Der Horyu-ji war das bedeutendste künstlerische Meisterwerk der Asuka-Zeit. Obwohl die Gebäude von chinesischen Prototypen oder koreanischen Kopien chinesischer Originale inspi-

Linke Seite: Blick auf den Asakusa-Tempel (Ausschnitt), von Hiroshige

JAPAN

riert waren, stellen sie keineswegs geistlose Imitationen dar, sondern passen sich den einheimischen Materialien und dem japanischen Geschmack an. In diesen Gebäuden wurden zahlreiche Statuen, Malereien und andere Schätze aufbewahrt, viele auch in späteren Zeiten noch hinzugefügt.

Im Jahre 710 verlegte der Hof seine Residenz in die neue Hauptstadt Heijo (Nara), eine großzügige Stadtanlage, die mit Ch'ang-an, der chinesischen Hauptstadt der Sui-Dynastie wetteifern sollte. Der Kaiserliche Palast von Heijo stand im Zentrum der nördlichen Vorstadt, und ein schachbrettartiges Straßennetz erstreckte sich von hier aus nach Süden. Durch die Gründung der neuen Hauptstadt erfuhren Architektur und dekorative Künste einen starken Auftrieb. Zwar sind die meisten Werke dieser Zeit zerstört, doch wissen wir, daß sie sich eng an chinesische Vorbilder anlehnten.

Unter der Regierung des Kaisers Shomu, der sogenannten Tempyo-Aera (729–748), erreichte die japanische Zivilisation zum erstenmal das Niveau der chinesischen. Der Kaiser, ein tiefgläubiger Buddhist, baute den wunderbaren Tempel von Todai-ji oder den „Östlichen Großen Tempel" und ließ die bronzene Kolossalstatue des Vairocana für diesen Tempel ausführen. Im Todai-ji ist viel von der sozialen und politischen Geschichte dieser Zeit verkörpert, und er ist ein sichtbarer Beweis für die künstlerischen Fortschritte der Japaner. Sein Grundstein wurde im Jahre 738 gelegt, die Bauarbeiten begannen aber erst viele Jahre später. Und selbst als die Buddha-Halle für die Kolossalstatue von Vairocana im Jahre 751 im Rohbau stand, dauerte es noch über 10 Jahre bis der Ausbau innen und außen vollendet war. Nur wenige Originalreste dieses ehrgeizigen Projekts haben sich bis heute erhalten, doch vermitteln sie zusammen mit den rekonstruierten Teilen wenigstens eine ungefähre Vorstellung von der einst so erhabenen Schönheit des Todai-ji. Nara blieb bis 784 die Hauptstadt Japans. Dann wurde der Hof aus unerklärlichen Gründen – vielleicht war es eine Flucht vor dem immer stärker werdenden Einfluß der buddhistischen Geistlichkeit – einige Meilen weiter nach Nagaoka verlegt. Nur 10 Jahre später wurde in Heian-kyo, dem heutigen Kyoto, eine ganz neue Hauptstadt angelegt, und von hier nahm die Heian-Periode ihren Ausgang, die nahezu vier Jahrhunderte, bis 1185 andauerte.

Zu Beginn der Heian-Zeit und auch noch im 9. Jh. stand die japanische Zivilisation ganz unter dem chinesischen Einfluß der T'ang-Zeit. Mit dem Verfall des T'ang-Reiches und dem japanischen Verzicht auf offiziellen Verkehr mit China im Jahre 894 änderte die japanische Kultur ihren Charakter und entwickelte mehr und mehr ein unabhängiges nationales Gepräge. Die nun folgende Zeit von mehr als 300 Jahren vom 10. Jh. an, in der die Kontakte zum Festland fast völlig unterbrochen waren, führte unter der aufgeklärten Herrschaft des Hofes und der Aristokratie zur Entfaltung einer wahrhaft nationalen Kunst, die sich auffallend von der des vorhergehenden Jahrhunderts unterschied. Das Jahr 894 bezeichnet also die Demarkationslinie zwischen der frühen Heian-Periode und der späten Heian- oder Fujiwara-Periode. Dieser Name geht auf die große Fujiwara-Familie zurück, die die meisten Verwaltungsposten in der Regierung kontrollierte und den Hof beherrschte. Die ältere Heian-Periode ist gekennzeichnet durch die Einführung esoterischer Formen des Buddhismus aus China, in denen mystische Riten, magische und symbolische Ausflüsse des Tantric-Buddhismus aus Indien Gestalt angenommen hatten, welche die Japaner dieser Zeit besonders ansprachen. Dies führte zu einer zweiten Welle im Tempelbau, denn es hatten sich zwei Sekten der neuen Geheimlehre, der Shingon und der Tendai, in Japan niedergelassen, die im 9. Jh. einen tiefen und nachhaltigen Einfluß auf die japanische Kunst und Architektur gewannen. Von den zahlreichen religiösen Bauwerken dieser Zeit haben sich leider nur wenige erhalten, so aus der Mitte des 10. Jh. die wundervolle fünfgeschossige Pagode im Daigo-ji, einem Tempel der Shingon-Sekte, die mit der Herrscherfamilie in Verbindung stand.

Zu Beginn des 11. Jh. scheint in der aristokratischen Gesellschaft von Kyoto eine pessimistische Stimmung Platz gegriffen zu haben, und man begann, den Buddhismus zu durchforschen, um einen einfacheren Weg zur Erlösung zu finden, als die strengen metaphysischen Lehren des Shingon oder die meditative Übungen der Tendai-Sekte es waren. In der Form des *Jodo* oder des Bekenntnisses zum Reinen Land entstand damals eine einfache Lehre, die allen Menschen durch die rettende Gnade des Buddha Amida Erlösung verhieß, sofern sie nur an ihn glaubten und häufig seinen Namen anriefen. Damals begann die Tendai-Sekte, Amida-do oder Anbetungshallen, die nur Amida geweiht waren, zu bauen, und als der neue Jodo-Glaube an Popularität gewann, wurden sie geradezu eine Modeerscheinung. Der Adel, der vor allem in den Geheimnissen des Buddhismus das Mittel gesehen hatte, sich von den bösen Einflüssen dieser Welt zu befreien, wurde unwiderstehlich von den Versprechungen des Jodo-Glaubens angezogen, der die Erlösung der Seele nach dem Tode prophezeite. Der Amida-do sollte in greifbarer Form die irdische Vision des Reinen Landes (oder des Paradieses von Amida) verkörpern, das alle verwundeten Seelen nach dem Tode aufzunehmen bestimmt war. Verglichen mit dem herben Ausdruck der buddhistischen Kunst und Architektur im 9. Jh., zeigen die späteren Werke zu Ehren Amidas weiche und aufgelockerte Formen, die allgemein als Ausdruck des originalen japanischen Geistes gelten, der in den künstlerischen Werken der folgenden Zeiten immer stärker zum Ausdruck kam. Die Phönix-Halle des Byodo-in, die 1053 erbaut wurde, ist charakteristisch für Kunst und Architektur jener Zeit.

Inneres Heiligtum des Großen Schreins von Ise, ein Beispiel reiner Shinto-Architektur

Die fünfstufige Pagode des Daigo-ji,
ein Werk aus dem 10. Jh.

JAPAN

Adels und andere wohlhabende Männer auf dem Grund ihrer Herrensitze und Landhäuser besondere Häuser für die Tee-Zeremonie, die sie *chashitsu* nannten. Diese Teehäuser waren trotz oft überraschend kostbarer Ausstattung einfach konstruiert und glichen äußerlich meist einer ländlichen Behausung, denn das Ziel war, den Eindruck bäuerlicher Einfachheit zu erwecken. Eines der berühmtesten unter den frühen Teehäusern, das allen späteren zum Vorbild diente, ist der kleine Togudo- oder Silberpavillon auf den Besitzungen von Ginkaku-ji. Es ist ein Gebäude von schlichter Eleganz in einem bezaubernden Garten, das im Jahre 1489 in den Außenbezirken von Kyoto als Landhaus des Shoguns Ashikaga Yoshimasa errichtet wurde. In der Grundrißanordnung des Togudo sind die wichtigsten Details des japanischen Hauses der späteren Zeiten enthalten, auch die Schiebetüren und Schiebewände sowie die Nische oder *tokonoma*.

Zahlreiche Beispiele von Häusern des 16. und 17. Jh. im Teehaus-Stil stehen heute noch. Das schönste Bauwerk aber, in dem die japanische Architektur und formale Gartenbaukunst höchste Vollendung erreicht hat, ist sicher das Kaiserliche Landhaus in Katsura im südwestlichen Vorort von Kyoto. Es wurde in der ersten Hälfte des 17. Jh. von einem kaiserlichen Prinzen erbaut und vereinigt die Architekturtradition der aristokratischen Kultur der alten Kaiserhöfe mit den volkstümlichen Elementen des japanischen Bauernhauses. Die Haupt- wie auch die Nebengebäude, die für die Tee-Zeremonie entworfen wurden, atmen die strenge Einfachheit und die funktionale Klarheit, die das Ziel der modernen Architekten ist.

Auf die Heian-Zeit folgte die rund 150 Jahre dauernde Militärregierung der Minamoto. Diese Zeit ist als Kamakura-Zeit bekannt. Kamakura ist der Name einer kleinen Stadt an der Pazifikküste, die von den siegreichen Stammesfürsten der Minamoto zum Hauptquartier ausersehen wurde, weil sie weit weg vom kaiserlichen Hof lag, der in Kyoto als nominelles Zentrum der Macht verblieb.

Während der Kamakura-Zeit wurden die Kontakte zu China wieder aufgenommen. So kam unter anderem auch der Zen-Buddhismus nach Japan, der das geistige Leben der Japaner in den folgenden Jahrhunderten nachhaltig beeinflußte. Den Zen-Buddhismus kann man unmöglich in Worten erklären, und sein Einfluß auf die japanische Kunst könnte kaum in einem einzigen Buch beschrieben werden. Jedenfalls führte er zu äußerster Einfachheit und zum Wesentlichen der Dinge in ihrer ungeschminkten, natürlichen Form. Plötzlich entdeckte man Schönheit in einem Stein, in der knorrigen Wurzel eines Baumes oder selbst in einer sauber geharkten Sandfläche. Dieser Geist bemächtigte sich auch der Tee-Zeremonie, im wesentlichen eine Versammlung von Freunden mit gemeinsamen ästhetischen Empfindungen, die sich nach vorgeschriebener Etikette in einfacher, ruhiger Umgebung zusammenfand. In einem kleinen Raum, der nur mit dem wesentlichsten Zubehör ausgestattet war, wurde eine besondere Art von grünem Tee bereitet und nach genau festgelegten Regeln getrunken, während die Gäste einige Themen von gemeinsamem Interesse in aller Ruhe erörterten.

Bei solchen Zusammenkünften vergaß man, besonders unter dem frühen Einfluß der Zen-Ideen von Schlichtheit und Einfachheit, die weltlichen Sorgen und gab sich dem ruhigen Genuß der Schönheit hin. Während des 15. und 16. Jh. – einer bewegten Zeit in der japanischen Geschichte – bauten Mitglieder des

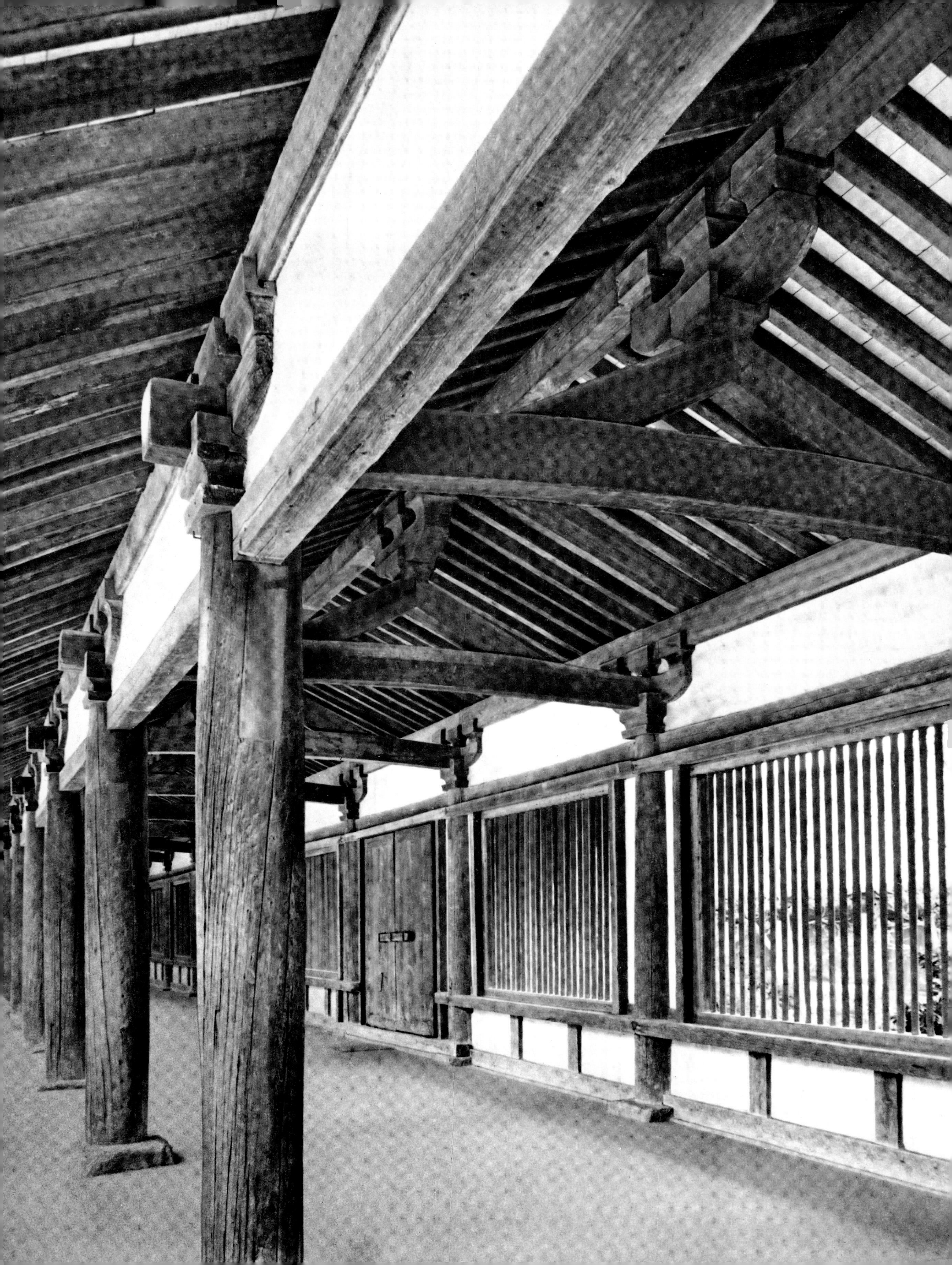

Nara: Der Horyu-ji

Ein alter buddhistischer Tempelbezirk mit einigen der ältesten Holzbauten der Welt und zahlreichen Meisterwerken der japanischen Kunst

Der älteste, noch heute erhaltene buddhistische Tempel Japans ist der Horyu-ji, der im Jahre 607 gegründet wurde. Unter den zugehörigen Bauwerken, in denen sich der Architekturstil des frühen 7. Jh. rein erhalten hat, gilt das wundervolle Kondo, die Haupthalle, als das älteste Holzbauwerk der Welt. Aus kulturgeschichtlicher Sicht liegt die hohe Bedeutung des Horyu-ji in der Bewahrung der Kontinuität, denn er spiegelt nicht nur die klare Schönheit des verlorenen chinesischen und koreanischen Architekturstils des 5. und 6. Jh. wider, er ist vielmehr gleichzeitig eine wahre Schatzkammer buddhistischer Kunst aus allen bedeutenden japanischen Geschichtsepochen seit der Asuka-Periode (552–645).

Um das genaue Alter des Horyu-ji hat es in den letzten 50 Jahren manche Kontroversen unter japanischen Gelehrten gegeben. Heute wird allgemein angenommen, daß bei einer fast vollständigen Zerstörung des Tempelbezirks durch eine verheerende Feuersbrunst im Jahre 670 das Kondo erhalten blieb und beim Wiederaufbau der Anlage als Stilmuster diente, dem alle anderen Gebäude architektonisch angeglichen wurden. Die Gesamtanlage des gegenwärtigen Horyu-ji besteht aus dem westlichen Bezirk (Sai-in) und dem östlichen (To-in). Die Hauptgebäude des westlichen Bezirks sind die bereits erwähnte Haupthalle, der innere Haupttorweg (Chu-mon), die fünfstöckige Pagode, die Lesehalle, der Sutra-Raum (Kyozo) und der Glockenturm. Haupthalle und Pagode liegen nebeneinander an einer Ost-West-Achse – eine typische Eigenart der Tempel aus der Asuka-Periode. (Bei Tempelanlagen späterer Zeit sind Haupthalle und Pagode an einer Nord-Süd-Achse angeordnet.) Den Eingang zum Tempelbezirk bildet der südliche Haupttorweg (Nandai-mon). Es handelt sich um ein ansehnliches Tor späterer Konstruktion, das 1439 errichtet wurde. In den zentralen Gebäudeblock des westlichen Bezirks gelangt man durch das Chu-mon-Tor, ein zweigeschossiges Bauwerk, an das sich zu beiden Seiten überdeckte Gänge anschließen, die den zentralen Block des westlichen Bezirks umgeben. Das obere Stockwerk

Himmlischer Musikant, Holzplastik vom Baldachin im inneren Heiligtum des Kondo (Haupthalle)

Linke Seite: Gedeckter Gang (Kairo) um den westlichen Tempelbezirk (Sai-in) des Horyu-ji

DER HORYU-JI

Westlicher Tempelbezirk (Sai-in) aus der Vogelschau

Innerer Haupttorweg (Chu-mon) des westlichen Bezirks, Anfang 8. Jh.

Die Lesehalle, um 990 erbaut

dieses imposanten Torbaus ist deutlich schmaler als das untere, und sein Grundriß mit vier Toröffnungen an der Frontseite und drei an der Schmalseite weicht vom üblichen Schema ab. Zwei kolossale Holzstatuen von Tempelwächtern in den beiden äußersten Toröffnungen sind nach vorliegenden Berichten im Jahr 711 geschnitzt worden. Nach Passieren des Torwegs erscheint die wundervolle fünfstöckige Pagode in voller Sicht. Ihr Grundriß ist quadratisch und hat auf jeder Seite drei Öffnungen, ihre Höhe beträgt 32 m. Die unübertroffene Eleganz ihrer Form verdankt die Pagode dem Kunstgriff, die Abmessungen der Dächer über den einzelnen Stockwerken von unten nach oben im Verhältnis 10:9:8:7:6 zu verkleinern, wobei die weit überkragenden Dachvorsprünge den beschwingten Eindruck noch erhöhen. In der Mitte der Pagode steht eine einzige Stütze, die auf einem tiefen Steinfundament ruht und durch das ganze Baugefüge geht.

Im Erdgeschoß der Pagode sind vier Gruppen von kleinen Tonfiguren als Wandtableaus angeordnet. Offenkundig sind es die gleichen Figuren, die nach dem Bestandsverzeichnis des Horyuji im Jahr 711 in der Pagode aufgestellt wurden, also gleichzeitig mit den beiden Torwächtern des Chu-mon. Das Tableau an der Südseite bedeutet vermutlich das Land des Maitreya, des buddhistischen Messias, doch sind die Figuren mit Ausnahme der Hauptfigur des Maitreya weitgehend erneuert. Die Westseite hat die Verteilung der Asche Buddhas unter seine Jünger zum Thema; hier schildert das Tableau die Sarglegung von Shakyamuni und ein pagodenartiges Reliquiar mit 29 Figuren von Höflingen, Mönchen und Laien in verschiedenen Haltungen. Die Nordseite verherrlicht das Nirwana von Buddha: Der liegende Buddha ist umgeben von himmlischen Wesen, den zehn großen Jüngern, den acht überirdischen Wächtern, Mönchen, Nonnen, Personen verschiedenen Alters, aber auch von Vögeln und Tieren.

Östlich der Pagode steht die Haupthalle, das Kondo, die durch die Kraft und Intensität des Ausdrucks zu den bedeutendsten Meisterwerken der Architektur gehört. Es ist ein zweistöckiges Bauwerk mit je vier Türöffnungen an den Schmalseiten und je fünf an den Längsseiten und auf dem Grundriß von 4 mal 5 Achsen aufgebaut. Das Erdgeschoß ist auf allen vier Seiten von einem Anbau für zeremonielle Zwecke umgeben. Die starken Stützsäulen haben eine wahrnehmbare Entasis. Das einzigartig schöne Dach mit seinen elegant geschwungenen Traufen gehört wegen der Form der Grate und Giebel zu dem in Japan *irimoya* genannten Typ. Die Konsolkapitelle im Innern des Gebäudes zeigen die allgemein übliche Form, am Äußeren aber sind sie aus kubischen Holzblöcken herausgemeißelt, gabeln sich in drei Arme und bilden das sogenannte Wolkenkapitell, auf dem das Dach wie auf Wolken zu schweben scheint. Im Innern liegt ein rechteckiger Raum mit Holz- und Stuckwänden und einer Kassettendecke.

Früher waren die Wände im Inneren mit wundervollen Fresken geschmückt, die das „Reine Land" oder das Paradies des Amida

Rechte Seite: Partie des westlichen Bezirks mit der fünfstöckigen Pagode, die über dem geschlossenen äußeren Korridor aufsteigt

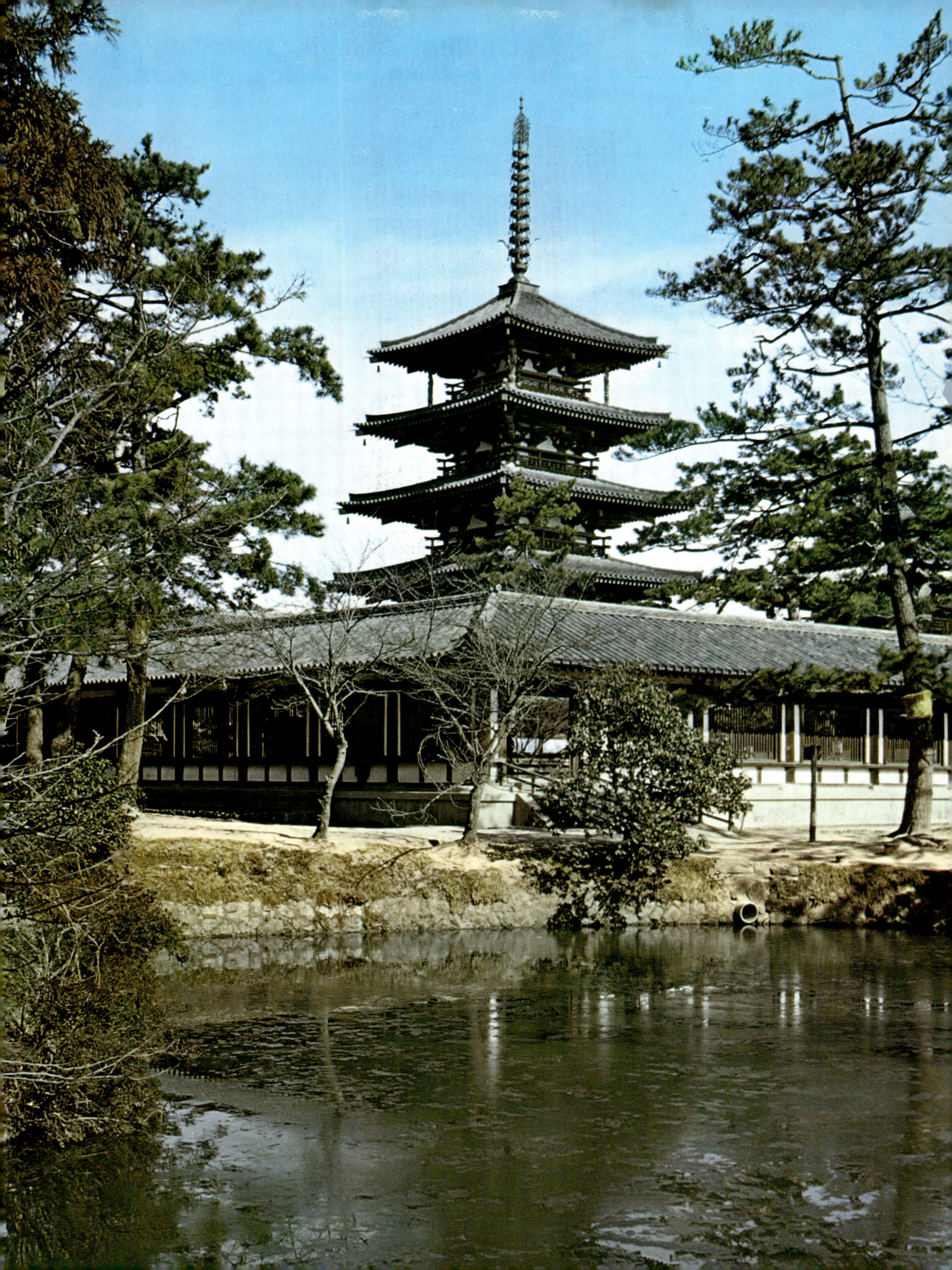

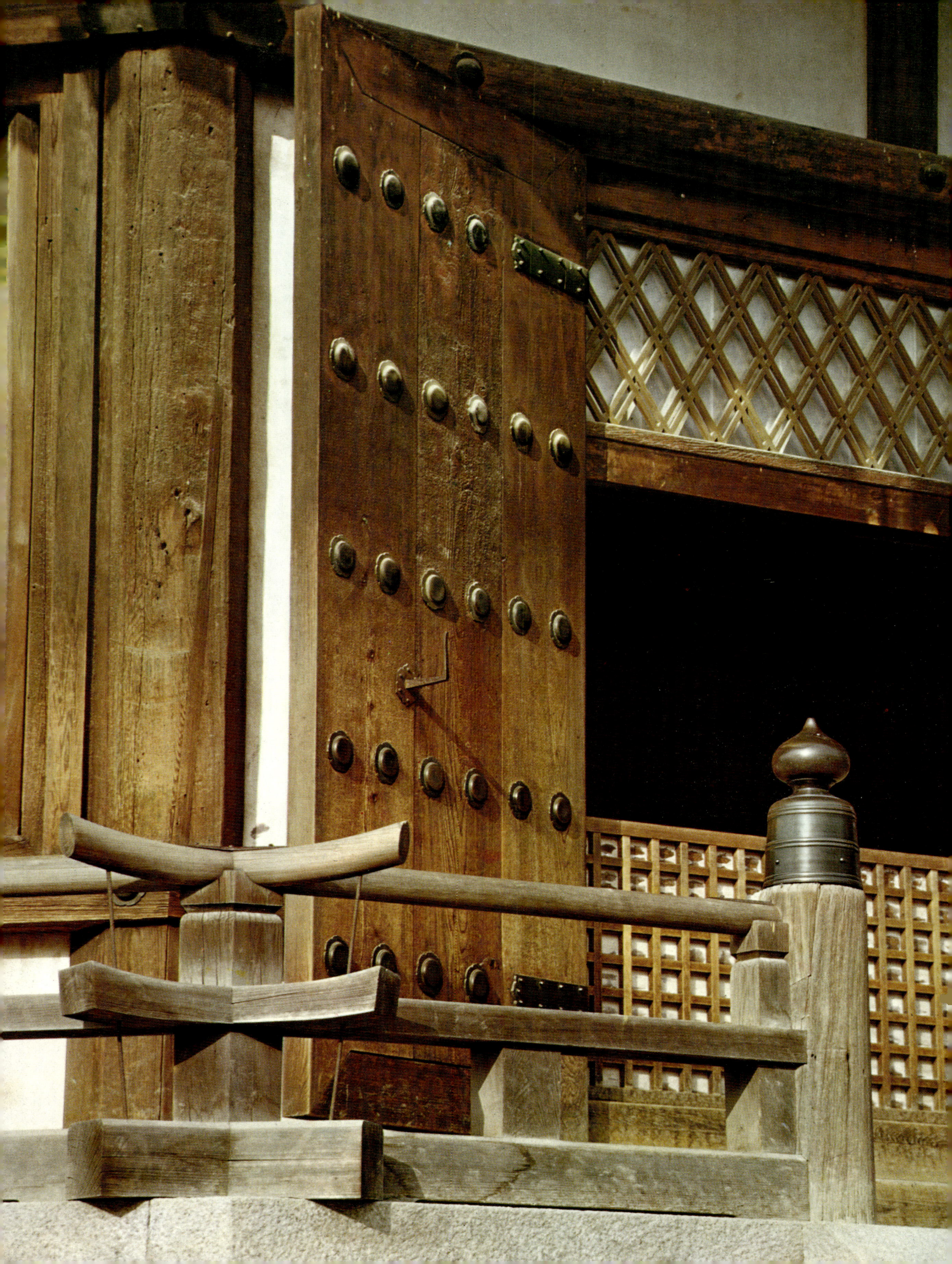

Die Haupthalle (Kondo), die um 623 erbaut wurde. Sie gilt als das älteste Holzbauwerk der Welt

Linke Seite: Eine Tür des Yumedono oder der „Halle der Träume" im westlichen Bezirk

Geschnitzter Drache auf einem der Außenpfeiler des Kondo

Die herrliche Shaka-Trinität des Kondo, Bronzeguß aus dem frühen 7. Jh. Die Zentralfigur ist fast 1 m hoch

Bronzestatue des Yakushi Nyorai, des Buddha der Heilung, im Kondo (etwa 60 cm hoch)

Yumedono oder „Halle der Träume" im östlichen Bezirk, erbaut vor 761. Hier stand ursprünglich der Ikaruga-Palast des Prinzen Shotoku

Holzstatue des Yakushi Nyorai, des Buddha der Heilung, aus dem 10. Jh. Das Bildwerk ist fast 1,70 m hoch

Buddha verherrlichten. Leider wurden sie 1949 durch ein Feuer völlig zerstört, das Arbeiter beim Abnehmen von Kopien dieser Fresken aus Unvorsichtigkeit verschuldet hatten. Zum Glück waren die Schäden am Gebäude selbst so gering, daß sie geschickt ausgebessert werden konnten. Daß aber die alten Wandbilder, die wegen ihrer klaren Schönheit mit denen von Adschanta vergleichbar waren, nun durch leere weiße Mauerflächen ersetzt sind, ist doch höchst betrüblich.

In der Haupthalle wird eine Anzahl prachtvoller Bronzestatuen aufbewahrt, wie die der berühmten Shaka-(Shakyamuni-)Trinität, des Yakushi, des Buddha der Heilung und des Amida (Amitabha). Nach einer Inschrift im Heiligenschein der Shaka-Trinität schuf der Bildhauer Tori dieses Werk im 31. Regierungsjahr des Kaisers Suiko (623) für den friedvollen Tod des Prinzen Shotoku. Tori war einer der wenigen buddhistischen Bildhauer dieser Zeit, dessen Name uns heute noch bekannt ist. Er scheint ein Nachkomme von Einwanderern vom Festland gewesen zu sein, und seine Herkunft spiegelt sich im bildhauerischen Stil seiner Werke wider. Dieser Stil war nicht seine eigene Schöpfung; er geht vielmehr zurück auf den ernsten männlichen chinesischen Stil des nördlichen Wei, der in den buddhistischen Steinbildern der Höhlen von Yun-kang und Lungmen die Jahrhunderte überdauerte.

Die gleichen Stilmerkmale zeigt die Yakushi-Statue auf der rechten Seite der Shaka-Trinität. Eine Inschrift auf der Rückseite des Heiligenscheins berichtet, daß Kaiser Yomei im Jahre 586 das Gelübde tat, eine Statue des Yakushi Nyorai, des Buddhas der Heilung, zu stiften. Als er aber vor ihrer Fertigstellung starb, erfüllten seine Schwester, Kaiserin Suiko, und sein Sohn, Kronprinz Shotoku, sein Versprechen. Die Inschrift berichtet weiter, daß das Werk im 15. Regierungsjahr der Kaiserin Suiko vollendet und dann erst der Tempel (der Horyu-ji) erbaut wurde, der die Statue aufnehmen sollte. Diese Daten sind nur schwer mit dem Stil der Arbeit in Einklang zu bringen, der eher in die Zeit nach der Entstehung der Shaka-Trinität zu gehören scheint. Deshalb sind Zweifel an der Zuverlässigkeit der Inschrift aufgekommen, und man nimmt an, daß die gegenwärtige Statue erst nach dem großen Brand des Jahres 670, dem der ursprüngliche Horyu-ji zum Opfer fiel, entstanden ist. Doch diese These wird von vielen japanischen Gelehrten nicht geteilt. Die drei Gebäude, denen wir unsere Aufmerksamkeit bisher gewidmet haben, sind nach Stil und Konstruktion der Asuka-Periode zuzuordnen. Das nächste Gebäude des westlichen Bezirks, die Lesehalle (Kodo), ist späteren Datums. Sie stand ursprünglich in Kyoto und wurde dort abgerissen und hier wieder aufgebaut, nachdem das ursprüngliche Bauwerk an dieser Stelle im Jahre 925 niedergebrannt war. Darin liegt auch der Grund für die auffallenden Stilunterschiede zu den Gebäuden der Umgebung. Die Lesehalle zeichnet sich durch besonders schlichte Linienführung und wohltuende Proportionen aus. Sie beherbergt eine Anzahl feiner Holzplastiken aus derselben Zeit wie das Bauwerk, darunter eine andere Version des Yakushi Nyo-

DER HORYU-JI

rai, des Buddhas der Heilung, mit Nikko Bosatsu (Suryaprabhasa) zur Rechten und Gakko Bosatsu (Candraprabha) zur Linken.

Rechts von der Lesehalle liegt das Kyozo oder Sutra-Repositorium, ein kleiner, aber eleganter Bau aus der Mitte des 8. Jh., der das Tripitaka, den vollständigen Text aller buddhistischen Schriften, sowie eine Statue des Prinzen Shotoku, des Gründers des Horyu-ji, beherbergt. Der Glockenturm (Shoro) auf der anderen Seite der Lesehalle wurde über 100 Jahre nach dem Sutra-Repositorium erbaut und zeigt die Stilmerkmale der frühen Heian-Periode. In der Form der Stützen und der konstruktiven Durchbildung der Traufgesimse treten die Unterschiede zwischen beiden Bauwerken besonders deutlich hervor. Innerhalb des westlichen Bezirks ist auf dem Weg zum Todaimon, dem östlichen Haupttor, ein moderner Eisenbetonbau errichtet, Daihozo-den oder Galerie der Tempelschätze genannt. Der Bau ist feuer- und erdbebensicher konstruiert und mit einer Klimaanlage ausgestattet, die eine konstante Luftfeuchtigkeit garantiert. Hier werden viele der großen Kunstwerke und historischen Dokumente aus der Geschichte des Horyu-ji aufbewahrt.

Zwei dieser Kunstwerke sollen hier näher beschrieben werden, bei beiden handelt es sich um Plastiken des Kwannon Bosatsu, des Bodhisattva der Gnade und des Erbarmens. Der schöne „Kudara Kwannon" ist nach dem koreanischen Königreich Paekche (japanisch: Kudara) benannt, woher er vermutlich kam. Es ist eine stehende, holzgeschnitzte Figur mit überlangem Körper und anmutiger Linienführung. Besonders die Hände und die wehenden Schärpen sind mit großem Feingefühl geschnitzt. Der Kwannon steht auf einem Lotospodest, auch der schöne Heiligenschein hinter seinem Kopf hat die Form einer Lotosblüte. Spuren von roter, blauer und grüner Farbe deuten darauf hin, daß die Statue früher in leuchtenden Farben koloriert war. Eine überraschend gute Kopie dieses Werks, die vor etwa 50 Jahren von einem bekannten japanischen Bildhauer gearbeitet wurde, steht heute in der Orientalischen Abteilung des Britischen Museums. Die andere Statue ist eine stehende Bronzeguß-Figur, der „Yumetagae-Kwannon". Sie stammt aus dem 8. Jh. und verrät in der rhythmisch gegliederten Haltung und dem vollwangigen Antlitz den Einfluß des chinesischen Stils der T'ang-Zeit. Nach einem volkstümlichen Glauben können verhängnisvolle Träume durch Gebete, die vor dieser Statue verrichtet werden, in glückverheißende verwandelt werden; hieraus erklärt sich auch der Name Yumetagae (traumverändernder) Kwannon.

Das bedeutendste Bauwerk im östlichen Bezirk ist das berühmte Yumedono, die „Halle der Träume", das im 8. Jh. erbaut wurde und das älteste achteckige Gebäude in Japan darstellt. Dieses kleine Bauwerk, das durch seine vollendete Gestaltung entzückt, steht auf einer doppelten Steinterrasse, und vier Treppenläufe führen zu den Eingängen an der Ost-, West-, Nord- und Südseite. Das ziegelgedeckte, anmutig geschwungene Dach wird von

Der Yumetagae (Träume ändernder) Kwannon, eine Bronzefigur von etwa 90 cm Höhe, 8. Jh.

Der Kuze Kwannon des Yumedono, vermutlich aus dem Jahre 739. Das etwa 2,10 m hohe Bildwerk ist aus Kampferholz geschnitzt und vergoldet

Unten: Der Kudara Kwannon, eine Statue aus dem 7. Jh. Sie ist fast 2,10 m hoch und aus einem einzigen Kampferholzblock geschnitzt

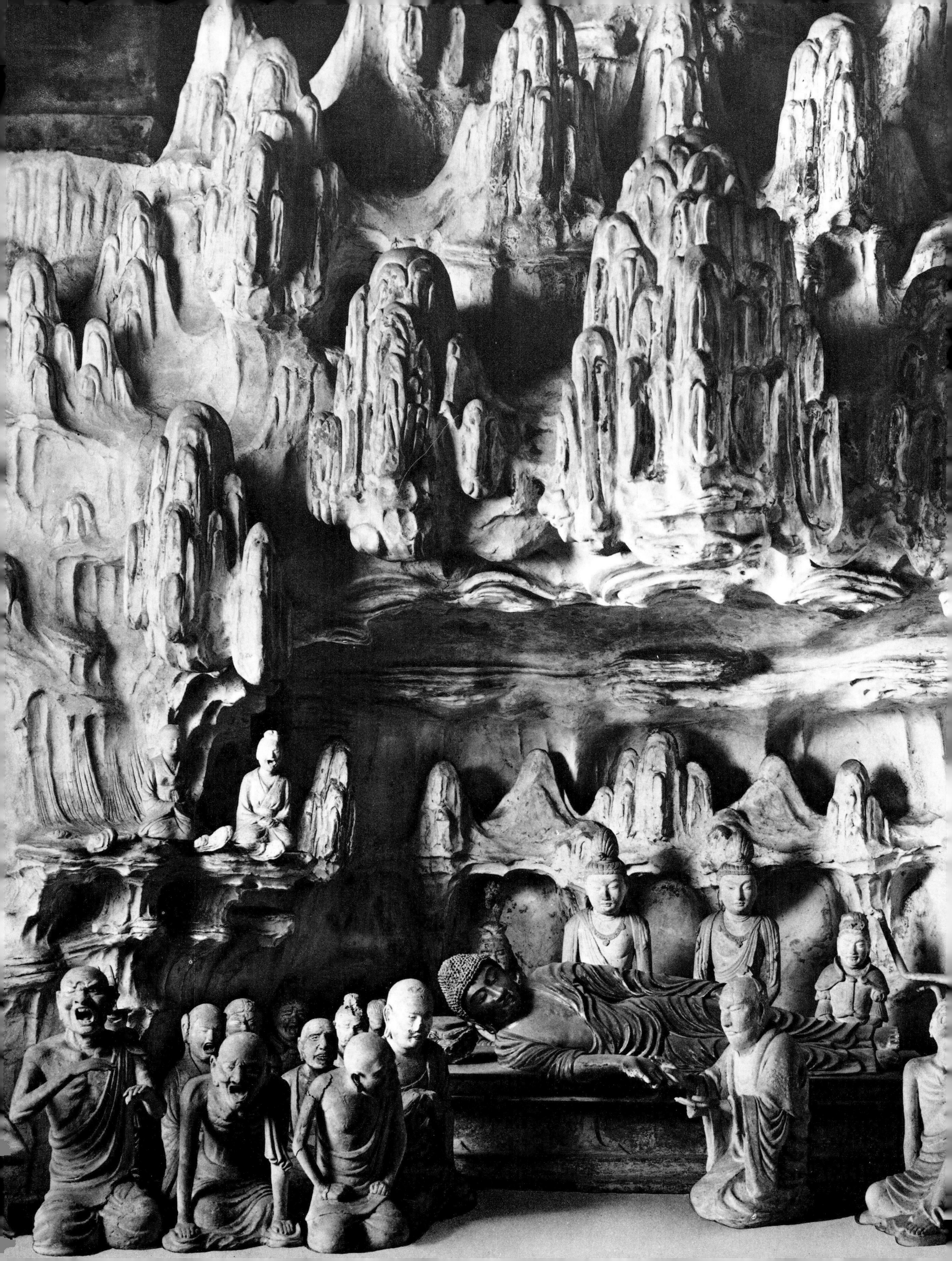

DER HORYU-JI

einem kunstvollen Ornament gekrönt, das aus einer Lotosblume, einer heiligen Vase, einem Baldachin und einem heiligen Juwel besteht und das buddhistische Gesetz versinnbildlicht.

Im inneren Heiligtum des Yumedono steht eine weitere seltene und herrliche Statue des Kwannon, die als Kuze Kwannon oder „Kwannon der Erlöser" bekannt ist. Diese Plastik wurde immer als besonders geheiligtes Bild angesehen und daher ehrfürchtig in ihrem Schrein gehalten. So ist sie nahezu unversehrt erhalten, sogar die ursprüngliche Vergoldung ist kaum angegriffen. Die Statue ist holzgeschnitzt und mißt etwa 1,50 m von dem Lotosfuß bis zu dem großen, juwelenförmigen Heiligenschein. Stilistisch kommt sie aus der Schule des Bildhauers Tori, der die berühmte Shaka-Trinität in der Haupthalle schuf, und muß in das 7. Jh. datiert werden. Die Krone, eine Filigranarbeit aus Bronze, zeigt prächtige Geißblattmuster und ist mit Perlengehängen verziert.

Aus dem 8. Jh. stammt ein weiteres Gebäude im östlichen Bezirk: das Dempodo oder die Predigthalle. Sie diente einem ähnlichen Zweck wie die Lesehalle im westlichen Bezirk. Dieser Bau ist historisch von besonderem Interesse, da er nicht als Teil der Tempelanlage errichtet wurde, sondern ursprünglich die Residenz der Dame Tachibana war, die den Bau im Jahre 739 für den Horyu-ji stiftete. (Tachibana-no-Konakachi war Hofdame des Kaisers Shomu.) So bietet dieses Gebäude eine Vorstellung von der Wohnungsbaukunst des frühen 8. Jahrhunderts. Es ist fast schmucklos, hat ein Giebeldach sowie kleine Türen und Fenster. Im Innern sind über zwanzig feine buddhistische Holzplastiken der Nara- und Heian-Zeit ausgestellt.

Die übrigen Gebäude des östlichen Bezirks sind viel später erbaut. Darunter sind der E-den, die Halle der Malerei, ein langgestrecktes, eingeschossiges Bauwerk aus dem Jahre 1219, der Glockenturm (Shoro), etwa aus der gleichen Zeit, und die Halle der Anbetung (Raido).

Das also ist der Horyu-ji, wie er sich heute, nach beinahe 14 Jahrhunderten, darbietet, Jahrhunderte, in denen Zeiten außergewöhnlicher Schaffensfreude mit Perioden völliger Vernachlässigung abwechselten. Es ist fast ein Wunder, daß der Tempel mit dem größten Teil der Schätze auf uns gekommen ist und nicht wie so viele Meisterwerke fernöstlicher Kunst und Architektur aus dieser Zeit verloren ging. Die einzigartige Bedeutung des Horyu-ji als Museum für frühe buddhistische Kunst ist jetzt allgemein anerkannt und sichert ihm den Schutz und die Förderung der japanischen Regierung. So läßt insbesondere das Gesetz zum Schutze kulturellen Besitzes hoffen, daß durch sorgfältige Denkmalpflege die weitere Erhaltung der Gebäude und Kunstschätze für die Nachwelt gesichert ist.

JOHN FIGGESS

Das Nirwana Buddhas, Tonskulptur an der Nordwand des untersten Stockwerks der fünfstöckigen Pagode

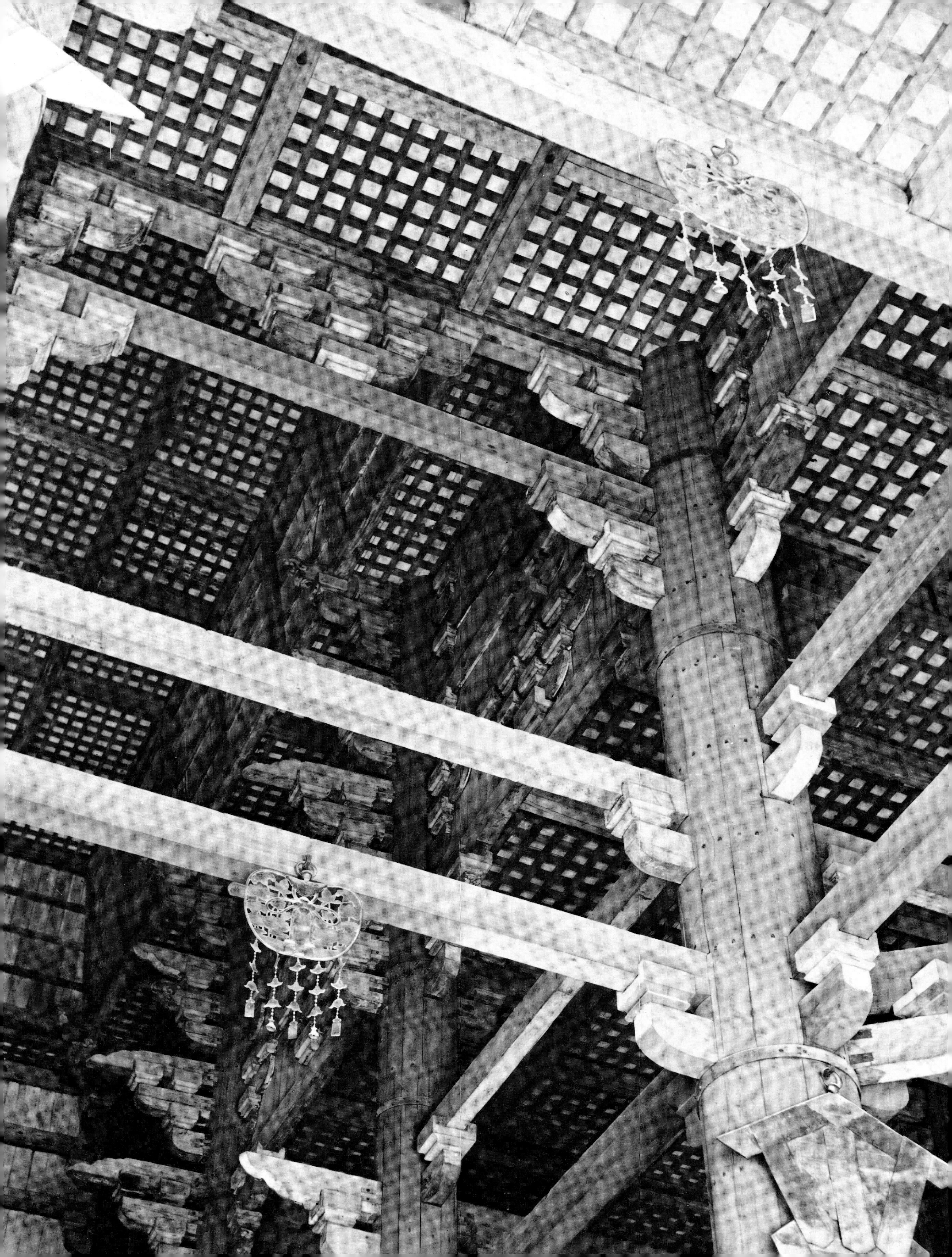

Nara: Der Todai-ji

Ein großer Tempelbezirk aus dem 8. Jh., dessen Gebäude und Kunstschätze das goldene Zeitalter der Tang-Dynastie in China widerspiegeln

In Japan war das 8. Jh. eine Zeit, in der die chinesische Zivilisation und Kunst der T'ang-Dynastie in großem Umfang übernommen und assimiliert wurde. Unter chinesischem Einfluß entwickelte sich der Buddhismus immer mehr zur Staatsreligion, wurden buddhistische Tempel in vorher nicht gekannter Größe und Menge erbaut. Im Jahre 710 übersiedelte dann der Hof in die neue Hauptstadt Heijo (das heutige Nara), die auf die Japaner damals einen unvorstellbar glanzvollen Eindruck gemacht haben muß. Sie war nach dem Vorbild der T'ang-Hauptstadt Chang-an angelegt, mit dem Kaiserpalast im Mittelpunkt der nördlichen Vorstadt und einem schachbrettartigen Straßennetz nach Süden hin. Einige große Tempel wurden mit dem Hof in die neue Umgebung verpflanzt, und die Macht der Buddhistischen Kirche nahm beständig zu, besonders im zweiten Viertel des Jahrhunderts unter Kaiser Shomu, der als frömmster Kaiser Japans in die Geschichte eingegangen ist.
Aus den ersten Regierungsjahren Shomus liegen keine Berichte über außergewöhnliche Akte der Frömmigkeit vor. Als aber in den Jahren 735–737 eine verheerende Blatternepidemie das Land heimsuchte und auch zahlreiche hochstehende Persönlichkeiten dahinraffte, wurde der religiöse Eifer des Kaisers sichtbar entfacht. Durch ein Edikt aus dem Jahre 737 verpflichtete er alle japanischen Provinzen zur Aufstellung eines Buddha-Bildnisses von 5 m Höhe und einer Kopie eines Sutra (Prajnaparamita), durch weitere Edikte wurden im Jahre 741 die Einrichtung von Klöstern und Konventen (Kokubun-ji) und der Bau von Pagoden angeordnet. Alle Klöster des Landes wurden der Oberaufsicht des großen Nara-Tempels Todai-ji unterstellt, jenes berühmten Klosters, das 738 gegründet worden war und unter dem Patronat des Hofes in kürzester Zeit zur wohlhabendsten und einflußreichsten religiösen Einrichtung Japans heranwuchs.
Vermutlich auf Anregung seines ersten Beraters, eines Priesters der Kegon-Sekte des Buddhismus namens Roben, beschloß der Kaiser, ebenfalls eine Kolossalstatue des Buddha Rushana (Vai-

Der Priester Roben, Begründer des Todai-ji. Skulptur aus dem frühen 11. Jh.

Linke Seite: Blick in die Dachkonstruktion des Daibutsuden, der großen Buddha-Halle, mit dem kunstvollen Konsolen- und Trägersystem

Ausschnitt aus der Gemälderolle *Shigisan Engi E-maki* aus dem 12. Jh. Illustration einer Geschichte, in der eine Nonne den Buddha des Todai-ji um Hilfe bei der Suche nach ihrem Bruder bittet

Der Große Buddha des Todai-ji. Er ist über 16 m hoch, und trotz starker Renovierung sieht man in ihm den Höhepunkt japanischer Bronzegußtechnik

rocana), der Zentralgestalt des Kegon-Sutra, als Ausdruck seines Glaubens an die Götter und an Buddha zu errichten, um sich ihres Beistands für den Herrscher und sein Volk zu versichern. Aus verschiedenen Gründen, unter denen die Beschaffung der Geldmittel und der riesigen Materialmengen nicht die letzten waren, verzögerte sich die Ausführung des Projekts um mehrere Jahre. Erst 745 ging man in den Bezirken des Todai-ji endgültig ans Werk, und nach manchen Fehlschlägen war der Rohguß der sitzenden, 16 m hohen Kolossalfigur aus Bronze vier Jahre später beendet. Dieses über alle Maßen aufwendige Projekt verschlang fast die gesamten Kupfervorräte des Landes und erforderte einen Aufwand an Arbeitskraft, der in literarischen Quellen mit 370000 Technikern und 500000 Arbeitern angegeben ist. Als besonderes Zeichen göttlicher Billigung wurde die Entdeckung großer Goldvorkommen in der Provinz Mutsu Anfang 749 angesehen, wovon ein Teil zur Vergoldung der Statue nach Nara gesandt wurde.

Die große Buddha-Halle, die eigens als Behausung dieser Kolossalfigur errichtet wurde, war mit fast 85 m Frontlänge und 50 m Tiefe und mit elf bzw. sieben Achsen, das größte Bauwerk ihrer Zeit, China eingeschlossen. Der Größenordnung dieser Halle entsprach der Riesenmaßstab des ganzen Tempelbezirks, der mit zwei siebenstöckigen Pagoden, jede dreimal so groß wie die des Horyu-ji, mit prachtvollen Torwegen, Bethallen und Studierräumen sowie zahlreichen Gebäuden für die Mönche ausgestattet war. Das Gesamtareal des Todai-ji war so groß wie das Gelände des Kaiserpalastes und viermal so groß wie der Kofuku-ji, der nächstgrößte Nara-Tempel.

Die Errichtung des Todai-ji, die nach dem monströsen Bronzeguß der großen Buddha-Figur in Angriff genommen wurde, bildete das Symbol einer neuen nationalen Politik, durch die der Buddhismus im Grunde genommen zur Staatsreligion wurde. Die Durchführung dieses riesenhaften Bauunternehmens nahm Jahrzehnte in Anspruch und erforderte den Einsatz aller Hilfsquellen der Nation. Und doch, welch' große Befriedigung muß der Japaner jener Zeit empfunden haben, als 752 die sogenannte „Augenöffnungs-Zeremonie" für den Buddha stattfand, eine erhebende Feier, an der die Notabeln der gesamten buddhisti-

Rechte Seite: Die große Buddha-Hall

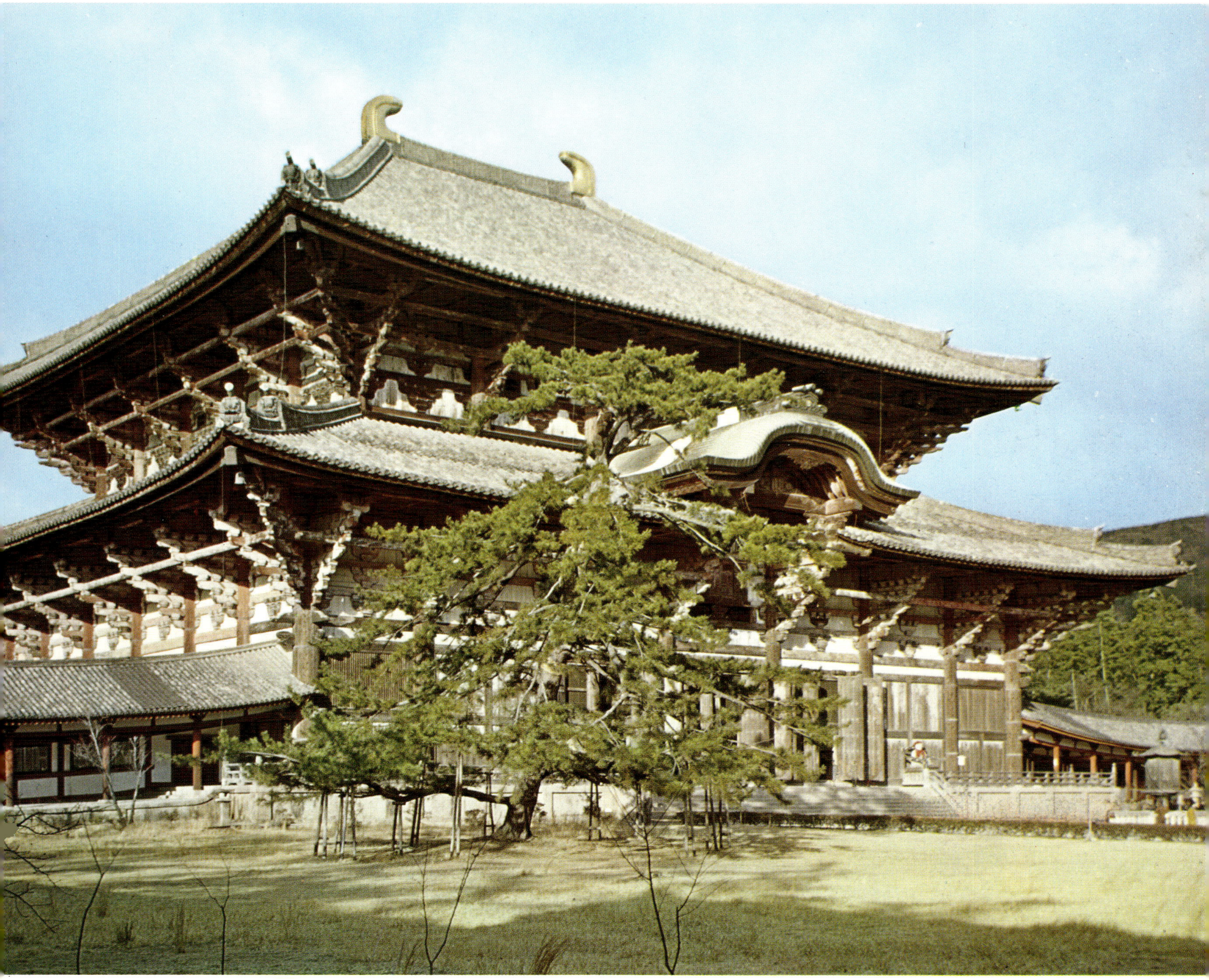

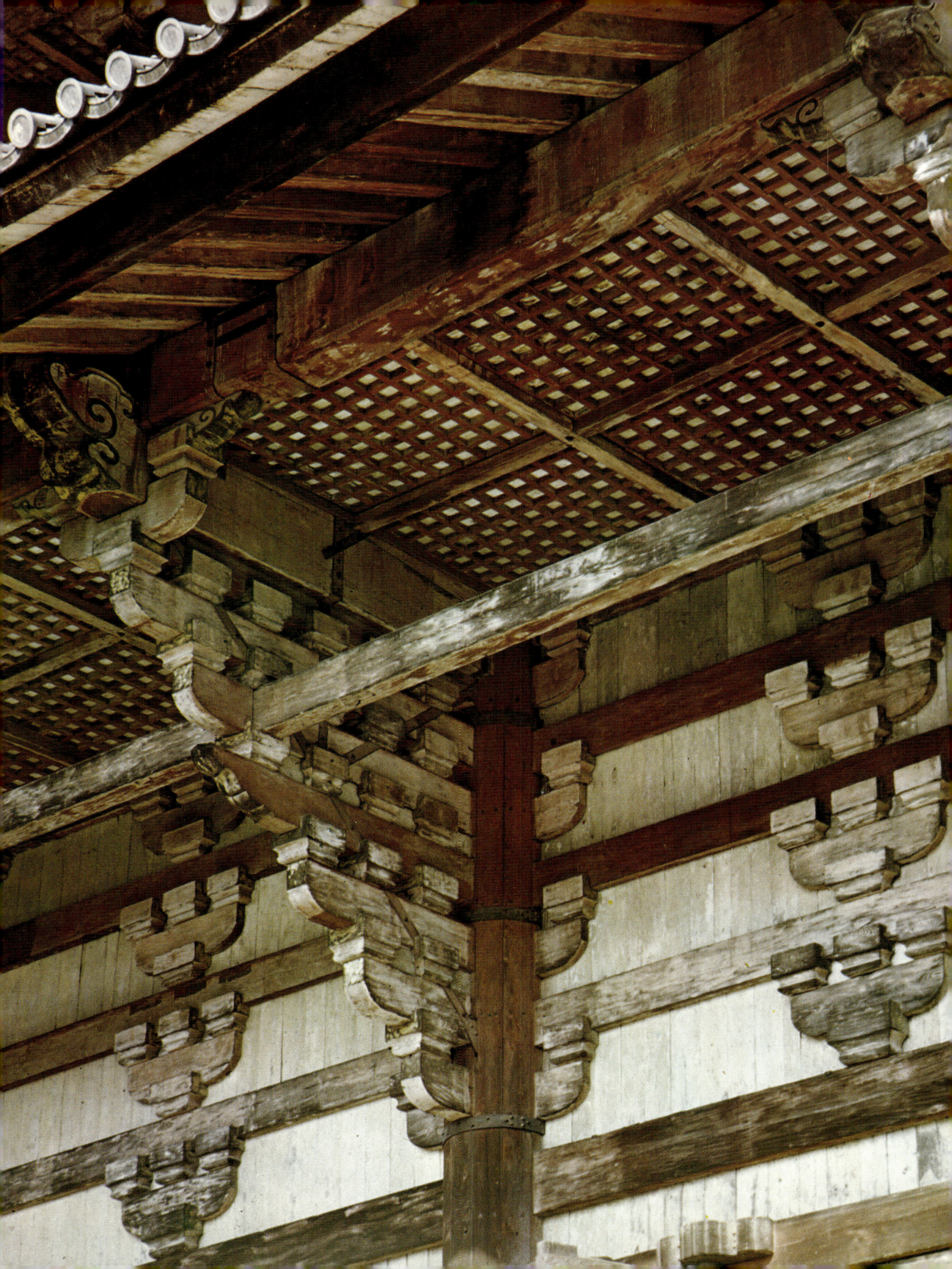

DER TODAI-JI

schen Welt teilnahm und zu der nach zeitgenössischen Berichten Tausende von Priestern, zum Teil aus China und Korea, ja sogar aus dem fernen Indien, herangereist waren.

Es ist ein Unglück, daß nur so wenig von all dieser Herrlichkeit erhalten blieb. Der Todai-ji hatte in den folgenden Jahrhunderten im Übermaß unter der zerstörenden Wirkung der Naturelemente und des Bürgerkriegs zu leiden. Nur die große Buddha-Halle überdauerte – vielleicht ihrer riesigen Ausmaße wegen – sowohl die Taifune, die zweimal das prachtvolle Südtor niederrissen, als auch die durch Blitzschlag entfachten Feuersbrünste, welche die herrlichen Pagoden in Asche legten. Doch zweimal wurde die Halle mutwillig von marodierenden Soldaten niedergebrannt, im späten 12. Jh. und wieder im 16. Jh., als das vom Bürgerkrieg zerrissene Land der Anarchie nahe war. Der brutal geschändete Buddha saß damals über 100 Jahre unter freiem Himmel.

Als gegen Ende des 17. Jh. mit der Wiederherstellung des Todai-ji endlich begonnen wurde, reichten offenbar die Mittel für eine umfassende Restauration des Tempels nicht aus, so daß der Wiederaufbau auf die Buddha-Halle und die halbe Hoffront beschränkt blieb. Damals entstand die Halle, wie sie heute noch vorhanden ist. Sie ist etwa 30 m kürzer als die ursprüngliche und hat in der Konstruktion nur wenig mit dem Architekturstil des 8. Jh. gemein. Trotzdem lebt in dem Bauwerk noch so viel von der Großartigkeit des alten Entwurfs aus der T'ang-Zeit, daß es einen einzigartigen Eindruck hervorruft, und noch immer ist es das größte Holzbauwerk der Welt unter einem Dach. Eine Darstellung auf der dritten Rolle eines Satzes japanischer Gemälderollen, der als *Shigisan Engi E-maki* bekannt ist und in dem Nara-Tempel Chogosonshi-ji aufbewahrt wird, zeigt den Großen Buddha und die Halle, wie sie sich dem Künstler im 12. Jh. darbot (Seite 258). Die Rolle erzählt die Geschichte einer Nonne, die aus den Provinzen nach Nara pilgerte, um ihren Bruder, einen Priester, zu suchen. Hier lenkte sie ihre Schritte zum Todai-ji, um die Hilfe des Großen Buddha zu erflehen. Sie verbrachte die Nacht vor seinem Bildnis und hatte einen wundersamen Traum: Der Große Buddha befahl ihr, zu dem Berg zu gehen, über dessen Gipfel eine Purpurwolke schwebe, dort werde sie finden, was sie suche. Nach dem Erwachen tat sie, wie ihr geheißen, und wurde zu ihrer größten Freude mit ihrem Bruder wieder vereint. Die Illustrationen der Bildrolle zeigen die einzelnen Etappen der Erzählung: den Großen Buddha und vor ihm die Nonne in verschiedenen Stellungen, wie sie das Gebäude betritt, vor der Statue sitzt, einschläft und schließlich ein Dankgebet für ihre Erleuchtung spricht.

Wie die große Halle erlitt auch der Große Buddha durch natürliche und menschliche Einwirkungen große Schäden. Doch die Statue wurde kunstvoll wieder hergestellt und blickt mit einem Ausdruck ruhiger Gelassenheit auf die Tausende von Besuchern, die täglich voller Ehrfurcht oder Überraschung dieses erstaunliche Werk betrachten. Obwohl der reine Glanz der Original-

Der Nandai-mon oder Großes Südtor, erbaut im 12. Jh. im sogenannten *Tenjiku-yo* oder indischen Stil

Der Nigatsu-do oder „Halle des zweiten Monats". Ein Betender steht in andachtsvoller Haltung vor dem Hauptbild

Links: Die Traufen der großen Buddha-Halle

Glocke und Bronzelaterne des Todai-ji

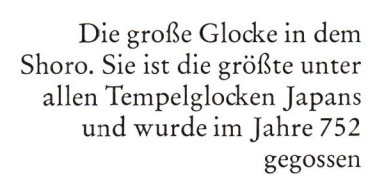

Die große Glocke in dem Shoro. Sie ist die größte unter allen Tempelglocken Japans und wurde im Jahre 752 gegossen

Der Glockenturm (Shoro) wurde im 13. Jh. errichtet

DER TODAI-JI

Achteckige Laterne aus Bronze vor dem Eingang zur großen Buddha-Halle. Sie stammt aus dem 8. Jh. und war ursprünglich vergoldet

Links: Eine Seitenwand der Bronzelaterne mit einem Flöte spielenden Bodhisattva. Die Figur zeigt den starken Einfluß des chinesischen Stils der T'ang-Dynastie

statue nur noch in einigen gravierten Blättern des Lothosthrones erhalten ist, sind die Partie von der rechten Schulter bis zur Brust, größere Teile der Knie und der Ärmel des Gewandes original. Trotz dieser beträchtlichen Ergänzungen bietet das Bildwerk ein stattliches Beispiel für die hohe Qualität des Bronzegusses im 8. Jh. Die Techniken, die hier beim Guß und beim Vergolden angewendet wurden, sind heute kaum noch vorstellbar, das Werk aber ist der grandiose Höhepunkt in der langen Geschichte des japanischen Bronzegusses.

Ein kleineres, doch in seiner Art nicht weniger bedeutsames Beispiel der Bronzegußtechnik ist die wundervolle achteckige Laterne unmittelbar vor der großen Buddha-Halle. Sie ist ebenso alt wie das ursprüngliche Bauwerk und blieb wie durch ein Wunder durch die Zeiten unversehrt. Auffallend ist die große Lichtkammer, deren acht Seitenflächen mit durchbrochenen Blütenranken auf einem rautenförmigen Gitter dekoriert sind. Jede zweite Seite besteht aus einer Doppeltür, die sich nach außen öffnen läßt und mit einem chinesischen Löwen geschmückt ist. Die vier übrigen Seitenteile tragen als Schmuck einen Bodhisattva, der ein Musikinstrument spielt. Nur bei einem dieser Bodhisattvas handelt es sich um eine jüngere Ergänzung, die übrigen sind original und vermitteln einen Eindruck von der reichen Schönheit der japanischen Bronzeplastik unter dem Einfluß der chinesischen Kunst der T'ang-Periode.

Auf der Ostseite des Haupthofes steht eine Reihe weiterer Gebäude, die zum Todai-ji gehören. Bei allen handelt es sich um Ersatzbauten oder Rekonstruktionen aus späterer Zeit, trotzdem sind einige höchst interessant. Auf das erste dieser Bauwerke trifft man nach dem Verlassen des Hofes durch das Haupttor (Chu-mon). Es ist der Glockenturm, eine reizvolle Holzkonstruktion aus dem 13. Jh. mit der großen Glocke des Todai-ji, der größten Tempelglocke Japans überhaupt. Sie wurde nach zuverlässigen Berichten im Jahre 752 gegossen und ist heute noch in Gebrauch. Der wundervolle Glockenstuhl hat beeindruckende Proportionen, die mit der Schönheit der Glocke wetteifern.

Das nächste bemerkenswerte Gebäude ist das an der Nordseite gelegene Sangatsudo (die „Halle des dritten Monats"), auch Hokkedo genannt. Seine rückwärtige Partie stammt noch aus dem 8. Jh., die ganze Front aber wurde im 13. Jh. hinzugefügt. Trotzdem harmonieren die beiden Teile überraschend gut, wenngleich die strukturellen Unterschiede bei genauerer Prüfung bald offenbar werden. Seit jeher gilt das Sangatsudo als die Lesehalle des Priesters Roben, der 773 starb und seit 740 wohl den stärksten Einfluß auf die Gestaltung des Todai-ji hatte. Eine meisterhafte, bemalte Holzplastik von Roben aus der ersten Hälfte des 11. Jh. befindet sich noch im Todai-ji und wird gelegentlich ausgestellt. Das Sangatsudo ist eine Schatzkammer für Plastiken der Nara-Periode. Sein bedeutendstes Bildwerk ist die über 6 m hohe Statue des Fukukensaku Kwannon (Amoghapasa), die in hohlem Trockenlack ausgeführt ist. Neben diesem Meisterwerk gibt es eine Anzahl weiterer Stücke

Shikkongo Shin (Donnerkeilträger) vom Sangatsudo. Diese über 1,80 m hohe wundervolle Tonfigur aus dem 8. Jh. wurde selten aus ihrem Schrein genommen und befindet sich in einem vorzüglichen Erhaltungszustand

Einer der kolossalen Kongo-Rikishi (Wächterkönige) aus dem Jahre 1203, die den Zugang durch das Große Südtor bewachen

dieser Art aus dem 8. Jh. sowie zwei höchst bemerkenswerte Tonplastiken. Die Tonmodelliertechnik war aus China importiert, jedoch haben sich Stücke in dieser Technik nur in Japan erhalten. Die beide Plastiken stellen den Nikko Butsu (Suryaprabha) und sein Gegenstück, den Gakko Butsu (Candraprabha) dar.

Alle diese Statuen sind prachtvolle Bildwerke und gehören zu den nationalen Kunstschätzen. Das herausragende Meisterwerk der Tonskulptur der Nara-Periode ist aber wohl die Statue des Shikkongo Shin (Vajrapani). Diese zornerfüllte Gestalt steht breitbeinig in voller Rüstung da, die Halsmuskeln sind gespannt, Augen und Mund weit geöffnet, und in der Rechten schwingt sie den großen *kongo-sho*, den göttlichen Donnerkeil. Die Figur zeigt Stilmerkmale des heroischen Realismus, dem die Künstler dieser Zeit huldigten. Ihre vitale Ausdruckskraft scheint aus dem Inneren hervorzubrechen, und kein anderes Bildwerk hat diesen Grad von Lebenswirklichkeit, das höchste Ziel der japanischen Bildhauer der Nara-Zeit, erreicht. Der Schrein für diese Statue wurde im 13. Jh. gearbeitet. Da sie sorgfältig darin aufbewahrt und nur zu ganz seltenen Gelegenheiten herausgenommen wurde, ist sie überraschend gut erhalten und hat sogar die ursprünglichen Blumenmuster und Arabesken in ihrem ganzen Farben- und Goldreichtum bewahrt.

Auf dem ansteigenden Gelände in der Nordostecke des Tempelbezirks steht das Nigatsudo, die „Halle des zweiten Monats", ein Gebäude aus dem frühen 18. Jh., das an Stelle der 1667 niedergebrannten Originalhalle errichtet wurde. Von dem äußeren Korridor auf der Plattform hat man einen Überblick über den gesamten Todai-ji-Komplex. Hier also ist ein sogenanntes „verborgenes Bild", das nur ganz selten den Blicken des Publikums freigegeben wird.

Das letzte in der Reihe bedeutender Bauwerke, das Große Südtor (Nandai-mon), passieren wir beim Verlassen des Todai-ji. Es wurde gegen Ende des 12. Jh. mit den übrigen Hauptgebäuden des Tempelbezirks, die im Jahre 1180 in dem großen Bürgerkrieg niedergebrannt waren, wieder aufgebaut, und zwar im *Tenjiku-jo* oder indischen Architekturstil, der aus Südchina herüberkam. Fast alle diese Gebäude wurden später abermals zerstört oder in anderen Stilarten von neuem aufgebaut, allein dieses Südtor hat sich als unverfälschtes Beispiel des Tenjiku-jo erhalten. Riesige Ausmaße, solide Konstruktion und kühne Formen sind seine hervorstechenden Merkmale. Zwei holzgeschnitzte, gigantische Tempelwächter (Nio) stehen zu beiden Seiten der Torwegpassage. Diese dramatisch bewegten, kraftstrotzenden und schreckenerregenden Gestalten von fast 8 m Höhe wurden nach den Tempelberichten im Jahre 1203 von Unkei und Kaikei, zwei der berühmtesten Bildhauer der Kamikura-Periode, unter Assistenz von zwei weiteren Bildhauern und 16 Hilfskräften geschaffen. In dem Ausdruck kraftvoller Bewegung, den großartigen Proportionen und der ehrfurchtgebietenden Haltung dieser Figuren spiegelt sich der heroische Geist des ursprünglichen Todai-ji.

JOHN FIGGESS

Tamon Ten, einer von vier Wächter-Halbgöttern aus dem Kaidan-in. Diese Figur aus dem 8. Jh. ist in Ton modelliert und mit leuchtenden Farben und Blattgold dekoriert

Uji bei Kyoto: Der Byodo-in

Eins der vollendetsten Baudenkmäler Japans, dessen Phönix-Halle ein Musterbeispiel für die hohe Kunst der Fujiwara-Zeit ist

Apsara (himmlisches Wesen) aus der Phönix-Halle, von der Wand hinter Amida Buddha

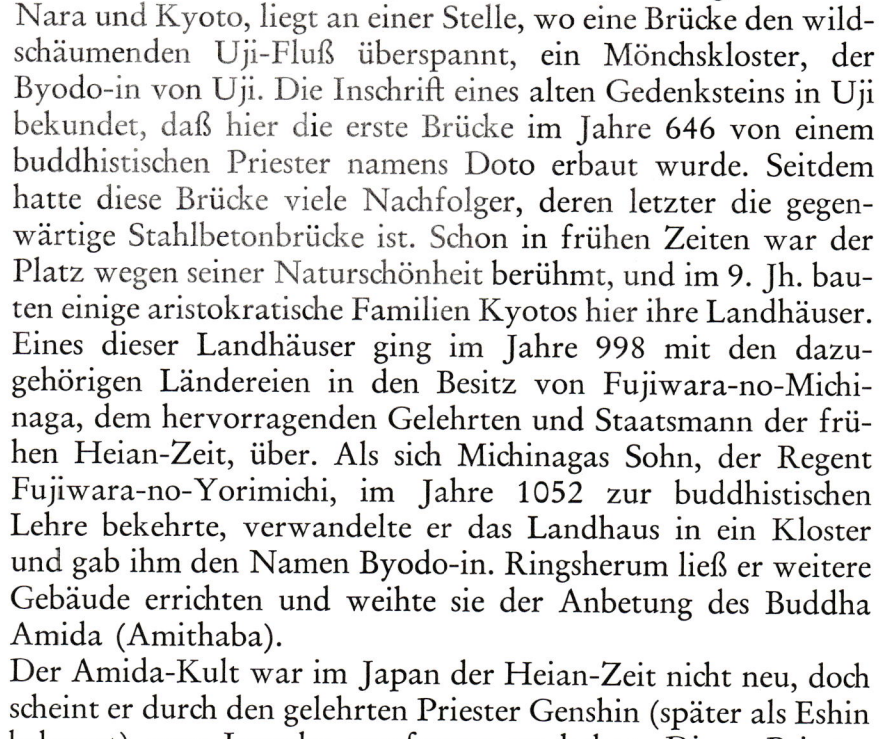

An einer alten Landstraße, etwa auf halbem Wege zwischen Nara und Kyoto, liegt an einer Stelle, wo eine Brücke den wildschäumenden Uji-Fluß überspannt, ein Mönchskloster, der Byodo-in von Uji. Die Inschrift eines alten Gedenksteins in Uji bekundet, daß hier die erste Brücke im Jahre 646 von einem buddhistischen Priester namens Doto erbaut wurde. Seitdem hatte diese Brücke viele Nachfolger, deren letzter die gegenwärtige Stahlbetonbrücke ist. Schon in frühen Zeiten war der Platz wegen seiner Naturschönheit berühmt, und im 9. Jh. bauten einige aristokratische Familien Kyotos hier ihre Landhäuser. Eines dieser Landhäuser ging im Jahre 998 mit den dazugehörigen Ländereien in den Besitz von Fujiwara-no-Michinaga, dem hervorragenden Gelehrten und Staatsmann der frühen Heian-Zeit, über. Als sich Michinagas Sohn, der Regent Fujiwara-no-Yorimichi, im Jahre 1052 zur buddhistischen Lehre bekehrte, verwandelte er das Landhaus in ein Kloster und gab ihm den Namen Byodo-in. Ringsherum ließ er weitere Gebäude errichten und weihte sie der Anbetung des Buddha Amida (Amithaba).

Der Amida-Kult war im Japan der Heian-Zeit nicht neu, doch scheint er durch den gelehrten Priester Genshin (später als Eshin bekannt) neue Impulse empfangen zu haben. Dieser Priester verfaßte das berühmte Werk *Ojoyoshu* („Das Wesen der Erlösung"), in welchem er lehrte, daß alle, die an die erlösende Kraft Amidas glaubten, der Erlösung teilhaftig werden könnten, wenn sie nur oft genug den Namen des Buddha in der Formel „Namu Amida Butsu" („ich glaube an Amida Buddha")

Rechte Seite: Die Statue des Amida Buddha, von dem großen Bildhauer Jocho (gest. 1057). Sie ist nach dem von Jocho erdachten System aus verschiedenen Teilen zusammengesetzt und leicht vergoldet

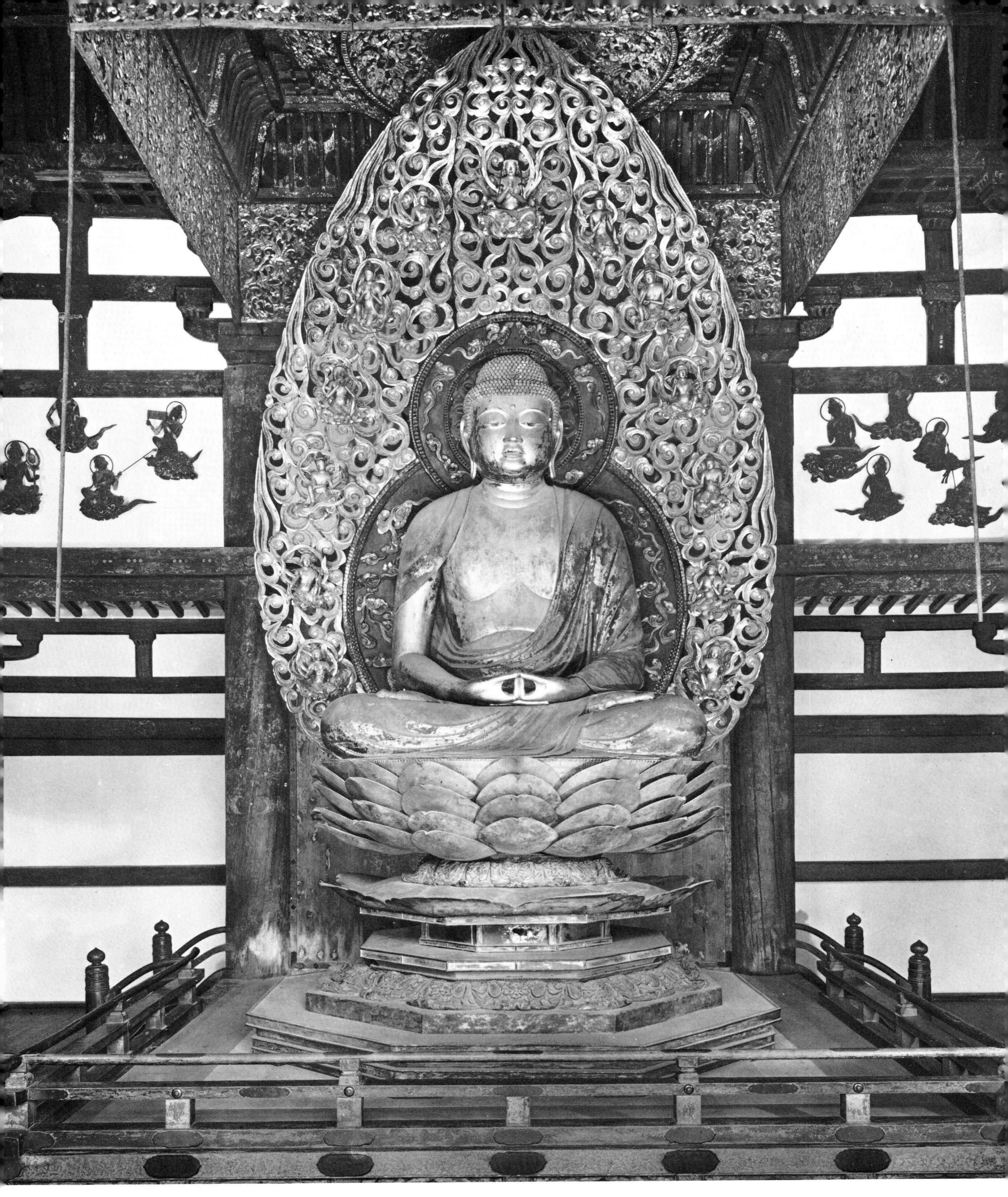

Der Glockenturm. Vorn der an Seilen aufgehängte Balken (Klöppel) der zum Läuten gegen die Glocke geschwungen wird

Die Große Glocke der Phönix-Halle, Bronzeguß mit dekorativen Mustern. Sie gilt als eine der schönsten Tempelglocken Japans

aussprächen. Diese Lehre, die als Lehre vom „Reinen Land" bekannt war – wobei „Reines Land" die Bezeichnung für Amidas Paradies ist –, fand bei der aristokratischen Gesellschaft der Hauptstadt nicht weniger Anklang als bei den Armen und Elenden im Lande. Vielleicht lag das daran, daß ein großer Pessimismus Platz gegriffen hatte und das Volk über düstere Prophezeiungen erschreckt war. Sie besagten, daß das *Mappo*, das Ende des Buddhistischen Gesetzes, im Jahre 1052 kommen und eine Zeit einleiten werde, in der es keine Hoffnung mehr gäbe, dem Karma, dem endlosen Zyklus von Tod und Wiedergeburt zu entrinnen. In diesem Zusammenhang ist es sicher bedeutungsvoll, daß Yorimichi mit der Errichtung des Byodo-in gerade im Jahre 1052 begann. Jedenfalls muß in diesem Zusammenhang erwähnt werden, daß er 16 Jahre später im Byodo-in eine musikalische Aufführung für den Kaiser inszenierte, in der zum Ausdruck kam, daß noch zahlreiche Hofleute und Aristokraten an ihrem alten Glauben Gefallen fänden, obwohl sie sich bereits in der düsteren Epoche des *Mappo* befänden.

Der Byodo-in war nur einer von vielen meisterhaften und mit verschwenderischer Pracht ausgestatteten Tempeln, die während des 11. Jh. unter dem Ansporn dieser religiösen Ideen errichtet wurden. Aber er allein hat die Zeiten überdauert, und nur in der Phönix-Halle, die die Statue des Buddha Amida beherbergt, ist noch etwas von dem Glanz und der Pracht der Fujiwara-Architektur zur Zeit ihrer höchsten Blüte zu sehen. Das reizvolle Gebäude, das sich in dem Lotos-See spiegelt, ist nach den Worten Sir George Sansoms ein Gefüge von so ätherischer Anmut, daß es sich über alle irdische Schwere zu erheben scheint. Von mehreren Tempeln, die Yorimichi zwischen 1052 und 1055 für das Byodo-in-Kloster errichtete, ist die Phönix-Halle allein erhalten geblieben. Die anderen wurden, zumeist in den Jahren der Bürgerkriege im frühen 14. Jh., ein Opfer der Flammen.

Im Frühjahr 1053 wurde die Vollendung der Amida-Halle in Anwesenheit hervorragender Personen des Hofes und Adels durch ein großes Fest gefeiert, und zeitgenössische Schriftsteller sind des Lobes voll über die Ähnlichkeit dieses Bauwerks mit den Herrlichkeiten des „Reinen Landes" (des Paradieses des Amida). In diesem Zusammenhang verdient ein Kinderliedchen aus dem 12. Jh. Erwähnung:

Gokuraku ibukashikuba Uji-no otera wo uyamae
Wenn du zweifelst, daß es ein Paradies gibt,
steh' in Ehrfurcht vor dem strahlenden Tempel in Uji.

Der Bau ist nicht groß, aber vollendet in Anlage und Ausführung. Der eigenartige Grundriß mit der zentralen Halle, zwei weitausschwingenden Gängen und einem kürzeren, rückwärtigen („Schwanz"-) Korridor erinnert an einen riesigen Phönix mit ausgebreiteten Schwingen.

Die zentrale Halle ist über 10 m breit und 6 m tief. Die dekorativen, schwingenden Dächer *(mokoshi)* werden überragt von einem hohen Doppeldach des in Japan als *irimoya* bekannten Typs. Die Anlage ist vollendet symmetrisch und ruft trotz der

Rechte Seite: Blick auf die Phönix-Halle über den Lotus-See

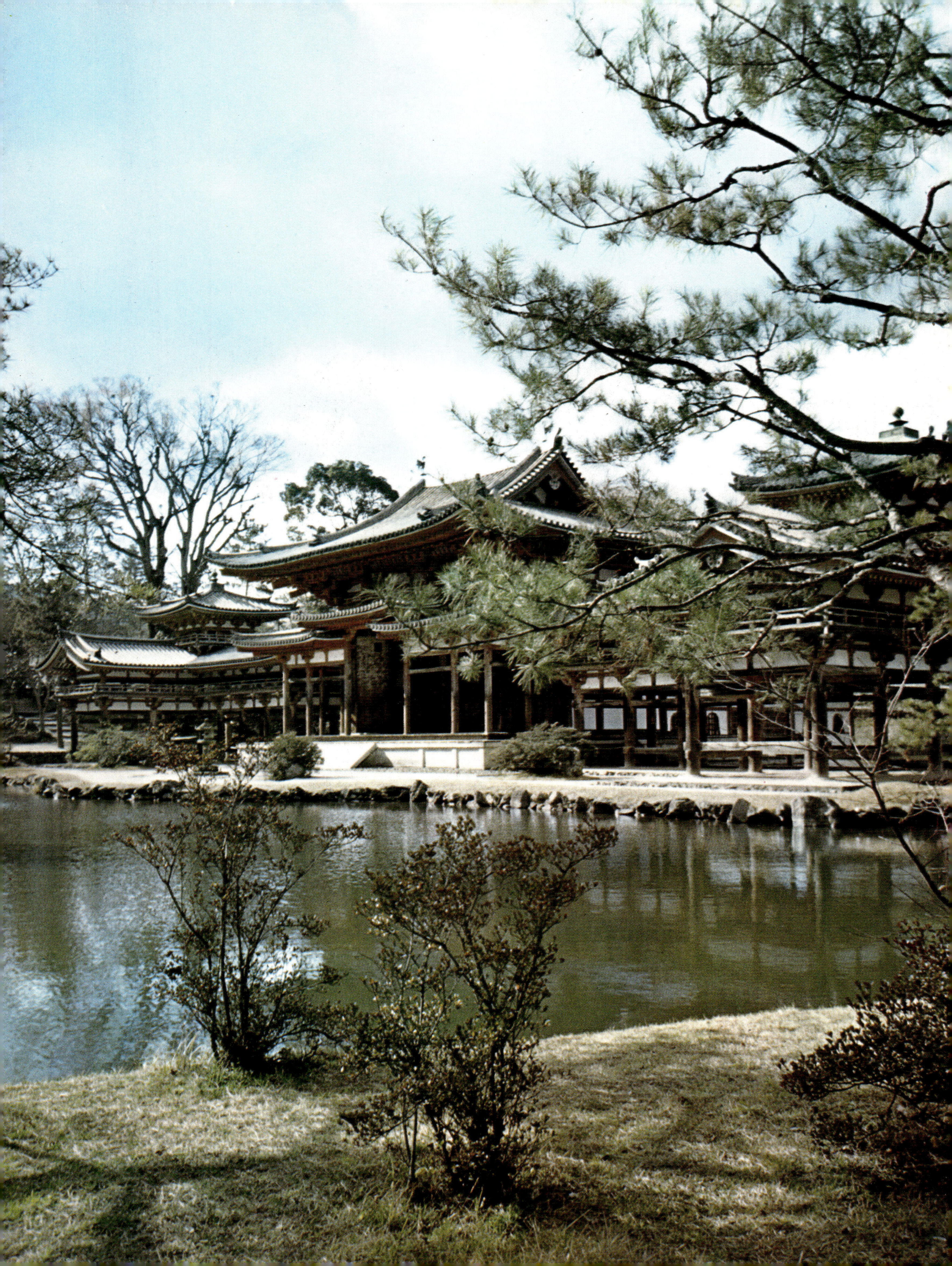

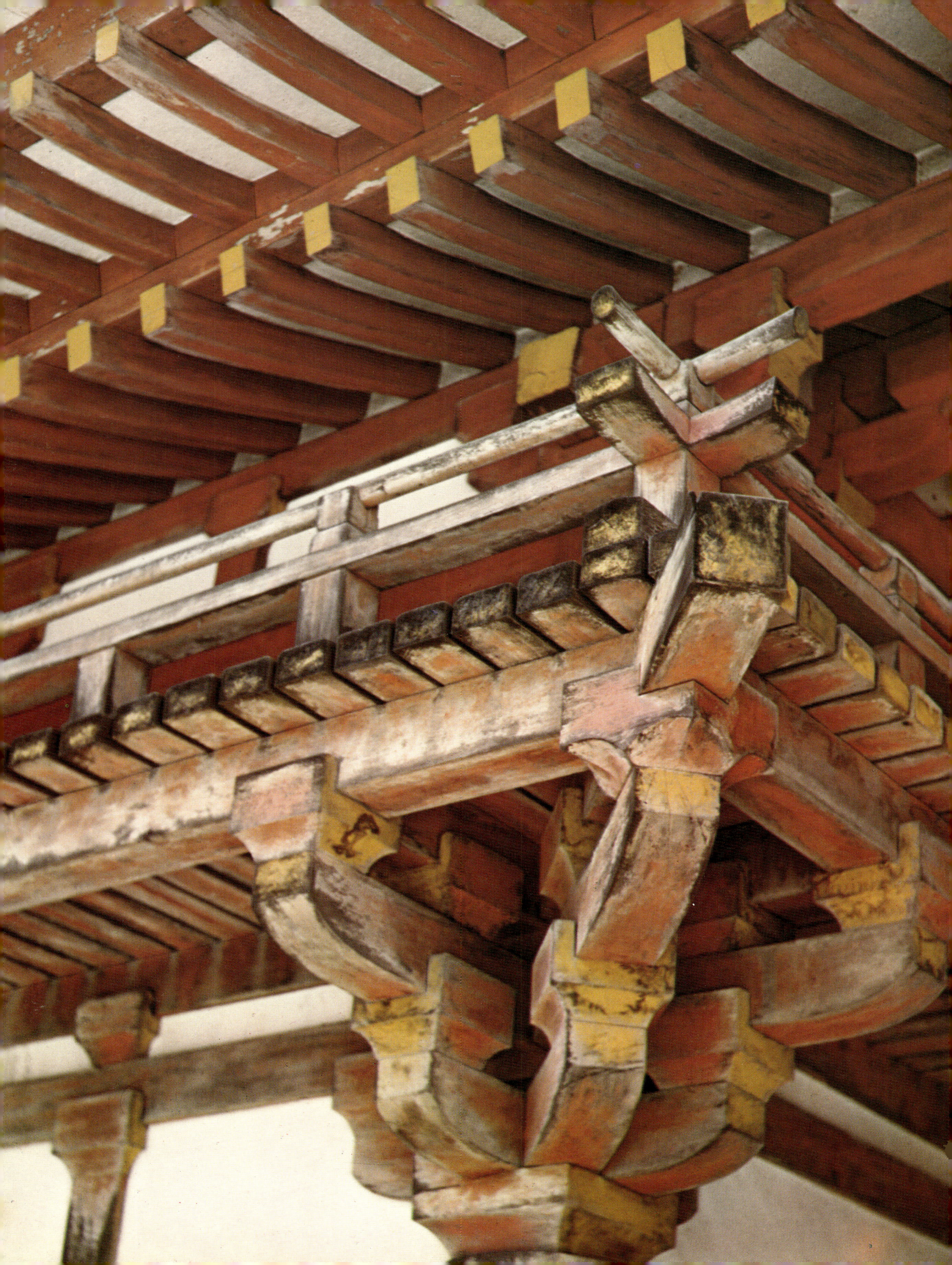

Vielzahl der Linien, die besonders aus den Dachüberschneidungen resultieren, einen harmonischen, ausgewogenen Eindruck hervor. Im ganzen aber steht der Stil dieses Bauwerks mit der exakten Symmetrie, dem prächtigen ornamentalen Schmuck und dem flammenden Zinnoberrot der Außenwände, das durch weiße Füllungen noch hervorgehoben wird, der chinesischen Palastarchitektur der T'ang-Periode näher als dem herkömmlich schlichten Stil japanischer Gebäude. Trotz allem sind die Leichtigkeit der Konstruktion, die miniaturhaften Ausmaße und nicht zuletzt die vollendete Einfügung in die Landschaft typisch japanisch.

Auch die zwei bronzenen Phönixe oben auf dem First verraten deutlich chinesischen Einfluß. Es muß aber bezweifelt werden, daß sie gleichzeitig mit dem Gebäude entstanden sind, denn die Fujiwara-Zeit kannte diese strenge Modellierung nicht. Vermutlich war das Gebäude ursprünglich mit einem einzigen vergoldeten Phönix auf der Mitte des Firstes dekoriert.

Die prachtvolle Innendekoration der Amida-Halle war aus Lack, Perlmuttereinlagen und Metallverzierungen komponiert, während die Wände und inneren Türblätter mit szenischen Darstellungen der „neun Stufen des *raigo*" ausgemalt waren. Der Terminus *raigo* (Kommen zum Empfang) drückt die Vorstellung aus, daß beim Tode eines Gläubigen Buddha Amida mit seinen Begleitern Kwannon (Avalokiteshwara) und Seishi (Mahastamaprapta) im Gefolge zahlreicher weiterer Bodhisattvas und unter den Klängen himmlischer Musik auf die Erde herniederkommt, um die Seele des Verstorbenen zu empfangen und ihr die Wiedergeburt in einer Lotosblüte im See des Paradieses zu verheißen. Analog den neun Glaubensstufen, die der Gläubige im Leben erreichen kann, gibt es neun Stufen der Wiedergeburt und ebenso neun korrespondierende Formen des *raigo*. Obwohl der größte Teil dieser *raigo*-Darstellungen verschwunden ist, vermitteln die Pracht und die technische Brillanz der Fragmente eine klare Vorstellung vom Geschmack der Fujiwara-Zeit.

Gesamtansicht der Phönix-Halle mit ihren wundervollen Proportionen

Linke Seite: Detail der Phönix-Halle: Konsolenkapitell und Dachkonstruktion

Dach der Phönixhalle mit einem der beiden dekorativen Phönixe aus Bronzeguß

Dieser ganze verschwenderische Aufwand an Geld und Mühe diente nur dazu, eine prunkvolle Anbetungshalle zu schaffen, die würdig war, das große Bildnis des Amithaba, des „Buddha der unendlichen Gnade" und Herrn des Reinen Landes zu beherbergen. Diese Figur war nach besonderen Anweisungen Yorimichis von dem berühmten Bildhauer Jocho geschnitzt worden. Jocho, der 1057 im Alter von 84 Jahren starb, war zum Chefbildhauer für die Ausführung der Statuen des Hojo-ji bestimmt worden, eines riesigen Tempels, der zu Beginn des Jahrhunderts von Fujiwara-no-Michinaga, Yorimichis berühmtem Vater, gegründet worden war. Nach einer neuen Methode, die Jocho ersonnen hatte, wurden die Statuen nicht mehr wie bisher üblich aus einem einzigen Block herausgehauen, sondern aus

Traufendetail von der Zentralhalle

Der Nordflügel

Obere Wand- und Deckenpartie der Phönix-Halle mit einigen der Apsara hinter dem Bildwerk des Amida

Detail vom Heiligenschein des Amida

separat geschnitzten Holzteilen zusammengesetzt. Dieses Verfahren ermöglichte eine Art Gemeinschaftsarbeit, die eine bequemere und schnellere Ausführung weniger schwerfälliger Statuen von beliebiger Größe gestattete. Zahlreiche Statuen in den Tempeln der Fujiwara-Familie und des Kaiserlichen Hofes gehen auf Jocho zurück, und er wurde schließlich als erster Berufsbildhauer mit dem kirchlichen Rang eines Hogen („Auge des Gesetzes") belohnt und geehrt.

Die Amida-Statue in der Phönix-Halle ist das einzige erhalten gebliebene Bildwerk, das ihm mit völliger Sicherheit zugeschrieben werden kann, und gilt zugleich als sein schönstes Werk überhaupt. Diese mit Blattgold überzogene Figur aus lackiertem Holz ist nach den Lobpreisungen seiner Zeitgenossen „makellos wie der Vollmond". Sicher ist, daß sie hervorragende Qualitäten hat, so die vollendeten Proportionen und die anmutsvolle Pose, und doch kann nicht übersehen werden, daß dem heiteren Antlitz jener durchgeistigte Ausdruck fehlt, der vielen großen Skulpturen früherer Zeiten eignet. Jedenfalls hat der Künstler die Wünsche seiner Auftraggeber mit großem Geschick erfüllt: Er schuf das Bildnis eines milden Erlösers ganz nach ihrer Vorstellung, eines strahlenden Wesens, dessen Augen gnadenvoll auf die Bittenden herniederblicken.

Oben an den Innenwänden der Amida-Halle, nahe der Decke, sind 52 Holzfiguren himmlischer Wesen in verschiedenen Haltungen als Dekoration angebracht: Einige schweben auf Wolken, andere tanzen, wieder andere spielen Musikinstrumente

DER BYODO-IN

oder verharren im Gebet. Diese lebensvollen, bezaubernden Figuren erwecken den Eindruck von Rundplastiken, obwohl sie kaum Tiefe haben: eine feinsinnige Idee und ein wahrhaft bezaubernder Effekt! Vermutlich sind auch sie von Jocho und seiner Bildhauergruppe von der Amida-Statue geschnitzt. Ursprünglich waren sie mit lebhaften Farben bemalt und mit dünnen Blattgoldstreifen dekoriert, doch ist all dieser Schmuck fast gänzlich verschwunden, und nur noch Spuren der alten Bemalung sind auf der freiliegenden Maserung des Holzes zu sehen.

Was in diesem kurzen Bericht über den Byodo-in und die Phönix-Halle gesagt wurde, reicht vielleicht aus, um wenigstens eine Vorstellung von der Eleganz und der Anmut zu vermitteln, die das Gesicht der Architektur und der Kunst während der Fujiwara-Zeit bestimmten, allerdings Seite an Seite mit einer fast unvorstellbaren Prunksucht und Verschwendung. Es ist schwer, sich den Geisteszustand religiöser Exaltation vorzustellen, der die Errichtung derart luxuriöser Bauwerke und ihrer kostbaren Ausstattung eingab. Vielleicht muß man dabei bedenken, daß die Fujiwara-Familie zu dieser Zeit selbst für moderne Begriffe ungeheuer reich und mächtig war. Die Fujiwara waren gleichzeitig tiefreligiös und von Furcht und Aberglauben besessen: So gaben ihnen die verschwenderisch ausgestatteten Tempel ein Ventil für die Entfaltung ihrer Macht und ihres Reichtums und für Werke der Frömmigkeit, die ihnen helfen sollten, ihre Ängste zu überwinden.

JOHN FIGGESS

Torangel der Phönix-Halle

Die Shoin-Gruppe mit dem See im Vordergrund

Kyoto:
Die Kaiserliche Villa Katsura

Bauwerke von schlichter Eleganz in einem wundervollen Landschaftsgarten nach dem Entwurf eines feinsinnigen Edelmanns aus dem 17. Jh.

Südwestlich von Kyoto steht auf einem etwa 200 a großen Grundstück am Westufer des Katsura-Flusses die Kaiserliche Villa Katsura, von den Japanern Katsura *Rikyu*, „Einsamer Palast", genannt. Schon seit dem Ende des 9. Jh., lange bevor die Kaiserliche Villa mit ihren Gärten angelegt wurde, standen an dieser Stelle nacheinander mehrere Landhäuser, denn der Platz war bei der aristokratischen Gesellschaft von Kyoto für die „Blüten- und Mondschau" besonders beliebt. Ein Palast, der hier in Katsura während der Heian-Periode von Fujiwara-no-Takamichi aus der mächtigen Fujiwara-Familie errichtet wurde, ist in die zeitgenössische Dichtkunst eingegangen. Auf Ereignisse, die sich hier abgespielt haben, gehen wahrscheinlich verschiedene Szenen der „Geschichten vom Prinzen Genji" aus dem 10. Jh. zurück, die als bedeutendste Romanschöpfung der Heian-Periode gelten.

Seit dem frühen 17. Jh. herrschte in Japan das Shogun-Geschlecht der Tokugawa und übte die volle Regierungsgewalt für den entmachteten und in völliger Abgeschiedenheit lebenden Kaiser aus. Zu dieser Zeit erwarb der kaiserliche Prinz Toshihito die Ländereien von Katsura und gab den Bauauftrag für den gegenwärtigen Katsura *Rikyu*. Seinen Briefen und Tagebuchblättern zufolge sollte diese Villa sein ländliches Refugium sein, wo er den Mond betrachten, die Blumen verehren, die Kühle der Sommernacht genießen und sich der Beschäftigung mit mancherlei Kunsthandwerk widmen wollte.

Nach der Überlieferung vollzog sich der Bau des Palastes in drei Abschnitten: Der erste Bauabschnitt wurde 1620 begonnen und 1625 vollendet, der zweite wurde von Prinz Toshitada, dem Nachfolger des 1629 verstorbenen Prinzen Toshihito, in den Jahren 1642–1647 ausgeführt, und der dritte wurde vollendet, als Prinz Toshitada, inzwischen ein Mann in reifen Jahren, im Jahre 1658 den Besuch des Kaisers Go Mizuno erwartete. Damit war wohl die Gesamtanlage vollendet.

Der vordere Zugang zum Palast, das Onari-Tor, liegt ungefähr 50 m vor dem Miyuki-Tor. Dies ist ein späterer Ersatzbau für

Schiebetür in dem Irori-no-ma oder „Raum mit Herd" in dem Alten Shoin. Die Tür ist dekoriert mit dem Bilde eines Hahns auf der Trommel, von Eikei Kano

277

DIE KAISERLICHE VILLA KATSURA

Der Onrin-do-Pavillon, ein kleiner Zen-Tempel im Garten der Villa

das ursprüngliche Tor, das 1658 zum Empfang des Kaisers Go Mizuno errichtet worden war. Von hier führen mit kleinen blauschwarzen Steinen aus dem Kamo-Fluß gepflasterte Pfade zum Haupttor, und von dieser Stelle aus kann mit den ersten flüchtigen Blick auf die Gartenanlage mit ihrem ausgedehnten See und den behauenen Steinen erhaschen, ein Bild, in welchem Garten und Gebäude in voller Harmonie zusammenklingen. Nach Passieren des Haupttores gelangt man über mehrere Schrittsteine quer durch einen Moosgarten zu einem Treppenaufgang, der den Hauptzugang zum Zentralpalast oder *shoin* bildet. Die drei Flügel des Shoin, die als Alter Shoin, Mittlerer Shoin und Neuer Shoin bezeichnet werden, sind so zueinander

Rechte Seite: Gebäude der Shoin-Gruppe

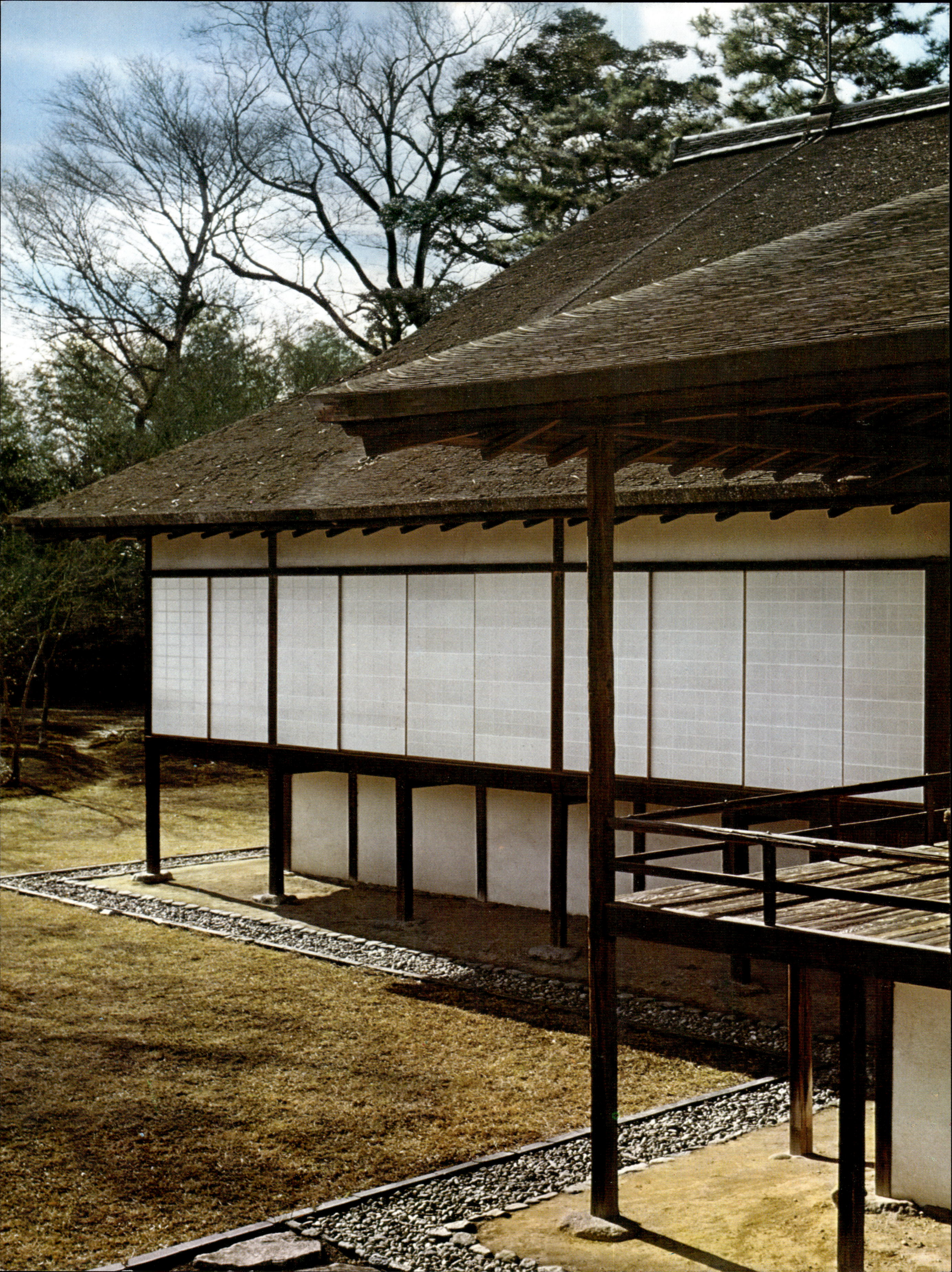

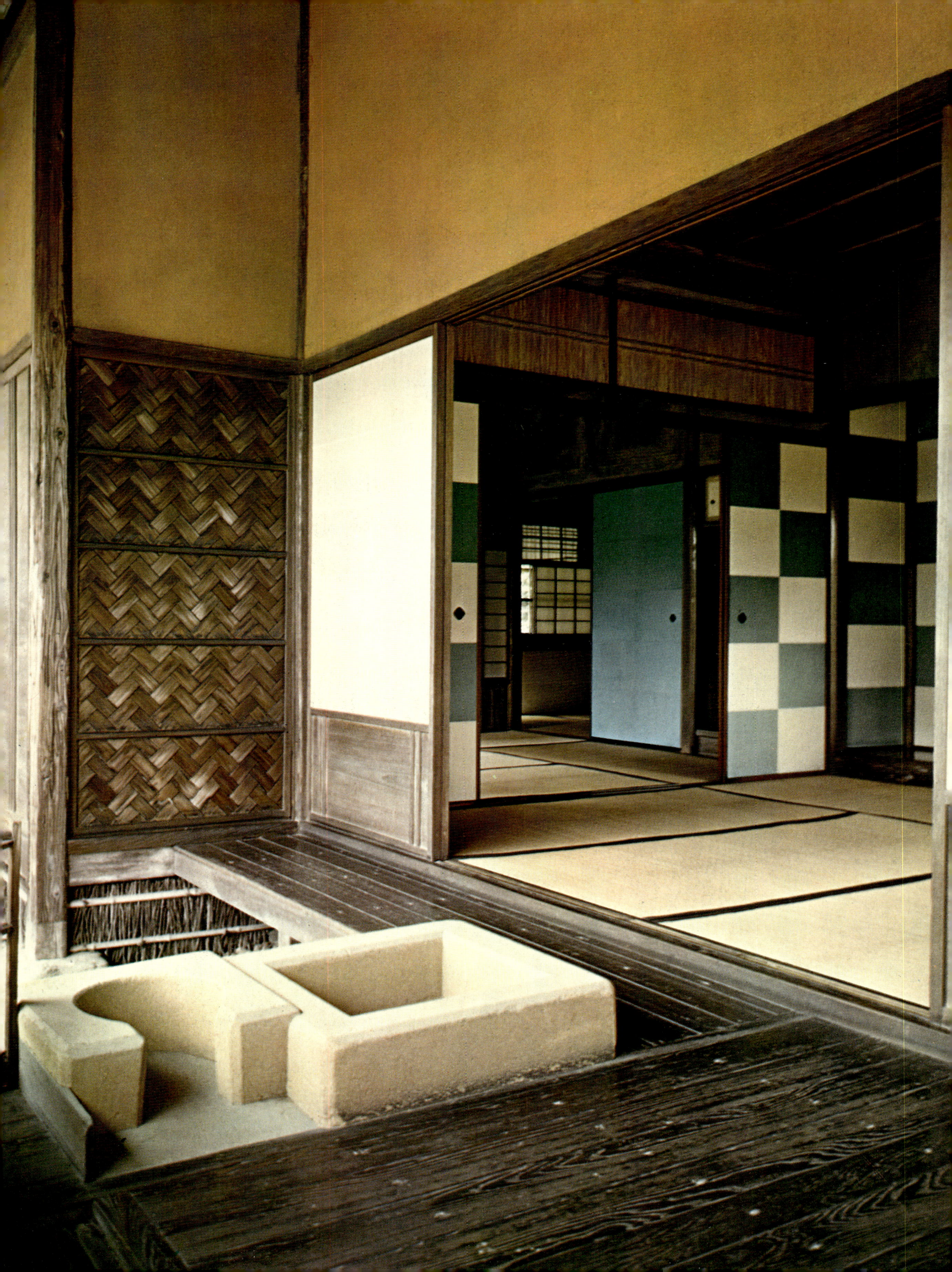

Landzunge von Amanohashidate und Shokin-tei-Pavillon

Der Shokin-tei-Pavillon

angeordnet, daß sie den größten Teil der Front dem Herbstmond zuwenden, im Sommer Kühle bieten und die warmen Strahlen der Wintersonne voll aufnehmen.

An der Ostseite des Alten Shoin liegt eine breite Veranda mit einem besonderen Zugang von Norden, der einem alleinstehenden Teehaus, Gepparo oder „Pavillon der Mondwellen" genannt, genau gegenüberliegt. An der Veranda befindet sich die Mondaussichtsplattform (Tsukimidai), die einen umfassenden Ausblick auf den Hauptgarten gestattet. Der schönste Blick auf die ganze Shoingruppe bietet sich aber von der Shinzen-Insel, einer der fünf Inseln in dem See. Die vertikalen und horizontalen Linien im Wechsel mit den weiß verputzten rechteckigen Wandflächen und den lichtdurchlässigen mit weißem Papier bespannten *shoji*, das Ganze bekrönt von den eleganten Strohdächern mit ihren strengen, linearen Konturen – das ist wie eine Symphonie aus geometrischen Mustern. Die herbe Schönheit des Äußeren wiederholt sich im Innern der Shoin-Gruppe, deren Räume die gleiche Schlichtheit atmen. Ihre Fußböden sind mit den einfachen *tatami* (Matten) ausgelegt und ihre Wände als Schiebewände konstruiert, die, je nach ihrer Stellung, getrennte Räume vereinen oder einen bezaubernden Blick auf eine Gartenpartie freigeben.

Der dekorative Schmuck ist fein abgestimmt und sehr zurückhaltend. Das Bild eines Hahns auf einer Trommel, ein Werk des Malers Kano Eikei, der von der kaiserlichen Familie gefördert wurde, schmückt zwei Zedernholztüren des *irori-noma* (Raum mit Herd) im Alten Shoin. Die Schiebewände des Hauptraumes im Mittleren Shoin zeigen Landschaftsbilder im chinesischen Stil, gemalt von drei Brüdern aus der Kano-Familie.

Gebäude und Garten sind so angelegt, daß der Blick des Beschauers auf dem kurzen Weg vom Alten Shoin über den Mittleren zum Neuen Shoin innen wie außen durch immer neue Bilder gefesselt wird. Auf der Südseite des Neuen Shoin liegt ein Garten von bezaubernder Einfachheit, der eigentlich nur

Linke Seite: Inneres des Shokin-tei oder „Pavillons des Kiefernrauschens und Harfenklangs". Vorn der steinerne Herd und ein Ausguß, die der Vorbereitung des Tees und der zeremoniellen Waschung der Teegläser dienten

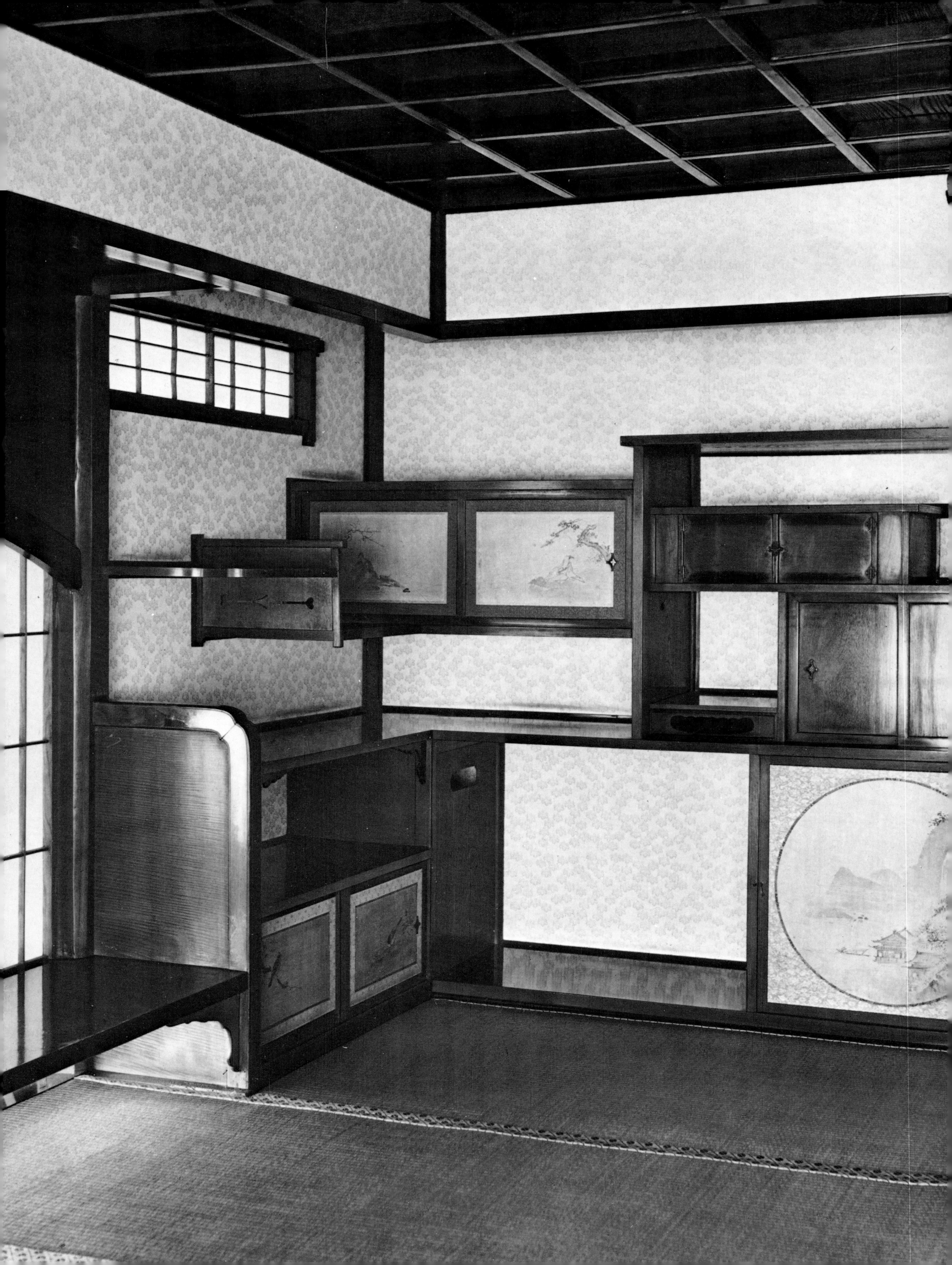

Regal und Nische *(tokonoma)* im ersten Raum des Mittleren Shoin

Blick in das Innere des Irori-no-ma, des Raumes mit Herd, mit der von Eikei Kano bemalten Schiebetür

aus einer Rasenfläche besteht. Von hier führt der Weg wieder durch das Haupttor und dann auf einem Pfad rund um den See, vorüber an zahlreichen Miniaturlandschaften, die mit Bedacht so angelegt sind, daß ihre Bedeutung nur von einem bestimmten Punkt aus erkannt werden kann. Selbst die echten Felsen im Garten haben Leben. Sie deuten tiefe Hohlwege an, symbolisieren Berggipfel oder beschreiben den Lauf eines Flusses – immer in voller Harmonie mit ihrer Umgebung.

Der erste Anziehungspunkt auf dem Rundweg um den Garten ist ein kleiner Hügel, der Ahorn-Berg, der zu einem Teehaus führt, welches Shokin-tei oder „Pavillon des Kiefernrauschens und Harfenklanges" genannt wird. Dieser Name ist vermutlich durch eine Stelle aus den Geschichten vom Prinzen Genji inspiriert, worin von einer Mondnacht erzählt wird, in der sich die Klänge von Harfen mit dem Gesang des Windes in den Kiefern zu vollendeter Harmonie verbanden. Die Partie vor dem Teehaus ist als der Gestade-Garten bekannt. Von hier schweift der Blick auf ein Vorgebirge jenseits des Weihers, das wie eine Miniaturreplik der Landzunge von Amanohashidate aussieht, die seit altersher zu den drei schönsten Landschaften Japans zählt.

Vom Shokin-tei-Pavillon führt der Rundweg in westlicher Richtung zunächst durch eine schmale Senke, welche Hotarudani oder „Tal der Leuchtkäfer" genannt wird, und weiter über eine steinerne Brücke auf eine der fünf kleinen Inseln. Auf

Nächste Seite: Raum im Neuen Shoin mit dem Schreibtisch des Kaisers

283

Linke Seite: Schrankregal auf zwei Wänden des Jodan-no-ma im Neuen Shoin. Es ist aus kostbaren Hölzern gearbeitet und zählt zu den schönsten Regalen Japans

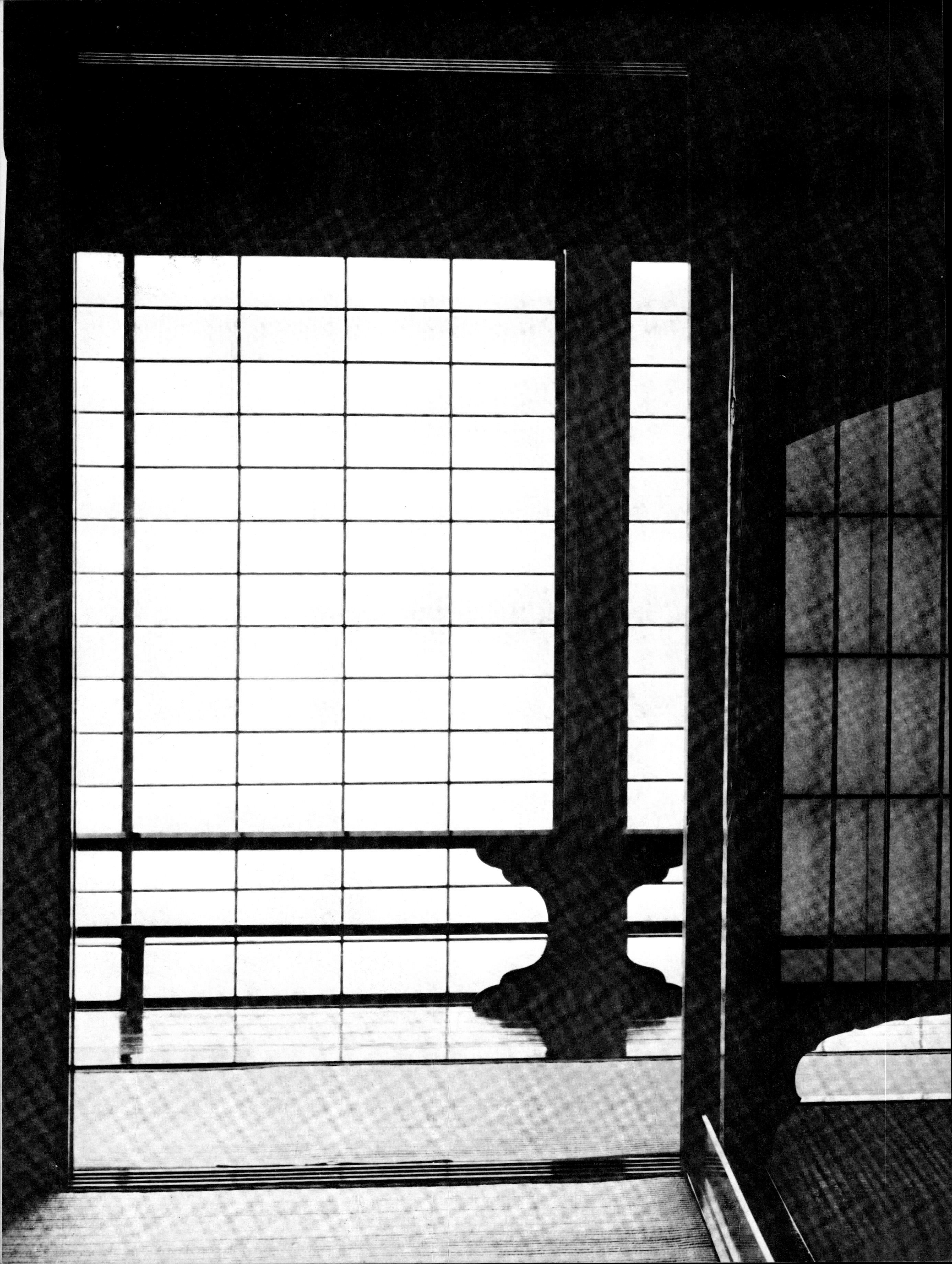

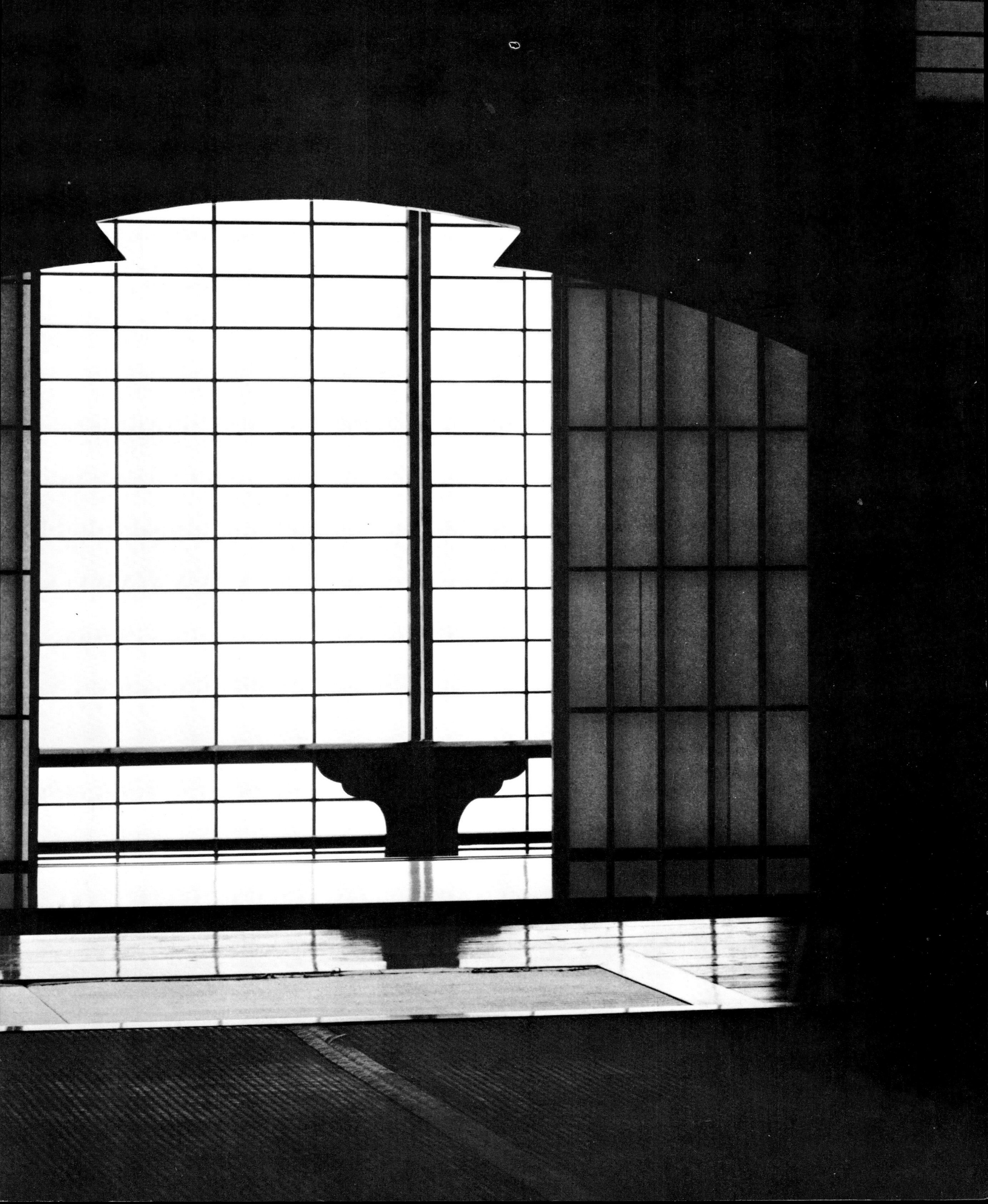

DIE KAISERLICHE VILLA KATSURA

Fingergriff an einer Schiebetür des Musikraums im Mittleren Shoin

ihrem höchsten Punkt steht ein weiteres kleines Teehaus, der Shoka-tei-Pavillon oder „Pavillon der Blumenfreuden". Es hat eine weit geöffnete Westseite und bietet einen wundervollen Ausblick auf die Kirschblüten im Frühling und die flammenden Ahornblätter im Herbst. Von hier aus kann man an klaren Tagen selbst die fernen, im Dunst verschwimmenden Berge sehen. Vom Shoka-tei geht es nun abwärts über einen aufgeschütteten Damm zurück zu der Rasenfläche südlich des Neuen Shion. Am südlichen Ufer des Sees liegt ein mit viereckigen Steinen gepflasterter Anlegesteg für die Gartenboote, auf der anderen Seite, eingefaßt von den strengen Linien des Landungsstegs erhebt sich der Shoiken oder das „Haus der Glücklichen Gedanken", ein einfacher rustikaler Bau, der aber der größte unter den Außengebäuden des Gartens ist.

Das Kaiserliche Landhaus in Katsura atmet den Geist jener funktionellen Klarheit und Einfachheit, die heute wieder das Ziel der modernen Architekten sind, denen allerdings nicht immer der gleiche Erfolg beschieden ist wie den Erbauern von Katsura vor mehr als 300 Jahren. Obgleich sein Besitzer ein kaiserlicher Prinz war, spürt man hier nichts von dem Gepränge und den luxuriösen Dekorationen, die damals in Japan weit verbreitet waren und die in den prunkvollen Gebäuden des Toshogu-Mausoleums in Nikko aus der gleichen Zeit ihren Höhepunkt erreichten. Die Katsura-Villa stellt in ihrer vornehmen Einfachheit und Zurückhaltung eine wahrhaft große schöpferische Leistung dar, aus der ein tiefes Gefühl für Freizügigkeit und Harmonie spricht. Besonders die Shoin-Gruppe verbindet in freiem Fluß den äußeren Raum der Natur mit dem Inneren des Bauwerks durch das wundervolle Gefühl, von den herkömmlichen Ziegel-, Mörtel- oder anderen massiven Wänden befreit zu sein. Diese aufgelockerte Gestaltung, die mit zuchtvoller Schlichtheit der Dekoration gepaart ist und zum Besten in der japanischen Wohnarchitektur gehört, hat ihre Wurzeln im Zen-Buddhismus und in der Teezeremonie. In dieser Hinsicht dürfte die Katsura-Villa den feinsinnigen Geschmack ihres Erbauers, des Prinzen Toshihito, widerspiegeln. Das reichlich überlieferte Dokumentenmaterial weist den Prinzen als einen für seinen Rang und seine Zeit ungewöhnlich gebildeten und kultivierten Menschen aus. In der Literatur der Heian-Periode war er offenbar durchaus bewandert und fand selbst Freude am dichterischen Schaffen. Aus seinen Tagebüchern und Musikstücken, die erhalten sind, wissen wir, daß er die *koto*, die japanische Harfe, vorzüglich spielte. Er beherrschte außerdem die Teezeremonie vollendet, doch galt sein ganz besonderes Interesse der Architektur und Gartenbaukunst. Obgleich die Gebäude und die Außenanlagen des Katsura-Palastes seit ihrer Vollendung um 1650 manche Veränderungen erfahren haben, verdanken wir Prinz Toshihito die Freizügigkeit und Ursprünglichkeit dieses Meisterwerkes der japanischen Architektur und Landschaftsgärtnerei, das gerade in jüngster Zeit zu einer Quelle der Inspiration für die modernen Architekten überall in der Welt geworden ist.

JOHN FIGGESS

DIE KAISERLICHE VILLA KATSURA

Mit Matten *(tatami)* ausgelegter Boden und Gleitschienen für die Schiebetüren in der Shoin-Gruppe

BILDNACHWEIS

Alle Photographien dieses Buches mit Ausnahme der unten angegebenen stammen von Jan Graham. Der Verlag spricht den nachfolgend genannten Instituten und Photographen für die freundliche Überlassung der Bilder seinen Dank aus. (Die Seitenzahlen beziehen sich auf die Bildveröffentlichungen.)

Aerofilms and Aero Pictorial Ltd: 20; 27 oben; 35
Benrido Company Ltd, Tokio: 248 oben, Mitte und unten; 251 unten, Mitte und rechts; 252 oben; 253 oben, unten links und rechts; 258 oben; 264 oben und unten; 265; 266; 267
Britain-China Friendship Association: 213; 217 unten; 225; 234; 235 oben; 239
British Museum: 43 rechts; (Photo J. R. Freeman): 14; 17; 19; 46; 53 unten; 56; 59; 70 links; 92 oben und unten; 103 unten; 131; 146 unten; 151 unten; 154; 165 rechts; 176; 179 oben; 183 oben; 201; 210; 223; 240
Camera Press Ltd: 196; 197 oben
J. Allen Cash: 216; 217 oben; 218; 219; 224 oben und unten; 226 oben; 227 oben; 228; 229 oben und unten; 230; 235 unten; 236; 237 oben; 241
Staatsdepartement für Archäologie, Bagdad (Photo Jan Graham): 31
Werner Forman: 58; 61; 66; 222; 226 unten; 227 unten; 229 Mitte; 231
Derek Hill: 64 oben; 67
India Office Library: 68; 74 unten; 77; 103 oben; 111; 114 unten; 121; 125 links und oben rechts; 132 unten; 179 unten; 198 unten
Archäologisches Institut, Peking: 238 oben
Manshichi Sakamato, Tokio: 244; 245; 254; 255; 261 oben
Lady Alexandra Metcalfe: 212; 221; 232; 237 unten; 238 unten
Dr. Augustin Palát: 233
Paul Popper Ltd: 214; 215; 220
Josephine Powell: 60; 62; 63; 64 links und unten rechts
Royal Geographical Society: 65
D. L. Snellgrove: 169 oben und unten; 175 oben und unten
Taikichie Irie: 257
Victoria and Albert Museum: 70 rechts; 242

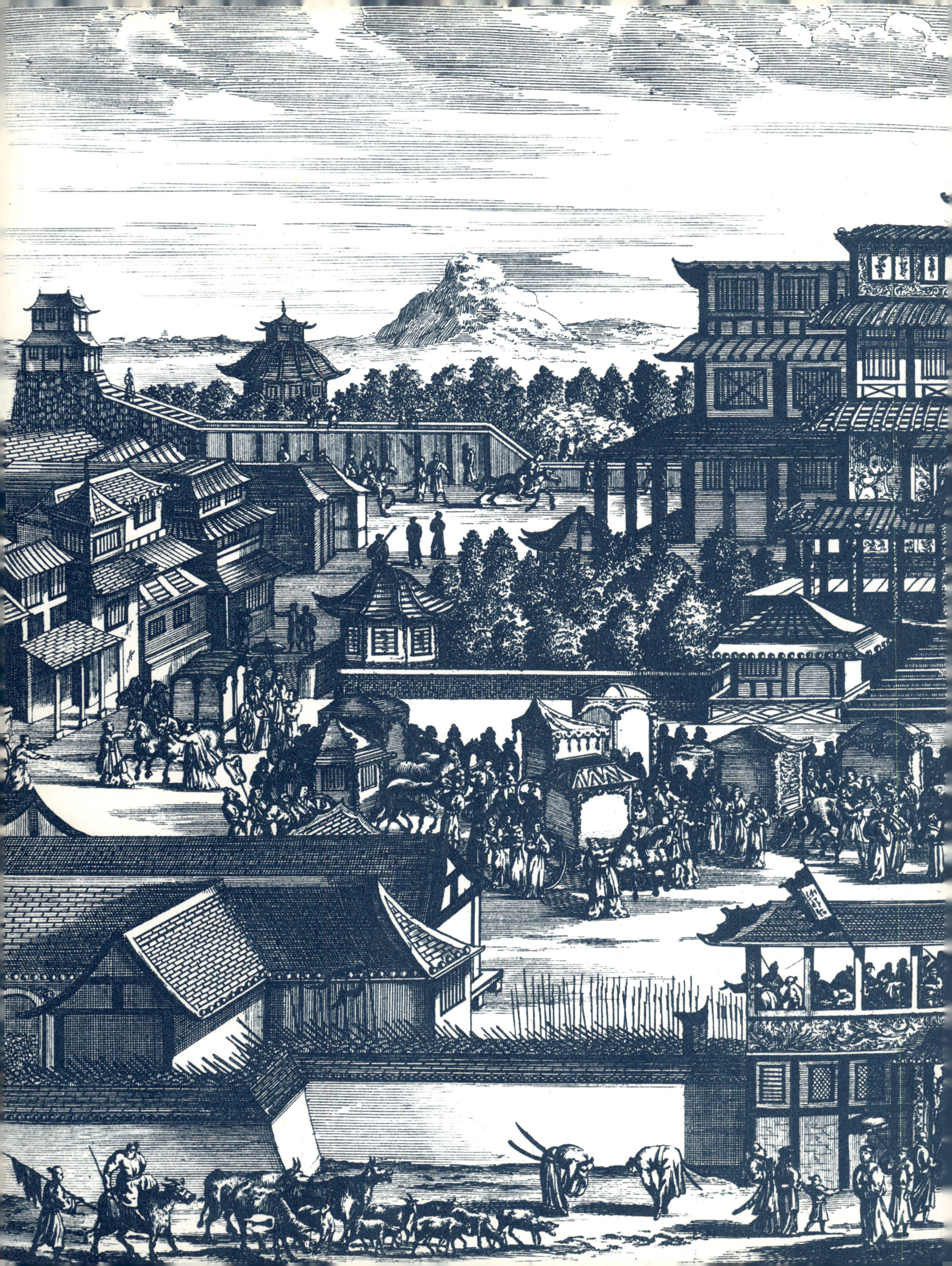